# はじめに

　学習科目数の多い社会保険労務士試験に合格するためには、しっかりと試験の傾向を把握し、出題頻度の高い分野に重点をおいた効率的な学習が欠かせません。また、本試験では、限られた時間の中で出題の意図を的確につかみ、正答を導き出すことも要求されます。
　これらに対応するため、出題傾向、出題分野、出題パターンを十分に分析し、本試験と同様の形式による実践トレーニングを行える教材として本書を編成しました。
　多くの受験生が、本書を十分に活用されて得点力を高め、社会保険労務士試験合格の栄冠を手にされることを心よりお祈りいたします。

2025年3月　TAC社会保険労務士講座

## Contents

| | |
|---|---|
| "あてる"で合格!!　必勝活用術 | (2) |
| 繰り返し記録シート | (6) |

**巻頭特集**

| | |
|---|---|
| 2025年本試験ズバリ出題論点 | (8) |
| 科目別　最重要ポイントまるごとチェック！ | (19) |

| | 問題 | 解答・解説 |
|---|---|---|
| 第1回　選択式予想問題 | 別冊1 | 1 |
| 第1回　択一式予想問題 | 別冊2 | 11 |
| 第2回　選択式予想問題 | 別冊3 | 83 |
| 第2回　択一式予想問題 | 別冊4 | 93 |
| 選択式　プラスワン予想 | 別冊5 | 165 |

マークシート解答用紙

(1)

これが最強の直前対策だ！

# "あてる"で合格!! 必勝活用術

ここでは「あてる」を活用して、直前対策を効率的に進めていくための方法を紹介いたします。今から全力でラストスパートをかけ、今年の本試験で絶対に合格しましょう！

## Step 1 まず、時間を計って「あてる」を解く！

まずは「あてる」の問題を、本番と同じように時間を計って解いてみましょう。問題を解く際は、次の2点を意識しましょう。

★時間配分をしっかり確認！
**選択式　80分間、択一式　210分間**

本試験と同じように時間を計って、すべての問題を解き終えることができるのか、試してみましょう。じっくり解いていると、あっという間に時間がなくなってしまいますので、注意が必要です。

★今の実力をしっかり確認！

本番と同じスタイルで、自分の実力がどの程度発揮できるかを知るためにも、間違えることを恐れず、ドンドン解きましょう。本試験日までに「あてる」の問題が7割から8割できればよいのですから、最初はできなくても、落ち込む必要はありません。演習をとおして、自分の実力で足りないところを把握し、学習計画に反映していくことが重要です。

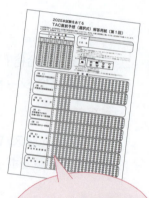

マークシート解答用紙を使って、本番だと思って解いてみましょう。

## Step 2 答え合わせで実力チェック！

解いた問題は、解答を見ながら、答え合わせをしましょう。採点結果は、（6）ページの「繰り返し記録シート」に書きこんでいきましょう。

（2）

### Step 3　間違えた問題の復習をしよう！

問題の答え合わせが終わったら、間違えた問題を中心に、必ず解答と照らし合わせながら復習をしましょう。

選択式は、空欄に入る語句を暗記して終わりにするのではなく、前後の文脈から推測して解答を絞りこんでいくことも検討してみましょう。

択一式は、間違えた問題について「なぜ間違えてしまったのか」という理由を検証しましょう。

**うっかりミスして間違えた**、という問題があった場合は、本番で絶対同じミスをしないように、意識しておくようにしましょう。

復習の過程で、自分の弱点が見えてきたら、よくわかる社労士シリーズの「合格テキスト」や「合格するための過去10年本試験問題集」を確認して、1つずつ克服していきましょう。解説には「合格テキスト」の参照ページつきです。

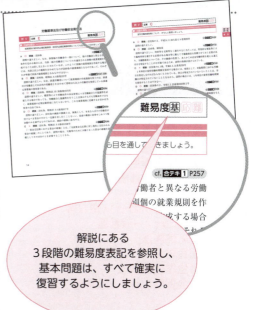

解説にある
3段階の難易度表記を参照し、
基本問題は、すべて確実に
復習するようにしましょう。

### Step 4　繰り返しシートで最低3回は解く！

「あてる」の問題は、ハイレベルな内容も多いですが、本試験当日までに、最低でも3回は解くようにしましょう。

（6）ページの「繰り返し記録シート」には、点数を記録する欄を3回分設けました。2回目、3回目以降の点数もドンドン記録していきましょう。徐々に点数があがり、最後には合格点をとれるようになったかを確認するようにしてください。

3回解くためのスケジュールイメージは、（5）ページを参照してください。

### Step 5　「あてる」を使いたおす！

「あてる」には、直前期に役立つコンテンツが満載です。巻頭には、試験に出る重要ポイントをまとめた「ズバリ出題論点」「最重要ポイントまるごとチェック」を用意いたしました。重要な箇所は、ここで一気に確認しておきましょう。

また、選択式については、2回分の予想問題よりもさらに難しく作成した「選択式プラスワン予想」もあります。「あてる」をフル活用して、最後まで合格を目指してがんばってください！

---

繰り返し記録シート、マークシート解答用紙は、無料でダウンロード版もご用意！
TAC出版の書籍販売サイト（https://bookstore.tac-school.co.jp/）
にアクセスしてください。
書籍連動ダウンロードサービスページに掲載中です。

# TACをフル活用して、万全な態勢に！

「あてる」を解きながら、さまざまな弱点が見えてくると思います。見つかった弱点については、TAC出版の教材をフル活用して、1つ1つ確認していきましょう。

**大好評発売中！**

## よくわかる社労士シリーズのご案内

本書の解説にも、参照ページ番号が書かれている、科目別テキスト！
**よくわかる社労士　合格テキスト（全10冊）**

1. 労働基準法
2. 労働安全衛生法
3. 労働者災害補償保険法
4. 雇用保険法
5. 労働保険の保険料の徴収等に関する法律
6. 労働に関する一般常識
7. 健康保険法
8. 国民年金法
9. 厚生年金保険法
10. 社会保険に関する一般常識

過去問の論点も網羅的にチェックしましょう！
**よくわかる社労士　合格するための過去10年本試験問題集（全4冊）**

1. 労基・安衛・労災
2. 雇用・徴収・労一
3. 健保・社一
4. 国年・厚年

一般常識の白書、統計、労務管理対策ならコレ！
**よくわかる社労士　別冊合格テキスト　直前対策**
一般常識・統計／白書／労務管理

## もっともっと力をつけたい方におすすめ！

法改正、一般常識、判例、事例問題、選択式対策など、直前期に確認しておきたい分野がぎゅっとまとまった最強の1冊！
**無敵の社労士3
完全無欠の直前対策**
2025年5月下旬刊行予定

基本事項の最終チェックに最適！
満点確実の総仕上げ模試！
**みんなが欲しかった！
社労士の直前予想模試**

# 今から合格！本試験までのスケジュール

本試験日までのスケジュールもしっかりイメージしておきましょう。下記に、月ごとのやるべきことをまとめておきましたので、スケジュール作りの参考にしてみてください。

**～5月** 社労士試験申込みの締切月です！ 1日の勉強時間も徐々に増やしていきましょう。

- 基本書（テキスト）での勉強を一通り終わらせる。
- この時点で手持ちの問題集は、すべて解いておく。
- 「あてる」を解く。（1回目）

**6月** いよいよ直前期突入！ 本気モードです。各学校の模試もスタートする時期です。

- 法改正対策を進める。
  「あてる」の（19）ページ以降にある「科目別最重要ポイントまるごとチェック」で、各科目の法改正の概要はチェックしておきましょう。詳しい内容も掘り下げておいたほうがよいので「無敵の社労士③ 完全無欠の直前対策（TAC出版刊）」を読んだり、TAC社労士講座の「法改正セミナー」を受講する等して、対策しておきましょう。
- 5月に解いた「あてる」の復習をする。
- 同時進行で、今まで解いた問題集の復習を進める。

**7月** ここがふんばりどころです！ 不安な気持ちは、問題を解きまくって吹き飛ばしましょう！

- 「あてる」を解く。（2回目）
  この時期は「あてる」のような、予想問題をドンドン解くことが大事です。TAC社労士講座でも「全国公開模試」を実施していますので、こちらも活用してみてくださいね（詳細は裏表紙の広告を参照してください）。
- 一般常識対策を進める。
  白書や統計資料の内容は、本試験直前にまとめて確認しておくと記憶に残しやすいです。よくわかる社労士シリーズの「別冊合格テキスト直前対策」などを活用し、徐々に着手するようにしましょう。

**8月** 最後の1箇月！ 暑さに負けず、誘惑に負けず…最後まで全力で頑張りましょう！

- 「あてる」を解く。（3回目）
- 「あてる」の選択式プラスワン予想を解く。
- 今まで解いた問題集の復習を完璧にする。

**8月下旬　本試験当日!!**

やりきったぞー！

# 何度も解こう！　繰り返し記録シート

| 科目名 | 選択式 | | | 択一式 | | |
|---|---|---|---|---|---|---|
| | 1回目（　／　） | 2回目（　／　） | 3回目（　／　） | 1回目（　／　） | 2回目（　／　） | 3回目（　／　） |
| 労基・安衛 | 点 | 点 | 点 | 点 | 点 | 点 |
| 労災（徴収） | 点 | 点 | 点 | 点 | 点 | 点 |
| 雇用（徴収） | 点 | 点 | 点 | 点 | 点 | 点 |
| 労一 | 点 | 点 | 点 | 点 | 点 | 点 |
| 社一 | 点 | 点 | 点 | | | |
| 健保 | 点 | 点 | 点 | 点 | 点 | 点 |
| 厚年 | 点 | 点 | 点 | 点 | 点 | 点 |
| 国年 | 点 | 点 | 点 | 点 | 点 | 点 |
| 合　計 | 点 | 点 | 点 | 点 | 点 | 点 |

*第1回*

| 科目名 | 選択式 | | | 択一式 | | |
|---|---|---|---|---|---|---|
| | 1回目（　／　） | 2回目（　／　） | 3回目（　／　） | 1回目（　／　） | 2回目（　／　） | 3回目（　／　） |
| 労基・安衛 | 点 | 点 | 点 | 点 | 点 | 点 |
| 労災（徴収） | 点 | 点 | 点 | 点 | 点 | 点 |
| 雇用（徴収） | 点 | 点 | 点 | 点 | 点 | 点 |
| 労一 | 点 | 点 | 点 | 点 | 点 | 点 |
| 社一 | 点 | 点 | 点 | | | |
| 健保 | 点 | 点 | 点 | 点 | 点 | 点 |
| 厚年 | 点 | 点 | 点 | 点 | 点 | 点 |
| 国年 | 点 | 点 | 点 | 点 | 点 | 点 |
| 合　計 | 点 | 点 | 点 | 点 | 点 | 点 |

*第2回*

| 科目名 | 選択式 | | |
|---|---|---|---|
| | 1回目（　／　） | 2回目（　／　） | 3回目（　／　） |
| 労基・安衛 | 点 | 点 | 点 |
| 労災 | 点 | 点 | 点 |
| 雇用 | 点 | 点 | 点 |
| 労一 | 点 | 点 | 点 |
| 社一 | 点 | 点 | 点 |
| 健保 | 点 | 点 | 点 |
| 厚年 | 点 | 点 | 点 |
| 国年 | 点 | 点 | 点 |
| 合　計 | 点 | 点 | 点 |

*プラスワン予想*

## あてるの目標得点

本書の予想問題は、難易度を高く設定して作成しています。次の目標点をクリアできるようにしましょう。

### 選択式

第1回→28点以上　かつ　各科目3点以上
第2回→24点以上　かつ　各科目3点以上
プラスワン予想→23点以上　かつ　各科目3点以上

### 択一式

第1回→44点以上　かつ　各科目4点以上
第2回→41点以上　かつ　各科目4点以上

巻頭特集

**あてる社労士**
*Special Contents*

過去10年間の本試験傾向を総力分析！

# 2025年本試験
# ズバリ出題論点

最新の法改正と試験によくでる重要論点を総ざらい！

# 科目別 最重要ポイント
# まるごとチェック！

# 過去10年間の本試験傾向を総力分析！

## 2025年本試験 ズバリ出題論点

目標は 選択 択一 7割以上！

いよいよ本試験日が迫ってきました。今年の本試験では一体何が出るのか、気になる時期ですね。

これから本試験日までの学習においては、すべてを完璧にするというよりも、合格基準点（およそ7割）確保に必要な内容を完璧にするということを、強く認識しておいてください。

合格基準点の確保に必要なものとは「毎年必ず出る論点」「最近の傾向でよく出ているもの」を絶対に落とさないということです。

ここで、過去の本試験出題内容を整理し、これからやるべきことを明確にしていきましょう！

### ▶ズバリ出題論点について

社労士試験には、選択式試験と択一式試験があります。同じ科目でも、試験種によって出題傾向は異なります。

選択式は、過去10年間の本試験出題実績を表形式で一覧にし、択一式は、よくでる論点を「出題ランキング」で示しました。

### ▶今後の学習計画を立てるにあたって

#### 選択式　最近の出題傾向をつかんでおくこと！

科目によって、難問が多い傾向の科目と、そうでない科目があります。難が入っている年は、TAC社労士講座の「TAC本試験解答分析サービス」で、登録者の平均点が3点未満でした。ここでは出題実績をみながら最近の出題傾向をつかみ、やるべきことを確認しましょう。

#### 択一式　毎年出るものは確実におさえること！

ランクインしている論点は、過去にも繰り返し出題されているものです。あやふやなところがある人は、本試験までにテキストなどで必ず確認しましょう。

### ▶本試験の合格基準について

合格基準は毎年変動します。選択式、択一式、それぞれの試験において
**「総得点基準点を上回ること、かつ、科目別基準点を上回ること」** が合格の条件です。

過去の本試験傾向から、確実な合格の目安は
**総得点で7割以上（選択式は28点以上、択一式は49点以上）**
**かつ、選択式は各科目3点以上、択一式は各科目4点以上** となります。

科目ごとに、「**目標得点**」として、本試験での得点目安も掲載しましたので、参考にしてください。

# 労働基準法

**出題** 選択式1問（安衛法とあわせて）、択一式7問

**目標得点** 選択 2点 / 択一 6点

● 選択式　出題実績

| | | | |
|---|---|---|---|
| 平成27年 | ・事業場外のみなし労働時間制（判例）<br>・年次有給休暇の時季変更権（判例）<br>・妊産婦の定義 | 令和2年 | ・監督上の行政措置<br>・車持込み運転手の労働者性（判例） |
| 平成28年 | ・解雇制限の解除（判例）<br>・企画業務型裁量労働制 | 令和3年 | ・労働基準法第16条における「違約金」<br>・歩合給の計算に当たり控除される「割増金」と割増賃金の支払いの有効性（判例） |
| 平成29年 | ・年次有給休暇の時季指定権と時季変更権（判例）<br>・出産の定義 | 令和4年 | ・解雇予告<br>・転勤命令の権利濫用の有無（判例） |
| 平成30年 | ・解雇予告の適用除外<br>・育児時間<br>・競業義務違反の退職金（判例） | 令和5年 | ・労基法の規定による災害補償その他の請求権<br>・年次有給休暇の請求に対する使用者の時季変更権行使の効力（判例）<br>・労働基準法上の労働時間（判例） |
| 令和元年 | ・解雇期間中の賃金と中間利益（判例）<br>・出来高払制の保障給 | 令和6年 | ・年少者の最低年齢の規定<br>・労働基準法上の労働時間（判例）<br>・全額払の原則と退職金債権放棄の効力（判例） |

● 択一式　出題ランキング

| | 項目名 | 出題数合計 | R6 | R5 | R4 | R3 | R2 | R元 | H30 | H29 | H28 | H27 |
|---|---|---|---|---|---|---|---|---|---|---|---|---|
| 1 | 賃金の支払 | 38 | 5 | 5 | 3 | 5 | | 4 | 4 | 4 | 4 | 4 |
| 2 | 就業規則 | 32 | 4 | | 5 | 5 | 4 | 4 | | 5 | 5 |
| 3 | 労働条件の原則、労働基準法の適用 | 29 | 4 | 1 | 6 | 1 | 5 | 1 | 2 | 6 | 1 | 2 |
| 4 | 前近代的な労働関係の排除 | 24 | 2 | 3 | 3 | 3 | 2 | 2 | 1 | 2 | 4 | 2 |
| 5 | 割増賃金 | 21 | | | 3 | | 1 | 2 | 6 | 4 | 5 | |
| 6 | 労働条件の決定等 | 20 | 2 | 2 | 2 | 2 | 2 | 2 | 2 | 2 | 2 | 2 |
| 6 | 賃金の保障 | 20 | | 5 | 1 | 5 | | 1 | 1 | 1 | 1 | 5 |
| 6 | 労働契約の締結 | 20 | 3 | 2 | 2 | 2 | 2 | 1 | 1 | 3 | 2 | 2 |
| 9 | 労働契約の終了 | 19 | 1 | 3 | 1 | | 3 | 3 | 5 | 2 | | 1 |
| 9 | 賃金の定義・平均賃金 | 19 | 1 | | 1 | 1 | 1 | 6 | 2 | | 1 | 6 |

(9)

# 労働安全衛生法

**出題** 選択式1問（労基法とあわせて）、択一式3問

## ●選択式　出題実績

| | | | |
|---|---|---|---|
| 平成27年 | ・事業者の定義<br>・就業制限業務 | 令和2年 | ・海外派遣労働者の健康診断<br>・事業者の講ずべき措置 |
| 平成28年 | ・総括安全衛生管理者<br>・ストレスチェック制度 | 令和3年 | ・中高年齢者等についての配慮<br>・墜落等による危険の防止 |
| 平成29年 | ・リスクアセスメントの実施<br>・作業管理 | 令和4年 | ・安全衛生教育<br>・事業者等の責務 |
| 平成30年 | ・作業環境測定の定義<br>・型式検定 | 令和5年 | ・重量の表示<br>・病者の就業禁止 |
| 令和元年 | ・目的条文<br>・衛生管理者の資格要件 | 令和6年 | ・定期自主検査を行わなければならない機械等<br>・労働者死傷病報告 |

## ●択一式　出題ランキング

| | 項目名 | 出題数合計 | R6 | R5 | R4 | R3 | R2 | R元 | H30 | H29 | H28 | H27 |
|---|---|---|---|---|---|---|---|---|---|---|---|---|
| 1 | 安全衛生管理体制 | 34 | 5 | | 11 | 7 | 1 | | | 10 | | |
| 2 | 目的等 | 21 | | | 2 | 3 | | 5 | 3 | | 4 | 4 |
| 3 | 事業者の講ずべき措置等 | 16 | | | | | 5 | | | | 6 | 5 |
| 3 | 面接指導等 | 16 | 5 | | | 5 | | 5 | | | | 1 |
| 5 | 健康診断等 | 15 | | 5 | | | | 5 | | | | 5 |
| 6 | 雑則等 | 7 | | 5 | | 1 | | | 1 | | | |
| 7 | 安全衛生教育 | 5 | | | | 5 | | | | | | |
| 7 | 就業制限等 | 5 | | | | | | | | | 5 | |
| 7 | 構造規格等の具備を要する機械等に関する規制 | 5 | | | | | | 5 | | | | |
| 7 | 定期自主検査 | 5 | | | | | | | 5 | | | |
| 7 | 特定機械等に関する規制 | 5 | | 5 | | | | | | | | |
| 7 | 計画の届出等 | 5 | 5 | | | | | | | | | |

# 労働者災害補償保険法

**出題** 選択式１問、択一式７問

**目標得点** 選択 **4**点　択一 **6**点

2025年本試験 ズバリ出題論点

## ●選択式　出題実績

| | | | |
|---|---|---|---|
| 平成27年 難 | ・第三者行為災害による損害賠償との調整（判例）<br>・特別加入者の加入対象者、加入の効果 | 令和２年 | ・通勤の定義 |
| 平成28年 | ・療養の費用の支給<br>・相対的支給制限<br>・脳血管疾患及び虚血性心疾患等の認定基準について | 令和３年 | ・複数業務要因災害<br>・保険給付<br>・遺族補償年金を受けることができる遺族 |
| 平成29年 | ・不服申立て<br>・時効 | 令和４年 | ・障害等級等<br>・中小事業主が労災保険に特別加入する際に成立する保険関係（判例） |
| 平成30年 | ・特別加入 | 令和５年 | ・休業補償給付<br>・社会復帰促進等事業 |
| 令和元年 | ・労働者の定義<br>・保険給付の種類<br>・費用徴収 | 令和６年 | ・障害補償給付の障害等級<br>・年金給付の支給期間と未支給の保険給付の請求権者<br>・遺族補償年金と損益相殺的調整（判例） |

## ●択一式　出題ランキング

| | 項目名 | 出題数合計 | 過去10年間の年度別出題実績 | | | | | | | | | |
|---|---|---|---|---|---|---|---|---|---|---|---|---|
| | | | R6 | R5 | R4 | R3 | R2 | R元 | H30 | H29 | H28 | H27 |
| 1 | 業務災害 | 83 | 6 | 10 | 16 | 15 | | 7 | 5 | 5 | 9 | 10 |
| 2 | 通勤災害 | 31 | 5 | | 8 | 5 | | 1 | | 4 | 6 | 2 |
| 3 | 障害（補償）等給付 | 21 | | 5 | | 5 | 6 | | 5 | | | |
| 4 | 療養（補償）等給付 | 18 | | | | | | 5 | 2 | 1 | 5 | 5 |
| 5 | 雑則等 | 17 | | | | | 5 | 5 | 6 | | | 1 |
| | 特別支給金 | 17 | | | | | 5 | 5 | | 1 | 5 | 1 |
| | 給付通則 | 17 | 1 | | | | 3 | 3 | 3 | 2 | | 5 |
| | 遺族（補償）等年金 | 17 | 6 | 5 | | | 1 | | | | 3 | 2 |
| 9 | 社会復帰促進等事業の概要 | 16 | | | 5 | | | 5 | | 6 | | |
| | 特別加入の対象者 | 16 | 2 | | 5 | 3 | 5 | | | 1 | | |

（11）

# 雇用保険法

出題 選択式1問、択一式7問

目標得点 選択 4点 / 択一 6点

● 選択式　出題実績

| | | | |
|---|---|---|---|
| 平成27年 | ・高年齢求職者給付金<br>・教育訓練支援給付金<br>・未支給の失業等給付<br>・日雇労働求職者給付金の普通給付 | 令和2年 | ・雇用保険の被保険者の定義、適用除外<br>・短期雇用特例被保険者 |
| 平成28年（難） | ・目的<br>・移転費の額<br>・国庫負担 | 令和3年 | ・被保険者期間の算定対象期間<br>・求職活動の確認 |
| 平成29年 | ・未支給の基本手当の請求手続き<br>・日雇労働被保険者の定義<br>・雇用保険二事業 | 令和4年 | ・賃金日額の算定と基本手当日額<br>・教育訓練給付金 |
| 平成30年 | ・被保険者期間<br>・高年齢再就職給付金 | 令和5年（難） | ・技能習得手当<br>・日雇労働求職者給付金<br>・定年退職者等の特例による受給期間の延長 |
| 令和元年 | ・給付制限<br>・育児休業給付金 | 令和6年 | ・出生時育児休業給付金<br>・個別延長給付<br>・適用除外 |

● 択一式　出題ランキング

| | 項目名 | 出題数合計 | R6 | R5 | R4 | R3 | R2 | R元 | H30 | H29 | H28 | H27 |
|---|---|---|---|---|---|---|---|---|---|---|---|---|
| 1 | 基本手当 | 99 | 7 | 15 | 1 | 9 | 10 | 14 | 15 | 4 | 10 | 14 |
| 2 | 雇用継続給付 | 30 | 5 | | 5 | | | 6 | 4 | | | 10 |
| 3 | 被保険者及び適用除外 | 26 | 5 | 5 | | 6 | | | 5 | | | 5 |
| 4 | 基本手当以外の求職者給付 | 24 | 5 | | 1 | 5 | 5 | | 3 | 5 | | |
| 5 | 育児休業等給付 | 21 | | 5 | 5 | 5 | | | 5 | | 1 | |
| 5 | 雇用保険二事業 | 21 | 6 | | | | 5 | 4 | | 5 | 1 | |
| 7 | 教育訓練給付 | 19 | | 5 | | 4 | | 1 | | 1 | 4 | 4 |
| 8 | 就職促進給付 | 15 | | 5 | | | 5 | 5 | | | | |
| 9 | 届出 | 14 | 2 | | 5 | | 3 | | 1 | | 3 | |
| 9 | 通則 | 14 | 2 | | | 5 | | 1 | 4 | 1 | 1 | |

(12)

# 労働保険徴収法

**出題** 選択式なし、択一式6問

**目標得点** 択一 **4**点

●択一式　出題ランキング

| 順位 | 項目名 | 出題数合計 | R6 | R5 | R4 | R3 | R2 | R元 | H30 | H29 | H28 | H27 |
|---|---|---|---|---|---|---|---|---|---|---|---|---|
| 1 | 労働保険料の額 | 44 | 1 | 9 | 11 |  | 7 | 5 | 6 | 5 |  |  |
| 1 | 概算保険料 | 44 | 1 | 2 | 5 | 10 | 3 | 2 | 8 | 7 |  | 6 |
| 3 | 事業の一括 | 38 | 6 | 5 | 1 | 5 | 5 |  | 5 |  | 6 | 5 |
| 4 | 保険関係の成立等 | 32 | 5 |  | 3 | 5 |  | 6 |  | 4 | 3 | 6 |
| 5 | 労働保険事務組合 | 26 |  | 5 |  | 5 |  | 5 | 5 | 5 | 1 |  |
| 6 | 確定保険料の申告・納付 | 18 | 2 | 2 | 4 |  |  | 4 | 1 | 3 |  | 2 |
| 7 | 印紙保険料 | 16 | 5 | 3 |  |  | 3 |  |  |  | 5 |  |
| 8 | メリット制 | 15 |  |  | 5 |  | 5 |  |  |  | 5 |  |
| 9 | 口座振替納付 | 13 | 5 |  |  |  | 2 |  | 5 |  |  | 1 |
| 10 | 滞納に対する措置 | 12 |  | 1 | 1 |  |  | 5 |  | 5 |  |  |

(13)

# 労務管理その他の労働に関する一般常識

**出題** 選択式1問、択一式10問（社会保険に関する一般常識とあわせて）

**目標得点** 選択 4点 / 択一 2点

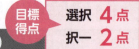

## ●選択式　出題実績

| 年度 | 内容 | 年度 | 内容 |
|---|---|---|---|
| 平成27年（難） | ・中高年者縦断調査<br>・雇用動向調査<br>・仕事と介護の両立に関する企業アンケート調査<br>・就業構造基本調査 | 令和2年（難） | ・雇用動向調査（厚生労働省）<br>・就労条件総合調査（厚生労働省）<br>・雇用均等基本調査（厚生労働省）<br>・労働力調査（総務省）<br>・就業構造基本調査（総務省） |
| 平成28年（難） | ・就労条件総合調査<br>・労働組合活動等に関する実態調査 | 令和3年（難） | ・労働施策総合推進法<br>・厚生労働白書（企業における高年齢者の就労促進） |
| 平成29年 | ・能力開発基本調査<br>・外国人雇用状況の届出状況まとめ | 令和4年 | ・障害者雇用促進法<br>・臨時員の労働契約期間満了により使用者が行った雇止めについて（判例） |
| 平成30年 | ・人口動態統計<br>・次世代育成支援対策推進法<br>・社会・人口統計 | 令和5年 | ・採用内定取消し（判例）<br>・労働者派遣法<br>・最低賃金制度 |
| 令和元年 | ・技能検定<br>・女性活躍推進法<br>・就業構造基本調査 | 令和6年（難） | ・自動車運転者の労働時間等の改善のための基準<br>・厚生労働白書（総務省統計局「労働力調査」）<br>・労働協約の一般的拘束力（判例）<br>・男女雇用機会均等法 |

## ●択一式　出題ランキング

| | 項目名 | 出題数合計 | R6 | R5 | R4 | R3 | R2 | R元 | H30 | H29 | H28 | H27 |
|---|---|---|---|---|---|---|---|---|---|---|---|---|
| 1 | その他統計調査 | 45 | 10 | 15 | 10 | | 5 | | 5 | | | |
| 2 | 労働契約法 | 37 | 5 | | | 5 | | 5 | 5 | 5 | 5 | 7 |
| 3 | 就労条件総合調査 | 20 | | | 5 | | 5 | | | | 5 | 5 |
| 4 | 労働経済（白書） | 15 | | | | 5 | | 5 | | | | 5 |
| 5 | 労働組合法 | 12 | | 1 | 1 | | 5 | | 2 | 1 | 2 | |
| 6 | その他白書等 | 10 | | | | | | | | 10 | | |
| 6 | 若年者雇用実態調査 | 10 | | | | | 5 | | | | 5 | |
| 8 | 障害者の雇用の促進等に関する法律 | 7 | 1 | | 1 | 1 | 1 | 1 | | | 1 | 1 |
| 9 | 就業形態の多様化に関する総合実態調査 | 5 | | | | 5 | | | | | | |
| 9 | 育児・介護休業法 | 5 | | 1 | 1 | | 1 | | | 1 | 1 | |

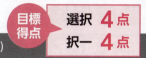

# 社会保険に関する一般常識

**出題** 選択式1問、択一式10問（労務管理その他の労働に関する一般常識とあわせて）

**目標得点** 選択 4点 / 択一 4点

## ●選択式 出題実績

| 年度 | 項目 | 年度 | 項目 |
|---|---|---|---|
| 平成27年 | ・社会保険労務士法<br>・児童手当法<br>・介護保険法<br>・高齢者医療確保法 | 令和2年（難） | ・平成29年度社会保障費用統計（国立社会保障・人口問題研究所）<br>・介護保険法<br>・国民健康保険法<br>・確定拠出年金法 |
| 平成28年 | ・厚生労働白書（社会保険の沿革）<br>・児童手当法<br>・国民健康保険法 | 令和3年 | ・国民健康保険法<br>・船員保険法<br>・児童手当法<br>・確定給付企業年金法 |
| 平成29年 | ・国民健康保険法<br>・介護保険法<br>・児童手当法 | 令和4年（難） | ・令和元年度国民医療費の概況<br>・確定拠出年金法<br>・児童手当法<br>・介護保険法 |
| 平成30年 | ・介護保険法<br>・児童手当法<br>・確定給付企業年金法 | 令和5年 | ・船員保険法<br>・高齢者医療確保法<br>・確定給付企業年金法<br>・児童手当法<br>・令和4年版厚生労働白書 |
| 令和元年（難） | ・船員保険法<br>・介護保険法<br>・国民健康保険法<br>・確定拠出年金法 | 令和6年 | ・国民生活基礎調査の概況<br>・介護保険事業状況報告（年報）<br>・国民健康保険法<br>・高齢者医療確保法 |

## ●択一式 出題ランキング

| | 項目名 | 出題数合計 | R6 | R5 | R4 | R3 | R2 | R元 | H30 | H29 | H28 | H27 |
|---|---|---|---|---|---|---|---|---|---|---|---|---|
| 1 | 社会保険労務士法 | 51 | 5 | 5 | 5 | 5 | 5 | 5 | 5 | 6 | 5 | 5 |
| 2 | 高齢者の医療の確保に関する法律 | 39 | 1 | 5 | 8 | 1 | 1 | 6 | 7 | 5 | 2 | 3 |
| 3 | 社会保障制度 | 38 | 7 | | | 4 | | 5 | 8 | 6 | 4 | 4 |
| 4 | 介護保険法 | 35 | | 5 | 3 | 6 | 3 | 7 | 1 | 6 | 1 | 5 |
| 5 | 国民健康保険法 | 29 | 6 | | 4 | 6 | 3 | | 1 | 1 | 2 | 2 |
| 6 | 船員保険法 | 28 | 1 | 5 | 3 | 1 | 6 | 1 | 6 | | 5 | |
| 7 | 確定拠出年金法 | 23 | 5 | 5 | | 5 | | | | 3 | | 5 |
| 8 | 確定給付企業年金法 | 21 | 5 | | 5 | | 5 | | | 1 | 5 | |
| 9 | 社会保障関係統計 | 15 | | | | 2 | | | 1 | | 6 | 6 |
| 10 | 社会保険審査官及び社会保険審査会法 | 12 | | 5 | | | 5 | | | 2 | | |

# 健康保険法

**出題** 選択式1問、択一式10問

**目標得点** 選択 **4**点 / 択一 **7**点

## ●選択式 出題実績

| | | | |
|---|---|---|---|
| 平成27年 **難** | ・療養の給付 一部負担金<br>・延滞金の割合 | 令和2年 | ・保険医療機関又は保険薬局の指定の取消<br>・療養の給付の一部負担金<br>・高額療養費<br>・健康保険被保険者資格喪失届<br>・全国健康保険協会による広報及び保険料の納付の勧奨 |
| 平成28年 | ・高額療養費<br>・訪問看護療養費 | 令和3年 | ・保険料率<br>・標準報酬月額 |
| 平成29年 **難** | ・協会管掌健康保険における財政の調整<br>・指定訪問看護事業者<br>・健康保険組合の設立 | 令和4年 | ・被保険者の要件<br>・保険外併用療養費<br>・2以上の事業所に使用される場合の手続き |
| 平成30年 | ・基本的理念<br>・出産手当金 | 令和5年 | ・全国健康保険協会管掌健康保険<br>・高額療養費多数回該当の場合<br>・出産手当金 |
| 令和元年 | ・任意継続被保険者の標準報酬月額<br>・傷病手当金の支給期間<br>・全国健康保険協会の準備金 | 令和6年 | ・保険外併用療養費の支給要件<br>・資格喪失後の出産育児一時金の支給<br>・家族訪問看護療養費 |

## ●択一式 出題ランキング

| | 項目名 | 出題数合計 | 過去10年間の年度別出題実績 | | | | | | | | | |
|---|---|---|---|---|---|---|---|---|---|---|---|---|
| | | | R6 | R5 | R4 | R3 | R2 | R元 | H30 | H29 | H28 | H27 |
| **1** | 標準報酬 | 61 | 3 | 2 | 12 | 8 | 4 | 8 | 6 | 5 | 8 | 5 |
| **2** | 費用の負担 | 57 | 5 | 7 | 5 | 4 | 6 | 8 | 6 | 7 | 5 | 4 |
| **3** | 一般の被保険者等 | 39 | 5 | 4 | 1 | 5 | 7 | 2 | 4 | 6 | 1 | 4 |
| **4** | 給付制限・損害賠償との調整 | 24 | 2 | 2 | 3 | 3 | 4 | 1 | 2 | 3 | 3 | 1 |
| | 健康保険組合 | 24 | 3 | 3 | 3 | 4 | 1 | 1 | 5 | 1 | 1 | 2 |
| **6** | 傷病手当金 | 22 | | 4 | 3 | 2 | 3 | 2 | 1 | 3 | 3 | 1 |
| **7** | 被扶養者 | 21 | 1 | 1 | 2 | 2 | 4 | 2 | 2 | 3 | 2 | 2 |
| **8** | 全国健康保険協会 | 19 | 4 | 2 | 2 | 1 | 3 | 3 | 3 | 2 | 1 | |
| **9** | 資格喪失後の給付 | 18 | 1 | 1 | 2 | 2 | 2 | 2 | 2 | 1 | 3 | 2 |
| **10** | 雑則等 | 16 | 2 | 2 | | 4 | 2 | 1 | 2 | 1 | 1 | 1 |

# 厚生年金保険法

**出題** 選択式1問、択一式10問

**目標得点** 選択 4点 / 択一 7点

## ●選択式　出題実績

| | | | |
|---|---|---|---|
| 平成27年 | ・特別支給の老齢厚生年金の支給開始年齢（障害者、長期加入者、坑内員・船員の特例）、定額部分の年金額 | 令和2年 | ・被保険者に対する情報の提供<br>・老齢厚生年金の支給繰下げの申出<br>・合意分割 |
| 平成28年 | ・60歳台前半の在職老齢年金<br>・厚生年金保険事業の円滑な実施を図るための措置 | 令和3年 | ・「賞与」の定義<br>・交付金<br>・2以上の適用事業所 |
| 平成29年 | ・国庫負担<br>・中高齢寡婦加算の額<br>・3号分割における標準報酬の改定請求<br>・合意分割の請求 | 令和4年 | ・産前産後休業期間中の保険料の徴収の特例<br>・遺族厚生年金の支給<br>・65歳未満の在職老齢年金制度<br>・障害厚生年金の受給権者 |
| 平成30年 | ・保険料の繰上充当<br>・積立金の運用<br>・養育期間中の標準報酬月額の特例 | 令和5年 | ・地方厚生局長等への権限の委任<br>・障害年金、遺族年金の支給要件<br>・年金額の算定<br>・遺族厚生年金の支給停止 |
| 令和元年 | ・滞納処分<br>・厚生年金保険事業の財政<br>・年金の支払期月 | 令和6年 | ・事務費の国庫負担<br>・標準賞与額の決定<br>・受給権の保護<br>・遺族厚生年金の支給要件<br>・障害の程度の増進による改定請求 |

## ●択一式　出題ランキング

| | 項目名 | 出題数合計 | R6 | R5 | R4 | R3 | R2 | R元 | H30 | H29 | H28 | H27 |
|---|---|---|---|---|---|---|---|---|---|---|---|---|
| 1 | 遺族厚生年金等 | 81 | 11 | 10 | 1 | 15 | 8 | 9 | 3 | 8 | 8 | 8 |
| 2 | 本来の老齢厚生年金 | 73 | 10 | 9 | 17 | 7 | 2 | 1 | 6 | 4 | 12 | 5 |
| 3 | 障害厚生年金等 | 57 | 3 | 5 | 4 | 6 | 7 | 5 | 5 | 9 | 6 | 7 |
| 4 | 届出等 | 37 | 2 | 5 | | 3 | 8 | 10 | 1 | 3 | | 5 |
| 5 | 特別支給の老齢厚生年金 | 34 | 3 | 4 | 1 | 5 | 2 | 5 | 2 | 3 | 3 | 6 |
| 6 | 標準報酬 | 28 | 2 | 6 | 1 | 5 | 1 | 5 | 4 | 3 | | 1 |
| 6 | 保険料 | 28 | 7 | 1 | 1 | | 1 | 4 | 6 | 2 | 2 | 4 |
| 8 | 当然被保険者等 | 22 | 1 | 3 | 4 | | 7 | 1 | 1 | 1 | 2 | 2 |
| 9 | 適用事業所 | 16 | | 1 | 3 | | 1 | 3 | 2 | 1 | 5 | |
| 10 | 支給期間等 | 14 | 2 | 1 | 1 | | 4 | 1 | 1 | | 1 | 2 |

(17)

# 国民年金法

出題 選択式1問、択一式10問

## ●選択式 出題実績

| | | | |
|---|---|---|---|
| 平成27年 | ・特定国民年金原簿記録に関する訂正の請求<br>・20歳前傷病の障害基礎年金の届出<br>・特定受給者の老齢基礎年金等の特例 | 令和2年 | ・年金額の改定<br>・遺族基礎年金の支給要件<br>・基礎年金拠出金 |
| 平成28年 | ・目的<br>・学生納付特例<br>・厚生労働大臣から財務大臣への滞納処分等に係る権限の委任 | 令和3年 | ・調整期間<br>・公課の禁止 |
| 平成29年 | ・保険料の申請免除 | 令和4年 | ・障害基礎年金の支給停止<br>・寡婦年金の額<br>・国民年金基金の業務<br>・被保険者に対する情報の提供 |
| 平成30年 | ・本人確認情報による受給権者の確認等<br>・全額免除申請の事務手続きに関する特例<br>・老齢基礎年金の支給繰下げ | 令和5年 | ・国民年金事業の円滑な実施を図るための措置<br>・国民年金の給付<br>・被保険者の資格 |
| 令和元年 | ・積立金の運用<br>・指定代理納付者<br>・延滞金 | 令和6年 | ・保険料の納付委託<br>・遺族基礎年金の受給権者<br>・死亡一時金を受けることができる遺族の範囲と順位 |

## ●択一式 出題ランキング

| | 項目名 | 出題数合計 | R6 | R5 | R4 | R3 | R2 | R元 | H30 | H29 | H28 | H27 |
|---|---|---|---|---|---|---|---|---|---|---|---|---|
| 1 | 老齢基礎年金 | 63 | 5 | 7 | 6 | 4 | 3 | 8 | 8 | 3 | 7 | 12 |
| 2 | 障害基礎年金 | 50 | 6 | 6 | 4 | 6 | 3 | 7 | 6 | 4 | 5 | 3 |
| 3 | 遺族基礎年金 | 42 | 5 | 3 | 5 | 4 | 2 | 5 | 9 | 2 | 6 | 1 |
| 4 | 被保険者の種類 | 29 | 3 | 3 | | 5 | 6 | 2 | | 2 | 3 | 5 |
| 4 | 国民年金基金等 | 29 | 4 | 1 | 2 | 6 | 2 | 2 | 3 | 5 | | 4 |
| 6 | 保険料 | 28 | 4 | 3 | 3 | | 2 | 5 | 5 | 2 | 1 | 3 |
| 7 | 届出 | 27 | 1 | | 6 | 4 | 4 | 1 | | 6 | | 5 |
| 8 | 支給期間・未支給年金・受給権の保護等 | 26 | 3 | 4 | | 1 | 2 | 2 | | 4 | 8 | 2 |
| 9 | 保険料の免除 | 22 | 4 | 3 | 2 | 1 | 2 | 3 | 1 | 2 | 2 | 2 |
| 9 | 資格の得喪 | 22 | 3 | 1 | 4 | 3 | | | 1 | 5 | 1 | 4 |

(18)

# 科目別 最新の法改正と、試験によくでる重要論点を総ざらい!

# 最重要ポイント まるごとチェック!

・法改正トピックス→直近2年分の主要改正事項をまとめています。
・これはマスト!重要論点ミニ講義
　→試験頻出論点、今後出題が予想される論点をまとめています。

## 労働基準法

### ✴ 法改正トピックス

■2025年向け改正

特にありません。

### ✍ これはマスト! 重要論点ミニ講義

#### 1. 解雇予告の適用除外

　解雇予告の規定は、次表の左欄の①～④のいずれかに該当する労働者については適用されませんが、左欄に該当する者がそれぞれ右欄に該当した場合には、この限りでないとされています。

| 原則（解雇予告の規定の適用除外） | 例外（解雇予告必要） |
|---|---|
| ①日日雇い入れられる者 | 1箇月を超えて引き続き使用された場合 |
| ②2箇月以内の期間を定めて使用される者 | 所定の期間を超えて引き続き使用された場合 |
| ③季節的業務に4箇月以内の期間を定めて使用される者 | |
| ④試の使用期間中の者 | 14日を超えて引き続き使用された場合 |

（19）

## 2．労働条件の明示事項

労働条件の明示事項をまとめておきます。

| | | |
|---|---|---|
| 絶対的明示事項 | ① | 労働契約の期間に関する事項 |
| | ② | 就業の場所及び従事すべき業務に関する事項（就業の場所及び従事すべき業務の変更の範囲を含む。） |
| | ③ | 始業及び終業の時刻、所定労働時間を超える労働の有無、休憩時間、休日、休暇並びに労働者を2組以上に分けて就業させる場合における就業時転換に関する事項 |
| | ④ | 賃金（退職手当等を除く。）の決定、計算及び支払の方法、賃金の締切り及び支払の時期並びに昇給に関する事項 |
| | ⑤ | 退職に関する事項（解雇の事由を含む。） |
| | 有期労働契約であって当該労働契約の期間の満了後に当該労働契約を更新する場合があるものの締結の場合（①～⑤のほか、下記⑥） | |
| | ⑥ | 有期労働契約を更新する場合の基準に関する事項（労働契約法に規定する通算契約期間又は有期労働契約の更新回数に上限の定めがある場合には当該上限を含む。） |
| | その契約期間内に労働者が労働契約法の無期転換申込みをすることができることとなる有期労働契約の締結の場合（①～⑥のほか、下記⑦⑧） | |
| | ⑦ | 無期転換申込みに関する事項 |
| | ⑧ | 無期転換申込みに係る期間の定めのない労働契約の内容である労働条件のうち上記①～⑤までに掲げる事項 |
| 相対的明示事項 | ⑨ | 退職手当の定めが適用される労働者の範囲、退職手当の決定、計算及び支払の方法並びに退職手当の支払の時期に関する事項 |
| | ⑩ | 臨時に支払われる賃金等（退職手当を除く。）、賞与及び最低賃金額に関する事項 |
| | ⑪ | 労働者に負担させるべき食費、作業用品その他に関する事項 |
| | ⑫ | 安全及び衛生に関する事項 |
| | ⑬ | 職業訓練に関する事項 |
| | ⑭ | 災害補償及び業務外の傷病扶助に関する事項 |
| | ⑮ | 表彰及び制裁に関する事項 |
| | ⑯ | 休職に関する事項 |
| | その契約期間内に労働者が労働契約法の無期転換申込みをすることができることとなる有期労働契約の締結の場合（⑨～⑯のほか、下記⑰） | |
| | ⑰ | 無期転換申込みに係る期間の定めのない労働契約の内容である労働条件のうち上記⑨～⑯までに掲げる事項 |

## 3．賃金支払の5原則

賃金支払の5原則とその例外について、まとめておきます。

| 賃金支払の5原則 | 例外 |
|---|---|
| 通貨払の原則 | ・法令に別段の定めがある場合<br>・労働協約に別段の定めがある場合<br>・一定の賃金について確実な支払の方法で厚生労働省令で定めるものによる場合 |
| 直接払の原則※ | |
| 全額払の原則 | ・法令に別段の定めがある場合<br>・労使協定がある場合 |
| 毎月1回以上払・一定期日払の原則 | ・臨時に支払われる賃金<br>・賞与<br>・上記に準ずるもので厚生労働省令で定める賃金 |

※　明文の規定はありませんが、労働者の使者に支払うことは、直接払の原則に違反しません。

## 4. 年次有給休暇の要件に係る全労働日及び出勤日

年次有給休暇の要件である出勤率の算定に当たり、出勤とみなす（取り扱う）日及び全労働日から除く日は、次のようになります。

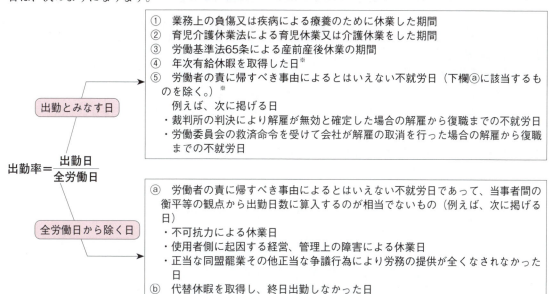

① 業務上の負傷又は疾病による療養のために休業した期間
② 育児介護休業法による育児休業又は介護休業をした期間
③ 労働基準法65条による産前産後休業の期間
④ 年次有給休暇を取得した日※
⑤ 労働者の責に帰すべき事由によるとはいえない不就労日（下欄ⓐに該当するものを除く。）※
　例えば、次に掲げる日
・裁判所の判決により解雇が無効と確定した場合の解雇から復職までの不就労日
・労働委員会の救済命令を受けて会社が解雇の取消を行った場合の解雇から復職までの不就労日

ⓐ 労働者の責に帰すべき事由によるとはいえない不就労日であって、当事者間の衡平等の観点から出勤日数に算入するのが相当でないもの（例えば、次に掲げる日）
・不可抗力による休業日
・使用者側に起因する経営、管理上の障害による休業日
・正当な同盟罷業その他正当な争議行為により労務の提供が全くなされなかった日
ⓑ 代替休暇を取得し、終日出勤しなかった日

※の日は、法律上「出勤したものとみなす」とはされていませんが、通達等により出勤として取り扱うこととされている日です。

## 5. 労使協定の届出及び有効期間の定め

労使協定の届出及び有効期間の定めの要・不要は、次のとおりです。

〔○＝要・×＝不要〕

| 労使協定 | | 届出 | 有効期間の定め |
|---|---|---|---|
| ①任意貯蓄 | | ○ | × |
| ②賃金の一部控除 | | × | × |
| ③1箇月単位の変形労働時間制 | | ○ | ○ |
| ④フレックスタイム制 | 清算期間1箇月以内 | × | × |
| | 清算期間1箇月超え | ○ | ○ |
| ⑤1年単位の変形労働時間制 | | ○ | ○ |
| ⑥1週間単位の非定型的変形労働時間制 | | ○ | × |
| ⑦休憩の一斉付与の除外 | | × | × |
| ⑧時間外及び休日の労働 | | ○ | ○ |
| ⑨代替休暇 | | × | × |
| ⑩事業場外労働のみなし労働時間制 | | ○※ | ○ |
| ⑪専門業務型裁量労働制 | | ○ | ○ |
| ⑫時間単位年休 | | × | × |
| ⑬年次有給休暇の計画的付与 | | × | × |
| ⑭年次有給休暇中の賃金 | | × | × |

※「みなし労働時間」が法定労働時間以下であるときは、届出不要です。

# 労働安全衛生法

## 法改正トピックス

### ■2025年向け改正

① 電子申請の義務化

　　労働基準監督署長に対する報告のうち、労働者死傷病報告等の報告数が多い8つの報告（労働者死傷病報告、総括安全衛生管理者・安全管理者・衛生管理者・産業医の選任報告、定期健康診断結果報告…等）について、原則電子申請によることとされました（令和7年1月1日施行）。

② 機械等による危険及び特定の場所に係る危険等の防止措置の対象拡大

　　機械等による危険及び特定の場所に係る危険等を防止するため、事業者に対して、当該危険に係る業務又は作業を行う場所において、他の作業に従事する一人親方等の労働者以外の者に対しても、労働者と同等の保護措置を講ずることとされました（令和7年4月1日施行）。

## 🖊 これはマスト！重要論点ミニ講義

### 1. 安全衛生管理体制Ⅰ

安全衛生管理体制について、業種・規模による選任等については、次のとおりです。

(1) 全産業の安全衛生管理体制

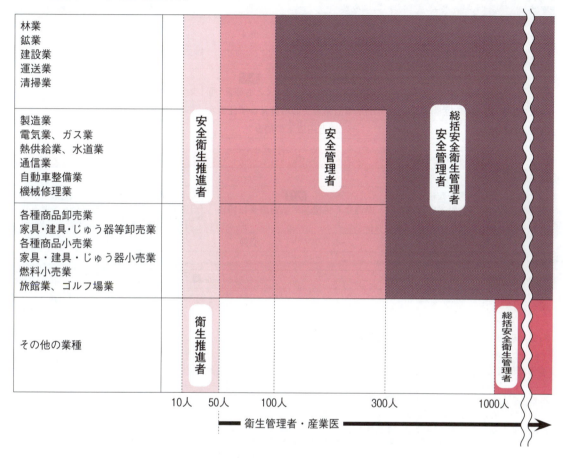

(2) 請負による建設業・造船業の安全衛生管理体制

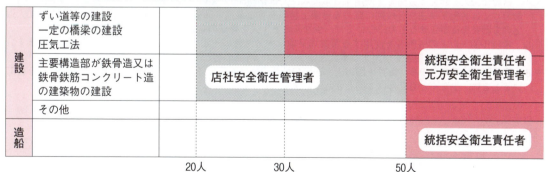

※ 統括安全衛生責任者が選任された場合において、統括安全衛生責任者を選任すべき事業者以外の請負人でその仕事を自ら行うものは、安全衛生責任者を選任しなければなりません。

## 2．安全衛生管理体制Ⅱ

総括安全衛生管理者等の選任時期、選任報告等については、次のとおりです。

|  | 総括安全衛生管理者 | 安全管理者 | 衛生管理者 | 産業医 | 安全衛生推進者 |
|---|---|---|---|---|---|
| 選任時期 | 14日以内 | | | | |
| 選任報告等 | **あり** 遅滞なく労働基準監督署長に報告 | | | | 報告義務なし（労働者に周知） |
| 専属 | － | 必要※1 | 必要※2 | ※5 | 必要※3 |
| 専任 | － | 一定の業種・規模の場合に必要 | ※4 | － | － |
| 代理者の選任 | 必要 | | | | |
| 巡視義務 | － | **あり** 頻度規定なし | **あり** 少なくとも毎週1回 | **あり** 少なくとも毎月1回※6 | |
| 行政の監督 | 都道府県労働局長の勧告 | 労働基準監督署長の増員又は解任命令 | | | |
| 選任義務違反 | 50万円以下の罰金 | | | | |

|  | 作業主任者 | 統括安全衛生責任者 | 元方安全衛生管理者 | 安全衛生責任者 | 店社安全衛生管理者 |
|---|---|---|---|---|---|
| 選任時期 | ——— | | | | |
| 選任報告等 | 報告義務なし（労働者に周知） | **あり** 遅滞なく労働基準監督署長に報告 | | 報告義務なし（遅滞なく特定元方事業者に通報） | **あり** 遅滞なく労働基準監督署長に報告 |
| 専属 | － | － | 必要 | － | － |
| 専任 | － | － | － | － | － |
| 代理者の選任 | － | 必要 | | | |
| 巡視義務 | － | | | | **あり** 少なくとも毎月1回 |
| 行政の監督 | － | 都道府県労働局長の勧告 | 労働基準監督署長の増員又は解任命令 | － | |
| 選任義務違反 | 6月以下の懲役又は50万円以下の罰金 | 50万円以下の罰金 | | | － |

※1　2人以上選任する場合に、安全管理者の中に労働安全コンサルタントがいるときは、当該労働安全コンサルタントのうち1人は、専属の者でなくてもよいとされています。

※2　2人以上選任する場合に、衛生管理者の中に労働衛生コンサルタントがいるときは、当該労働衛生コンサルタントのうち1人は、専属の者でなくてもよいとされています。

※3　労働安全コンサルタント、労働衛生コンサルタント等から選任するときは、専属の者でなくてもよいとされています。

※4　常時1000人を超える労働者を使用する事業場、又は常時500人を超える労働者を使用する事業場で、坑内労働若しくは労働基準法施行規則に定める健康上特に有害な業務（深夜業は含まれていません。）に常時30人以上の労働者を従事させるものについては、少なくとも1人を専任の者とする必要があります。

※5　常時1000人以上の労働者を使用する事業場又は坑内労働等の一定の有害業務（深夜業が含まれています。）に常時500人以上の労働者を使用する事業場については、専属の者とする必要があります。

※6　産業医が、事業者から、毎月1回以上、一定の情報の提供を受けている場合であって、事業者の同意を得ているときは、少なくとも2月に1回とされています。

# 労働者災害補償保険法

## 法改正トピックス

■2025年向け改正

○ 一人親方等の特別加入の対象となる事業の追加

一人親方等の特別加入の対象となる事業に、「フリーランス法（特定受託事業者に係る取引の適正化等に関する法律）に規定する特定受託事業者が、業務委託事業者から業務委託を受けて行う事業（特定フリーランス事業）」が追加されました（令和6年11月1日施行）。

## これはマスト！ 重要論点ミニ講義

### 1．保険給付の体系

労災保険の業務災害・複数業務要因災害・通勤災害に関する保険給付については、傷病の治ゆ前・治ゆ後に支給されるものに着目すると、次のイメージ図のようになります。

### 2．障害等級の併合繰上げ

障害等級の併合繰上げをまとめると、次のようになります。

| 障害 | 併合繰上げ | 具体例 |
| --- | --- | --- |
| 第13級以上の障害が2以上あるとき | 重い方を1級繰上げ | 第12級と第13級 ⇒ 第11級 |
| 第8級以上の障害が2以上あるとき | 重い方を2級繰上げ | 第7級と第8級 ⇒ 第5級 |
| 第5級以上の障害が2以上あるとき | 重い方を3級繰上げ | 第4級と第5級 ⇒ 第1級 |

なお、3以上の障害があるときは、重い方から順に2つの障害を選び、この2つの障害について併合繰上げが行われます。例えば、第10級、第9級、第8級の障害がある場合には、下図のようになります。

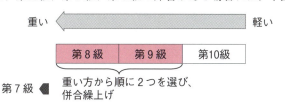

## 3．遺族の順位

### （1）遺族（補償）等年金

遺族（補償）等年金の遺族の順位は、次表に掲げるとおりであり、遺族の順位は、労働者の死亡の当時の身分関係、生計維持関係及び年齢・障害に係る要件で判断されます。

なお、労働者の死亡の当時に胎児であった子が出生したときは、将来に向かって、労働者の死亡の当時その収入によって生計を維持していた子とみなされます。

| 労働者の死亡の当時 | | | | | | |
|---|---|---|---|---|---|---|
| 順位 | 遺族の身分 | | 生計維持 | 年齢・障害 | | |
| ① | 配偶者 | 妻 | 死亡労働者の収入によって生計を維持していた | ——— | | |
| | | 夫 | | 60歳以上 | 又は | 一定の障害の状態 |
| ② | 子 | | | 18歳に達する日以後の最初の３月31日までの間にある | 又は | 一定の障害の状態 |
| ③ | 父母 | | | 60歳以上 | 又は | 一定の障害の状態 |
| ④ | 孫 | | | 18歳に達する日以後の最初の３月31日までの間にある | 又は | 一定の障害の状態 |
| ⑤ | 祖父母 | | | 60歳以上 | 又は | 一定の障害の状態 |
| ⑥ | 兄弟姉妹 | | | 18歳に達する日以後の最初の３月31日までの間にあるか若しくは60歳以上 | 又は | 一定の障害の状態 |
| ⑦ | 夫 | | | 55歳以上60歳未満（一定の障害の状態にない者） | | |
| ⑧ | 父母 | | | | | |
| ⑨ | 祖父母 | | | | | |
| ⑩ | 兄弟姉妹 | | | | | |

※　夫、父母、祖父母及び兄弟姉妹で、労働者の死亡の当時55歳以上60歳未満の者（一定の障害の状態にある者を除きます。上記⑦〜⑩の者）は、受給権者になっても、60歳に達するまで、遺族（補償）等年金の支給が停止されます（若年停止）。

※　受給資格者のうち最先順位の者が受給権者となりますが、その他の受給資格者は、受給権者の失権により、順次、受給権者となります（転給）。

### （2）遺族（補償）等一時金等

遺族（補償）等一時金、障害（補償）等年金差額一時金及び未支給の保険給付の遺族の順位は、次表に掲げるとおりであり、これらの遺族の順位に係る生計維持関係又は生計同一関係は、労働者又は受給権者の死亡の当時で判断されます。

なお、これらの保険給付に関する規定の適用については、労働者又は受給権者の死亡の当時に胎児であった子が出生したときであっても、その者の子とみなされることはありません。

（26）

| 身分 | 遺族（補償）等一時金 | | 障害（補償）等年金 差額一時金 | | 未支給の保険給付 ［遺族（補償）等年金以外※］ | |
|---|---|---|---|---|---|---|
| | 生計 | 順位 | 生計 | 順位 | 生計 | 順位 |
| 配偶者 | 問わない | ① | 同一 | ① | 同一 | ① |
| 子 | 維持 | ② | | ② | | ② |
| 父母 | | ③ | | ③ | | ③ |
| 孫 | | ④ | | ④ | | ④ |
| 祖父母 | | ⑤ | | ⑤ | | ⑤ |
| 兄弟姉妹 | | | | ⑥ | | ⑥ |
| 配偶者 | | | なし | ⑦ | | |
| 子 | なし | ⑥ | | ⑧ | | |
| 父母 | | ⑦ | | ⑨ | | |
| 孫 | | ⑧ | | ⑩ | | |
| 祖父母 | | ⑨ | | ⑪ | | |
| 兄弟姉妹 | | ⑩ | | ⑫ | | |

※　未支給の遺族（補償）等年金の支給を受けることができる遺族は、当該遺族（補償）等年金を受けることができる他の遺族のうち同順位者又は最先順位者です。

## 4．時効の起算日

保険給付を受ける権利に係る時効の起算日は、次のようになります。

| 保険給付 | 時効期間 | 起算日 |
|---|---|---|
| 療養（補償）等給付※1 | 2年 | 療養の費用を支払った日の翌日 |
| 休業（補償）等給付 | | 労務不能の日ごとにその翌日 |
| 葬祭料等（葬祭給付） | | 死亡日の翌日 |
| 介護（補償）等給付 | | 介護を受けた月の翌月の初日 |
| 障害（補償）等年金 前払一時金 | | 傷病が治った日の翌日 |
| 遺族（補償）等年金 前払一時金 | | 死亡日の翌日 |
| 二次健康診断等給付※2 | | 一次健康診断の結果を了知し得る日の翌日 |
| 障害（補償）等給付 | 5年 | 傷病が治った日の翌日 |
| 障害（補償）等年金 差額一時金 | | 〔障害（補償）等年金の受給権者の〕死亡日の翌日 |
| 遺族（補償）等給付 | | 死亡日の翌日 |
| 傷病（補償）等年金 | なし | 政府が職権で支給決定するので、時効の問題は生じない。 |

※1　療養（補償）等給付のうち、現物給付である「療養の給付」を受ける権利については、時効の問題は生じません。

※2　二次健康診断等給付を受ける権利について時効が問題となるのは、「特定保健指導」を受ける場合です。

# 雇用保険法

## ✦ 法改正トピックス

### ■2025年向け改正

① **暫定措置の延長**

　令和7年3月31日までとされていた「特定理由離職者（厚生労働省令で定める者に限る。）である受給資格者を特定受給資格者とみなす措置」「地域延長給付」「教育訓練支援給付金」について、令和9年3月31日までとされました（令和7年4月1日施行）。

② **基本手当等の給付制限の見直し**

　正当な理由がなく自己の都合によって退職した者が、雇用の安定・就職の促進に必要な職業に関する教育訓練等を自ら受けた場合には、基本手当等の給付制限をしないこととされました（令和7年4月1日施行）。

③ **就業促進手当の見直し**

　就業手当を廃止するとともに、就業促進定着手当の支給限度額に係る割合を一律10分の2とすることとされました（令和7年4月1日施行）。

④ **教育訓練給付金の給付率の上限の引上げ等**

　教育訓練給付金の給付率の上限を80％に引き上げることとされました（特定一般教育訓練の給付率の上限は追加給付を含め50％／専門実践教育訓練の給付率の上限は追加給付を含め80％）（令和6年10月1日施行）。また、教育訓練支援給付金の給付率を基本手当日額の100分の60に引き下げることとされました（令和7年4月1日施行）。

⑤ **高年齢雇用継続給付の給付率の上限の引下げ**

　高年齢雇用継続給付の給付率の上限を10％に引き下げることとされました（令和7年4月1日施行）。

⑥ **育児休業等給付に関する改正**

　従来の育児休業給付（育児休業給付金及び出生時育児休業給付金）に加え、次に掲げる出生後休業支援給付（出生後休業支援給付金）及び育児時短就業給付（育児時短就業給付金）が新たに創設され、これらを合わせて「育児休業等給付」とする給付体系の見直しが行われました。また、これに伴い、目的条文も変更されています（令和7年4月1日施行）。

・出生後休業支援給付金…一定の要件を満たす出生後休業の期間について、育児休業給付金又は出生時育児休業給付金に上乗せして賃金日額相当額の13％（合わせて80％）の給付を行うものです。

・育児時短就業給付金…2歳に満たない子を養育するために所定労働時間を短縮して就業をした場合に、最大で賃金額の10％相当額の給付を行うものです。

⑦ **国庫負担の改正**

・育児休業給付に要する費用に係る国庫負担額の暫定措置を廃止するとともに、介護休業給付に要する費用に係る国庫負担額の暫定措置を延長することとされました。また、国庫負担の暫定措置は、令和9年4月1日以降できるだけ速やかに、安定した財源を確保した上で廃止することとされました（令和6年5月17日施行）。

・出生後休業支援給付及び育児時短就業給付に要する費用並びにこれらの給付に関する事務の執行に要する経費については、子ども・子育て支援法の規定により政府が徴収する子ども・子育て支援納付金をもって充てることとされました（令和7年4月1日施行）。

科目別 **最重要ポイント まるごとチェック！**

## ✎ これはマスト！ 重要論点ミニ講義

### １．所定給付日数

基本手当の所定給付日数をまとめると、次のようになります。

【① ②③以外の受給資格者】

| | 算定基礎期間 | | |
|---|---|---|---|
| | 10年未満 | 10年以上20年未満 | 20年以上 |
| 全年齢 | 90日 | 120日 | 150日 |

【② 就職困難者である受給資格者】

| 基準日の年齢 | 算定基礎期間 | |
|---|---|---|
| | 1年未満 | 1年以上 |
| 45歳未満 | 150日 | 300日 |
| 45歳以上65歳未満 | | 360日 |

【③ 特定受給資格者】

| 基準日の年齢 | 算定基礎期間 | | | | |
|---|---|---|---|---|---|
| | 1年未満 | 1年以上5年未満 | 5年以上10年未満 | 10年以上20年未満 | 20年以上 |
| 30歳未満 | | 90日 | 120日 | 180日 | － |
| 30歳以上35歳未満 | | 120日 | 180日 | 210日 | 240日 |
| 35歳以上45歳未満 | 90日 | 150日 | 180日 | 240日 | 270日 |
| 45歳以上60歳未満 | | 180日 | 240日 | 270日 | 330日 |
| 60歳以上65歳未満 | | 150日 | 180日 | 210日 | 240日 |

### ２．傷病手当と証明書による基本手当の支給、受給期間の延長の関係

傷病により継続して職業に就くことができない日数により区分すると、傷病手当、証明書による基本手当の支給、受給期間の延長の関係は、次のようになります。

| 傷病のために職業に就くことができない期間 | | |
|---|---|---|
| 継続して15日未満 | 継続して15日以上30日未満 | 継続して30日以上 |
| 証明書による基本手当の支給 | 傷病手当の支給 | |
| | | 受給期間の延長 |

※ 傷病手当に係る傷病のために職業に就くことができない期間は、「求職の申込み後」の期間であるのに対し、受給期間の延長に係る傷病のために職業に就くことができない期間は、「離職日の翌日以後」の期間であることに注意しましょう。

※ 傷病を理由として受給期間を延長することができる者が、傷病手当の支給を受けることができるときは、どちらかを選択することとなります。なお、受給期間を延長した場合において、その後に傷病手当の支給の申請をしたときは、受給期間の延長は当初からなかったものとされ、傷病手当が支給されます。

### ３．基本手当の日額

次の左欄に掲げる場合において基本手当の日額等を算定するときは、それぞれ右欄の賃金日額の上限額が適用されます。

| 給付 | 基本手当の日額等の算定に当たって適用される賃金日額の上限額 |
|---|---|
| 高年齢求職者給付金 | 30歳未満の者に係る上限額 |
| 離職日において65歳以上の者に支給する特例一時金 | 30歳未満の者に係る上限額 |
| 介護休業給付金 | 45歳以上60歳未満の者に係る上限額 |
| 育児休業給付金 | 30歳以上45歳未満の者に係る上限額 |

（29）

## ４．国庫負担

雇用保険の各給付に要する費用の国庫負担割合は、次のようになっています。なお、高年齢求職者給付金、就職促進給付、教育訓練給付、高年齢雇用継続給付、出生後休業支援給付及び育児時短就業給付に要する費用については、国庫負担はありません。

○　求職者給付（高年齢求職者給付金を除く。）の国庫負担割合

| 給付 | 国庫負担割合 | |
|---|---|---|
| | 雇用情勢及び雇用保険の財政状況が悪化している場合※ | 左記以外 |
| 日雇労働求職者給付金以外の求職者給付（高年齢求職者給付金を除く。） | 4分の1 | 40分の1 |
| 　広域延長給付の措置が決定された場合 | 3分の1 | 30分の1 |
| 日雇労働求職者給付金 | 3分の1 | 30分の1 |

※　雇用情勢及び雇用保険の財政状況が悪化している場合 … 毎会計年度の前々会計年度における労働保険特別会計の雇用勘定の財政状況及び求職者給付の支給を受けた受給資格者の数の状況が、当該会計年度における求職者給付の支給に支障が生じるおそれがあるものとして政令で定める基準に該当する場合

○　雇用継続給付（介護休業給付金に限る。）・育児休業給付・職業訓練受講給付金の国庫負担割合

| 給付 | 国庫負担割合 | |
|---|---|---|
| | 原則 | 暫定措置※ |
| 雇用継続給付（介護休業給付金に限る。） | 8分の1 | 当分の間、原則の100分の55（Ｒ6～8年度は原則の100分の10） |
| 育児休業給付 | 8分の1 | なし |
| 職業訓練受講給付金 | 2分の1 | 当分の間、原則の100分の55 |

※　雇用保険の国庫負担については、引き続き検討を行い、令和9年4月1日以降できるだけ速やかに、安定した財源を確保した上で暫定措置を廃止するものとされています。

# 労働保険の保険料の徴収等に関する法律

## ✦ 法改正トピックス

### ■2025年向け改正

### ①　第2種特別加入保険料率に係る事業の種類の追加

一人親方等の特別加入の対象となる事業に「特定フリーランス事業」が追加されたことに伴い、当該事業に係る第2種特別加入保険料率が1000分の3と定められました（令和6年11月1日施行）。

### ②　雇用保険率に関する改正

雇用保険率が、失業等給付費等充当徴収保険率、育児休業給付費充当徴収保険率及び二事業費充当徴収保険率を合計して得た率とされました（令和7年4月1日施行）。

## ✎ これはマスト！重要論点ミニ講義

## １．請負事業の一括と下請負事業の分離

労災保険に係る保険関係が成立している数次の請負によって行われる建設の事業については、徴収法の適用については、当然に一の事業とみなされます。

【下請負事業の分離】
　下請負事業の規模が有期事業の一括の対象とならない規模であるときは、元請負人及び下請負人が共同で申請し、厚生労働大臣（都道府県労働局長に権限委任）の認可を受けることにより、下請負事業が分離され、徴収法上の元請負人とみなされます。なお、分離された下請負事業が有期事業として一括されることはありません（下記イメージ図参照）。

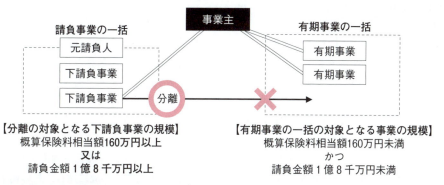

【分離の対象となる下請負事業の規模】
概算保険料相当額160万円以上
又は
請負金額1億8千万円以上

【有期事業の一括の対象となる事業の規模】
概算保険料相当額160万円未満
かつ
請負金額1億8千万円未満

## 2．労働保険料等の納期限等

労働保険料等の納期限・納付方法、延納の可否、口座振替の可否は、次のとおりです。

| 保険料等の種類 | | 納期限 | 納付方法 | 延納 | 口座振替 |
|---|---|---|---|---|---|
| 概算保険料 | 継続事業 | その保険年度の6月1日から40日以内（当日起算）※1 | 納付書 | ○ | ○ |
| | 有期事業 | 保険関係成立日から20日以内（翌日起算） | | | |
| 認定決定に係る概算保険料 | | 通知を受けた日から15日以内（翌日起算） | 納付書 | ○ | × |
| 増加概算保険料 | | 賃金総額等の増加が見込まれた日又は両保険関係が成立した日から30日以内（翌日起算） | 納付書 | ○ | × |
| 追加徴収に係る概算保険料 | | 通知を発する日から起算して30日を経過した日 | 納付書 | ○ | × |
| 確定保険料 | 継続事業 | 次の保険年度の6月1日から40日以内（当日起算）※2 | 納付書 | × | ○ |
| | 有期事業 | 保険関係消滅日から50日以内（当日起算） | | | |
| 認定決定に係る確定保険料 | | 通知を受けた日から15日以内（翌日起算） | 納入告知書 | × | × |
| 確定保険料に係る追徴金 | | 通知を発する日から起算して30日を経過した日 | 納入告知書 | × | × |
| 有期事業のメリット制に係る確定保険料との差額 | | 通知を発する日から起算して30日を経過した日 | 納入告知書 | × | × |
| 印紙保険料 | | 賃金を支払うつど | 雇用保険印紙又は印紙保険料納付計器 | × | × |
| 認定決定に係る印紙保険料 | | 調査決定をした日から20日以内の休日でない日 | 納入告知書 | × | × |
| 印紙保険料に係る追徴金 | | 通知を発する日から起算して30日を経過した日 | 納入告知書 | × | × |
| 特例納付保険料 | | 通知を発する日から起算して30日を経過した日 | 納入告知書 | × | × |

※1　保険年度の中途の保険関係が成立したときは、成立の日から50日以内（翌日起算）
※2　保険年度の中途に保険関係が消滅したときは、消滅の日から50日以内（当日起算）
○→可
×→不可

# 労務管理その他の労働に関する一般常識

## ✦ 法改正トピックス

### ■2025年向け改正

**育児介護休業法**

・子の看護休暇の取得が子の行事参加等〔入園（入学）式、卒園式その他これに準ずる式典〕の場合も可能となり、対象となる子が小学校第3学年修了前までに拡大され、名称が「子の看護等休暇」とされました。また、子の看護等休暇・介護休暇について、労使協定により「引き続き雇用された期間が6月に満たない労働者」を除外する制度が廃止されました（令和7年4月1日施行）。

・所定外労働の制限の対象となる労働者の範囲が、小学校就学前の子を養育する労働者に拡大されました（令和7年4月1日施行）。

・「ⓐ対象家族を介護する必要がある旨を申し出た労働者に、事業主が介護休業制度・介護両立支援制度等に係る個別周知・意向確認を行うこと」、「ⓑ早い段階（労働者が40歳に達した日の属する年度等）において、事業主が介護休業制度・介護両立支援制度等に係る情報提供等を行うこと」が義務付けられました（令和7年4月1日施行）。

・育児休業の取得状況の公表義務の対象が、常時雇用する労働者数が300人を超える事業主に拡大されました（令和7年4月1日施行）。

**次世代育成支援対策推進法**

・次世代育成支援対策推進法の有効期限が10年間延長され、令和17年3月31日までとされました（令和6年5月31日施行）。

・一般事業主行動計画策定時に、育児休業の取得状況等に係る状況把握・数値目標の設定が事業主に義務付けられました（令和7年4月1日施行）。

## ✎ これはマスト！ 重要論点ミニ講義

### 1．労働契約の原則（労働契約法）

労働契約法に定める「労働契約の原則」は、次のとおりです。

| | | |
|---|---|---|
| ① | 労使対等の原則 | 労働契約は、労働者及び使用者が対等の立場における合意に基づいて締結し、又は変更すべきものとする。 |
| ② | 均衡考慮の原則 | 労働契約は、労働者及び使用者が、就業の実態に応じて、均衡を考慮しつつ締結し、又は変更すべきものとする。 |
| ③ | 仕事と生活の調和への配慮の原則 | 労働契約は、労働者及び使用者が仕事と生活の調和にも配慮しつつ締結し、又は変更すべきものとする。 |
| ④ | 信義誠実の原則 | 労働者及び使用者は、労働契約を遵守するとともに、信義に従い誠実に、権利を行使し、及び義務を履行しなければならない。 |
| ⑤ | 権利濫用の禁止の原則 | 労働者及び使用者は、労働契約に基づく権利の行使に当たっては、それを濫用することがあってはならない。 |

## 2．就業規則による労働契約の内容の変更（労働契約法）

① 使用者は、労働者と合意することなく、就業規則を変更することにより、労働者の不利益に労働契約の内容である労働条件を変更することはできません。ただし、次の②の場合は、この限りではありません。

② 使用者が就業規則の変更により労働条件を変更する場合において、変更後の就業規則を労働者に周知させ、かつ、就業規則の変更が、就業規則の変更に係る事情に照らして合理的なものであるときは、労働契約の内容である労働条件は、当該変更後の就業規則に定めるところによるものとされます。ただし、労働契約において、労働者及び使用者が就業規則の変更によっては変更されない労働条件として合意していた部分については、法12条（就業規則違反の労働契約）に該当する場合を除き、この限りではありません。

上記①及び②をまとめると、次のイメージ図のようになります。

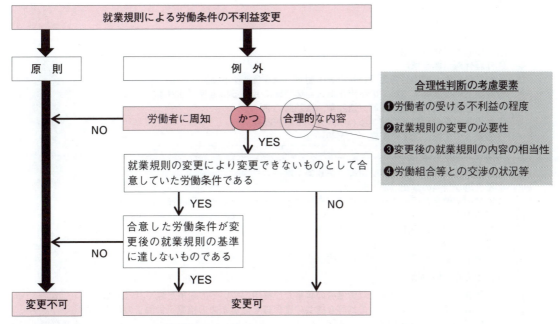

※ 労働者の個別の合意による就業規則の内容の変更
　労働契約の内容である労働条件は、労働者と使用者との個別の合意によって変更することができるものであり、就業規則に定められている労働条件を労働者の不利益に変更することもできる（その合意に際して就業規則の変更が必要とされます）ものとされています。この場合には、就業規則の変更の内容について合理性は問われません。

## 3．あっせん及び調停

　個別労働関係紛争のあっせん又は調停による解決についてまとめると、次のようになります。

| 紛争調整委員会 | | | |
|---|---|---|---|
| 個別労働関係紛争解決促進法<br>下記以外の紛争（労働者の募集及び採用についての紛争を除く。） | | | あっせん |
| 男女雇用機会均等法 | **機会均等調停会議**<br>①性別を理由とする差別（労働者の募集及び採用についての紛争を除く。）（法5条、法6条）<br>②間接差別（法7条）<br>③婚姻、妊娠、出産等を理由とする不利益取扱（法9条）<br>④セクシュアルハラスメント（法11条1項、2項）<br>⑤マタニティハラスメント（法11条の3,1項）<br>⑥妊娠中及び出産後の健康管理に関する措置（法12条、法13条1項） | | 調停 |
| 育児介護休業法 | **両立支援調停会議**<br>①育児休業（第2章）<br>②介護休業（第3章）<br>③子の看護等休暇（第4章）<br>④介護休暇（第5章）<br>⑤所定外労働、時間外労働及び深夜業の制限（第6章～第8章）<br>⑥妊娠又は出産等についての申出があった場合等における措置等（法21条）<br>⑦所定労働時間の短縮措置等（法23条、法23条の2）<br>⑧育児休業等の利用等に関するハラスメント（法25条）<br>⑨労働者の配置に関する配慮（法26条） | | |
| パートタイム・有期雇用労働法 | **均衡待遇調停会議**<br>①労働条件に関する文書の交付等（法6条1項）<br>②不合理な待遇の禁止（法8条）<br>③通常の労働者と同視すべき短時間・有期雇用労働者に対する差別的取扱い（法9条）<br>④職務内容同一短時間・有期雇用労働者に対する教育訓練の実施（法11条1項）<br>⑤福利厚生施設の利用機会付与（法12条）<br>⑥通常の労働者への転換（法13条）<br>⑦事業主が講ずる措置の内容等の説明（法14条） | | |
| 障促法 | **障害者雇用調停会議**<br>①障害者に対する差別の禁止（労働者の募集及び採用についての紛争を除く。）（法35条）<br>②障害者と障害者でない者との均等な機会の確保等を図るための措置（労働者の募集及び採用についての紛争を除く。）（法36条の3） | | |
| 労働者派遣法 | **派遣労働者待遇調停会議**<br>〈派遣元〉<br>①不合理な待遇の禁止（派遣先均等・均衡方式）（法30条の3）<br>②労使協定方式（法30条の4）<br>③待遇に関する事項等の説明（法31条の2,2～5項）<br>〈派遣先〉<br>①派遣労働者に対する教育訓練の実施等（法40条2項）<br>②派遣労働者に対する福利厚生施設の利用機会付与（法40条3項） | | |
| 労施法 | **優越的言動問題調停会議**<br>パワーハラスメント（法30条の2,1項、2項） | | |
| 事業主は、労働者が上記のあっせん又は調停の申請をしたことを理由として、解雇その他不利益な取扱いをしてはなりません。 | | | |

※　労働者の募集及び採用に関する紛争については、あっせん又は調停は行われません。

（34）

科目別 **最重要ポイント まるごとチェック！**

# 社会保険に関する一般常識

## 🟊 法改正トピックス

■2025年向け改正

### 国民健康保険法

・都道府県は、広域的又は専門的な見地から必要があると認められる場合として厚生労働省令で定める場合には、市町村から委託を受けて、第三者行為求償事務を行うことができることとされました（令和7年4月1日施行）。

・保険料の基礎賦課額に係る賦課限度額が65万円から66万円に、後期高齢者支援金等賦課額に係る賦課限度額が24万円から26万円に引き上げられるとともに、5割軽減の対象世帯に係る所得判定基準について、被保険者数に乗ずる金額が29.5万円から30.5万円に、2割軽減の対象世帯に係る所得判定基準について、被保険者数に乗ずる金額が54.5万円から56万円に引き上げられました（令和7年4月1日施行）。

### 高齢者医療確保法

・保険料に係る被保険者均等割額の5割軽減の対象世帯に係る所得判定基準について、被保険者数に乗ずる金額が29.5万円から30.5万円に、2割軽減の対象世帯に係る所得判定基準について、被保険者数に乗ずる金額が54.5万円から56万円に引き上げられました（令和7年4月1日施行）。

### 確定拠出年金法

・企業型年金の第2号加入者のうち、「企業型年金加入者（他制度加入者を除く）、他制度加入者、第2号・第3号厚生年金被保険者」の掛金の拠出限度額が、1月当たり原則20,000円とされる等、拠出限度額の見直しが行われました（令和6年12月1日施行）。

### 児童手当法

・「ⓐ児童手当の支給対象を18歳に達する日以後の最初の3月31日までの児童に拡大する」、「ⓑ第3子以降の児童に係る支給額を1人月額30,000円とする」、「ⓒ支払月を年6回（偶数月）にする」、「ⓓ児童手当の所得制限を撤廃し、特例給付を廃止する」、「ⓔ費用の負担の割合等を見直す」等の改正が行われました（令和6年10月1日施行）。

### 年金生活者支援給付金の支給に関する法律

・年金生活者支援給付金に係る所得基準額について、昭和31年4月1日以前に生まれた者については787,700円、同月2日以後に生まれた者については789,300円に改定されました（令和6年10月1日施行）。

## 🎯 これはマスト！ 重要論点ミニ講義

### 1．保険料の滞納と特別療養費の支給（国民健康保険法）

　市町村及び組合は、保険料を滞納している世帯主（当該市町村の区域内に住所を有する世帯主に限る。）又は組合員（その世帯に属する全ての被保険者が原爆一般疾病医療費の支給等を受けることができる世帯主又は組合員を除く。以下「保険料滞納世帯主等」という。）が、当該保険料の納期限から**1年**が経過するまでの間に、当該市町村又は組合が**保険料納付の勧奨等**を行ってもなお当該保険料を納付しない場合においては、当該保険料の滞納につき災害その他の政令で定める特別の事情があると認められる場合を除き、当該世帯に属する被保険者（原爆一般疾病医療費の支給等を受けることができる者及び**18歳に達する日以後の最初の3月31日**までの間にある者を除く。）が保険医療機関等から療養を受けたとき、又は指定訪問看護事業者から指定訪問看護を受けたときは、その療養又は指定訪問看護に要した費用について、療養

（35）

の給付又は入院時食事療養費等（入院時食事療養費、入院時生活療養費、保険外併用療養費、療養費又は訪問看護療養費をいう。）の支給（「**療養の給付等**」という。）に**代えて**、当該保険料滞納世帯主等に対し、**特別療養費**を支給します。なお、特別療養費を支給するときは、市町村及び組合は、あらかじめ、保険料滞納世帯主等に対し、その世帯に属する被保険者が保険医療機関等から療養を受けたとき、又は指定訪問看護事業者から指定訪問看護を受けたときは、特別療養費を支給する旨を**通知**するものとされています。

　また、市町村及び組合は、保険給付を受けることができる世帯主又は組合員が保険料を滞納しており、かつ、当該保険料の納期限から**1年6月**が経過するまでの間に、当該市町村又は組合が保険料納付の勧奨等を行ってもなお当該保険料を納付しない場合においては、当該保険料の滞納につき災害その他の政令で定める特別の事情があると認められる場合を除き、保険給付の**全部又は一部**の支払を**一時差し止める**ものとされています。この場合において、当該一時差止がなされているものが、なお滞納している保険料を納付しない場合においては、市町村及び組合は、あらかじめ、当該世帯主又は組合員に通知して、当該一時差止に係る保険給付の額から当該世帯主又は組合員が滞納している保険料額を控除することができます。

　なお、これらをまとめると、次のイメージ図のようになります。

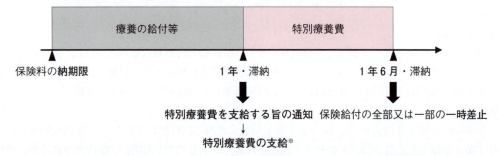

※　原爆一般疾病医療費の支給等を受けることができる者及び18歳に達する日以後の最初の3月31日までの間にある者は、特別療養費の対象外

## 2．介護に関する事業者又は施設の指定・許可等

　介護に関する事業者又は施設の指定・許可等をまとめると、次のようになります。

| 事業者又は施設 || 指定又は許可 || 申請者 |
|---|---|---|---|---|
| 指定居宅サービス事業者 || 都道府県知事 | 指定 | 事業者・開設者 |
| 指定地域密着型サービス事業者 || **市町村長** | ::: | ::: |
| 指定居宅介護支援事業者 || **市町村長** | ::: | ::: |
| 介護保険施設 | 指定介護老人福祉施設 | 都道府県知事 | 許可<br>有効期間<br>6年 | ::: |
| ::: | 介護老人保健施設 | 都道府県知事 | ::: | ::: |
| ::: | 介護医療院 | 都道府県知事 | ::: | ::: |
| 指定介護予防サービス事業者 || 都道府県知事 | 指定 | ::: |
| 指定地域密着型介護予防サービス事業者 || **市町村長** | ::: | ::: |
| 指定介護予防支援事業者 || **市町村長** | ::: | 地域包括支援センターの設置者 |

**最重要ポイント まるごとチェック！**

## 3．高齢者医療確保法及び介護保険法に規定する基本方針・計画等

高齢者医療確保法及び介護保険法に規定する基本方針・計画等をまとめると、次のようになります。

| 法律名 | 厚生労働大臣 | 計画 | | |
|---|---|---|---|---|
| | | 名称 | 作成 | |
| 国民健康保険法 | ―――― | 都道府県国民健康保険運営方針 | 都道府県 | おおむね6年ごと |
| 高齢者医療確保法 | 医療費適正化基本方針 | 全国医療費適正化計画 | 厚生労働大臣 | 6年ごとに6年を1期 |
| | | 都道府県医療費適正化計画 | 都道府県 | 6年ごとに6年を1期 |
| | 特定健康診査等基本指針 | 特定健康診査等実施計画 | 保険者※ | 6年ごとに6年を1期 |
| 介護保険法 | 基本指針 | 都道府県介護保険事業支援計画 | 都道府県 | 3年を1期 |
| | | 市町村介護保険事業計画 | 市町村 | 3年を1期 |

※　都道府県が当該都道府県内の市町村とともに行う国民健康保険にあっては、市町村

## 4．給付制限

健康保険・国民健康保険・後期高齢者医療制度、介護保険の給付制限の規定をまとめると、次のようになります。

| 事由 | 健康保険法 | 国民健康保険法 | 後期高齢者医療 | 介護保険法 |
|---|---|---|---|---|
| 故意 | 行わない | 行わない | 行わない | 規定なし |
| 故意の犯罪行為 | | | | 全部又は一部を行わないことができる |
| 重大な過失 | 規定なし | 規定なし | 規定なし | |
| 闘争、泥酔又は著しい不行跡 | 全部又は一部を行わないことができる | 全部又は一部を行わないことができる | 全部又は一部を行わないことができる | 規定なし |
| 文書提出命令違反等 | | | | 全部又は一部を行わないことができる |
| 療養に関する指示違反・介護給付等対象サービスの利用等に関する指示違反 | 一部を行わないことができる | 一部を行わないことができる | 一部を行わないことができる | |

## 5．不服申立て

健康保険・船員保険・厚生年金保険・国民年金に係る不服申立ての流れをまとめると、次のようになります。なお、国民健康保険・後期高齢者医療制度・介護保険においては、各都道府県に専門の不服審査機関が置かれています。

（37）

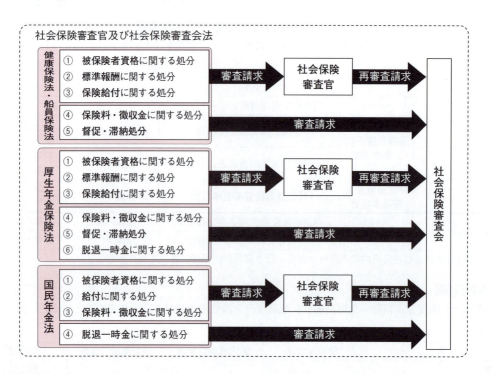

# 健康保険法

## 法改正トピックス

■2025年向け改正

① **食事療養標準負担額・生活療養標準負担額の見直し**

食事療養標準負担額及び生活療養標準負担額のうち、食事の提供に係るものについて引上げが行われました（船員保険法、国民健康保険法、高齢者医療確保法においても同様）（令和6年6月1日／令和7年4月1日施行）。

② **短時間労働者に対する適用拡大**

短時間労働者を適用対象とすべき特定適用事業所に係る企業規模の要件について、特定労働者の総数が「常時100人を超えるもの」から「常時50人を超えるもの」に緩和されました（厚生年金保険法においても同様）（令和6年10月1日施行）。

③ **被保険者証の廃止等**

被保険者証が廃止（令和6年12月2日から新規発行終了）となり、電子資格確認を受けることができない者等に資格確認書を交付することとされました（船員保険法、国民健康保険法、高齢者医療確保法においても同様）（令和6年12月2日施行）。

## これはマスト！重要論点ミニ講義

### 1．保険医療機関等の指定等

保険医療機関等の指定等に当たって、地方社会保険医療協議会に対する諮問又は議を要するか否かをまとめると、次のようになります。

**最重要ポイント まるごとチェック！**

（○＝必要）

| | | 地方社会保険医療協議会 | |
|---|---|---|---|
| | | 諮問 | 議 |
| 保険医療機関等 | 指定 | ○ | |
| | 指定の拒否 | | ○ |
| | 指定の取消 | ○ | |
| 保険医等 | 登録 | | |
| | 登録の拒否 | | ○ |
| | 登録の取消 | ○ | |

## 2．標準報酬月額の有効期間

標準報酬月額の有効期間は、次のようになります。

| 決定・改定 | | 有効期間 |
|---|---|---|
| 資格取得時決定 | 1／1～5／31に資格取得 | その年の8月まで |
| | 6／1～12／31に資格取得 | 翌年の8月まで |
| 定時決定 | | その年の9月～翌年の8月まで |
| 随時改定 育児休業等終了時改定 産前産後休業終了時改定 | 1月～6月に改定 | その年の8月まで |
| | 7月～12月に改定 | 翌年の8月まで |

※ 上記の各有効期間内に随時改定、育児休業等終了時改定又は産前産後休業終了時改定が行われるときは、その改定が行われた月の前月まで、有効となります。

## 3．高額療養費算定基準額

高額療養費算定基準額は、次のとおりです。

【70歳未満】

| 標準報酬月額等の区分 | 高額療養費算定基準額 | 多数回該当 |
|---|---|---|
| 83万円以上 | 252,600円＋（医療費－842,000円）×1％ | 140,100円 |
| 53万円以上83万円未満 | 167,400円＋（医療費－558,000円）×1％ | 93,000円 |
| 28万円以上53万円未満 | 80,100円＋（医療費－267,000円）×1％ | 44,400円 |
| 28万円未満 | 57,600円 | 44,400円 |
| 市町村民税非課税者 | 35,400円 | 24,600円 |

【70歳以上】

| 標準報酬月額等の区分 | | 高額療養費算定基準額 | | 多数回該当 |
|---|---|---|---|---|
| | | 外来 | | |
| 一定以上所得者 | 83万円以上 | 252,600円＋（医療費－842,000円）×1％ | | 140,100円 |
| | 53万円以上83万円未満 | 167,400円＋（医療費－558,000円）×1％ | | 93,000円 |
| | 28万円以上53万円未満 | 80,100円＋（医療費－267,000円）×1％ | | 44,400円 |
| 一般所得者 | | 18,000円 （年間上限144,000円） | 57,600円 | 44,400円 |
| 市町村民税非課税者 | | 8,000円 | 24,600円 | － |
| 市町村民税非課税者（判定基準所得のない者） | | | 15,000円 | － |

（39）

# 厚生年金保険法

## 法改正トピックス

### ■2025年向け改正

・高年齢雇用継続給付の給付率の上限が10％に引き下げられたことに伴い、高年齢雇用継続給付と老齢厚生年金との併給調整に係る調整率の上限が４％に引き下げられました（令和７年４月１日施行）。

## これはマスト！ 重要論点ミニ講義

### １．加給年金額

老齢厚生年金の加給年金額及び配偶者に係る特別加算額は、次のとおりです。

【加給年金額】

| 対象者 | 加給年金額 |
|---|---|
| 配偶者 | 224,700円×改定率 |
| １人目・２人目の子 | 224,700円×改定率 |
| ３人目以降の子 | 74,900円×改定率 |

【配偶者に係る特別加算額】

| 受給権者の生年月日 | 特別加算額 |
|---|---|
| 昭和９年４月２日〜昭和15年４月１日 | 33,200円×改定率 |
| 昭和15年４月２日〜昭和16年４月１日 | 66,300円×改定率 |
| 昭和16年４月２日〜昭和17年４月１日 | 99,500円×改定率 |
| 昭和17年４月２日〜昭和18年４月１日 | 132,600円×改定率 |
| 昭和18年４月２日〜 | 165,800円×改定率 |

### ２．特別支給の老齢厚生年金の支給開始年齢の引上げ

特別支給の老齢厚生年金の支給開始年齢の引上げは、生年月日に応じ、次のように行われます。

① 定額部分の引上げ

| 生年月日 | | 支給開始年齢 | |
|---|---|---|---|
| 男子・第２号〜第４号女子 | 第１号女子 | 定額部分 | 報酬比例部分 |
| S16.4.2〜 S18.4.1 | S21.4.2〜 S23.4.1 | 61歳 | 60歳 |
| S18.4.2〜 S20.4.1 | S23.4.2〜 S25.4.1 | 62歳 | |
| S20.4.2〜 S22.4.1 | S25.4.2〜 S27.4.1 | 63歳 | |
| S22.4.2〜 S24.4.1 | S27.4.2〜 S29.4.1 | 64歳 | |
| S24.4.2〜 S28.4.1 | S29.4.2〜 S33.4.1 | 引上げ完了 | |

② 報酬比例部分の引上げ

| 生年月日 | | 支給開始年齢 | |
|---|---|---|---|
| 男子・第２号〜第４号女子 | 第１号女子 | 定額部分 | 報酬比例部分 |
| S28.4.2〜 S30.4.1 | S33.4.2〜 S35.4.1 | | 61歳 |
| S30.4.2〜 S32.4.1 | S35.4.2〜 S37.4.1 | | 62歳 |
| S32.4.2〜 S34.4.1 | S37.4.2〜 S39.4.1 | | 63歳 |
| S34.4.2〜 S36.4.1 | S39.4.2〜 S41.4.1 | | 64歳 |

最重要ポイント まるごとチェック！

## 3．遺族厚生年金

### (1) 遺族厚生年金の支給要件

遺族厚生年金は、被保険者又は被保険者であった者が次表の①〜④のいずれかに該当する場合に、一定の遺族に支給されます。ただし、①又は②に該当する場合には、保険料納付要件を満たしている必要があります。

| | | |
|---|---|---|
| 短期要件 | ① 被保険者（失踪の宣告を受けた被保険者であった者であって、行方不明となった当時被保険者であったものを含む。）が、死亡したとき<br>② 被保険者であった者が、被保険者の資格を喪失した後に、被保険者であった間に初診日がある傷病により当該初診日から起算して5年を経過する日前に死亡したとき | 保険料納付要件必要 |
| | ③ 障害等級1級又は2級に該当する障害の状態にある障害厚生年金の受給権者が、死亡したとき | 保険料納付要件不要 |
| 長期要件 | ④ 老齢厚生年金の受給権者（原則として、保険料納付済期間と保険料免除期間とを合算した期間が25年以上である者に限る。）又は原則として、保険料納付済期間と保険料免除期間とを合算した期間が25年以上である者が、死亡したとき | |

### (2) 遺族厚生年金の額

遺族厚生年金の額の計算に当たり、給付乗率の読替及び被保険者期間の月数の取扱いは、短期要件に該当するか、長期要件に該当するかによって、次のとおりとなります。

| | 給付乗率 | 被保険者期間の月数 |
|---|---|---|
| 短期要件 | 読替なし | 300月に満たないときは、300月とする |
| 長期要件 | 読替あり（死亡した被保険者等の生年月日による） | 実月数を用いる |

（41）

# 国民年金法

## 法改正トピックス

■2025年向け改正
○ 納付受託者の対象の見直し

　納付受託者（被保険者の委託を受けて、保険料の納付に関する事務を行うもの）の対象から、厚生労働大臣に対し納付事務を行う旨の申出をした市町村が除外されました（令和6年12月2日施行）。

## これはマスト！重要論点ミニ講義

### 1．保険料の申請免除に係る所得基準

　保険料の申請免除に係る所得基準は、次表に掲げるそれぞれの免除について、扶養親族等の有無に応じて、原則として、次のようになります。

|  | 所得要件が問われる者 | 扶養親族等 無 | 扶養親族等 有 |
|---|---|---|---|
| 全額免除 | 本人・配偶者・世帯主 | （扶養親族等の数＋1）×35万円＋32万円 ||
| 納付猶予 | 本人・配偶者 |||
| 4分の3免除 | 本人・配偶者・世帯主 | 88万円 | 88万円＋扶養親族等の数×38万円 |
| 半額免除 | 本人・配偶者・世帯主 | 128万円 | 128万円＋扶養親族等の数×38万円 |
| 学生納付特例 | 本人 |||
| 4分の1免除 | 本人・配偶者・世帯主 | 168万円 | 168万円＋扶養親族等の数×38万円 |

### 2．老齢基礎年金の額

　保険料納付済期間及び保険料の申請免除期間について、老齢基礎年金の年金額に反映される割合は、次のようになります（平成21年4月以後の期間）。

### 3．期間短縮特例

　遺族基礎年金の支給要件に係る「保険料納付済期間と保険料免除期間（及び合算対象期間）を合算した期間が25年以上」に係る25年の期間について、次に掲げる場合には、25年の期間を満たしたものとされます。

① 昭和5年4月1日以前に生まれた者の特例

　保険料納付済期間と保険料免除期間（及び合算対象期間）を合算した期間が、生年月日に応じ、次に掲げる期間以上ある場合には、25年の期間を満たしたものとされます。

| 生年月日 | 期間 |
|---|---|
| 大正15年4月2日〜昭和2年4月1日 | 21年 |
| 昭和2年4月2日〜昭和3年4月1日 | 22年 |
| 昭和3年4月2日〜昭和4年4月1日 | 23年 |
| 昭和4年4月2日〜昭和5年4月1日 | 24年 |

② **厚生年金保険の被保険者期間を有する者の特例**

　　厚生年金保険の被保険者期間が、生年月日に応じ、次に掲げる期間以上ある場合には、25年の期間を満たしたものとされます。

| 生年月日 | 期間 |
|---|---|
| 昭和27年4月1日以前 | 20年 |
| 昭和27年4月2日〜昭和28年4月1日 | 21年 |
| 昭和28年4月2日〜昭和29年4月1日 | 22年 |
| 昭和29年4月2日〜昭和30年4月1日 | 23年 |
| 昭和30年4月2日〜昭和31年4月1日 | 24年 |

③ **厚生年金保険の中高齢者の特例**

　　次の@又は⑥の厚生年金保険の被保険者期間（第1号厚生年金被保険者期間に限ります。）が、生年月日に応じ、次に掲げる期間以上ある場合には、25年の期間を満たしたものとされます。

@　40歳（女子は35歳）に達した月以後の厚生年金保険者期間（そのうち7年6月以上は第4種被保険者又は船員任意継続被保険者としての厚生年金保険の被保険者期間以外の期間であることが必要です。）

⑥　35歳に達した月以後の第3種被保険者又は船員任意継続被保険者（そのうち10年以上は船員任意継続被保険者としての厚生年金保険の被保険者期間以外の期間であることが必要です。）

| 生年月日 | 期間 |
|---|---|
| 昭和22年4月1日以前 | 15年 |
| 昭和22年4月2日〜昭和23年4月1日 | 16年 |
| 昭和23年4月2日〜昭和24年4月1日 | 17年 |
| 昭和24年4月2日〜昭和25年4月1日 | 18年 |
| 昭和25年4月2日〜昭和26年4月1日 | 19年 |

## 4．併給調整

　　国民年金の給付と厚生年金保険の保険給付との併給については、次のようになります。

（◎＝併給可・〇＝65歳以上の場合には併給可・×＝併給不可）

| | 老齢厚生年金 | 障害厚生年金 | 遺族厚生年金 |
|---|---|---|---|
| 老齢基礎年金 | ◎ | × | 〇 |
| 障害基礎年金 | 〇 | ◎ | 〇 |
| 遺族基礎年金 | × | × | ◎ |
| 寡婦年金 | × | × | × |

# 第1回 選択式予想問題
# 解答・解説

**1**

| | |
|---|---|
| 解答一覧 ……………………………………………………… | 2 |
| 労働基準法及び労働安全衛生法 ……………………… | 4 |
| 労働者災害補償保険法 ………………………………… | 5 |
| 雇用保険法 ………………………………………………… | 6 |
| 労務管理その他の労働に関する一般常識 …………………… | 6 |
| 社会保険に関する一般常識 …………………………… | 7 |
| 健康保険法 ………………………………………………… | 8 |
| 厚生年金保険法 ………………………………………… | 8 |
| 国民年金法 ………………………………………………… | 9 |

## 第1回　選択式予想問題・解答一覧

| 問1 | | 労働基準法及び労働安全衛生法 | 難易度 基応難 |
|---|---|---|---|
| A | ⑱ | 労働者が賃金の支払を受ける前に賃金債権を他に譲渡した場合においても、その支払についてはなお労働基準法24条1項が適用され、使用者は直接労働者に対して賃金を支払わなければならず、その賃金債権の譲受人は、自ら使用者に対してその支払を求めることは許されない | |
| B | ⑤ | 特殊の必要 | |
| C | ⑨ | に近い | |
| D | ④ | 指示 | |
| E | ② | 学識経験者 | |

| 問2 | | 労働者災害補償保険法 | 難易度 基応難 |
|---|---|---|---|
| A | ⑲ | 毎月勤労統計 | |
| B | ⑮ | 算定事由発生日 | |
| C | ⑦ | 1年6箇月 | |
| D | ③ | 1箇月 | |
| E | ⑨ | 1月1日 | |

| 問3 | | 雇用保険法 | 難易度 基応難 |
|---|---|---|---|
| A | ④ | 6月21日 | |
| B | ① | 3月5日 | |
| C | ② | 4月15日から6月15日 | |
| D | ② | 2歳に満たない子 | |
| E | ② | 1週間 | |

| 問4 | | 労務管理その他の労働に関する一般常識 | 難易度 基応難 |
|---|---|---|---|
| A | ⑥ | 賃金構造基本統計調査 | |
| B | ⑪ | 毎月勤労統計調査 | |
| C | ⑰ | 労働組合基礎調査 | |
| D | ② | 実態調査 | |
| E | ① | 悉皆調査 | |

| 問5 | | 社会保険に関する一般常識 | 難易度 基応難 |
|---|---|---|---|
| A | ① | 安定的 | |
| B | ⑤ | 広域的及び効率的 | |
| C | ③ | おおむね6年ごとに | |
| D | ⑥ | 災害保健福祉保険料率 | |
| E | ⑮ | 1000分の10から1000分の35 | |

| 問6 | | 健康保険法 | 難易度 基応難 |
|---|---|---|---|
| A | ③ | 4月 | |
| B | ⑥ | 45分の1 | |
| C | ⑭ | 100分の3 | |
| D | ⑳ | 翌年度の9月1日 | |
| E | ⑩ | 100分の1 | |

| 問7 | | 厚生年金保険法 | 難易度 基応難 |
|---|---|---|---|
| A | ⑮ | 1,000円 | |
| B | ⑰ | 150万円 | |
| C | ① | 改定されない | |
| D | ⑤ | 行使することができる時 | |
| E | ⑨ | 支払期月の翌月の初日 | |

| 問8 | | 国民年金法 | 難易度 基応難 |
|---|---|---|---|
| A | ⑤ | 3月 | |
| B | ⑪ | 500円 | |
| C | ⑯ | 8.7 | |
| D | ⑱ | 前月（多胎妊娠の場合においては、3月前）から出産予定月の翌々月 | |
| E | ⑦ | 6月 | |

| 問 1 | 労働基準法及び労働安全衛生法 | 難易度 基 応 難 |

## ● ポイント解説

設問3は、がんその他の重度の健康障害を労働者に生ずるおそれのある化学物質についての有害性の調査（当該化学物質が労働者の健康障害に及ぼす影響についての調査をいいます。）に関する問題です。なお、化学物質による労働者の健康障害を防止するため、既存の化学物質として政令で定める化学物質以外の化学物質（以下「新規化学物質」といいます。）を製造し、又は輸入しようとする事業者は、原則として、あらかじめ、厚生労働大臣の定める基準に従って有害性の調査（当該新規化学物質が労働者の健康に与える影響についての調査をいいます。）を行い、当該新規化学物質の名称、有害性の調査の結果その他の事項を厚生労働大臣に届け出なければならないとされています。また、厚生労働大臣は、当該届出があった場合には、有害性の調査の結果について学識経験者の意見を聴き、当該届出に係る化学物質による労働者の健康障害を防止するため必要があると認めるときは、届出をした事業者に対し、施設又は設備の設置又は整備、保護具の備付けその他の措置を講ずべきことを勧告することができるとされています。

なお、あくまでも参考ですが、設問1の判例では、「本件取引で譲渡されたのは賃金債権であるところ、労働基準法24条1項の趣旨に徴すれば、労働者が賃金の支払を受ける前に賃金債権を他に譲渡した場合においても、その支払についてはなお同項が適用され、使用者は直接労働者に対して賃金を支払わなければならず、その賃金債権の譲受人は、自ら使用者に対してその支払を求めることは許されないことから、被告人は、実際には、債権を買い戻させることなどにより顧客から資金を回収するほかなかったものと認められる。また、顧客は、賃金債権の譲渡を使用者に知られることのないよう、債権譲渡通知の留保を希望していたものであり、使用者に対する債権譲渡通知を避けるため、事実上、自ら債権を買い戻さざるを得なかったものと認められる。そうすると、本件取引に基づく金銭の交付は、それが、形式的には、債権譲渡の対価としてされたものであり、また、使用者の不払の危険は被告人が負担するとされていたとしても、実質的には、被告人と顧客の二者間における、返済合意がある金銭の交付と同様の機能を有するものと認められる。このような事情の下では、本件取引に基づく金銭の交付は、貸金業法2条1項と出資法5条3項にいう「貸付け」に当たる。」としています。

**解答根拠**：労基法40条、最三小令和5.2.20給与ファクタリング貸金業法違反事件、安衛法57条の5, 1項、3項

　　A　⑱　労働者が賃金の支払を受ける前に賃金債権を他に譲渡した場合においても、その支払についてはなお労働基準法24条1項が適用され、使用者は直接労働者に対して賃金を支払わなければならず、その賃

金債権の譲受人は、自ら使用者に対してその支払を求めることは許されない　cf. 合テキ **1** P-

B　⑤　特殊の必要　cf. 合テキ **1** P126

C　⑨　に近い　cf. 合テキ **1** P126

D　④　指示　cf. 合テキ **2** P115

E　②　学識経験者　cf. 合テキ **2** P-

第1回
選択式

解 答

---

## 問 2　労働者災害補償保険法　難易度 基 応 難

● ポイント解説

　設問2及び3について、傷病（補償）等年金の支給事由は、「業務上の事由、2以上の事業の業務を要因とする事由又は通勤による負傷又は疾病に係る療養の開始後1年6箇月を経過した日又は同日後において、当該負傷又は疾病が治っていないこと及び当該負傷又は疾病による障害の程度が厚生労働省令で定める傷病等級に該当していること」とされています。また、その給付の決定は、他の保険給付と異なり、被災労働者等の請求を待って行われるものではなく、支給事由に該当するか否かの認定に基づき、政府（所轄労働基準監督署長）の職権によって行われることになっており、支給事由に該当することとなったときは、所轄労働基準監督署長は、傷病（補償）等年金の支給決定をしなければならないこととされています。

　このため、所轄労働基準監督署長は、療養開始後1年6箇月を経過しても治っていない労働者について、その後1箇月以内に傷病の状態についての届書を提出させるものとされています（設問2）。また、1年6箇月を経過しても治っておらず、しかも傷病（補償）等年金の支給決定を受けるに至っていない労働者は、毎年1月分の休業（補償）等給付を請求する際に、その傷病の状態に関する報告書を併せて提出しなければならないこととされています（設問3）。

**解答根拠**：法8条の2,1項、則18条の2,2項、則18条の3の15、則18条の13,2項、則19条の2,1項

A　⑲　毎月勤労統計　cf. 合テキ **3** P61

B　⑮　算定事由発生日　cf. 合テキ **3** P60

C　⑦　1年6箇月　cf. 合テキ **3** P101

D　③　1箇月　cf. 合テキ **3** P101

E　⑨　1月1日　cf. 合テキ **3** P102

| 問 3 | 雇用保険法 | 難易度 基 応 難 |

● ポイント解説

　設問1について、みなし被保険者期間の算定は、原則として、育児休業（当該子について2回以上の育児休業をした場合にあっては、初回の育児休業）を開始した日前2年間について行います。ただし、育児休業を開始した日前2年間におけるみなし被保険者期間が12か月に満たない場合には、特例基準日〔当該子について産前休業を開始した日（厚生労働省令で定める理由により当該日によることが適当でないと認められる場合においては、当該理由に応じて厚生労働省令で定める日）〕前2年間について、みなし被保険者期間が12か月以上あれば、育児休業給付金の支給に係る被保険者期間の要件を満たすこととなります。

　設問2について、出生時育児休業の対象となる期間は、その子の出生の日から起算して8週間を経過する日の翌日まで（出産予定日前に当該子が出生した場合にあっては当該出生の日から当該出産予定日から起算して8週間を経過する日の翌日までとし、出産予定日後に当該子が出生した場合にあっては当該出産予定日から当該出生の日から起算して8週間を経過する日の翌日までとする。）とされています。設問2は、出産予定日後に当該子が出生した場合ですから、出産予定日（4月15日）から当該出生の日から起算して8週間を経過する日の翌日（6月15日）が、出生時育児休業の対象となる期間です。

**解答根拠**：法61条の7,1項、4項、法61条の10,1項、法61条の12,1項、則101条の43

| | | | |
|---|---|---|---|
| A | ④ | 6月21日 | cf. 合テキ 4 P240〜242 |
| B | ① | 3月5日 | cf. 合テキ 4 P242, 243 |
| C | ② | 4月15日から6月15日 | cf. 合テキ 4 P252〜254 |
| D | ② | 2歳に満たない子 | cf. 合テキ 4 P264 |
| E | ② | 1週間 | cf. 合テキ 4 P265 |

| 問 4 | 労務管理その他の労働に関する一般常識 | 難易度 基 応 難 |

● ポイント解説

　統計調査の種類・概要等はおおまかに把握しておきましょう。賃金構造基本統計は、労災保険における給付基礎日額の最低・最高限度額の算定の基礎とされており、毎月勤労統計は、労災保険における自動変更対象額、雇用保険における自動変更対象額の算定の基礎とされています。

**解答根拠**：賃金構造基本統計調査、毎月勤労統計調査、労使関係総合調査他

| | | | |
|---|---|---|---|
| A | ⑥ | 賃金構造基本統計調査 | cf. 合テキ 別冊 P73、74 |
| B | ⑪ | 毎月勤労統計調査 | cf. 合テキ 別冊 P73、74 |
| C | ⑰ | 労働組合基礎調査 | cf. 合テキ 別冊 P124 |
| D | ② | 実態調査 | cf. 合テキ 別冊 ― |
| E | ① | 悉皆調査 | cf. 合テキ 別冊 ― |

---

**第1回
選択式**

**解 答**

---

**問 5** ## 社会保険に関する一般常識 　　難易度 基 応 難

● **ポイント解説**

　設問2について、船員保険法における一般保険料率は、原則として、疾病保険料率と災害保健福祉保険料率とを合計して得た率とされていますが、後期高齢者医療の被保険者等である被保険者及び独立行政法人等職員被保険者にあっては、一般保険料率は、災害保健福祉保険料率のみとされています。

　災害保健福祉保険料率は、次に掲げる額に照らし、毎事業年度において財政の均衡を保つことができるよう、政令で定めるところにより算定するものとされており、1000分の10から1000分の35までの範囲内において、全国健康保険協会が決定するものとされています。

　①　職務上の事由若しくは通勤による疾病、負傷、障害若しくは死亡又は職務上の事由による行方不明に関する保険給付に要する費用の予想額（その額に係る国庫負担金の額を除く。）

　②　職務上の事由又は通勤による疾病又は負傷について行われる自宅以外の場所における療養に必要な宿泊及び食事の支給に要する費用及び下船後の療養補償に相当する療養の給付に要する費用の予想額

　③　保健事業及び福祉事業に要する費用の額（その額に係る国庫補助の額を除く。）

　④　上記①〜③に掲げる事務の執行に要する費用及び準備金の積立ての予定額

　なお、船員保険法における疾病保険料率は、1000分の40から1000分の130までの範囲内において、全国健康保険協会が決定するものとされています。

**解答根拠**：国民健康保険法82条の2, 1項、船員保険法120条2項、法122条1項

| | | | |
|---|---|---|---|
| A | ① | 安定的 | cf. 合テキ 10 P73 |
| B | ⑤ | 広域的及び効率的 | cf. 合テキ 10 P73 |
| C | ③ | おおむね6年ごとに | cf. 合テキ 10 P73 |
| D | ⑥ | 災害保健福祉保険料率 | cf. 合テキ 10 P109 |
| E | ⑮ | 1000分の10から1000分の35 | cf. 合テキ 10 P109 |

| 問 6 | 健康保険法 | 難易度 基 応 難 |

### ● ポイント解説

　設問2について、標準報酬月額等級については、「毎年3月31日における標準報酬月額等級の最高等級に該当する被保険者数の被保険者総数に占める割合が100分の1.5を超える場合において、その状態が継続すると認められるときは、その年の9月1日から、政令で、当該最高等級の上に更に等級を加える標準報酬月額の等級区分の改定を行うことができる。ただし、その年の3月31日において、改定後の標準報酬月額等級の最高等級に該当する被保険者数の同日における被保険者総数に占める割合が100分の0.5を下回ってはならない。」とされています。

**解答根拠**：法124条2項、法138条2項

| A | ③ | 4月 | cf. 合テキ 7 P367 |
| B | ⑥ | 45分の1 | cf. 合テキ 7 P367 |
| C | ⑭ | 100分の3 | cf. 合テキ 7 P346 |
| D | ⑳ | 翌年度の9月1日 | cf. 合テキ 7 P346 |
| E | ⑩ | 100分の1 | cf. 合テキ 7 P346 |

| 問 7 | 厚生年金保険法 | 難易度 基 応 難 |

### ● ポイント解説

　設問2について、受給権者が毎年9月1日（以下「基準日」といいます。）において被保険者である場合（基準日に被保険者の資格を取得した場合を除きます。）の老齢厚生年金の額は、基準日の属する月前の被保険者であった期間をその計算の基礎とするものとし、基準日の属する月の翌月から、年金の額を改定することとされています（在職定時改定）が、65歳未満の者を対象とする特別支給の老齢厚生年金・繰上げ支給の老齢厚生年金には、在職定時改定の規定は適用されません。

**解答根拠**：法24条の4,1項、法43条2項、法92条1項、法附則9条

| A | ⑮ | 1,000円 | cf. 合テキ 9 P94 |
| B | ⑰ | 150万円 | cf. 合テキ 9 P94 |
| C | ① | 改定されない | cf. 合テキ 9 P132、133 |
| D | ⑤ | 行使することができる時 | cf. 合テキ 9 P341 |
| E | ⑨ | 支払期月の翌月の初日 | cf. 合テキ 9 P341 |

8

| 問 8 | 国民年金法 | 難易度 基 応 難 |
|---|---|---|

第1回
選択式

解 答

● ポイント解説

　設問１について、督促状に指定した期限までに徴収金を完納したとき、又は延滞金の額として計算した金額が50円未満であるときは、延滞金は徴収しないものとされています。また、延滞金の年14.6%の割合及び年7.3%の割合は、当分の間、各年の延滞税特例基準割合が年7.3%の割合に満たない場合には、その年中においては、年14.6%の割合にあっては当該延滞税特例基準割合に年7.3%の割合を加算した割合とし、年7.3%の割合にあっては当該延滞税特例基準割合に年１%の割合を加算した割合（当該加算した割合が年7.3%の割合を超える場合には、年7.3%の割合）とされています。令和７年の延滞税特例基準割合は年1.4%であることから、年14.6%の割合については令和７年中は年8.7%と、年7.3%の割合については令和７年中は年2.4%とされます。

**解答根拠**：法88条の２、法97条１項、法附則９条の２の５、則73条の7,3項、令和6.11.29財務省告示293号

| A | ⑤ | ３月 | cf. 合テキ 8 P117 |
|---|---|---|---|
| B | ⑪ | 500円 | cf. 合テキ 8 P117 |
| C | ⑯ | 8.7 | cf. 合テキ 8 P118 |
| D | ⑱ | 前月（多胎妊娠の場合においては、３月前）から出産予定月の翌々月 | cf. 合テキ 8 P75 |
| E | ⑦ | ６月 | cf. 合テキ 8 P76 |

9

# 第1回 択一式予想問題
# 解答・解説

| | |
|---|---|
| 解答一覧 ………………………………………………………… | 12 |
| 労働基準法及び労働安全衛生法 ……………………………… | 14 |
| 労働者災害補償保険法 …………………………………………<br>（労働保険の保険料の徴収等に関する法律を含む。） | 25 |
| 雇用保険法 ………………………………………………………<br>（労働保険の保険料の徴収等に関する法律を含む。） | 36 |
| 労務管理その他の労働及び社会保険に関する一般常識 ……… | 45 |
| 健康保険法 ……………………………………………………… | 55 |
| 厚生年金保険法 ………………………………………………… | 64 |
| 国民年金法 ……………………………………………………… | 74 |

# 第1回　択一式問題・解答一覧

| 科目名 | 問題番号 | 正解番号 | 難易度 |
|---|---|---|---|
| 労働基準法及び労働安全衛生法 | 問1 | E | **基**応難 |
| | 問2 | C | **基**応難 |
| | 問3 | E | **基**応難 |
| | 問4 | E | 基**応** |
| | 問5 | A | 基**応** |
| | 問6 | D | **基**応難 |
| | 問7 | B | 基**応** |
| | 問8 | D | **基**応難 |
| | 問9 | B | **基**応難 |
| | 問10 | B | **基**応難 |
| 労働者災害補償保険法（労働保険の保険料の徴収等に関する法律を含む。） | 問1 | C | 基**応** |
| | 問2 | B | 基**応**難 |
| | 問3 | D | 基**応**難 |
| | 問4 | D | **基**応難 |
| | 問5 | A | 基**応**難 |
| | 問6 | E | **基**応難 |
| | 問7 | E | **基**応難 |
| | 問8 | B | **基**応難 |
| | 問9 | D | **基**応難 |
| | 問10 | B | **基**応難 |

| 科目名 | 問題番号 | 正解番号 | 難易度 |
|---|---|---|---|
| 雇用保険法（労働保険の保険料の徴収等に関する法律を含む。） | 問1 | D | 基**応**難 |
| | 問2 | B | **基**応難 |
| | 問3 | D | **基**応難 |
| | 問4 | B | **基**応難 |
| | 問5 | E | **基**応難 |
| | 問6 | D | 基**応** |
| | 問7 | D | **基**応難 |
| | 問8 | C | **基**応難 |
| | 問9 | C | 基**応** |
| | 問10 | A | **基**応難 |
| 労務管理その他の労働及び社会保険に関する一般常識 | 問1 | B | **基**応難 |
| | 問2 | E | 基**応**難 |
| | 問3 | C | **基**応難 |
| | 問4 | B | **基**応難 |
| | 問5 | C | 基**応** |
| | 問6 | A | 基**応** |
| | 問7 | A | **基**応難 |
| | 問8 | D | **基**応難 |
| | 問9 | C | **基**応難 |
| | 問10 | B | **基**応難 |

第1回
択一式

解 答

| 科目名 | 問題番号 | 正解番号 | 難易度 |
|---|---|---|---|
| 健康保険法 | 問1 | D | **基**応難 |
| | 問2 | D | **基**応難 |
| | 問3 | A | 基**応**難 |
| | 問4 | D | **基**応難 |
| | 問5 | C | **基**応難 |
| | 問6 | B | 基**応**難 |
| | 問7 | C | **基**応難 |
| | 問8 | A | **基**応難 |
| | 問9 | D | 基**応**難 |
| | 問10 | B | **基**応難 |
| 厚生年金保険法 | 問1 | A | **基**応難 |
| | 問2 | A | **基**応難 |
| | 問3 | D | **基**応難 |
| | 問4 | A | **基**応難 |
| | 問5 | C | **基**応難 |
| | 問6 | B | **基**応難 |
| | 問7 | D | **基**応難 |
| | 問8 | D | 基**応**難 |
| | 問9 | C | 基**応**難 |
| | 問10 | E | **基**応難 |

| 科目名 | 問題番号 | 正解番号 | 難易度 |
|---|---|---|---|
| 国民年金法 | 問1 | E | **基**応難 |
| | 問2 | C | **基**応難 |
| | 問3 | D | 基**応**難 |
| | 問4 | B | 基**応**難 |
| | 問5 | E | **基**応難 |
| | 問6 | C | **基**応難 |
| | 問7 | E | **基**応難 |
| | 問8 | D | **基**応難 |
| | 問9 | D | **基**応難 |
| | 問10 | E | **基**応難 |

# 労働基準法及び労働安全衛生法

**問 1** | **正解 E** | **難易度 基 応 難**

● **出題の趣旨**

就業規則の絶対的必要記載事項・相対的必要記載事項等についても目を通しておきましょう。

**A ○ 根拠：法89条**　　　　　　　　　　　　　　cf. 合テキ 1 P257

設問の通り正しい。なお、事業場の労働者の一部について、他の労働者と異なる労働条件を定める場合には、当該一部の労働者についてのみ適用される別個の就業規則を作成することは差し支えないとされているが、このように別個の就業規則を作成する場合には、当該2以上の規則を合わせたものが法89条の就業規則となるのであって、それぞれが単独で同条の就業規則となるものではない。

**B ○ 根拠：法90条、昭和61.6.6基発333号**　　　　cf. 合テキ 1 P257、258

設問の通り正しい。なお、派遣労働者について就業規則の作成義務を負うのは、派遣中の労働者とそれ以外の労働者とを合わせて常時10人以上の労働者を使用している派遣元事業場の使用者である。

**C ○ 根拠：法89条、昭和23.10.30基発1575号**　　　cf. 合テキ 1 P256

設問の通り正しい。慣習等により労働条件の決定変更につき労働組合との協議等を必要とする場合であっても、労働組合と協議等を行うこと自体はそもそも労働条件ではなく、就業規則の必要記載事項に当たらないから、これを就業規則に記載するか否かは当事者の自由である。

**D ○ 根拠：法91条、昭和37.9.6基発917号**　　　　cf. 合テキ 1 P259

設問の通り正しい。法91条の減給の制裁とは、制裁として、本来ならばその労働者が受けるべき賃金の中から一定額を差し引くことをいい、従前の職務に従事せしめつつ賃金額のみを減ずるものであれば、減給の制裁に該当する。

**E × 根拠：法91条、昭和25.9.8基収1338号**　　　cf. 合テキ 1 P260

「一賃金支払期における賃金の総額」とは、「当該賃金支払期に対し現実に支払われる賃金の総額」のことであり、設問の場合、欠勤等のために少額となった賃金の総額を基礎としてその10分の1を計算することとなる。

14

| 問 2 | 正解 **C** | 難易度 基 応 難 |

● **出題の趣旨**

変形労働時間制等について、きちんと整理しましょう。

**A** 〇 **根拠**：法32条の2、平成14.2.28大星ビル管理事件　　cf. 合テキ **1** P132

設問の通り正しい。

**B** 〇 **根拠**：法40条、則26条　　cf. 合テキ **1** P132

設問の通り正しい。列車等を支障等なく運行するに当たっては、突発的な事故等により臨時列車を運行する必要がある場合等に備えて予備勤務員を待機させておく必要があり、予備勤務員については、その勤務の性質上、あらかじめ法定労働時間を超える週又は日を特定することが不可能であるため、設問の特例が設けられている。

**C** × **根拠**：法32条の4,1項、平成6.5.31基発330号　　cf. 合テキ **1** P140

1年単位の変形労働時間制を採用する場合には、原則として、対象期間における労働日を特定しなければならないとされている。休日が特定されていないということは、労働日が特定されていないこととなるから、設問の場合には、1年単位の変形労働時間制を採用することはできない。

**D** 〇 **根拠**：法38条の2、令和3.3.25基発0325第2号　　cf. 合テキ **1** P187

設問の通り正しい。

**E** 〇 **根拠**：法40条、則32条　　cf. 合テキ **1** P150

設問の通り正しい。設問の長距離乗務員については、勤務の性質上、休憩時間を与えることができないため、設問の特例が設けられている。

| 問 3 | 正解 **E** | 難易度 基 応 難 |

● **出題の趣旨**

妊産婦等に特有の規定を押さえておきましょう。

**A** × **根拠**：法64条の3,1項、女性則2条2項、同則3条　　cf. 合テキ **1** P236～238

「その者が申し出た場合に限り」が誤りである。設問の業務については、労働者の申出にかかわらず、全ての女性労働者を就かせてはならない。

**B** × **根拠**：法64条の3,1項、女性則2条2項　　cf. 合テキ **1** P236～238

高さが5メートル以上の場所で、墜落により労働者が危害を受けるおそれのあるところにおける業務については、労働者の申出の有無にかかわらず、産後1年を経過しない女性を就かせることができる。

労働基準法及び労働安全衛生法　15

C ×　**根拠**：法64条の3,1項、女性則２条１項　cf. **合テキ1** P236〜238

　高さが５メートル以上の場所で、墜落により労働者が危害を受けるおそれのあるところにおける業務については、労働者の申出の有無にかかわらず、妊娠中の女性を就かせることはできない。

D ×　**根拠**：法64条の3,1項、女性則２条２項　cf. **合テキ1** P236〜238

　さく岩機、鋲打機等身体に著しい振動を与える機械器具を用いて行う業務については、労働者の申出の有無にかかわらず、産後１年を経過しない女性を就かせることはできない。

E ○　**根拠**：法64条の3,1項、女性則２条２項　cf. **合テキ1** P236〜238

　設問の通り正しい。

---

**【参考】**

＜女性の就業制限業務＞

| | 妊娠中の女性 | 産後１年を経過しない女性 | 左記以外の女性 |
|---|---|---|---|
| ① 一定の重量物を取り扱う業務 | × | × | × |
| ② ボイラーの取扱いの業務 | × | △ | ○ |
| ③ ボイラーの溶接の業務 | × | △ | ○ |
| ④ つり上げ荷重が５トン以上のクレーン若しくはデリック又は制限荷重が５トン以上の揚貨装置の運転の業務 | × | △ | ○ |
| ⑤ 運転中の原動機又は原動機から中間軸までの動力伝導装置の掃除、給油、検査、修理又はベルトの掛換えの業務 | × | △ | ○ |
| ⑥ クレーン、デリック又は揚貨装置の玉掛けの業務（２人以上の者によって行う玉掛けの業務における補助作業の業務を除く。） | × | △ | ○ |
| ⑦ 動力により駆動される土木建築用機械又は船舶荷扱用機械の運転の業務 | × | △ | ○ |
| ⑧ 直径が25cm以上の丸のこ盤（横切用丸のこ盤及び自動送り装置を有する丸のこ盤を除く。）又はのこ車の直径が75cm以上の帯のこ盤（自動送り装置を有する帯のこ盤を除く。）に木材を送給する業務 | × | △ | ○ |
| ⑨ 操車場の構内における軌道車両の入換え、連結又は解放の業務 | × | △ | ○ |
| ⑩ 蒸気又は圧縮空気により駆動されるプレス機械又は鍛造機械を用いて行う金属加工の業務 | × | △ | ○ |
| ⑪ 動力により駆動されるプレス機械、シャー等を用いて行う厚さが８mm以上の鋼板加工の業務 | × | △ | ○ |
| ⑫ 岩石又は鉱物の破砕機又は粉砕機に材料を送給する業務 | × | △ | ○ |

| | | | |
|---|---|:-:|:-:|:-:|
| ⑬ | 土砂が崩壊するおそれのある場所又は深さが5m以上の地穴における業務 | × | ○ | ○ |
| ⑭ | 高さが5m以上の場所で、墜落により労働者が危害を受けるおそれのあるところにおける業務 | × | ○ | ○ |
| ⑮ | 足場の組立て、解体又は変更の業務（地上又は床上における補助作業の業務を除く。） | × | △ | ○ |
| ⑯ | 胸高直径が35cm以上の立木の伐採の業務 | × | △ | ○ |
| ⑰ | 機械集材装置、運材索道等を用いて行う木材の搬出の業務 | × | △ | ○ |
| ⑱ | 有害物を発散する場所において行われる一定の業務 | × | × | × |
| ⑲ | 多量の高熱物体を取り扱う業務 | × | △ | ○ |
| ⑳ | 著しく暑熱な場所における業務 | × | △ | ○ |
| ㉑ | 多量の低温物体を取り扱う業務 | × | △ | ○ |
| ㉒ | 著しく寒冷な場所における業務 | × | △ | ○ |
| ㉓ | 異常気圧下における業務 | × | △ | ○ |
| ㉔ | さく岩機、鋲打機等身体に著しい振動を与える機械器具を用いて行う業務 | × | × | ○ |

○＝就業可能

△＝申出により就業禁止

×＝就業禁止

---

**問 4**　**正解　E**　　　　　難易度 基 応 難

● **出題の趣旨**

解雇の規定については、通達を含めていねいにみておきましょう。

**A　×　根拠：法23条1項、法115条、昭和41.2.2 39基収8818号**　cf. 合テキ 1 P69、285

法23条1項（金品の返還）の規定に基づき金銭の返還を請求する権利は、法115条（時効）の規定が適用されるが、物品の返還を請求する権利は、物権的返還請求権であるから、一般に時効の問題は生じない。

**B　×　根拠：法14条2項、法19条1項、令和5.3.30厚労告114号、昭和63.3.14基発150号**　cf. 合テキ 1 P56、57

有期労働契約を締結した労働者の労働契約は、他に契約期間満了後引き続き雇用関係が更新されたと認められる事実がない限りその期間満了とともに終了するのであって、解雇制限の規定の適用はない。したがって、設問の労働者の労働契約は、契約期間満了とともに終了する。

労働基準法及び労働安全衛生法　17

C ×　根拠：法20条、最二小昭和35.3.11細谷服装事件　　cf. 合テキ **1** P63

　最高裁判所の判例では、使用者が労働基準法第20条所定の予告期間をおかず、又は解雇予告手当の支払をしないで労働者に解雇の通知をした場合、その通知は即時解雇としては効力を生じない（無効である）が、使用者が即時解雇を固執する趣旨でない限り、通知後同条所定の30日の予告期間を経過するか、又は通知の後に同条所定の解雇予告手当の支払をしたときは、そのいずれかのときから解雇の効力を生ずるものと解すべき、としている。

D ×　根拠：法20条1項、昭和26.6.25基収2609号　　cf. 合テキ **1** P61

　設問の場合、その業務上の負傷による休業によって当初の解雇予告はその効力の発生自体が停止されるだけであり、休業期間が長期にわたり解雇予告として効力を失うものと認められる場合を除き、改めて解雇予告をする必要はない。

E ○　根拠：法20条2項、昭和23.3.17基発464号、昭和63.3.14基発150号

　　　　　　　　　　　　　　　　　　　　　　　　　　　　cf. 合テキ **1** P-

　設問の通り正しい。郵送等の手段により労働者宛てに解雇予告手当を発送し、労働者の生活の本拠地に到達した場合には、直接労働者本人の受領すると否と、また労働者の在否に関係なく、解雇予告手当の支払がなされたものと認められる。

---

**問 5**　正解 **A**　　　　　　　　　　　　　　難易度 基 応 難

● **出題の趣旨**

　使用者・労働者等の用語の定義や、労働者派遣法に規定する労働基準法の適用に関する特例について、きちんと整理しておきましょう。

A ○　根拠：法9条、労働者派遣法44条、平成61.6.6基発333号　cf. 合テキ **1** P15、16

　設問の通り正しい。労働者派遣法に規定する労働基準法の適用に関する特例は、労働者派遣という就業形態に着目して、労働基準法に関する特例を定めるものである。したがって、労働者派遣法に基づき労働者派遣事業の実施につき許可を受けた派遣元事業主が行う労働者派遣に限られることなく、また、同法に定める労働者派遣の適用対象業務に関する労働者派遣に限られることなく、当該特例が適用される。

B ×　根拠：法10条、昭和22.9.13発基17号、平成24.8.10基発0810第2号

　　　　　　　　　　　　　　　　　　　　　　　　　　　　cf. 合テキ **1** P13

　労働基準法10条に規定する「使用者」とは、事業主又は事業の経営担当者その他その事業の労働者に関する事項について、事業主のために行為をするすべての者であり、具体的には、同法各条の義務についての履行の責任者をいう。したがって、労働者と相対する労働契約の締結当事者に限られず、労働契約法2条2項に規定する使用者よりも広

い概念である。

**C ×** 根拠：法 7 条、最二小昭和38.6.21十和田観光電鉄事件　　cf. 合テキ**1** P25

　最高裁判所の判例では、「懲戒解雇なるものは、普通解雇と異なり、譴責、減給、降職、出勤停止等とともに、企業秩序の違反に対し、使用者によって課せられる一種の制裁罰であると解するのが相当である」とし、「公職に就任することが会社業務の遂行を著しく阻害する虞れのある場合においても、普通解雇に附するは格別（別として）、従業員を懲戒解雇に附することは、許されないものといわなければならない。」としている。したがって、設問にあるように、普通解雇に附することも到底許されるものではない、とはしていない。

**D ×** 根拠：法17条、法24条 1 項　　cf. 合テキ**1** P31、32、86

　「労働基準法上何ら問題はない」とする記述が誤りである。使用者が明らかに身分的拘束を伴わない貸付金と賃金とを相殺することは、法17条違反とはならないが、法令に別段の定めがある場合又は労使協定（賃金の一部控除の協定）がある場合でなければ、法24条 1 項の賃金の全額払の原則に違反するので、「労働基準法上何ら問題はない」とはいえない。

**E ×** 根拠：法17条　　cf. 合テキ**1** P31、32

　法17条は、前借金そのものは禁止しておらず、賃金と前借金を相殺することを禁止するにとどまる。設問のような前借金制度を設けていても、賃金と相殺しない限り、法17条違反とはならない。なお、設問のような前借金制度を設け、労働を強制することは、法 5 条（強制労働の禁止）違反（ 1 年以上10年以下の懲役又は20万円以上300万円以下の罰金）になるものと解される。

---

**問 6**　　正解　**D（イとオ）**　　難易度**基**応難

● **出題の趣旨**

36協定の要件等についてまとめておきましょう。

**ア ○** 根拠：法24条 1 項、昭和23.12.4基収4092号　　cf. 合テキ**1** P82

　設問の通り正しい。新給与の決定後、過去に遡及して賃金を支払うことを取り決める場合に、その支払対象を在籍者のみとするか退職者をも含めるかは、当事者の自由であり、退職者を含めないこととしても賃金の全額払の原則に違反しない。

**イ ×** 根拠：法24条 1 項、最二小昭和56.9.18三菱重工業長崎造船所事件

　　cf. 合テキ**1** P88

　最高裁判所の判例では、「ストライキ期間中の賃金削減の対象となる部分の存否及びその部分と賃金削減の対象とならない部分の区別は、当該労働協約等の定め又は労働慣

労働基準法及び労働安全衛生法　19

行の趣旨に照らし個別的に判断するのを相当」としており、同事案については、「家族手当の削減が労働慣行として成立していると判断できる」ものとして、家族手当の削減は違法でないとしている。

**ウ　○　根拠：法24条1項**　　　cf. 合テキ1 P82

設問の通り正しい。「通貨」とは、強制通用力のある貨幣であり、日本銀行券のほか、鋳造貨幣（硬貨）のことをいう。

**エ　○　根拠：法36条1項、2項、4項、平成30.12.28基発1228第15号**　cf. 合テキ1 P163

設問の通り正しい。法36条4項に規定する限度時間又は同条5項に規定する特別条項付き協定における1箇月及び1年についての延長時間の上限若しくは月数の上限を超える時間等を定める36協定は、全体として無効とされる。

**オ　×　根拠：法36条4項、平成30.12.28基発1228第15号**　cf. 合テキ1 P127

法36条4項に規定する限度時間又は同条5項に規定する特別条項付き協定における1箇月及び1年についての延長時間の上限は、事業場における36協定の内容を規制するものであり、特定の労働者が転勤した場合は通算されない。なお、法36条6項2号及び3号の時間数の上限は、労働者個人の実労働時間を規制するものであり、特定の労働者が転勤した場合には、法38条1項の規定により通算して適用される。

---

**【確認】**
法36条6項2号
　1箇月について労働時間を延長して労働させ、及び休日において労働させた時間を100時間未満とすること
法36条6項3号
　対象期間の初日から1箇月ごとに区分した各期間に当該各期間の直前の1箇月、2箇月、3箇月、4箇月及び5箇月の期間を加えたそれぞれの期間における労働時間を延長して労働させ、及び休日において労働させた時間の1箇月当たりの平均時間を80時間以下とすること

---

**問 7**　　**正解　B**　　　　難易度 基 応 難

● **出題の趣旨**

高度プロフェッショナル制度については、決議事項など、1つ1つていねいに確認しておきましょう。

**A　○　根拠：法41条の2,1項、令和元.7.12基発0712第2号**　cf. 合テキ1 P108

設問の通り正しい。なお、高度プロフェッショナル制度の対象労働者については、労働基準法に定める母性保護関係規定のうち、法66条1項（変形労働時間制の適用制限）及び2項（時間外労働及び休日労働の制限）並びに法67条（育児時間）の規定は適用されないが、それ以外の規定については適用される。

**B** ×　**根拠**：法41条の2,1項、則34条の2,3項、令和元.7.12基発0712第2号

cf. 合テキ**1** P110

　対象労働者には、働く時間帯の選択や時間配分について自らが決定できる広範な裁量が認められている必要があり、使用者は、対象労働者に対し、一定の日に業務に従事するよう指示を行うことはできない。したがって、使用者が、全社的な所定労働日などを参考として伝えることは妨げられないが、対象労働者はそれに従う必要はない。

**C** ○　**根拠**：法41条の2,1項、令和元.7.12基発0712第2号

cf. 合テキ**1** P110

　設問の通り正しい。なお、対象業務に関連する情報・資料の収集、整理、加工等のように、対象業務を遂行する上で当然に付随する業務は、それらも含めて全体が対象業務となる。　また、厚生労働省令で定める対象業務に該当する限り、対象労働者が従事する業務の内容が複数の対象業務に該当する場合であっても、労使委員会の決議の内容及び職務に関する合意を前提に、高度プロフェッショナル制度を適用することは可能である。

---

【確認】
　高度プロフェッショナル制度の対象業務は、「高度の専門的知識等を必要とし、その性質上従事した時間と従事して得た成果との関連性が通常高くないと認められるものとして厚生労働省令で定める業務のうち、労働者に就かせることとする業務」とされている。

---

**D** ○　**根拠**：法41条の2,1項、令和元.7.12基発0712第2号

cf. 合テキ**1** P111

　設問の通り正しい。なお、使用者は、対象業務に従事する対象労働者に対し、1年間を通じ104日以上の休日を与えなければならないとされており、1年間を通じ104日以上の休日を対象労働者に与えることができないことが確定した時点から、高度プロフェッショナル制度の法律上の効果は生じないこととされている。

**E** ○　**根拠**：法41条の2,1項、令和元.7.12基発0712第2号

cf. 合テキ**1** P111

　設問の通り正しい。なお、条文において「使用者が当該期間において、第39条の規定による有給休暇を与えたときは、当該有給休暇を与えた日を除く。」とあるのは、年次有給休暇を与えた日については休日を与える必要はない旨を規定したものである。

---

| 問 **8** | 正解 | **D（ア、イ、ウ、エの四つ）** | 難易度 基 応 難 |
|---|---|---|---|

● **出題の趣旨**

　記録の保存期間等は、正確に覚えておきたいところです。

---

**ア** ○　**根拠**：則14条の3,2項

cf. 合テキ**2** P32

　設問の通り正しい（3年間である。）。

**イ** ○　**根拠**：則23条4項

cf. 合テキ**2** P46

労働基準法及び労働安全衛生法　21

設問の通り正しい（３年間である。）。

ウ　○　**根拠**：則38条　　　　　　　　　　　　　cf. 合テキ2 P129

設問の通り正しい（３年間である。）。

エ　○　**根拠**：則52条の7の3,2項　　　　　　　cf. 合テキ2 P166

設問の通り正しい（３年間である。）。

オ　×　**根拠**：則52条の6　　　　　　　　　　　cf. 合テキ2 P167

設問の記録の保存期間は、５年間である。

---

## 問 9　正解 **B**　　　　　　　　　　　　　難易度 基 応 難

### ● 出題の趣旨

免許、技能講習等についてまとめておきましょう。

---

A　×　**根拠**：法12条１項、則７条１項５号ロ　　cf. 合テキ2 P26

常時500人を超える労働者を使用する事業場で、坑内労働又は労働基準法施行規則18条各号に掲げる業務に常時30人以上の労働者を従事させるものにあっては、衛生管理者のうち少なくとも１人を専任の衛生管理者とすることを要するが、設問の「深夜業を含む業務」は「坑内労働又は労働基準法施行規則18条各号に掲げる業務」に該当しない。

**【参考】**

＜労働基準法施行規則18条＞

| 1号 | 多量の高熱物体を取り扱う業務及び著しく暑熱な場所における業務 |
|---|---|
| 2号 | 多量の低温物体を取り扱う業務及び著しく寒冷な場所における業務 |
| 3号 | ラジウム放射線、エックス線その他の有害放射線にさらされる業務 |
| 4号 | 土石、獣毛等のじんあい又は粉末を著しく飛散する場所における業務 |
| 5号 | 異常気圧下における業務 |
| 6号 | 削岩機、鋲打機等の使用によって身体に著しい振動を与える業務 |
| 7号 | 重量物の取扱い等重激なる業務 |
| 8号 | ボイラー製造等強烈な騒音を発する場所における業務 |
| 9号 | 鉛、水銀、クロム、砒素、黄りん、弗素、塩素、塩酸、硝酸、亜硫酸、硫酸、一酸化炭素、二硫化炭素、青酸、ベンゼン、アニリン、その他これに準ずる有害物の粉じん、蒸気又はガスを発散する場所における業務 |
| 10号 | 上記のほか、厚生労働大臣の指定する業務 |

B　○　**根拠**　法13条１項、則13条１項３号　　cf. 合テキ2 P30

設問の通り正しい。次に掲げる業務に常時500人以上の労働者を従事させる事業場にあっては、その事業場に専属の産業医を選任することを要する。

| 1 | 多量の高熱物体を取り扱う業務及び著しく暑熱な場所における業務 |
|---|---|
| 2 | 多量の低温物体を取り扱う業務及び著しく寒冷な場所における業務 |
| 3 | ラジウム放射線、エックス線その他の有害放射線にさらされる業務 |
| 4 | 土石、獣毛等のじんあい又は粉末を著しく飛散する場所における業務 |
| 5 | 異常気圧下における業務 |
| 6 | さく岩機、鋲打機等の使用によって、身体に著しい振動を与える業務 |
| 7 | 重量物の取扱い等重激なる業務 |
| 8 | ボイラー製造等強烈な騒音を発する場所における業務 |
| 9 | 坑内における業務 |
| 10 | 深夜業を含む業務 |
| 11 | 水銀、砒素、黄りん、弗化水素酸、塩酸、硝酸、硫酸、青酸、か性アルカリ、石炭酸その他これらに準ずる有害物を取り扱う業務 |
| 12 | 鉛、水銀、クロム、砒素、黄りん、弗化水素、塩素、塩酸、硝酸、亜硫酸、硫酸、一酸化炭素、二硫化炭素、青酸、ベンゼン、アニリンその他これらに準ずる有害物のガス、蒸気又は粉じんを発散する場所における業務 |
| 13 | 病原体によって汚染のおそれが著しい業務 |
| 14 | その他厚生労働大臣が定める業務 |

**C** × **根拠**：法61条1項、令20条7号、則41条、則別表第3　　cf. **合テキ2** P119

つり上げ荷重が1トン以上5トン未満の移動式クレーンの運転（道路上を走行させる運転を除く。）の業務については、移動式クレーン運転士免許を受けた者のほか、小型移動式クレーン運転技能講習を修了した者についても、当該業務に就くことができる。なお、つり上げ荷重が1トン未満の移動式クレーンの運転（道路上を走行させる運転を除く。）の業務に就かせるときは、安全又は衛生のための特別の教育を行わなければならないものとされている。

**D** × **根拠**：法72条2項、法74条2項5号、則66条3号　　cf. **合テキ2** P121

設問の場合であっても、免許の取消の日から起算して1年を経過しないものには、免許を与えないこととされている。

**E** × **根拠**：法91条1項、4項　　cf. **合テキ2** P198

労働基準監督官は、労働安全衛生法を施行するため必要があると認めるときは、事業場に立ち入り、関係者に質問し、帳簿、書類その他の物件を検査し、若しくは作業環境測定を行い、又は検査に必要な限度において無償で製品、原材料若しくは器具を収去することができるとされているが、この立入検査の権限は、犯罪捜査のために認められたものと解釈してはならないとされている。

労働基準法及び労働安全衛生法　23

| 問 10 | 正解 **B** | 難易度 基 応 難 |

● **出題の趣旨**

特定機械等の検査等について復習しておきましょう。

**A ○ 根拠**：法45条1項、令15条1項1号　　　cf. 合テキ**2** P94、95

設問の通り正しい。なお、特定機械等は、特定自主検査（定期自主検査のうち、事業者の使用する労働者で厚生労働省令で定める資格を有するもの又は検査業者に実施させるべき自主検査）の対象とはされていない。

**B × 根拠**：法41条2項　　　cf. 合テキ**2** P86

特定機械等に係る性能検査は、「労働基準監督署長」ではなく、「厚生労働大臣の登録を受けた者（登録性能検査機関）」が行うものとされている。

**C ○ 根拠**：法33条1項、則665条　　　cf. 合テキ**2** P73

設問の通り正しい。機械等貸与者とは、厚生労働省令において「政令で定める機械等を、相当の対価を得て業として他の事業者に貸与する者」と定められており、無償で機械等を貸与する者は機械等貸与者に該当せず、設問の措置を講ずる必要はない。

**D ○ 根拠**：法34条、則671条　　　cf. 合テキ**2** P75

設問の通り正しい。なお、建築物貸与者は、当該建築物の避難用の出入口若しくは通路又はすべり台、避難用はしご等の避難用の器具で、当該建築物の貸与を受けた2以上の事業者が共用するものについては、避難用である旨の表示をし、かつ、容易に利用することができるように保持しておかなければならない。

**E ○ 根拠**：法88条3項、令24条、則90条5号の2　　　cf. 合テキ**2** P195

設問の通り正しい。なお、労働基準監督署長は設問の法88条3項に基づく届出があった場合において、当該届出に係る事項が労働安全衛生法又はこれに基づく命令の規定に違反すると認めるときは、当該届出をした事業者に対し、その届出に係る仕事の開始の差止め又は計画の変更を命ずることができるものとされており、労働基準監督署長は、当該命令をした場合において、必要があると認めるときは、当該命令に係る仕事の発注者（当該仕事を自ら行う者を除く。）に対し、労働災害の防止に関する事項について必要な勧告又は要請を行うことができる。

## 労働者災害補償保険法（労働保険の保険料の徴収等に関する法律を含む。）

**問 1**　正解　**C**　（ア、エ、オの三つ）　　難易度 基 応 難

第1回
択一式

解　答

### ● 出題の趣旨

「心理的負荷による精神障害の認定基準」の内容を確認しておきましょう。

**ア　○　根拠：令和5.9.1基発0901第2号**　　cf. 合テキ 3 P33

設問の通り正しい。なお、「同僚等から、人格や人間性を否定するような言動を受け、行為が反復・継続していない」場合には、心理的負荷の強度は「中」と判断される。

> **【参考】**
> 「反復・継続するなどして執拗に受けた」とは、「執拗」と評価される事案について、一般的にはある行動が何度も繰り返されている状況にある場合が多いが、たとえ一度の言動であっても、これが比較的長時間に及ぶものであって、行為態様も強烈で悪質性を有する等の状況がみられるときにも「執拗」と評価すべき場合があるとの趣旨である。

**イ　×　根拠：令和5.9.1基発0901第2号**　　cf. 合テキ 3 P-

設問の場合には、心理的負荷の強度は「中」と判断される。なお、「業務をめぐる方針等において、周囲からも客観的に認識されるような大きな対立が上司との間に生じ、その後の業務に大きな支障を来した」場合には、心理的負荷の強度は「強」と判断される。

**ウ　×　根拠：令和5.9.1基発0901第2号**　　cf. 合テキ 3 P-

設問の場合には、心理的負荷の強度は「中」と判断される。

**エ　○　根拠：令和5.9.1基発0901第2号**　　cf. 合テキ 3 P33

設問の通り正しい。「顧客等から、人格や人間性を否定するような言動を受けた場合であって、会社に相談しても又は会社が迷惑行為を把握していても適切な対応がなく、改善がなされなかった」場合には、心理的負荷の強度は「強」と判断される。なお、「顧客等から、人格や人間性を否定するような言動を受け、行為が反復・継続していない」場合には、心理的負荷の強度は「中」と判断される。

**オ　○　根拠：令和5.9.1基発0901第2号**　　cf. 合テキ 3 P33

設問の通り正しい。「顧客等から、威圧的な言動などその態様や手段が社会通念に照らして許容される範囲を超える著しい迷惑行為を受けた場合であって、会社に相談しても又は会社が迷惑行為を把握していても適切な対応がなく、改善がなされなかった」場合には、心理的負荷の強度は「強」と判断される。なお、「顧客等から、威圧的な言動などその態様や手段が社会通念に照らして許容される範囲を超える著しい迷惑行為を受け、行為が反復・継続していない」場合には、心理的負荷の強度は「中」と判断される。

労働者災害補償保険法（労働保険の保険料の徴収等に関する法律を含む。）　25

| 問 2 | 正解 **B** | 難易度 基 応 難 |

● **出題の趣旨**

療養の給付、療養の費用の支給、葬祭料について確認しておきましょう。

**A** × **根拠**：法13条2項　　　　　　　　　　　　cf. 合テキ 3 P82

療養の給付の範囲は、①診察、②薬剤又は治療材料の支給、③処置、手術その他の治療、④居宅における療養上の管理及びその療養に伴う世話その他の看護、⑤病院又は診療所への入院及びその療養に伴う世話その他の看護、「⑥移送」であって、政府が必要と認めるものに限られる。

**B** ○ **根拠**：則12条1項　　　　　　　　　　　　cf. 合テキ 3 P84

設問の通り正しい。

**C** × **根拠**：法13条3項、則11条の2　　　　　　cf. 合テキ 3 P81

療養の給付に代えて療養の費用が支給されるのは、療養の給付をすることが困難な場合のほか、療養の給付を受けないことについて「労働者に相当の理由」がある場合とされている。

**D** × **根拠**：法17条、則17条　　　　　　　　　　cf. 合テキ 3 P68

葬祭料の額の計算の基礎となる給付基礎日額（一時金の給付基礎日額）には、年齢階層別の最低・最高限度額は適用されない。

> 【確認】
> 葬祭料の額は、315,000円に給付基礎日額〔算定事由発生日の属する年度の翌々年度の8月以後に当該葬祭料を支給すべき事由が生じた場合にあっては、当該葬祭料を遺族補償一時金とみなして法8条の4（スライド制）の規定を適用したときに得られる給付基礎日額に相当する額〕の30日分を加えた額（その額が給付基礎日額の60日分に満たない場合には、給付基礎日額の60日分）とする。

**E** × **根拠**：則17条の2,1項、3項　　　　　　　cf. 合テキ 3 P149、150

葬祭料の請求書には、「葬祭に要した費用の金額に関する証拠書類」を添付する必要はない。葬祭料は、通常葬祭に要する費用を考慮して厚生労働大臣が定める金額とされており、葬祭に要した費用の金額にかかわらず、厚生労働省令で定める額となる。

| 問 3 | 正解 **D** | 難易度 基 応 難 |

● **出題の趣旨**

複数事業労働者の休業補償給付について、見直ししておきましょう。

**A** ○ **根拠**：法14条１項、昭和40.9.15基災発14号、令和3.3.18基管発0318第１号他

cf. 合テキ**3** P94

　設問の通り正しい。部分算定日（所定労働時間のうちその一部分についてのみ労働する日又は賃金が支払われる休暇）に係る休業補償給付の額は、給付基礎日額から部分算定日に対して支払われる賃金の額を控除して得た額の100分の60に相当する額とされている。したがって、設問の場合、休業補償給付の額は、次の式により3,000円となる。

　（10,000円－5,000円）×100分の60＝3,000円

**B** ○ **根拠**：法14条１項、昭和40.9.15基災発14号

cf. 合テキ**3** P94

　設問の通り正しい。所定労働時間の全部について労働することができない場合で、平均賃金の100分の60以上の金額が支払われている場合には、「賃金を受けない日」に該当せず、休業補償給付は行われない。

**C** ○ **根拠**：法14条１項、令和3.3.18基管発0318第１号他

cf. 合テキ**3** P94、95

　設問の通り正しい。複数事業労働者の部分算定日に係る休業補償給付の額は、給付基礎日額から部分算定日に対して支払われる賃金の額（各事業場の平均賃金相当額を上限とする。）を控除して得た額の100分の60に相当する額とされている。したがって、設問の場合、休業補償給付の額は、次の式により1,800円となる。

　（10,000円－7,000円）×100分の60＝1,800円

**D** × **根拠**：法14条１項、令和3.3.18基管発0318第１号他

cf. 合テキ**3** P94、95

　設問の場合、休業補償給付の額は、次の式により1,800円となる。上記Ｃの解説参照。

　（10,000円－7,000円）×100分の60＝1,800円

**E** ○ **根拠**：法14条１項、令和3.3.18基管発0318第１号他

cf. 合テキ**3** P94、95

　設問の通り正しい。設問の場合、休業補償給付の額は、次の式により2,400円となる。上記Ｃの解説参照。

　（10,000円－6,000円）×100分の60＝2,400円

---

【確認】

　「所定労働時間の全部について労働することができない場合で、平均賃金の100分の60以上の金額を受ける日」及び「所定労働時間の一部分について労働することができない場合で、平均賃金と実労働時間に対して支払われる賃金との差額の100分の60以上の金額を受ける日」は、「賃金を受けない日」に該当しないが、複数事業労働者に係る「賃金を受けない日」の判断は、まず複数就業先における事業場ごとに行い、その結果、一部の事業場でも賃金を受けない日に該当する場合には、当該日は「賃金を受けない日」に該当するものとして取り扱う。

　このため、「①一部の事業場で"賃金を受けない日"に該当し、一部の事業場で"賃金を受けない日"に該当しない場合」及び「②全ての事業場で"賃金を受けない日"に該当する場合」は、「賃金を受けない日」に該当するものとして、休業補償給付の支給対象となる。

　設問Ｃ～Ｅについて、甲事業場では"賃金を受けない日"に該当しないが、乙事業場では"賃金を受けない日"に該当するため、休業補償給付の支給対象となる「賃金を受けない日」に該当することとなる。

---

労働者災害補償保険法（労働保険の保険料の徴収等に関する法律を含む。）　27

| 問 4 | 正解　**D** | 難易度 基 応 難 |

### ● 出題の趣旨

遺族補償年金について、復習しておきましょう。

**A　○　根拠：法16条の2,1項、3項、法16条の4,1項3号、(40)法附則43条1項**

cf. 合テキ **3** P134、135

　設問の通り正しい。設問の場合、子が遺族補償年金の受給権者となり、兄が次順位の受給資格者となるが、その子が当該労働者の兄の養子（直系血族又は直系姻族以外の者の養子）となったときは、当該子の受給権は消滅し、次順位者である兄が遺族補償年金の受給権者となる。

---

**【確認】**

　遺族補償年金の遺族の順位は、次表に掲げるとおりであり、労働者の死亡の当時における身分関係、生計維持関係及び年齢・障害に係る要件で判断される。なお、労働者の死亡の当時胎児であった子が出生したときは、将来に向かって、労働者の死亡の当時その収入によって生計を維持していた子とみなされる。

| 労働者の死亡の当時 | | | |
|---|---|---|---|
| 順位 | 遺族の身分 | 生計維持 | 年齢・障害 |
| ① | 配偶者　妻 | 死亡労働者の収入によって生計を維持していた | ——— |
| | 　　　　夫 | | 60歳以上　　　　　　　　　　　又は 一定の障害の状態 |
| ② | 子 | | 18歳に達する日以後の最初の3月31日までの間にある　　又は 一定の障害の状態 |
| ③ | 父母 | | 60歳以上　　　　　　　　　　　又は 一定の障害の状態 |
| ④ | 孫 | | 18歳に達する日以後の最初の3月31日までの間にある　　又は 一定の障害の状態 |
| ⑤ | 祖父母 | | 60歳以上　　　　　　　　　　　又は 一定の障害の状態 |
| ⑥ | 兄弟姉妹 | | 18歳に達する日以後の最初の3月31日までの間にあるか、若しくは60歳以上　又は 一定の障害の状態 |
| ⑦ | 夫 | | 55歳以上60歳未満　　（一定の障害の状態にない者） |
| ⑧ | 父母 | | |
| ⑨ | 祖父母 | | 55歳以上60歳未満　　（一定の障害の状態にない者） |
| ⑩ | 兄弟姉妹 | | |

※　夫、父母、祖父母及び兄弟姉妹で、労働者の死亡の当時55歳以上60歳未満の者（一定の障害の状態にある者を除く。上記⑦～⑩の者）は、受給権者になっても、60歳に達するまでの間、遺族補償年金の支給が停止される（若年停止）。

**B** ○ **根拠**：法16条の4,1項5号　cf. **合テキ** **3** P138、139

　設問の通り正しい。なお、遺族補償年金の受給権者である労働者の子、孫又は兄弟姉妹が、労働者の死亡の時から引き続き厚生労働省令で定める障害の状態にあるときは、18歳に達した日以後の最初の3月31日が終了したときであっても、遺族補償年金の受給権は消滅しない。

**C** ○ **根拠**：法16条の5,1項　cf. **合テキ** **3** P137、138

　設問の通り正しい。遺族補償年金を受ける権利を有する者の所在が1年以上明らかでない場合には、当該遺族補償年金は、同順位者があるときは同順位者の、同順位者がないときは次順位者の申請によって、その所在が明らかでない間（所在不明となった時にさかのぼり、その月の翌月から）、その支給が停止され、この場合において、同順位者がないときは、その間（所在不明となった時にさかのぼって）、次順位者が先順位者（受給権者）となる。

> 【確認】
> 　所在が1年以上明らかでないことにより、遺族補償年金の支給を停止された遺族は、いつでも、その支給の停止の解除を申請することができるものとされており、当該解除の申請があったときは、その停止が解除された月の翌月から、遺族補償年金の支給が再開される（所在不明となった時にさかのぼるのではない。）。

**D** × **根拠**：法16条の3,1項、法別表第1　cf. **合テキ** **3** P174

　同一の事由により、遺族補償年金と国民年金法の規定による遺族基礎年金とが支給される場合には、遺族補償年金は、政令で定める率を乗じて得た額に減額されることとなり、遺族補償年金の受給権者と遺族基礎年金の受給権者が異なる場合であっても、遺族補償年金の減額は行われる。

**E** ○ **根拠**：法附則60条3項　cf. **合テキ** **3** P142

　設問の通り正しい。遺族補償年金前払一時金が支給される場合には、当該労働者の死亡に係る遺族補償年金は、各月に支給されるべき額の合計額が厚生労働省令で定める算定方法に従い当該遺族補償年金前払一時金の額に達するまでの間、その支給が停止されることとなり、転給により受給権者となった者に支給すべき遺族補償年金についても、当該額に達するまでの間、支給停止される。

---

| 問 5 | 正解　**A** | 難易度 基 応 難 |
| --- | --- | --- |

● **出題の趣旨**

　特別加入者について、きちんと確認しておきましょう。

**A** × **根拠**：法34条1項　cf. **合テキ** **3** P232、233、238

　設問の中小事業主等の特別加入者については、通勤災害に関する保険給付が行われる。

労働者災害補償保険法（労働保険の保険料の徴収等に関する法律を含む。）　29

【確認】

一人親方等の特別加入者であって、住居と就業の場所との間の往復の状況等を考慮して厚生労働省令で定める者（次の①又は②に掲げる事業を労働者を使用しないで行うことを常態とする者及びこれらの者が行う事業に従事する者並びに③又は④に掲げる作業に従事する者）には、通勤災害に関する保険給付は行われない。

① 自動車を使用して行う旅客若しくは貨物の運送の事業又は原動機付自転車若しくは自転車を使用して行う貨物の運送の事業
② 漁船による水産動植物の採捕の事業（船員法に規定する船員が行う事業を除く。）
③ 農業（畜産及び養蚕の事業を含む。）における特定農作業又は指定農業機械作業
④ 家内労働法の家内労働者又はその補助者が行う作業

**B ○ 根拠：法35条2項**　　　　　　　　　　cf. 合テキ 3 P225

設問の通り正しい。

**C ○ 根拠：法35条1項7号**　　　　　　　　cf. 合テキ 3 P239

設問の通り正しい。

**D ○ 根拠：法36条1項2号**　　　　　　　　cf. 合テキ 3 P-

設問の通り正しい。なお、海外派遣の特別加入者の給付基礎日額は、具体的には、3,500円、4,000円、5,000円、6,000円、7,000円、8,000円、9,000円、10,000円、12,000円、14,000円、16,000円、18,000円、20,000円、22,000円、24,000円及び25,000円のうちから、厚生労働大臣（都道府県労働局長に権限委任）が定める。

**E ○ 根拠：法37条、則46条の26**　　　　cf. 合テキ 3 P233、238

設問の通り正しい。

---

| 問 6 | 正解 **E** | 難易度 基 応 難 |
|---|---|---|

### ● 出題の趣旨

総則等について、きちんと見直ししておきましょう。

**A × 根拠：法11条4項他**　　　　　　　　cf. 合テキ 3 P162

設問のような規定はない。なお、未支給の保険給付を受けるべき同順位者が2人以上あるときは、その1人がした請求は、全員のためその全額につきしたものとみなし、その1人に対してした支給は、全員に対してしたものとみなす。

【確認】

① 遺族（補償）等年金※を受ける権利を有する者が2人以上あるときは、これらの者は、そのうち1人を、遺族（補償）等年金※の請求及び受領についての代表者に選任しなければならない。ただし、世帯を異にする等やむをえない事情のため代表者を選任することができないときは、この限りでない。

② 　上記①により代表者を選任し、又はその代表者を解任したときは、遅滞なく、文書で、その旨を所轄労働基準監督署長に届け出なければならない。この場合には、あわせてその代表者を選任し、又は解任したことを証明することができる書類を提出しなければならない。
　※ 遺族（補償）等一時金、障害（補償）等年金差額一時金についても同様

**B　×　根拠：法12条2項他**　　　cf. 合テキ ③ P169、170

設問のような規定はない。

【確認】
＜内払＞
① 　年金たる保険給付の支給を停止すべき事由が生じたにもかかわらず、その停止すべき期間の分として年金たる保険給付が支払われたときは、その支払われた年金たる保険給付は、その後に支払うべき年金たる保険給付の内払とみなすことができる。
　　年金たる保険給付を減額して改定すべき事由が生じたにもかかわらず、その事由が生じた月の翌月以後の分として減額しない額の年金たる保険給付が支払われた場合における当該年金たる保険給付の当該減額すべきであった部分についても、同様とする。
② 　同一の傷病に関し、年金たる保険給付〔遺族（補償）等年金を除く。以下「乙年金」という。〕を受ける権利を有する労働者が他の年金たる保険給付〔遺族（補償）等年金を除く。以下「甲年金」という。〕を受ける権利を有することとなり、かつ、乙年金を受ける権利が消滅した場合において、その消滅した月の翌月以後の分として乙年金が支払われたときは、その支払われた乙年金は、甲年金の内払とみなす。
　　同一の傷病に関し、年金たる保険給付〔遺族（補償）等年金を除く。〕を受ける権利を有する労働者が休業（補償）等給付又は障害（補償）等一時金を受ける権利を有することとなり、かつ、当該年金たる保険給付を受ける権利が消滅した場合において、その消滅した月の翌月以後の分として当該年金たる保険給付が支払われたときも、同様とする。
③ 　同一の傷病に関し、休業（補償）等給付を受けている労働者が障害（補償）等給付又は傷病（補償）等年金を受ける権利を有することとなり、かつ、休業（補償）等給付を行わないこととなった場合において、その後も休業（補償）等給付が支払われたときは、その支払われた休業（補償）等給付は、当該障害（補償）等給付又は傷病（補償）等年金の内払とみなす。

**C　×　根拠：法12条の2の2,2項、昭和52.3.30基発192号**　　　cf. 合テキ ③ P177

　「労働者が故意の犯罪行為又は重大な過失により、負傷、疾病、障害若しくは死亡又はこれらの原因となった事故を生じさせたときは、政府は、保険給付の全部又は一部を行わないことができる。」とされているが、遺族補償年金については、この支給制限の対象とされていない。

【参考】
　労働基準法78条では、「労働者が重大な過失によって業務上負傷し、又は疾病にかかり、且つ使用者がその過失について行政官庁の認定を受けた場合においては、休業補償又は障害補償を行わなくてもよい」とされており、労災保険法12条の2の2,2項の支給制限の対象となる保険給付は、これに対応している（傷病補償年金は、労働基準法の休業補償に関連するものである。）。

労働者災害補償保険法（労働保険の保険料の徴収等に関する法律を含む。）　31

| | 事由（法12条の2の2） | | 対象となる保険給付 |
|---|---|---|---|
| 支給制限 | 1項 | 労働者の故意 | すべて |
| | 2項前段 | 労働者の故意の犯罪行為又は重大な過失 | 休業（補償）等給付<br>傷病（補償）等年金<br>障害（補償）等給付 |
| | 2項後段 | 療養に関する指示違反 | 休業（補償）等給付<br>傷病（補償）等年金 |

D ×　**根拠**：法12条の4,2項、令和2.3.30基発0330第33号　　　　cf. **合テキ 3** P188

　保険給付の原因である事故が第三者の行為によって生じた場合において、保険給付を受けるべき者が当該第三者から同一の事由について損害賠償を「受けた」ときは、政府は、その価額の限度で保険給付をしないことができるが、保険給付をしないこととする措置（控除の措置）は、災害発生後「7年」以内に支給事由の生じた保険給付であって、災害発生後「7年」以内に支払うべきものを限度として行うこととされている。

E ○　**根拠**：則14条の4　　　　cf. **合テキ 3** P132

　設問の通り正しい。

---

**問 7**　　**正解** **E**　（ア、イ、ウ、エ、オの五つ）　　　**難易度** 基 応 難

● **出題の趣旨**

　遺族補償給付に係る欠格事由について、整理しておきましょう。

ア ○　**根拠**：法16条の9,4項　　　　cf. **合テキ 3** P135
　設問の通り正しい。

イ ○　**根拠**：法16条の9,2項　　　　cf. **合テキ 3** P135
　設問の通り正しい。

ウ ○　**根拠**：法16条の9,3項　　　　cf. **合テキ 3** P147
　設問の通り正しい。

エ ○　**根拠**：法16条の9,3項　　　　cf. **合テキ 3** P147
　設問の通り正しい。

オ ○　**根拠**：法16条の9,1項　　　　cf. **合テキ 3** P135、147
　設問の通り正しい。

| 問 8 | 正解　**B** | 難易度 基 応 難 |

### ● 出題の趣旨

賃金に該当するもの、該当しないものは、しっかりと押さえておきましょう。

**A　×　根拠：法2条2項**　　cf. 合テキ **5** P39

「3か月を超える期間ごとに支払われるもの」は、徴収法上の賃金から除かれていない。

**B　○　根拠：法2条3項**　　cf. 合テキ **5** P39

設問の通り正しい。

**C　×　根拠：法2条2項、昭和25.2.16基発127号、平成15.10.1基徴発1001001号**

cf. 合テキ **5** P41

設問後段のいわゆる「前払い退職金」は、徴収法上の賃金に含まれる。前払い退職金については、労働の対償としての性格が明確であり、労働者の通常の生計に充てられる経常的な収入としての意義を有することから、原則として、賃金とされる。なお、設問前段の記述は正しい。

**D　×　根拠：法11条3項、則12条2号、則14条**　　cf. 合テキ **5** P42、43

賃金総額の算定につき設問のような特例が認められるのは、賃金総額を正確に算定することが困難な場合に限られる。したがって、設問の事業についても、賃金総額（その事業に使用するすべての労働者に支払う賃金の総額）を正確に算定することができる場合には、賃金総額の特例の規定は適用されない。

**E　×　根拠：法11条3項、則12条1号、則13条1項、2項1号**　　cf. 合テキ **5** P42、43

設問の場合には、原則として、支給された物の価額に相当する額又は機器具等の損料に相当する額を請負代金の額に「加算」した額を請負金額とすることとされている。なお、機械装置の組立て又はすえ付けの事業について、事業主が注文者その他の者からその事業に使用する機械装置の支給を受けたときは、その機械装置の価額に相当する額は、請負金額に含めないこととされている。

| 問 9 | 正解　**D** | 難易度 基 応 難 |

### ● 出題の趣旨

保険関係の一括については、しっかりと復習しておきましょう。

**A　○　根拠：法9条、則10条1項2号、昭和40.7.31基発901号**　　cf. 合テキ **5** P34

設問の通り正しい。事業の種類が変更された事業については、継続事業の一括の要件

労働者災害補償保険法（労働保険の保険料の徴収等に関する法律を含む。）　33

である「労災保険率表に掲げる事業の種類を同じくしていること」に該当しなくなり、一括の取扱いを受けなくなるため、保険関係成立の手続をしなければならない。

B　○　**根拠**：法9条、則10条1項2号　　　　　　　　　cf. 合テキ**5** P33

設問の通り正しい。

C　○　**根拠**：法8条、則7条　　　　　　　　　　　　cf. 合テキ**5** P29

設問の通り正しい。なお、設問の認可を受けようとする元請負人及び下請負人は、保険関係が成立した日の翌日から起算して10日以内に、下請負人を事業主とする認可申請書を所轄都道府県労働局長に提出しなければならない。

D　×　**根拠**：法7条、法8条2項、則6条1項、2項、則9条　cf. 合テキ**5** P24、30

設問の場合には、有期事業の一括は行われない。下請負事業の分離の対象となる事業の規模は、有期事業の一括の対象となる事業の規模よりも大きいため、分離された請負に係る事業は、有期事業の一括の対象とならない。

E　○　**根拠**：法8条2項、法9条、法45条、則76条1号、2号　cf. 合テキ**5** P29、32

設問の通り正しい。

---

**問 10**　　**正解** **B**（アとエ）　　　　　　　　**難易度**基応難

● **出題の趣旨**

労働者派遣に係る労災保険率・雇用保険率の適用をきちんと押さえておきましょう。

ア　×　**根拠**：法10条2項　　　　　　　　　　　　cf. 合テキ**5** P36

徴収法における「労働保険料」は、「一般保険料」、第1種特別加入保険料、第2種特別加入保険料、第3種特別加入保険料、印紙保険料及び特例納付保険料とされている（労災保険料・雇用保険料という労働保険料は、徴収法上存在しない。）。なお、一般保険料に係る保険料率（一般保険料率）は、「①労災保険及び雇用保険に係る保険関係が成立している事業にあっては、労災保険率と雇用保険率とを加えた率、②労災保険に係る保険関係のみが成立している事業にあっては、労災保険率、③雇用保険に係る保険関係のみが成立している事業にあっては、雇用保険率」とされている。

イ　○　**根拠**：法12条2項　　　　　　　　　　　　cf. 合テキ**5** P44

設問の通り正しい。

【参考】
　石綿による健康被害の救済に関する法律の規定により、労災保険率は、設問に掲げるものの予想額のほか、同法に規定する特別遺族給付金の支給に要する費用の予想額に照らし、将来にわたって、労災保険の事業に係る財政の均衡を保つことができるものでなければならないとされている。

**ウ** ○ **根拠**：昭和61.6.30発労徴41号・基発383号、平成12.2.24発労徴12号・基発94号

cf. 合テキ **5** P45

　設問の通り正しい。なお、労働者派遣事業に係る雇用保険率の適用に当たっては、派遣元事業主の事業の雇用保険率が適用される。また、労働者派遣事業に係る保険料の納付義務は、すべて派遣元事業主が負う。

**エ** × **根拠**：法23条2項、平成30.9.7厚労告322号（日雇派遣労働者の雇用の安定等を図るために派遣元事業主及び派遣先が講ずべき措置に関する指針）

cf. 合テキ **5** P-

　日雇派遣労働者について、雇用保険印紙の貼付を行うのは、「派遣元事業主」である。

**オ** ○ **根拠**：法8条1項、法23条1項カッコ書

cf. 合テキ **5** P28、104

　設問の通り正しい。請負事業の一括の規定により一括されるのは、労災保険に係る保険関係についてのみであり、雇用保険に係る保険関係は一括されないので、印紙保険料の納付等の雇用保険に関する事項は、請負に係る各事業につき徴収法が適用される。

労働者災害補償保険法（労働保険の保険料の徴収等に関する法律を含む。）　35

## 雇用保険法（労働保険の保険料の徴収等に関する法律を含む。）

**問 1**　正解　**D**　　　　　　　　　　　難易度 基 応 難

● **出題の趣旨**

被保険者に該当するか否かについては、きちんと判断できるようにしておきましょう。

**A ○ 根拠：法４条１項、法６条１号、行政手引20303**　cf. 合テキ 4 P20

設問の通り正しい。なお、雇用契約書等により１週間の所定労働時間が定まっていない場合やシフト制などにより直前にならないと勤務時間が判明しない場合については、勤務実績に基づき平均の所定労働時間を算定することとされている。

**B ○ 根拠：法４条１項、法６条１号、行政手引20303**　cf. 合テキ 4 P19

設問の通り正しい。なお、所定労働時間が１か月の単位で定められている場合において、夏季休暇等のため、特定の月の所定労働時間が例外的に長く又は短く定められているときは、当該特定の月以外の通常の月の所定労働時間を12分の52で除して得た時間を１週間の所定労働時間とする。また、所定労働時間が１年間の単位でしか定められていない場合には、当該時間を52で除して得た時間を１週間の所定労働時間とする。

**C ○ 根拠：法４条１項、法６条２号、行政手引20303**　cf. 合テキ 4 P20

設問の通り正しい。設問の場合、雇入れ時から継続して31日以上雇用されることが見込まれることとなった時点において、①65歳未満のときは一般被保険者、②65歳以上のときは高年齢被保険者の資格を取得する。

**D × 根拠：法４条１項、行政手引20451**　cf. 合テキ 4 P29、30

短期雇用特例被保険者が、同一の適用事業所の事業主に引き続き１年以上雇用されるに至ったときは、その１年以上雇用されるに至った日に一般被保険者又は高年齢被保険者の資格を取得する（１年以上雇用されるに至った日において、①65歳未満のときは一般被保険者、②65歳以上のときは高年齢被保険者の資格を取得する。）。

**E ○ 根拠：法４条１項、行政手引20352**　cf. 合テキ 4 P16

設問の通り正しい。なお、設問のいわゆる在籍出向等により２以上の事業主の適用事業に雇用される者については、賃金支払関係をいずれか一方の事業主に集約して処理することが望ましいとされている。

| 問 2 | 正解 **B** （アとウ） | 難易度**基**応難 |

### 出題の趣旨

届出については、届出事由、届け出期限等に留意して押さえておきましょう。

**ア ○ 根拠：**法38条2項、法81条、則1条1項、2項、行政手引20971、21001

cf. 合テキ**4** P-

　設問の通り正しい。同一事業所に継続して雇用されることが十分に可能であるにもかかわらず、雇用を区切って入離職を繰り返すような者については、これを特例被保険者とすることは、制度の趣旨からみて適当ではないので、設問のような取扱いがなされている。

**イ × 根拠：**法7条、則13条1項、行政手引22102

cf. 合テキ**4** P39

　設問の場合、従たる事業所に係る被保険者については、当該事業所に係る事業所廃止届の提出に伴い、被保険者台帳が主たる事業所に移しかえられることとなるので事務手続（雇用保険被保険者転勤届等）を要しない。

---

【確認】
・二の事業所が一の事業所に統合された場合にあっては、統合前の事業所のうち主たる事業所に係る被保険者については、事務手続を要さず、従たる事業所に係る被保険者についても、当該事業所に係る事業所廃止届の提出に伴い、被保険者台帳が主たる事業所に移しかえられることとなるので事務手続を要しない。
・一の事業所が二の事業所に分割された場合には、分割された事業所のうち主たる事業所に係る被保険者については事務手続を要しないが、主たる事業所以外の事業所に係る被保険者については、分割前の事業所から新たに当該被保険者に関する事務を行うこととなった事業所に転勤したものとして、雇用保険被保険者転勤届の提出が必要となる。

---

**ウ ○ 根拠：**法7条、則14条の2,1項2号

cf. 合テキ**4** P51

　設問の通り正しい。なお、公共職業安定所長は、休業開始時賃金証明書の提出を受けたときは、当該休業等開始時賃金証明書に基づいて作成した雇用保険被保険者休業開始時賃金月額証明票・所定労働時間短縮開始時賃金証明票（「休業等開始時賃金証明票」という。）を当該被保険者に交付しなければならない。また、休業等開始時賃金証明票の交付は事業主を通じて行うことができる。

**エ × 根拠：**法7条、則14条の3,1項

cf. 合テキ**4** P52

　設問の場合、休業等開始時賃金証明書の提出については、「特定理由離職者又は特定受給資格者として受給資格の決定を受けた日」ではなく、「当該被保険者が当該離職したことにより被保険者でなくなった日」の翌日から起算して10日以内に行わなければならない。

雇用保険法（労働保険の保険料の徴収等に関する法律を含む。）　37

オ　×　**根拠**：則１条５項４号、則10条３項、則17条４項　　cf. 合テキ④ P45、46、50

　雇用保険被保険者証の交付を受けた者は、当該被保険者証を滅失し、又は損傷したときは、雇用保険被保険者証再交付申請書に所定の書類を添えてその者の選択する公共職業安定所長に提出し、被保険者証の再交付を受けなければならない。また、雇用保険被保険者離職票を滅失し、又は損傷した者は、申請書に所定の書類を添えて、当該離職票を交付した公共職業安定所長に提出し、離職票の再交付を申請することができる。

---

**問 3**　　正解　**D**　　　　　　　　　　　　　　　　　　難易度 基 応 難

● **出題の趣旨**

　基本手当の所定給付日数は、確実に押さえておきましょう。

---

A　○　**根拠**：法23条１項１号ニ、３号ニ　　　　　　cf. 合テキ④ P113

　設問の通り正しい。いずれも所定給付日数は150日となる。

B　○　**根拠**：法15条１項、則22条１項、行政手引51255、51256　　cf. 合テキ④ P81

　設問の通り正しい。

C　○　**根拠**：法15条１項、行政手引51255　　　　　cf. 合テキ④ P-

　設問の通り正しい。

D　×　**根拠**：法15条４項　　　　　　　　　　　　cf. 合テキ④ P86

　公共職業安定所の紹介に応じて求人者に面接する場合は、証明書による失業の認定を受けることができるが、職業紹介事業者等の紹介に応じて求人者に面接する場合には、証明書による失業の認定を受けることはできない。なお、職業紹介事業者等の紹介に応じて求人者に面接する場合には、公共職業安定所長に申し出ることにより、失業の認定日を変更することができる。

E　○　**根拠**：法33条１項２号　　　　　　　　　　cf. 合テキ④ P284

　設問の通り正しい。なお、「正当な理由がなく自己の都合によって退職した場合」には、その離職の日前１年以内に教育訓練給付金に係る教育訓練を受けたことがあるときは、設問の給付制限（離職理由による給付制限）は行われない。また、被保険者が自己の責めに帰すべき重大な理由によって解雇された場合であっても、「公共職業安定所長の指示した公共職業訓練等を受ける期間及び当該公共職業訓練等を受け終わった日後の期間」については、離職理由による給付制限は行われない。

38

| 問 4 | 正解 **B** | 難易度 基 応 難 |

## ● 出題の趣旨

日雇労働求職者給付金の特例給付についても、条文を中心に目を通しておきましょう。

**A ✕ 根拠：法44条、則71条1項、則73条1項**　cf. 合テキ 4 P55

設問の場合には、日雇労働被保険者となった日から起算して5日以内に、日雇労働被保険者資格取得届を管轄公共職業安定所の長に提出しなければならない（日雇労働被保険者手帳交付申請書というものはない。）。なお、管轄公共職業安定所の長は、日雇労働被保険者資格取得届の提出を受けたときは、その提出をした者に、日雇労働被保険者手帳を交付しなければならない。

**B ◯ 根拠：法47条2項、則75条6項**　cf. 合テキ 4 P160

設問の通り正しい。なお、日雇労働求職者給付金（普通給付）に係る失業の認定は、その支給を受けようとする者の選択する公共職業安定所において、日々その日について行われる。

**C ✕ 根拠：法48条1号**　cf. 合テキ 4 P161

日雇労働求職者給付金（普通給付）の日額が7,500円となるのは、前2月間に納付された印紙保険料のうち、第1級印紙保険料が「24日分以上」であるときとされている。

**D ✕ 根拠：法50条1項**　cf. 合テキ 4 P162、163

設問の場合、日雇労働求職者給付金（普通給付）は、通算して13日分を限度として支給される。なお、日雇労働求職者給付金は、各週（日曜日から土曜日までの7日をいう。）につき日雇労働被保険者が職業に就かなかった最初の日については、支給されない。

**E ✕ 根拠：法46条**　cf. 合テキ 4 P168

法45条の規定による日雇労働求職者給付金（いわゆる普通給付）の支給を受けることができる日について、基本手当の支給を受けることができる場合には、その者の選択により、どちらか一方が支給される。したがって、必ずしも「日雇労働求職者給付金は支給されない」こととなるわけではない。なお、法53条の規定による日雇労働求職者給付金（いわゆる特例給付）についても同様である。

| 問 5 | 正解 **E** | 難易度 基 応 難 |

## ● 出題の趣旨

就職促進給付の各給付は、横断的に整理しておきましょう。

雇用保険法（労働保険の保険料の徴収等に関する法律を含む。）　39

**A** ○ **根拠：法56条の3,2項、則82条の4、行政手引57352** cf. 合テキ 4 P-

設問の通り正しい。受給資格者等が、雇用保険法第56条の3第1項各号に規定する安定した職業に就いた日前3年以内の就職について就業促進手当（再就職手当又は常用就職支度手当）の支給を受けたことがあるときは、就業促進手当は支給されないが、過去3年以内の就職について就業促進手当を不正に受給した場合であって、当該不正受給分の返還を命ぜられたことにより、その返還を行った場合には、就業促進手当が支給され得る。

**B** ○ **根拠：法58条1項、則86条** cf. 合テキ 4 P183

設問の通り正しい。移転費は、受給資格者等が公共職業安定所、特定地方公共団体若しくは職業紹介事業者の紹介した職業に就くため、又は公共職業安定所長の指示した公共職業訓練等を受けるため、その住所又は居所を変更する場合において、公共職業安定所長が厚生労働大臣の定める基準に従って必要があると認めたときに、支給するものとされているが、当該職業紹介事業者については、「職業安定法の規定により職業紹介事業の全部又は一部の停止を命じられている者及び業務の運営を改善するために必要な措置を講ずべきことを命じられている者（当該必要な措置を講じていない者に限る。）」を除くこととされている。

**C** ○ **根拠：法58条、則87条** cf. 合テキ 4 P184

設問の通り正しい。なお、着後手当の額は、①親族を随伴する場合には76,000円（鉄道賃の額の計算の基礎となる距離が100km以上である場合は95,000円）、②親族を随伴しない場合には38,000円（鉄道賃の額の計算の基礎となる距離が100km以上である場合は47,500円）である。

**D** ○ **根拠：法59条1項1号、則99条1項** cf. 合テキ 4 P188

設問の通り正しい。

**E** × **根拠：法59条1項2号、則100条の2** cf. 合テキ 4 P188

「給付制限期間が経過した後に」の部分が誤りである。短期訓練受講費の支給対象となる教育訓練は、待期期間が経過した後に開始したものに限られるが、給付制限期間を経過した後に開始したものである必要はない。

---

| 問 6 | 正解 **D** | 難易度 基 応 難 |
|---|---|---|

● **出題の趣旨**

高年齢雇用継続給付の額については、計算問題が出題されても対応できるようにしておきましょう。

**A** × **根拠：法61条1項、5項** cf. 合テキ 4 P224、225

設問の場合、高年齢雇用継続基本給付金に係る給付率については、疾病により差し引かれた2万円については、その支払を受けたものとみなして算定するが、高年齢雇用継続基本給付金の額については、実際に支払われた賃金の額（疾病により2万円を差し引いた額）を計算の基礎とする。給付率は、支給対象月の賃金の額である18万円が、みなし賃金日額に30を乗じて得た額である30万円の64％未満であるため、100分の10となる。したがって、高年齢雇用継続基本給付金の額は、16万円×100分の10＝1万6千円となる。

**B** ✕ 根拠：法61条1項、行政手引59311 cf. 合テキ **4** P223

高年齢雇用継続基本給付金の支給を受けている者が、被保険者の資格を喪失した後、1年の間に、疾病、負傷等の理由により引き続き30日以上職業に就くことができない日がある場合又は当該資格の喪失が定年等の理由による者が一定期間安定した雇用に就くことを希望しない場合であって、基本手当の支給を受けず、高年齢雇用継続給付の支給を1年以内に受けない場合は、当該1年を超えた後に雇用され、被保険者の資格を再取得したときであっても、新たに取得した被保険者の資格についても引き続き高年齢雇用継続基本給付金の支給の対象となり得る。

**C** ✕ 根拠：法61条の2,1項、2項 cf. 合テキ **4** P228、229

高年齢再就職給付金が支給される「再就職後の支給対象月」は、その月の初日から末日まで引き続いて、被保険者であることが必要である。設問の場合、10月3日に再就職（10月の途中に被保険者資格を取得）していることから、当該10月には、高年齢再就職給付金が支給されることはない。

**D** 〇 根拠：法61条の2,4項 cf. 合テキ **4** P226

設問の通り正しい。高年齢再就職給付金の支給を受けることができる者が、同一の就職につき再就職手当の支給を受けることができる場合において、その者が再就職手当の支給を受けたときは、高年齢再就職給付金は支給されない。なお、この場合において、高年齢再就職給付金の支給を受けたときは、再就職手当は支給されない。

**E** ✕ 根拠：法22条1項1号、法37条6項、法61条の2,1項1号

cf. 合テキ **4** P113、226、227

設問の者（算定基礎期間20年以上の一般受給資格者）の基本手当の所定給付日数は150日であり、傷病手当の支給を60日間受けているので、基本手当の支給残日数は90日となる（傷病手当を支給したときは、その支給した日数に相当する日数分の基本手当を支給したものとみなされる。）。高年齢再就職給付金は、（再）就職日の前日における支給残日数が100日未満であるときは、支給されないため、設問の場合、高年齢再就職給付金が支給されることはない。

雇用保険法（労働保険の保険料の徴収等に関する法律を含む。） 41

| 問 7 | 正解　**D** | 難易度 基 応 難 |

● 出題の趣旨

通則、雑則等についても、しっかりと目を通しておきましょう。

**A　○　根拠：法10条の3,1項**　　　　　　　　cf. 合テキ 4 P271

　設問の通り正しい。なお、設問の未支給の失業等給付の規定は、育児休業等給付について準用されている。

**B　○　根拠：法10条の4,1項**　　　　　　　　cf. 合テキ 4 P272

　設問の通り正しい。なお、設問の返還命令等の規定は、育児休業等給付について準用されている。

**C　○　根拠：法11条、法12条**　　　　　　　　cf. 合テキ 4 P270

　設問の通り正しい。なお、設問の受給権の保護の規定及び公課の禁止の規定は、育児休業等給付について準用されている。

**D　×　根拠：法62条11項カッコ書、法65条**　　　　cf. 合テキ 4 P-

　雇用安定事業及び能力開発事業又は当該事業に係る施設は、「被保険者、被保険者であった者及び被保険者になろうとする者（被保険者等）」の利用に支障がなく、かつ、その利益を害しない限り、「被保険者等以外の者」に利用させることができる。

**E　○　根拠：法69条1項、2項、行政事件訴訟法8条2項**　　cf. 合テキ 4 P299

　設問の通り正しい。なお、雇用保険審査官に対する審査請求をしている者は、審査請求をした日の翌日から起算して3か月を経過しても審査請求についての決定がないときは、雇用保険審査官が審査請求を棄却したものとみなすことができるとされており、審査請求を棄却したものとみなした場合には、労働保険審査会に再審査請求をすることができる（処分の取消しの訴えを提起することもできる）。ただし、処分の取消しの訴えについては、審査請求を棄却したものとみなさない場合であっても、行政事件訴訟法の規定により（審査請求があった日から3か月を経過しても決定がないときは）その提起をすることができる。

| 問 8 | 正解　**C** | 難易度 基 応 難 |

● 出題の趣旨

雇用保険印紙の取扱いは、条文を中心に1つ1つていねいに押さえておきましょう。

**A　○　根拠：法23条1項、2項、則40条**　　　　cf. 合テキ 5 P104、105

　設問の通り正しい。なお、事業主は、消印に使用すべき認印を変更しようとするときも、あらかじめ所轄公共職業安定所長に届け出なければならない。

42

**B** ○ **根拠**：則42条8項　　　　　　　　　　　　　cf. **合テキ 5** P108

設問の通り正しい。

**C** × **根拠**：則43条2項　　　　　　　　　　　　　cf. **合テキ 5** P109

雇用保険に係る保険関係が消滅した場合における雇用保険印紙の買戻しについては、その買戻しの期間は、定められていない。なお、この場合には、買戻しの事由に該当することについて、あらかじめ所轄公共職業安定所長の確認を受けなければならない。

**D** ○ **根拠**：法24条、則54条　　　　　　　　　　　cf. **合テキ 5** P110

設問の通り正しい。

**E** ○ **根拠**：法25条1項、則38条5項、歳入徴収官事務規程18条1項、平成15.3.31
基発0331002号　　　　　　　　　　　　　　　　　cf. **合テキ 5** P111

設問の通り正しい。

---

| 問 9 | 正解 **C** | 難易度 基 応 難 |
|---|---|---|

● **出題の趣旨**

　延納については、延納の各期の納期限や延納することができる回数についても留意しましょう。

**A** × **根拠**：法18条、則27条　　　　　　　　　　　cf. **合テキ 5** P73〜76

設問の場合、最初の期の納期限は、保険関係成立の日の翌日から起算して50日目の日である5月30日となる。なお、3回に分けて納付することができる旨及び最初の期に納付すべき額（16万6,668円）に関する記述は正しい。

**B** × **根拠**：法18条、則30条1項、2項　　　　　　cf. **合テキ 5** P82〜84

増加概算保険料の延納の場合には、賃金総額の見込額が増加した日以後について延納することができる。したがって、設問の場合、7月10日から7月31日、8月1日から11月30日、12月1日から翌年3月31日の3回に分けて納付することができ、最初の期に納付すべき額は10万円となる。なお、最初の期の納期限〔賃金総額の見込額が増加した日の翌日から起算して30日目の日（8月9日）〕に関する記述は正しい。

**C** ○ **根拠**：法18条、則29条　　　　　　　　　　　cf. **合テキ 5** P87

設問の通り正しい。設問の場合、認定決定に係る概算保険料は、4月1日から7月31日、8月1日から11月30日、12月1日から翌年3月31日の各期に分けて納付することとなるが、第2期（8月1日から11月30日）の納期限（10月31日・労働保険事務組合に労働保険事務の処理を委託している場合11月14日）が、最初の期の納期限（認定決定の通知を受けた日の翌日から15日目の日＝11月16日）よりも先に到来することとなるため、第2期に納付すべき分は、最初の期の概算保険料の納期限までに、最初の期分と合わせ

雇用保険法（労働保険の保険料の徴収等に関する法律を含む。）　43

て納付することとなる。したがって、延納については、最初の期分と第2期分を11月16日に、第3期分を翌年1月31日（労働保険事務組合に労働保険事務の処理を委託している場合2月14日）に、計2回に分けて行うことができる。また、各期分の納付すべき額は、60万円÷3＝20万円であり、最初の期に納付すべき額は（最初の期分と第2期分を合わせた）40万円となる。

**D × 根拠：法12条3項** cf. 合テキ 5 P128

継続事業のメリット制による労災保険率は、基準日の属する保険年度の「次の次の保険年度」に適用される。

**E × 根拠：法12条3項、則18条3項** cf. 合テキ 5 P130、131

メリット収支率の算定の基礎となる業務災害に係る保険給付の額には、複数業務要因災害に係る保険給付の額は算入しない。なお、その他の記述は正しい。

---

**問 10**　**正解 A**　　　　　　　　**難易度 基 応 難**

● **出題の趣旨**

労働保険事務組合が処理することができる労働保険事務についても整理しておきましょう。

**A ○ 根拠：法33条1項、則62条1項** cf. 合テキ 5 P145

設問の通り正しい。

**B × 根拠：法33条4項** cf. 合テキ 5 P149

設問の場合のほか、厚生労働大臣は、労働保険事務組合がその行うべき労働保険事務の処理を怠り、又はその処理が著しく不当であると認めるときについても、その認可を取り消すことができる。

**C × 根拠：法35条2項、3項** cf. 合テキ 5 P151、152

労働保険事務組合が督促状の指定期限までに追徴金を納付しないことのみをもって、直ちに委託事業主が追徴金を徴収されることはない。設問の場合、政府が労働保険事務組合に対して国税滞納処分の例による処分をしてもなお徴収すべき残余がある場合に限り、その残余の額を当該事業主から徴収することができるとされている。

**D × 根拠：整備法23条、報奨金政令1条** cf. 合テキ 5 P157、158

労働保険事務組合が納付すべき労働保険料について督促を受けた場合であっても、政令で定めるところにより、労働保険料の納付の状況が著しく良好であると政府が認めるときは、報奨金が交付される。

**E × 根拠：報奨金省令2条1項** cf. 合テキ 5 P158

設問の申請書は、「9月30日」ではなく、「10月15日」までに、所轄都道府県労働局長に提出しなければならない。

# 労務管理その他の労働及び社会保険に関する一般常識

**問 1　　正解 B　　　　　　　　　　　　　難易度基応難**

● **出題の趣旨**

社会保険労務士の懲戒等についてまとめておきましょう。

**A ✕　根拠：社労士法14条の９、法14条の12**　cf. 合テキ10 P33

設問のような規定はない。社会保険労務士が、社労士法25条の２又は25条の３の規定により業務の停止の処分を受けたときは、遅滞なく、社会保険労務士証票又は特定社会保険労務士証票を連合会に返還しなければならない（登録は取り消されない。）。なお、連合会は、当該社会保険労務士が、当該処分に係る業務を行うことができることとなったときは、その申請により、社会保険労務士証票又は特定社会保険労務士証票をその者に再交付しなければならない。

**B ◯　根拠：社労士法16条、法25条の３他**　cf. 合テキ10 P22、33

設問の通り正しい。なお、社会保険労務士の信用又は品位を害するおそれがある者その他社会保険労務士の職責に照らし社会保険労務士としての適格性を欠く者は、社会保険労務士の登録を受けることができない。

**C ✕　根拠：社労士法18条１項、法25条の３他**　cf. 合テキ10 P25、33

設問の規定（社労士法18条１項）の違反について、罰則の規定は設けられていない。なお、「懲戒処分の対象になる」とする記述は正しい。

**D ✕　根拠：社労士法25条の４の２**　cf. 合テキ10 P35

連合会は、社会保険労務士が懲戒の手続に付された場合においては、その手続が結了するまでは、当該社会保険労務士からの申請（登録の抹消申請）に基づく登録の抹消をすることができない。

**E ✕　根拠：社労士法25条の２、法25条の３他**　cf. 合テキ10 P32、33、49

懲戒処分は、刑罰たる行政罰（行政刑罰。以下単に「行政罰」という。）とはその目的を異にするから、もし１個の行為が懲戒処分及び行政罰の双方の要件に該当する場合には、懲戒処分と行政罰は併科され得ることとなる。したがって、懲戒に付せられるべき事件について刑事事件として裁判が継続中であっても、それとは別に懲戒処分を行うことができる。なお、懲戒処分は、社会保険労務士制度の信用を高め、秩序を維持するために行う行政処分であるから、社会保険労務士が業務上の過失により民事上の責任を負うことがあっても、それが直ちに懲戒処分の対象になるとは限らない。

| 問 2 | 正解 **E**（ア、イ、ウ、エ、オの五つ） | 難易度 基 応 難 |

### ● 出題の趣旨

労働契約・就業規則・無期転換申込権は労働契約法を中心に幅広く学習しておきましょう。

**ア ×　根拠**：労働契約法10条、平成24.8.10基発0810第2号　　cf. 合テキ 6 P-

労働契約法10条本文にいう「労働者の受ける不利益の程度」については、実際に紛争となる事例は、就業規則の変更により個々の労働者に不利益が生じたことに起因するものであり、個々の労働者の不利益の程度をいう。

---

【確認】

＜労働契約法10条＞

使用者が就業規則の変更により労働条件を変更する場合において、変更後の就業規則を労働者に周知させ、かつ、就業規則の変更が、労働者の受ける不利益の程度、労働条件の変更の必要性、変更後の就業規則の内容の相当性、労働組合等との交渉の状況その他の就業規則の変更に係る事情に照らして合理的なものであるときは、労働契約の内容である労働条件は、当該変更後の就業規則に定めるところによるものとする。ただし、労働契約において、労働者及び使用者が就業規則の変更によっては変更されない労働条件として合意していた部分については、第12条（就業規則で定める基準に達しない労働条件を定める労働契約は、その部分については、無効とする。この場合において、無効となった部分は、就業規則で定める基準による。）に該当する場合を除き、この限りでない。

---

**イ ×　根拠**：労働契約法10条、平成24.8.10基発0810第2号　　cf. 合テキ 6 P-

労働契約法10条本文にいう「変更後の就業規則の内容の相当性」については、就業規則の変更の内容全体の相当性をいうものであり、変更後の就業規則の内容面に係る制度変更一般の状況が広く含まれる。

**ウ ×　根拠**：最二小平成30.6.1ハマキョウレックス事件、平成31.1.30基発0130第1号他　　cf. 合テキ 6 P-

最高裁判所の判例では、「正社員に適用される就業規則である本件正社員就業規則及び本件正社員給与規程と、契約社員に適用される就業規則である本件契約社員就業規則とが、別個独立のものとして作成されていること等にも鑑みれば、両者の労働条件の相違が同条（旧労働契約法20条：現行のパートタイム・有期雇用労働法8条）に違反する場合に、本件正社員就業規則又は本件正社員給与規程の定めが契約社員である被上告人に適用されることとなると解することは、就業規則の合理的な解釈としても困難である」としている。

46

【参考】

　パートタイム・有期雇用労働法 8 条については、私法上の効力を有する規定であり、短時間・有期雇用労働者に係る労働契約のうち、同条に違反する待遇の相違を設ける部分は無効となり、故意・過失による権利侵害、すなわち不法行為として損害賠償が認められ得ると解される。また、短時間・有期雇用労働者と通常の労働者との待遇の相違が同条に違反する場合であっても、その効力により、当該短時間・有期雇用労働者の待遇が比較の対象である通常の労働者の待遇と同一のものとなるものではないと解される。ただし、個々の事案に応じて、就業規則の合理的な解釈により、通常の労働者の待遇と同一の待遇が認められる場合もあり得ると考えられる。

**エ　×　根拠：労働契約法18条 1 項**　　　　　　cf. 合テキ **6** P43、44

　設問の労働者が無期転換申込権を行使することができるのは、「令和 5 年 4 月 1 日」から令和 8 年 3 月31日までの間である。同一の使用者との間で締結された 2 以上の有期労働契約（契約期間の始期の到来前のものを除く。以下同じ。）の契約期間を通算した期間（以下「通算契約期間」という。）が 5 年を超える労働者が、当該使用者に対し、現に締結している有期労働契約の契約期間が満了する日までの間に、当該満了する日の翌日から労務が提供される期間の定めのない労働契約の締結の申込み（無期転換申込）をしたときは、使用者は当該申込みを承諾したものとみなすこととされている。設問の労働者については、更新後の契約が成立した令和 5 年 3 月 1 日から更新前の契約期間の満了日（令和 5 年 3 月31日）までの間は、通算契約期間が 5 年を超えていないため、無期転換申込権を行使することはできない。

**オ　×　根拠：労働契約法18条 1 項**　　　　　　cf. 合テキ **6** P43、44

　設問の労働者が無期転換申込権を行使することができるのは、「令和 5 年 4 月 1 日」から令和 8 年 3 月31日までの間である。上記エの解説参照。

---

## 問 3　　正解　**C**　　　　　　　　　　　　難易度 基 応 難

● **出題の趣旨**

　労働諸法令に関する事項は、幅広く学習しておきましょう。

**A　○　根拠：パートタイム・有期雇用労働法 8 条、平成30.12.28厚労告430号**

cf. 合テキ **6** P63

　設問の通り正しい。「短時間・有期雇用労働者及び派遣労働者に対する不合理な待遇の禁止等に関する指針」では、慶弔休暇並びに健康診断に伴う勤務免除及び当該健康診断を勤務時間中に受診する場合の当該受診時間に係る給与の保障（以下「有給の保障」という。）については、短時間・有期雇用労働者にも、通常の労働者と同一の慶弔休暇の付与並びに健康診断に伴う勤務免除及び有給の保障を行わなければならないことを原

労務管理その他の労働及び社会保険に関する一般常識　**47**

則としているが、設問の取扱いは、パートタイム・有期雇用労働法上、問題とならない事例として挙げられている。

**B　○　根拠：育児介護休業法9条の5,2項**　　cf. **合テキ 6** P130

設問の通り正しい。出生時育児休業中に就業させることができる労働者について労使協定で定める際、「休業開始日の○週間前までに就業可能日を申し出た労働者に限る」といった形で対象労働者の範囲を規定することや、「1日勤務できる者（所定労働時間より短い勤務は認めないなど）」、「特定の職種や業務（営業職は可だが事務職は不可、会議出席の場合のみ可など）、特定の場所（A店は可だがB店は不可、テレワークは不可など）で勤務できる者」、「繁忙期等の時期に取得する者」等に限定することが可能である。

**C　×　根拠：育児介護休業法16条の2、則33条の2**　　cf. **合テキ 6** P139、140

子の看護等休暇の取得事由には、「9歳に達する日以後の最初の3月31日までの間にある子（小学校第3学年修了前の子）の教育若しくは保育に係る行事のうち厚生労働省令で定めるものへの参加」が含まれているが、ここにいう「厚生労働省令で定めるもの」は、入園、卒園又は入学の式典その他これに準ずる式典とされており、運動会は含まれない。

**D　○　根拠：労働施策総合推進法27条の2,1項、則9条の2,1項**　　cf. **合テキ 6** P187

設問の通り正しい。設問の中途採用に関する情報の公表は、おおむね1年に1回以上、公表した日を明らかにして、直近の3事業年度について、インターネットの利用その他の方法により、求職者等が容易に閲覧できるように行わなければならないとされている。

**E　○　根拠：派遣法42条1項、則35条3項**　　cf. **合テキ 6** P248

設問の通り正しい。派遣先は、派遣就業に関し、事業所等（派遣先の事業所その他派遣就業の場所）ごとに派遣先管理台帳を作成し、労働者派遣の役務の提供を受けるに際し、当該台帳に派遣労働者ごとに所定の事項を記載しなければならないが、派遣先が当該事業所等においてその指揮命令の下に労働させる派遣労働者の数に当該事業所等において雇用する労働者の数を加えた数が5人を超えないときは、派遣先管理台帳の作成及び記載を行うことを要しないこととされている。

| 問 4 | 正解 **B** | 難易度 基 応 難 |
|---|---|---|

**● 出題の趣旨**

　就労条件総合調査は出題頻度が比較的に高い調査であり、きちんと目を通しておきたいところです。

**A ×　根拠：令和6年就労条件総合調査（厚生労働省）**　cf. 合テキ 別冊 P76

　主な週休制の形態をみると、「何らかの週休2日制」を採用している企業割合は90.9％と9割を上回っているが、「完全週休2日制」を採用している企業割合は56.7％であり、6割を上回っていない。なお、「完全週休2日制」を採用している企業割合を企業規模別にみると、「1,000人以上」が72.3％、「300～999人」が66.9％、「100～299人」が61.4％、「30～99人」が53.6％となっている。

**B ○　根拠：令和6年就労条件総合調査（厚生労働省）**　cf. 合テキ 別冊 P76、77

　設問の通り正しい。なお、年次有給休暇の取得率を産業別にみると、「鉱業，採石業，砂利採取業」が71.5％と最も高く、「宿泊業，飲食サービス業」が51.0％と最も低くなっている。

**C ×　根拠：令和6年就労条件総合調査（厚生労働省）**　cf. 合テキ 別冊 P77

　夏季休暇、病気休暇等の特別休暇制度がない企業の割合は39.9％であり、約4割となっている。

**D ×　根拠：令和6年就労条件総合調査（厚生労働省）**　cf. 合テキ 別冊 P77、78

　1年単位の変形労働時間制がある企業割合は、企業規模が大きくなるほど「低く」なっている。なお、その他の記述は正しい。

**E ×　根拠：令和6年就労条件総合調査（厚生労働省）**　cf. 合テキ 別冊 P80

　貯蓄制度がある企業割合を貯蓄制度の種類（複数回答）別にみると、「社内預金（2.1％）」の割合よりも「財形貯蓄（28.9％）」の割合が高くなっている。

| 問 5 | 正解 **C** | 難易度 基 応 難 |
|---|---|---|

**● 出題の趣旨**

　労働関係法規の条文ベースの基本事項を確認しておきましょう。

**A ○　根拠：令和5年労働安全衛生調査（実態調査）（厚生労働省）**　cf. 合テキ 別冊 P-

　設問の通り正しい。過去1年間にメンタルヘルス不調により連続1か月以上休業した労働者又は退職した労働者がいた事業所の割合は13.5％であり、1割を上回っている。

**B ○　根拠：令和5年労働安全衛生調査（実態調査）（厚生労働省）**　cf. 合テキ 別冊 P-

労務管理その他の労働及び社会保険に関する一般常識　49

設問の通り正しい。メンタルヘルス対策に取り組んでいる事業所の割合は63.8％であり、6割を上回っている。

**C ×　根拠**：令和5年労働安全衛生調査（実態調査）（厚生労働省）　cf. 合テキ 別冊 P-

労働安全衛生法に基づく雇入れ時教育を実施している事業所の割合は56.1％であり、7割を上回っていない。

**D ○　根拠**：令和5年労働安全衛生調査（実態調査）（厚生労働省）　cf. 合テキ 別冊 P-

設問の通り正しい。個人調査によれば、現在の仕事や職業生活に関することで、強い不安、悩み、ストレスとなっていると感じる事柄がある労働者の割合は82.7％であり、8割を上回っている。

**E ○　根拠**：令和5年労働安全衛生調査（実態調査）（厚生労働省）　cf. 合テキ 別冊 P-

設問の通り正しい。

---

**問 6　正解 A　難易度 基 応 難**

● **出題の趣旨**

高齢者医療確保法は、条文を中心に幅広く目を通しておきましょう。

**A ○　根拠**：高齢者医療確保法20条、法21条1項　cf. 合テキ 10 P124、125

設問の通り正しい。なお、労働安全衛生法に規定する事業者その他の法令に基づき特定健康診査に相当する健康診断を実施する責務を有する者（事業者等）は、当該健康診断の実施を保険者に対し委託することができるものとされており、この場合には、委託をしようとする事業者等は、その健康診断の実施に必要な費用を保険者に支払わなければならないものとされている。

**B ×　根拠**：高齢者医療確保法133条1項　cf. 合テキ 10 P-

「都道府県」は、後期高齢者医療広域連合又は市町村に対し、後期高齢者医療制度の運営が健全かつ円滑に行われるように、必要な助言及び適切な援助をするものとされている。

**C ×　根拠**：高齢者医療確保法104条1項、2項　cf. 合テキ 10 P134、136

後期高齢者医療の保険料率は、「後期高齢者医療広域連合」の条例で定めるところにより算定される。その他の記述は正しい。なお、市町村は、後期高齢者医療広域連合が行う後期高齢者医療に要する費用に充てるため、後期高齢者医療広域連合に対し、後期高齢者医療広域連合の規約で定めるところにより、特別会計への繰入金及び保険料その他一定の徴収金（市町村が徴収するものに限る。）を納付するものとされている。

**D ×　根拠**：高齢者医療確保法98条　cf. 合テキ 10 P133、134

市町村は、政令で定めるところにより、後期高齢者医療広域連合に対し、その「一般

会計」において、負担対象総額の12分の1に相当する額を負担する。なお、市町村は、政令で定めるところにより、一般会計から、所得の少ない者について後期高齢者医療広域連合の条例の定めるところにより行う保険料の減額賦課に基づき被保険者に係る保険料につき減額した額の総額を基礎とし、後期高齢者医療の財政の状況その他の事情を勘案して政令で定めるところにより算定した額を市町村の後期高齢者医療に関する特別会計に繰り入れなければならないものとされている。

**E** × **根拠**：高齢者医療確保法128条1項　　　　　cf.合テキ10 P139

後期高齢者医療給付に関する処分（被保険者の資格に係る情報等を記載した書面の交付又は当該事項の電磁的方法による提供の求めに対する処分を含む。）についての不服申立ては、各都道府県に置かれる後期高齢者医療審査会に審査請求をすることによって行う。また、後期高齢者医療の保険料その他高齢者医療確保法の規定による徴収金（市町村及び後期高齢者医療広域連合が徴収するものに限る。）に関する処分についての不服申立ても同様に、後期高齢者医療審査会に審査請求をすることによって行う。

---

| 問 7 | 正解 **A** | 難易度 基 応 難 |
|---|---|---|

● **出題の趣旨**

児童手当については、その額の計算もできるようにしておきましょう。

**A** ○ **根拠**：児童手当法6条4項　　　　　cf.合テキ10 P-

設問の通り正しい。

**B** × **根拠**：児童手当法3条1項　　　　　cf.合テキ10 P194

児童手当法において「児童」とは、「18歳」に達する日以後の最初の3月31日までの間にある者であって、日本国内に住所を有するもの又は留学その他の内閣府令で定める理由により日本国内に住所を有しないものをいう。

**C** × **根拠**：児童手当法8条4項　　　　　cf.合テキ10 P200

児童手当は、毎年2月、4月、6月、8月、10月及び12月の6期に、それぞれの「前月」までの分を支払うものとされている。その他の記述は正しい。

**D** × **根拠**：児童手当法8条2項　　　　　cf.合テキ10 P199

児童手当の支給は、「市町村長の認定を受けた日」ではなく、「市町村長に認定の請求をした日」の属する月の翌月から始められる。その他の記述は正しい。

**E** × **根拠**：児童手当法11条、法26条　　　　　cf.合テキ10 P-

設問の届出をしないときは、児童手当の支払を一時差しとめることができるものとされている。その他の記述は正しい。

労務管理その他の労働及び社会保険に関する一般常識　51

| 問 8 | 正解 **D** | 難易度 基 応 難 |

● **出題の趣旨**

国民健康保険法については、費用の負担等や国、都道府県、市町村の各々の役割に着目しましょう。

**A** × **根拠**：国民健康保険法13条2項、法17条1項　　　cf. 合テキ 10 P55

国民健康保険組合を設立しようとする場合には、一の市町村の区域を地区とする国民健康保険組合を設立しようとするときであっても、主たる事務所の所在地の都道府県知事の認可を受けなければならない。なお、その他の記述は正しい。

**B** × **根拠**：国民健康保険法6条8号、法19条1項　　cf. 合テキ 10 P58、59、62

後期高齢者医療の被保険者は、国民健康保険組合が行う国民健康保険の被保険者とならない。その他の記述は正しい。

**C** × **根拠**：国民健康保険法54条の3,1項、則27条の4の3　　cf. 合テキ 10 P70、71

設問のカッコ書の記述が誤りである。「原爆一般疾病医療費の支給等を受けることができる者及び『6歳』に達する日以後の最初の3月31日までの間にある者を除く」ではなく、「原爆一般疾病医療費の支給等を受けることができる者及び『18歳』に達する日以後の最初の3月31日までの間にある者を除く」とすると、正しい記述となる。

**D** ○ **根拠**：国民健康保険法76条の3、令29条の12、令29条の13、則32条の16

cf. 合テキ 10 P79

設問の通り正しい。設問の場合には、特別徴収は行われず、普通徴収の方法により保険料が徴収される。なお、次に掲げる被保険者である世帯主についても、特別徴収は行われず、普通徴収の方法により保険料が徴収される。

(1) 同一の月に徴収されると見込まれる国民健康保険の保険料と介護保険の保険料の合計額が、特別徴収の対象となる年金の月額の2分の1を超える者

(2) 市町村から特別徴収の方法によって介護保険の保険料を徴収されない者

(3) 被保険者である世帯主から口座振替の方法により保険料を納付する旨の申出があったことその他の事情を考慮した上で、特別徴収の方法によって徴収するよりも普通徴収の方法によって徴収することが保険料の徴収を円滑に行うことができると市町村が認める者

**E** × **根拠**：国民健康保険法72条1項　　　cf. 合テキ 10 P75

国による調整交付金の交付は、都道府県に対して行われる。

**問 9**　　**正解　C**　　　　　　　　　　　　　　　　　**難易度 基 応 難**

● **出題の趣旨**

確定拠出年金法は、中小事業主掛金制度等についても確認しておきましょう。

**A　○　根拠**：確定拠出年金法３条１項、則２条１項　　　**cf. 合テキ10 P216**

設問の通り正しい。なお、企業型年金を実施しようとする又は実施する厚生年金適用事業所の事業主は、過半数代表者が設問の同意に関する事務を円滑に遂行することができるよう必要な配慮を行わなければならない。

**B　○　根拠**：確定拠出年金法３条５項、則３条の2,2項　　　**cf. 合テキ10 P217**

設問の通り正しい。なお、簡易企業型年金を実施しようとする厚生年金適用事業所の事業主が企業型年金規約の承認の申請をするときは、次の①から③の要件に適合していることを証する書類を添付するものとされている。

　① 実施事業所に使用される全ての第１号等厚生年金被保険者（厚生労働省令で定める者を除く。）が実施する企業型年金の企業型年金加入者の資格を有すること。

　② 実施する企業型年金の企業型年金加入者の資格を有する者の数が300人以下であること。

　③ その他厚生労働省令で定める要件

**C　×　根拠**：確定拠出年金法34条　　　　　　　　　　　**cf. 合テキ10 P242**

「70歳」とする記述が誤りである。企業型年金加入者又は企業型年金加入者であった者（当該企業型年金に個人別管理資産がある者に限る。）が老齢給付金の支給を請求することなく「75歳」に達したときは、資産管理機関は、その者に、企業型記録関連運営管理機関等の裁定に基づいて、老齢給付金を支給する。

**D　○　根拠**：確定拠出年金法42条　　　　　　　　　　　**cf. 合テキ10 P246**

設問の通り正しい。なお、企業型年金加入者又は企業型年金加入者であった者の死亡前に、その者の死亡によって死亡一時金を受けるべき者を故意の犯罪行為により死亡させた者についても、死亡一時金を受けることができない。

**E　○　根拠**：確定拠出年金法23条１項、令15条の２　　　**cf. 合テキ10 P237**

設問の通り正しい。なお、企業型運用関連運営管理機関等は、企業型年金規約で定めるところにより、設問文の選定により提示する運用の方法のほか、対象運用方法のうちから一の運用の方法（「指定運用方法」という。）を選定し、企業型年金加入者に提示することができる。

労務管理その他の労働及び社会保険に関する一般常識　53

| 問 10 | 正解 **B** | 難易度 基 応 難 |

● **出題の趣旨**

介護保険法は、過去の本試験で問われた論点を中心に見直しましょう。

**A ○ 根拠：介護保険法19条１項**　cf. 合テキ 10 P154

設問の通り正しい。なお、予防給付を受けようとする被保険者が要支援認定を受ける場合についても同様である。

**B × 根拠：介護保険法18条**　cf. 合テキ 10 P160

介護保険の保険給付は、介護給付、予防給付及び市町村特別給付の３種類である。

**C ○ 根拠：介護保険法116条１項、法117条１項**　cf. 合テキ 10 P186

設問の通り正しい。なお、都道府県は、基本指針に即して、３年を１期とする介護保険事業に係る保険給付の円滑な実施の支援に関する計画（都道府県介護保険事業支援計画）を定めるものとされている。

**D ○ 根拠：介護保険法147条１項**　cf. 合テキ 10 P185

設問の通り正しい。なお、都道府県は、財政安定化基金に充てるため、市町村から財政安定化基金拠出金を徴収するものとされており、都道府県は、市町村から徴収した財政安定化基金拠出金の総額の３倍に相当する額を財政安定化基金に繰り入れなければならない。また、国は、都道府県が繰り入れた額の３分の１に相当する額を負担するものとされている。

**E ○ 根拠：介護保険法124条１項**　cf. 合テキ 10 P179

設問の通り正しい。なお、都道府県は、市町村に対し、介護給付及び予防給付に要する費用の額について、次の①、②に掲げる費用の区分に応じ、当該①、②に定める割合に相当する額を負担する。

①　介護給付（②に掲げるものを除く。）及び予防給付（②に掲げるものを除く。）に要する費用……100分の12.5

②　介護給付（介護保険施設及び特定施設入居者生活介護に係るものに限る。）及び予防給付（介護予防特定施設入居者生活介護に係るものに限る。）に要する費用……100分の17.5

54

# 健康保険法

| 問 1 | 正解 **D** （イとエ） | 難易度 基 応 難 |
|---|---|---|

**第1回 択一式**

**解 答**

### ● 出題の趣旨

被扶養者の要件について、きちんと押さえておきましょう。

**ア ○** **根拠**：法3条7項、則37条の2,3号、令和元.11.13保保発1113第1号

cf. 合テキ 7 P84〜87

設問の通り正しい。通常の就労ビザと異なり、ワーキングホリデー制度は主として休暇を過ごす意図を有するものと位置付けられており、ワーキングホリデーでの渡航は、海外滞在期間中の旅行・滞在資金を補うための付随的な就労が認められるものの、就労を目的とした渡航とはいえないため、ワーキングホリデー制度の利用者は、「観光、保養又はボランティア活動その他就労以外の目的で一時的に海外に渡航する者」に該当し、他の要件を満たす限り、被扶養者とされる。

**イ ×** **根拠**：法3条7項1号

cf. 合テキ 7 P84〜87

日本国内に居住する被保険者の直系尊属であって、主としてその被保険者により生計を維持するものは、被扶養者となる。設問の祖母（実母の母）は直系尊属であるため、被扶養者となる。

**ウ ○** **根拠**：法3条7項2号

cf. 合テキ 7 P84〜87

設問の通り正しい。日本国内に居住する被保険者の三親等内の親族であって、その被保険者と同一の世帯に属し、主としてその被保険者により生計を維持するものは、被扶養者となる。設問の被保険者の配偶者の祖父母は被保険者の三親等内の親族であるため、被扶養者となる。なお、被保険者の配偶者で届出をしていないが事実上婚姻関係と同様の事情にあるものの祖父母は、被保険者の三親等内の親族ではないので、被扶養者とならない。

**エ ×** **根拠**：令和3.4.30保保発0430第2号・保国発0430第1号

cf. 合テキ 7 P89

夫婦共同扶養の場合における被扶養者の認定について、夫婦の一方が国民健康保険の被保険者の場合には、健康保険の被保険者については年間収入を、国民健康保険の被保険者については直近の年間所得で見込んだ年間収入を比較し、いずれか多い方を主として生計を維持する者とすることとされている。したがって、設問の場合、国民健康保険の被保険者である妻の年間収入の方が多い場合には、被扶養者とならない。

**オ ○** **根拠**：昭和52.4.6保発9号・庁保発9号、令和5.12.25年管管発1225第5号、令和2.4.10事務連絡

cf. 合テキ 7 P87、88

設問の通り正しい。

健康保険法 55

| 問 2 | 正解 **D** | 難易度 基 応 難 |

● **出題の趣旨**

被保険者については、具体例を含めて確認しておきましょう。

A ○ **根拠**：法3条1項2号、令和6.9.5事務連絡　　　　cf. 合テキ 7 P60

設問の通り正しい。

B ○ **根拠**：法3条1項9号、㉔法附則46条1項、令和4.3.18保保発0318第1号

cf. 合テキ 7 P62〜64

設問の通り正しい。直近2月の労働時間又は労働日数が判断基準となることに注意しよう。

C ○ **根拠**：法3条1項9号イ、㉔法附則46条1項、令和4.3.18保保発0318第1号

cf. 合テキ 7 P62〜64

設問の通り正しい。直近2月の労働時間が判断基準となることに注意しよう。

D × **根拠**：法附則46条12項、（厚年）法附則17条12項　　cf. 合テキ 7 P65

特定適用事業所の要件である常時50人以上の算定に係る特定労働者とは、70歳未満の者のうち、厚生年金保険法12条各号（適用除外）のいずれにも該当しないものであって、特定4分の3未満短時間労働者（4分の3基準を満たさない短時間労働者である被保険者）以外のものをいう。したがって、70歳以上の健康保険の被保険者等については、その算定の対象とならない。

E ○ **根拠**：法53条の2、則52条の2　　　　　　　　cf. 合テキ 7 P5、6

設問の通り正しい。

| 問 3 | 正解 **A** | 難易度 基 応 難 |

● **出題の趣旨**

保険料の免除等に関する事項は、ていねいに学習しておきましょう。

A ○ **根拠**：法3条1項9号ロ、則23条の4,6号、令和4.3.18保保発0318第1号、令

和6.9.5事務連絡　　　　　　　　　　　　　　　cf. 合テキ 7 P62、63

設問の通り正しい。設問の報酬の額の算定に当たっては、最低賃金法で賃金に算入しないものに相当するものを除くものとされており、次に掲げる賃金は、その算定から除かれる。

① 臨時に支払われる賃金

② 1月を超える期間ごとに支払われる賃金

③ 所定労働時間を超える時間の労働に対して支払われる賃金

④ 所定労働日以外の日の労働に対して支払われる賃金

⑤ 深夜労働に対して支払われる賃金のうち、通常の労働時間の賃金の計算額を超える部分

⑥ 最低賃金において算入しないことを定める賃金（精皆勤手当、通勤手当及び家族手当）

**B** ✕ **根拠**：法159条、則135条５項　　　cf. 合テキ **7** P171〜175

被保険者が２以上の育児休業等をしている場合であって、一の育児休業等を終了した日とその次の育児休業等を開始した日との間に当該被保険者が就業した日がないときは、その全部を一の育児休業等とみなすこととされている。したがって、設問の場合、育児休業を３月31日に開始し、５月１日に終了したものとみなされるため、３月分と４月分の標準報酬月額に係る保険料のほか、３月分の賞与に係る保険料が免除される。

**C** ✕ **根拠**：法159条１項、育児休業等中の保険料の免除要件の見直しに関するＱ＆Ａ

cf. 合テキ **7** P171〜173

設問のような一時的・臨時的（災害や突発的な事態への対応等、あらかじめ予定していない場合）に就労することは、限定的な状況であることから、事後的に育児休業の日数から除く必要はないこととされている。したがって、設問の場合には、育児休業の日数は14日以上であり、４月分の標準報酬月額に係る保険料は免除される。

**D** ✕ **根拠**：法43条の2,1項、法159条１項　　　cf. 合テキ **7** P138、174

育児休業等に係る保険料免除の対象となる育児休業等とは、育児介護休業法２条１号に規定する育児休業、同法23条２項の育児休業に関する制度に準ずる措置若しくは同法24条１項（２号に係る部分に限る。）の規定により同項２号に規定する育児休業に関する制度に準じて講ずる措置による休業又は政令で定める法令に基づく育児休業をいい、設問の休業についても、保険料の免除の対象となる休業となる。

**E** ✕ **根拠**：　　　cf. 合テキ **7** P-

設問のような規定はない。

---

**問 4**　　**正解**　**D**（ウとオ）　　**難易度** 基 応 難

● **出題の趣旨**

保険料率の決定等について、きちんとまとめておきましょう。

**ア** ○ **根拠**：法160条13項、法附則２条８項　　　cf. 合テキ **7** P165

設問の通り正しい。

**イ** ○ **根拠**：法附則８条１項、２項　　　cf. 合テキ **7** P156、157

設問の通り正しい。

健康保険法　57

**ウ** **×** **根拠**：法160条10項      cf. 合テキ **7** P164

　厚生労働大臣は、都道府県単位保険料率が、当該都道府県における健康保険事業の収支の均衡を図る上で不適当であり、協会が管掌する健康保険の事業の健全な運営に支障があると認めるときは、協会に対し、相当の期間を定めて、当該都道府県単位保険料率の変更の認可を申請すべきことを命ずることができる。なお、厚生労働大臣は、協会が当該相当の期間内に変更の認可の申請をしないときは、社会保障審議会の議を経て、当該都道府県単位保険料率を変更することができる。

**エ** **〇** **根拠**：法152条の2      cf. 合テキ **7** P150、151

　設問の通り正しい。

> **【確認】**
> ・社会保険診療報酬支払基金は、年度ごとに、後期高齢者医療広域連合から、出産育児支援金を徴収する。
> ・社会保険診療報酬支払基金は、出産育児一時金等の支給に要する費用の一部に充てるため、保険者に対して、出産育児交付金を交付する。
> ・出産育児交付金は、社会保険診療報酬支払基金が徴収する出産育児支援金をもって充てる。

**オ** **×** **根拠**：法154条の2      cf. 合テキ **7** P152

　国庫は、予算の範囲内において、健康保険事業の執行に要する費用のうち、特定健康診査等の実施に要する費用の「一部」を「補助することができる」とされている。

---

**問 5**    **正解 C**                  **難易度** 基 応 難

● **出題の趣旨**

　数字については、しっかりと覚えておきましょう。

**A** **×** **根拠**：法68条1項      cf. 合テキ **7** P196

　「5年」を「6年」と読み替えると、正しい記述となる。

**B** **×** **根拠**：則34条      cf. 合テキ **7** P392

　「3年間」を「2年間」と読み替えると、正しい記述となる。

**C** **〇** **根拠**：保険医療機関及び保険医療養担当規則9条      cf. 合テキ **7** P195

　設問の通り正しい。保険医療機関は、療養の給付の担当に関する帳簿及び書類その他の記録をその完結の日から3年間保存しなければならないとされているが、患者の診療録にあっては、その完結の日から5年間保存しなければならない。

**D** **×** **根拠**：法170条2項、4項      cf. 合テキ **7** P353

　設問の追徴金は、その決定された日から「14日」以内に、厚生労働大臣に納付しなければならない。

**E** ✕ **根拠**：法93条     cf. 合テキ**7** P209

　指定訪問看護事業者は、当該指定訪問看護の事業を廃止し、休止し、又は再開したときは、「10日以内」に、その旨を厚生労働大臣に届け出なければならない（事後の届出）。

---

**【確認】**

　介護保険法に規定する指定居宅サービス事業者は、当該指定居宅サービスの事業を廃止し、又は休止しようとするときは、その廃止又は休止の日の1月前までに、その旨を都道府県知事に届け出なければならない（事前の届出）。

---

| 問 6 | 正解 **B** （アとエ） | 難易度 基 応 難 |

● **出題の趣旨**

　療養の給付の範囲、一部負担金の割合等についても確認しておきましょう。

---

**ア** ○ **根拠**：法74条2項     cf. 合テキ**7** P-

　設問の通り正しい。保険医療機関又は保険薬局が善良な管理者と同一の注意をもって一部負担金の支払を受けることに努めたにもかかわらず、なお療養の給付を受けた者がその全部又は一部を支払わないときは、保険者は、当該保険医療機関又は保険薬局の請求に基づき、健康保険法の規定による徴収金の例（督促、延滞金の徴収、滞納処分等）によりこれを処分することができる。

**イ** ✕ **根拠**：法75条の2、法110条の2、平成18.11.15庁保発1115001号

cf. 合テキ**7** P226、227

　設問の場合、一部負担金については徴収を猶予することができるが、食事療養標準負担額及び生活療養標準負担額については徴収を猶予することができるものとはされていない。保険者は、被保険者が震災、風水害、火災その他これらに類する災害により、住宅、家財又はその他の財産について著しい損害を受けたことにより、その生活が困難となった場合において必要と認めるときは、当該被保険者の申請により、6か月以内の期間を限って、一部負担金、保険外併用療養費に係る自己負担額（食事療養標準負担額又は生活療養標準負担額に相当するものは除く。）、訪問看護療養費に係る自己負担額、家族療養費に係る自己負担額（食事療養標準負担額又は生活療養標準負担額に相当するものは除く。）又は家族訪問看護療養費に係る自己負担額(一部負担金等)の徴収を猶予することができる。

**ウ** ✕ **根拠**：法87条1項     cf. 合テキ**7** P248

　訪問看護療養費については、これに代えて療養費を支給する旨の規定はない。保険者は、療養の給付若しくは入院時食事療養費、入院時生活療養費若しくは保険外併用療養費の支給（療養の給付等）を行うことが困難であると認めるときのほか、被保険者が保

健康保険法　59

険医療機関等以外の病院、診療所、薬局その他の者から診療、薬剤の支給若しくは手当を受けた場合において、保険者がやむを得ないものと認めるときは、療養の給付等に代えて、療養費を支給することができる。

**エ　○　根拠**：法63条2項3号、法82条1項　　　cf. 合テキ**7** P222、241

設問の通り正しい。

**オ　×　根拠**：法63条、法101条、昭和27.6.16保文発2427号　　cf. 合テキ**7** P221、308

設問の場合には、療養の給付は行われないが、出産育児一時金は支給される。

---

| 問 7 | 正解 **C**（イとエ） | 難易度 基 応 難 |
|---|---|---|

● **出題の趣旨**

療養費については、通達等を含めて確認しておきましょう。

---

**ア　×　根拠**：令和2.3.27保医発0327第3号　　　cf. 合テキ**7** P322

介護保険適用病床に入院している要介護被保険者である患者が、急性増悪等により密度の高い医療行為が必要となった場合については、当該患者を医療保険適用病床に転床させて療養を行うことが原則であるが、患者の状態、当該病院又は診療所の病床の空き状況等により、患者を転床させず、当該介護保険適用病床において緊急に医療行為を行う必要のあることが想定され、このような場合については、当該病床において療養の給付又は医療が行われることは可能であり、この場合の当該緊急に行われた医療に係る給付については、医療保険から行うものである。

**イ　○　根拠**：法63条1項、法87条1項、昭和14.5.13社医発336号　　cf. 合テキ**7** P249

設問の通り正しい。

**ウ　×　根拠**：法87条、昭和56.2.25保険発10号・庁保険発2号　　cf. 合テキ**7** P250

海外における療養費の支給額の算定に用いる邦貨換算率は、「支給決定日」における外国為替換算率（売レート）を用いて行う。なお、療養費の額は、当該療養（食事療養及び生活療養を除く。）について算定した費用の額から一部負担金に相当する額を控除した額及び当該食事療養又は生活療養について算定した費用の額から食事療養標準負担額又は生活療養標準負担額を控除した額を基準として、保険者が定めるものとされている。

**エ　○　根拠**：法97条1項、平成6.9.9保険発119号・庁保険発9号　　cf. 合テキ**7** P287

設問の通り正しい。

**オ　×　根拠**：法36条1号、法110条1項　　　cf. 合テキ**7** P253

家族療養費は、被保険者が死亡したときは、その日まで支給され、その翌日から支給されない（被保険者が死亡したときは、その日の翌日に被保険者の資格を喪失する。）。

| 問 8 | 正解 **A** | 難易度 **基** 応 難 |

### ● 出題の趣旨

高額療養費算定基準額についても見直しておきましょう。

**A ✕ 根拠：令42条1項**    cf. 合テキ **7** P269、275

多数回該当の高額療養費算定基準額が適用されるのは、療養のあった月（令和7年4月）以前の12月以内に既に高額療養費が支給されている月数が3か月以上ある場合である。したがって、設問の場合、「令和6年5月」から令和7年3月までの間に、既に高額療養費が支給されている月数が3か月以上ある場合でなければ、令和7年4月の療養について多数回該当の高額療養費算定基準額は適用されない。

**B ○ 根拠：法115条、昭和59.9.29保険発74号・庁保険発18号**    cf. 合テキ **7** P271

設問の通り正しい。なお、転職等により全国健康保険協会の管轄が変わった場合には、支給を受けた回数は通算される。

**C ○ 根拠：法115条、令43条9項**    cf. 合テキ **7** P266

設問の通り正しい。

**D ○ 根拠：法115条、令42条9項、平成21.4.30厚労告292号**    cf. 合テキ **7** P271、276

設問の通り正しい。

**E ○ 根拠：法115条、則103条の2,1項**    cf. 合テキ **7** P233

設問の通り正しい。なお、限度額適用認定を受けた被保険者が限度額適用・標準負担額減額認定を受けるに至ったときは、当該限度額適用認定を取り消さなければならないものとされている。

---

| 問 9 | 正解 **D** | 難易度 基 **応** 難 |

### ● 出題の趣旨

傷病手当金、出産手当金は、しっかりと見直ししておきましょう。

**A ✕ 根拠：法99条**    cf. 合テキ **7** P291～293

傷病手当金の額は、傷病手当金の支給を始める日の属する月以前の直近の継続した12月間の各月の標準報酬月額の平均額を基に算定されるものであり、支給開始後に標準報酬月額が改定されても、傷病手当金の額は改定されない。

**B ✕ 根拠：法99条、令和3.12.27事務連絡**    cf. 合テキ **7** P291～293

消滅時効により傷病手当金が支給されない場合には、傷病手当金の支給期間は減少しないものとされており、また、消滅時効により傷病手当金が一度も支給されていない場

健康保険法 61

合については、実際に傷病手当金の支給が開始された日を「支給を始めた日」とし、当該日において支給期間を決定することとなる。したがって、設問の場合、実際に支給が開始された令和5年3月15日から1年6月間（令和6年8月14日まで）の日数分について、傷病手当金が支給される。

**C ×　根拠：法104条、令和3.12.27事務連絡**　　　　　　cf. 合テキ7 P291〜293

　設問の場合、「令和5年2月1日（支給を始める日）」を基準として傷病手当金の支給額を算定するとともに、令和5年3月15日（支給を始めた日）を基準として総支給日数を算定し、令和5年3月15日から31日までの日数分について、傷病手当金が支給される（傷病手当金の「支給を始める日」の判定に当たっては、時効の完成については考慮せず、待期期間が完成した日を基準として傷病手当金の支給額を算定する。）。

> **【確認】**
> 　資格喪失後の傷病手当金の継続給付を受けることができる者が、その請求を行わなかったため、傷病手当金を受ける権利の一部が時効により消滅した場合には、傷病手当金の継続給付の要件である法104条の「継続して」に該当しなくなるため、時効未完成の部分についても、その支給を受けることはできない。

**D ○　根拠：法103条、令和3.12.27事務連絡**　　　　　　cf. 合テキ7 P294

　設問の通り正しい。なお、出産手当金の額が傷病手当金の支給額を下回るために傷病手当金の一部が支給される場合には、傷病手当金の支給期間は減少する。

**E ×　根拠：法102条、昭和4.6.27保理1829号**　　　　　　cf. 合テキ7 P310

　設問の場合、出産予定日以前42日の範囲内で、出産のために休業した期間に対する出産手当金は支給される。

---

**問 10**　　**正解 B**　　　　　　　　　　　　　　**難易度 基 応 難**

**● 出題の趣旨**

> 日雇特例被保険者についてひととおり目を通しておきましょう。

**A ○　根拠：法203条1項**　　　　　　cf. 合テキ7 P338

　設問の通り正しい。なお、全国健康保険協会は、市町村（特別区を含む。）に対し、政令で定めるところにより、日雇特例被保険者の保険の保険者の事務のうち全国健康保険協会が行うものの一部を委託することができる。

**B ×　根拠：法169条2項**　　　　　　cf. 合テキ7 P349

　日雇特例被保険者が1日において2以上の事業所に使用される場合には、初めにその者を使用する事業主が保険料を納付する義務を負う。

**C ○　根拠：法169条7項**　　　　　　cf. 合テキ7 P350

62

設問の通り正しい。

**D** ○ **根拠**：法129条2項　　　　　　　　　　　cf. 合テキ **7** P359

設問の通り正しい。

**E** ○ **根拠**：法182条、法183条　　　　　　　　cf. 合テキ **7** P192

設問の通り正しい。

第1回
択一式

解　答

健康保険法　63

# 厚生年金保険法

| 問 1 | 正解 **A** | 難易度 基 応 難 |

● **出題の趣旨**

用語の定義等は、正確に押さえておきましょう。

**A ×　根拠：法25条**　　　　　　　　　　　　　cf. 合テキ 9 P76

「実施機関」ではなく、「厚生労働大臣」が定める。

**B ○　根拠：法91条、社審法32条2項**　　　　cf. 合テキ 9 P338

設問の通り正しい。

**C ○　根拠：社審法4条2項**　　　　　　　　　cf. 合テキ 9 P338

設問の通り正しい。なお、審査請求書を郵便又は信書便で提出した場合における審査請求期間の計算については、送付に要した日数は、算入しないこととされている。

**D ○　根拠：法3条1項3号**　　　　　　　　　cf. 合テキ 9 P76

設問の通り正しい。なお、厚生年金保険法において「賞与」とは、賃金、給料、俸給、手当、賞与その他いかなる名称であるかを問わず、労働者が労働の対償として受ける全てのもののうち、3月を超える期間ごとに受けるものをいう。

**E ○　根拠：法19条1項、法81条2項、法84条2項**　cf. 合テキ 9 P50、97、105

設問の通り正しい。保険料は、被保険者期間の計算の基礎となる各月につき徴収するものとされており、被保険者の資格を喪失した月については、原則として保険料は徴収されない。


| 問 2 | 正解 **A** | 難易度 基 応 難 |

● **出題の趣旨**

費用の負担等については、幅広く目を通しておきたいところです。

**A ×　根拠：法83条2項**　　　　　　　　　　　cf. 合テキ 9 P104

厚生労働大臣は、納入の告知をした保険料額が当該納付義務者が納付すべき保険料額をこえていることを知ったとき、又は納付した保険料額が当該納付義務者が納付すべき保険料額をこえていることを知ったときは、そのこえている部分に関する納入の告知又は納付を、その納入の告知又は納付の日の「翌日」から6か月以内の期日に納付されるべき保険料について納期を繰り上げてしたものとみなすことができる。

**B ○　根拠：法86条4項**　　　　　　　　　　　cf. 合テキ 9 P110、111

64

設問の通り正しい。設問の保険料の繰上徴収に係る事由に該当する場合には、滞納している保険料に係る督促状の指定期限を、督促状を発する日から起算して10日以上を経過した日とすることを要しない。

【確認】
(1) 保険料は、次の①～④に掲げる場合においては、納期前であっても、すべて徴収することができる（保険料の繰上げ徴収）。この場合において、繰上げ徴収に係る保険料を滞納し、その滞納している保険料を徴収するときは、督促をすることを要しない。
　① 納付義務者が、次のいずれかに該当する場合
　　ⓐ 国税、地方税その他の公課の滞納によって、滞納処分を受けるとき。
　　ⓑ 強制執行を受けるとき。
　　ⓒ 破産手続開始の決定を受けたとき。
　　ⓓ 企業担保権の実行手続の開始があったとき。
　　ⓔ 競売の開始があったとき。
　② 法人たる納付義務者が、解散をした場合
　③ 被保険者の使用される事業所が、廃止された場合
　④ 被保険者の使用される船舶について船舶所有者の変更があった場合、又は当該船舶が滅失し、沈没し、若しくは全く運航に堪えなくなるに至った場合
(2) 上記(1)の保険料の繰上げ徴収の事由に該当する場合において、既に滞納している保険料があるときは、期限を指定して督促をしなければならない。この場合の督促状の指定期限は、督促状を発する日から起算して10日以上を経過した日とすることを要しない。

**C** ○　**根拠**：法86条5項　　　　cf. 合テキ **9** P113、114

設問の通り正しい。なお、設問の場合には、厚生労働大臣は、徴収金の100分の4に相当する額を当該市町村に交付しなければならない。

**D** ○　**根拠**：法83条の2　　　　cf. 合テキ **9** P104

設問の通り正しい。

**E** ○　**根拠**：法80条2項　　　　cf. 合テキ **9** P96

設問の通り正しい。なお、国庫は、毎年度、厚生年金保険の実施者たる政府が負担する基礎年金拠出金の額の2分の1に相当する額を負担するものとされている。

**問 3**　　**正解 D**　　　　　難易度 基 応 難

● 出題の趣旨
　長期加入者の特例のほか、障害者の特例、第3種被保険者の特例についても確認しておきましょう。

**A** ○　**根拠**：法附則9条の3,1項　　　cf. 合テキ **9** P171、172

設問の通り正しい。設問は、いわゆる長期加入者の特例に関する記述である。

厚生年金保険法　65

B　○　**根拠**：法44条4項5号　　　　cf. 合テキ **9** P138、139

　加給年金額の対象者である子が「受給権者の配偶者以外の者の養子」となったときは、老齢厚生年金の額が改定されるので、原則としてその子が養子縁組によって直系血族又は直系姻族の養子となったときは、年金額が改定される。

C　○　**根拠**：⑹法附則47条3項　　　　cf. 合テキ **9** P129

　設問の通り正しい。なお、定額部分の額についても同様に、その計算の基礎となる被保険者期間に昭和61年4月1日前の旧船員保険法の被保険者であった期間が含まれるときは、当該期間を3分の4倍して計算することとされている。

D　×　**根拠**：⑹法附則61条2項　　　　cf. 合テキ **9** P129

　中高齢者の特例に該当する者に支給される特別支給の老齢厚生年金の額のうち、報酬比例部分の額については、その者の被保険者期間の実月数が240に満たないときであっても、実月数で計算する。なお、当該者の定額部分の額については、その者の被保険者期間の月数が240に満たないときは、これを240として計算することとされている。

E　○　**根拠**：法附則7条の4,3項、法附則11条の5、令6条の4、則34条の3

　　　　　　　　　　　　　　　　　　　　　　　　　　　　cf. 合テキ **9** P183

　設問の通り正しい。設問の「基本手当の支給を受けた日とみなされる日」とは、失業の認定日の直前に失業の認定を受けた日が連続しているものとした場合におけるその連続した各日のことをいい、待期期間及び給付制限期間を含まない。

---

| 問 4 | 正解　**A** | 難易度 基 応 難 |
|---|---|---|

● **出題の趣旨**
　障害厚生年金の額や障害手当金の額についても、復習しておきましょう。

A　×　**根拠**：法48条　　　　cf. 合テキ **9** P210

　設問の場合には、いわゆる併合認定により、前後の障害を併合した障害の程度による障害等級1級の障害厚生年金が支給され、従前の障害厚生年金の受給権は消滅する（年金額が改定されるのではない。）。

B　○　**根拠**：法52条2項　　　　cf. 合テキ **9** P220

　設問の通り正しい。設問の場合における増進改定請求は、65歳以後であっても行うことができる。

C　○　**根拠**：法47条の3,1項　　　　cf. 合テキ **9** P206、207

　設問の通り正しい。設問のいわゆる基準傷病に基づく障害厚生年金は、65歳に達した日の前日までに、初めて障害等級2級以上に該当した場合でなければ、支給されない。なお、65歳に達した日の前日までに障害等級2級以上に該当すれば、65歳に達した日以

66

後であっても請求をすることができる。

**D ○ 根拠：法56条1号**　　　　　　　　　　　　cf. **合テキ9** P229

設問の通り正しい。

---

**【確認】**

　障害の程度を定めるべき日において、次の(1)～(3)のいずれかに該当する者には、障害手当金は支給されない。

(1)　年金たる保険給付の受給権者（最後に障害等級に該当する程度の障害の状態（以下「障害状態」という。）に該当しなくなった日から起算して障害状態に該当することなく3年を経過した障害厚生年金の受給権者（現に障害状態に該当しない者に限る。）を除く。）

(2)　国民年金法による年金たる給付の受給権者〔最後に障害状態に該当しなくなった日から起算して障害状態に該当することなく3年を経過した障害基礎年金の受給権者（現に障害状態に該当しない者に限る。）その他の政令で定める者を除く。〕

(3)　当該傷病について国家公務員災害補償法、地方公務員災害補償法若しくは同法に基づく条例、公立学校の学校医、学校歯科医及び学校薬剤師の公務災害補償に関する法律若しくは労働基準法の規定による障害補償、労働者災害補償保険法の規定による障害補償給付、複数事業労働者障害給付若しくは障害給付又は船員保険法による障害を支給事由とする給付を受ける権利を有する者

---

**E ○ 根拠：法92条1項**　　　　　　　　　　　　cf. **合テキ9** P341、342

設問の通り正しい。

---

| 問 5 | 正解　**C**（イとオ） | 難易度 **基** 応 難 |
|---|---|---|

● **出題の趣旨**

　遺族厚生年金の遺族の範囲、支給額等についても見直ししておきましょう。

---

**ア ○ 根拠：法76条1項**　　　　　　　　　　　　cf. **合テキ9** P296

設問の通り正しい。

**イ × 根拠：法58条1項**　　　　　　　　　　　　cf. **合テキ9** P234、235

　被保険者であった者が、被保険者の資格を喪失した後に、被保険者であった間に初診日がある傷病により当該初診日から起算して5年を経過する日前に死亡したときは、死亡日の前日における保険料納付要件を満たしていれば、その者の一定の遺族に遺族厚生年金が支給されるが、設問の場合には、初診日がいつであるか分からないので、遺族厚生年金が支給されるとは限らない。

**ウ ○ 根拠：法66条**　　　　　　　　　　　　　　cf. **合テキ9** P252、253

　設問の通り正しい。設問の場合には、妻については、遺族基礎年金の受給権が発生せず、子に対して遺族基礎年金が支給されることとなるが、この場合には、妻の遺族厚生年金は支給停止され、子に対して遺族厚生年金が支給されることとなる。

厚生年金保険法　**67**

エ 〇 **根拠**：法58条1項3号、法60条　　　　　　　cf. 合テキ 9 P235、241

設問の通り正しい。

オ × **根拠**：法38条1項、法64条の2、法附則17条　　cf. 合テキ 9 P242、243、291

遺族厚生年金（その受給権者が65歳に達しているものに限る。）については、その受給権者が老齢厚生年金の受給権を有するときは、当該老齢厚生年金の額に相当する部分の支給が停止される。特別支給の老齢厚生年金は、65歳未満の者に支給されるものであるから、遺族厚生年金の受給権者が特別支給の老齢厚生年金の受給権を取得したときは、いずれか一方の支給を選択することとなる。

---

| 問 6 | 正解 **B** | 難易度 基 応 難 |
|---|---|---|

● **出題の趣旨**

各種加算額について、ひととおり確認しておきましょう。

A × **根拠**：法98条3項、則46条　　　　　　　　cf. 合テキ 9 P61

加給年金額対象者が一定の年齢に達したことにより加算の対象とならなくなった場合には、加給年金額対象者の不該当の届書を提出する必要はない。

B 〇 **根拠**：法57条　　　　　　　　　　　　　cf. 合テキ 9 P214、231

設問の通り正しい。

C × **根拠**：⑹法附則60条2項　　　　　　　　　cf. 合テキ 9 P136、137

特別加算は、「配偶者の生年月日」ではなく、老齢厚生年金の受給権者の生年月日に応じて、加算される。なお、その他の記述は正しい。

D × **根拠**：法65条　　　　　　　　　　　　　cf. 合テキ 9 P247～249

中高齢寡婦加算が加算された遺族厚生年金は、その受給権者である妻が同一の事由に基づく遺族基礎年金の支給を受けることができるときは、その間、中高齢寡婦加算に相当する部分の支給を停止するものとされている。したがって、遺族基礎年金の受給権が消滅したときは、所定の要件に該当していれば、中高齢寡婦加算が行われる。

E × **根拠**：⑹法附則73条1項　　　　　　　　　cf. 合テキ 9 P249、250

経過的寡婦加算の額の最高額は、中高齢の寡婦加算の額と同額である。なお、その他の記述は正しい。

| 問 7 | 正解 **D** | 難易度 基 応 難 |

● **出題の趣旨**

育児休業等期間中の保険料免除について目を通しておきましょう。

**A** ○ **根拠**：法附則４条の3,4項～６項、法附則４条の５  cf. 合テキ **9** P45、47

設問の通り正しい。

**B** ○ **根拠**：法11条  cf. 合テキ **9** P40

設問の通り正しい。適用事業所以外の事業所に使用される70歳未満の者が、厚生労働大臣の認可を受けて任意単独被保険者となる場合には、事業主の同意を得ることが必要であるが、資格喪失の認可を受ける場合には、事業主の同意を得る必要はない。

**C** ○ **根拠**：法７条  cf. 合テキ **9** P15、16

設問の通り正しい。強制適用事業所が、強制適用事業所の要件に該当しなくなったときは、その事業所について任意適用事業所に係る認可があったものとみなされるため、当該事業所に使用される被保険者は、資格を喪失せず、引き続き被保険者とされる。

**D** × **根拠**：法81条の2,1項、３項、則25条の2,6項、令和4.3.31事務連絡

cf. 合テキ **9** P100～102

被保険者が２以上の育児休業等をしている場合であって、一の育児休業等を終了した日とその次の育児休業等を開始した日との間に当該被保険者が就業した日がないときは、その全部を一の育児休業等とみなすこととされている。したがって、設問の場合、育児休業を令和６年12月12日に開始し、令和７年１月25日に終了したものとみなされるため、令和６年12月分の報酬に係る保険料及び賞与に係る保険料が免除され、令和７年１月分の報酬に係る保険料は免除されない。

**E** ○ **根拠**：厚生年金保険の保険給付及び保険料の納付の特例等に関する法律１条１項、４項、５項  cf. 合テキ **9** P-

設問の通り正しい。社会保障審議会（地方年金記録訂正審議会）の調査審議の結果として、適用事業所の事業主が、被保険者の負担すべき保険料を控除した事実があるにもかかわらず、当該被保険者に係る保険料を納付する義務を履行したことが明らかでない場合〔当該保険料（以下「未納保険料」という。）を徴収する権利が時効によって消滅する前に事業主の届出若しくは被保険者等からの被保険者資格に関する確認の請求又は厚生年金保険原簿に係る訂正の請求があった場合を除き、未納保険料を徴収する権利が時効によって消滅している場合に限る。〕に該当するとの社会保障審議会（地方年金記録訂正審議会）の意見があった場合には、厚生労働大臣は、未納保険料に係る期間を有する者（以下「特例対象者」という。）が、当該事業主が当該義務を履行していないことを知り、又は知り得る状態であったと認められる場合を除き、当該意見を尊重し、遅

厚生年金保険法　69

滞なく、特例対象者に係る被保険者の資格の取得及び喪失の確認又は標準報酬月額若しくは標準賞与額の改定若しくは決定（確認等）を行うものとされ、当該確認等を行ったときは、厚生年金保険原簿に記録した事項の訂正を行い、確認等を行った特例対象者の厚生年金保険の被保険者であった期間について保険給付が行われる。

## 問 8　正解 D　難易度 基 応 難

● 出題の趣旨

合意分割と３号分割は、それぞれ相違点に留意しつつ比較しながら見直しておきましょう。

**A ○ 根拠：法78条の2,1項、則78条の2,1項**　cf. 合テキ 9 P306、307

設問の通り正しい。

【参考】
(1) 対象期間は、次の①～③に掲げる場合の区分に応じ、当該①～③に定める期間とする。ただし、①又は②に掲げる場合に該当する場合であって、①又は②に定める期間中に当事者以外の者が当該当事者の一方の被扶養配偶者である第３号被保険者であった期間又は当該当事者の一方が当該当事者の他方以外の者の被扶養配偶者である第３号被保険者であった期間と重複する期間があると認められるときは、①又は②に定める期間からその重複する期間を除くものとする。
① 離婚（婚姻の届出をしていないが事実上婚姻関係と同様の事情にあった者について、当該事情が解消した場合を除く。以下同じ。）をした場合……婚姻が成立した日から離婚が成立した日までの期間
② 婚姻の取消しをした場合……婚姻が成立した日から婚姻が取り消された日までの期間〔民法732条の規定（重婚の禁止）に違反する婚姻である場合については、当該婚姻に係る期間（当事者の一方が当該当事者の他方の被扶養配偶者である第３号被保険者であった期間を除く。）を除く。〕
③ 婚姻の届出をしていないが事実上婚姻関係と同様の事情にあった当事者について、当該当事者の一方の被扶養配偶者である第３号被保険者であった当該当事者の他方が当該第３号被保険者としての国民年金の被保険者の資格を喪失し、当該事情が解消したと認められる場合（当該当事者が婚姻の届出をしたことにより当該事情が解消した場合を除く。）……婚姻の届出をしていないが事実上婚姻関係と同様の事情にあった当事者の一方が当該当事者の他方の被扶養配偶者である第３号被保険者であった期間〔当該事情が解消しない間に当該第３号被保険者であった期間が複数ある場合にあっては、これらの期間を通算した期間（以下「事実第３号被保険者期間」という。）とする。〕
(2) 婚姻が成立した日前から婚姻の届出をしていないが事実上婚姻関係と同様の事情にあった当事者について、当該当事者が婚姻の届出をしたことにより当該事情が解消し、①又は②に掲げる場合に該当した場合における対象期間は、上記(1)にかかわらず、①又は②に掲げる場合の区分に応じ、当該①又は②に定める期間と事実婚第３号被保険者期間を通算した期間とする。

**B ○ 根拠：法78条の７、法78条の８**　cf. 合テキ 9 P66、69

設問の通り正しい。なお、３号分割においても、同様である。

70

**C ○ 根拠：法78条の11** cf. 合テキ **9** P318

設問の通り正しい。設問の規定は、標準賞与額が離婚分割によって改定されたことにより、第2号改定者の在職老齢年金の支給額が低下する（あるいは、全額支給停止となる）ことの防止を主な目的として設けられた規定である。なお、3号分割においても、同様の取扱いである。

**D × 根拠：法58条1項、法78条の11** cf. 合テキ **9** P234、235

遺族厚生年金に係る被保険者等の死亡の要件の1つとして「被保険者であった者が、被保険者の資格を喪失した後に、被保険者であった間に初診日がある傷病により当該初診日から起算して5年を経過する日前に死亡したとき」が挙げられているが、離婚時みなし被保険者期間は、「被保険者であった間」に該当しないので、設問の場合、当該要件を満たさないこととなる。

**E ○ 根拠：法附則17条の10** cf. 合テキ **9** P315、316

設問の通り正しい。

---

| 問 9 | 正解 **C** | 難易度 基 **応** 難 |

### ● 出題の趣旨

届出等は網羅的に確認しておきましょう。

---

**A × 根拠：則21条の4,1項** cf. 合テキ **9** P58

事業主は、設問の個人番号の変更の申出を受けたときは、「速やか」に、所定の事項を記載した届書を機構に提出しなければならない。なお、被保険者（適用事業所に使用される高齢任意加入被保険者及び第4種被保険者等を除く。）は、その個人番号を変更したときは、速やかに、変更後の個人番号及び変更の年月日を事業主に申し出なければならないこととされている。

**B × 根拠：則15条2項** cf. 合テキ **9** P34、35

設問の資格取得の届出に係る機構に提出する届書〔様式第7号の2（統一様式）によるものに限る。〕は、所轄労働基準監督署長を経由して提出することもできる。なお、資格喪失の届出に係る機構に提出する届書〔様式第11号の2（統一様式）によるものに限る。〕は、所轄公共職業安定所長を経由して提出することができるが、所轄労働基準監督署長を経由して提出することはできない。

**C ○ 根拠：則47条** cf. 合テキ **9** P-

設問の通り正しい。

**D × 根拠：則60条2項** cf. 合テキ **9** P-

遺族厚生年金を受けることができる者が2人以上あるときは、遺族厚生年金の裁定に

厚生年金保険法　71

係る請求書には「連名」しなければならない（各々の受給権者に係る請求書を同時に提出するのではない。）。

**E ✕　根拠：**法98条4項、法105条3号　　　　　　　　　cf. 合テキ 9 P60、348

「50万円以下の罰金」ではなく、「10万円以下の過料」に処せられる。その他の記述は正しい。

---

| 問 10 | 正解　**E** | 難易度 基 応 難 |
|---|---|---|

● **出題の趣旨**

通則、雑則等は、各科目を比較しながら見直しておきましょう。

**A ✕　根拠：**法100条の6,1項、法100条の7,1項　　　cf. 合テキ 9 P7

「厚生労働大臣が定める」とする記述が誤りである。機構は、滞納処分等を行う場合には、あらかじめ、厚生労働大臣の認可を受けるとともに、「機構」が定める滞納処分等実施規程に従い、徴収職員に行わせなければならない。

**【確認】**
機構は、滞納処分等実施規程（滞納処分等の実施に関する規程）を定め、厚生労働大臣の認可を受けなければならない。

**B ✕　根拠：**法37条2項　　　　　　　　　　　　　　cf. 合テキ 9 P282

被保険者又は被保険者であった者の子であって、設問の妻の死亡によって遺族厚生年金の支給の停止が解除されたものであっても、「その妻の死亡の当時その妻と生計を同じくしていた」ものでないときは、未支給の遺族厚生年金の支給を請求することができる子とみなされないため、誤りである。

**C ✕　根拠：**法73条の2　　　　　　　　　　　　　　cf. 合テキ 9 P297

設問の場合には、「当該障害を支給事由とする障害厚生年金又は障害手当金は、支給しない」のではなく、「保険給付の全部又は一部を行わないことができる」とされている。

**【確認】**
被保険者又は被保険者であった者が、自己の故意の犯罪行為若しくは重大な過失により、又は正当な理由がなくて療養に関する指示に従わないことにより、障害若しくは死亡若しくはこれらの原因となった事故を生ぜしめ、若しくはその障害の程度を増進させ、又はその回復を妨げたときは、保険給付の全部又は一部を行わないことができる。

**D ✕　根拠：**法39条1項　　　　　　　　　　　　　　cf. 合テキ 9 P288

設問の場合、「内払とみなす」のではなく、「内払とみなすことができる」とされている。

E ○ **根拠**：法39条の2、則89条の2,2号　cf. **合テキ 9** P289、290

　設問の通り正しい。設問の場合のほか、年金たる保険給付の受給権者の死亡を支給事由とする遺族厚生年金（当該年金たる保険給付と同一の実施機関が支給するものに限る。）の受給権者が、当該年金たる保険給付の受給権者の死亡に伴う当該年金たる保険給付の支払金の金額の過誤払による返還金債権に係る債務の弁済をすべき者であるときは、過誤払による返還金債権への充当を行うことができる。

厚生年金保険法　73

# 国民年金法

| 問 1 | 正解 E | 難易度 基 応 難 |

● **出題の趣旨**

保険料に関する事項は、幅広く押さえておきましょう。

**A** ○ **根拠**：法92条1項　　　　　　　　　　　　cf. 合テキ8 P78

設問の通り正しい。なお、厚生労働大臣が通知する事項は、次のとおりである。

① 保険料の前納期間及び保険料を前納する場合に納付すべき額（各月、6月又は1年を単位とするものに限る。）

② 上記①の保険料を前納する場合の納期限

③ 保険料を納付することができる場所

④ 保険料を納付する方法

**B** ○ **根拠**：法87条の2,4項　　　　　　　　　　cf. 合テキ8 P73

設問の通り正しい。

**C** ○ **根拠**：法109条の2の2,2項　　　　　　　　cf. 合テキ8 P109

設問の通り正しい。なお、学生納付特例事務法人は、学生等である被保険者から学生納付特例申請の委託を受けたときは、遅滞なく、当該学生納付特例申請をしなければならない。

**D** ○ **根拠**：法88条の2、法90条の3　　　　　　cf. 合テキ8 P76

設問の通り正しい。

**E** × **根拠**：法90条1項、法90条の2,1項～3項　cf. 合テキ8 P97、103、105、106

学生納付特例の適用を受けている者は、国民年金法第90条の規定による保険料の全額免除の対象とならないほか、同法第90条の2の規定による保険料の4分の3免除、保険料半額免除又は保険料の4分の1免除の対象とならない。

| 問 2 | 正解 C | 難易度 基 応 難 |

● **出題の趣旨**

前納、追納についてはていねいに目を通しておきましょう。

**A** ○ **根拠**：法93条2項、令8条1項　　　　　　cf. 合テキ8 P84、85

設問の通り正しい。

**B** ○ **根拠**：法94条3項、令10条1項　　　　　　cf. 合テキ8 P114、115

設問の通り正しい。

**C　×　根拠：法94条1項**　　　　　　　　　　　cf. 合テキ8 P112、113

老齢基礎年金の受給権者は、保険料の追納を行うことはできない。

**D　○　根拠：⑹法附則14条1項**　　　　　　　　　　　cf. 合テキ8 P153

設問の通り正しい。

**E　○　根拠：⑹法附則16条1項、⑹経過措置令28条**　　　　　　cf. 合テキ8 P153

設問の通り正しい。

---

**問3　正解　D（イとオ）　　　　　　　難易度 基 応 難**

● **出題の趣旨**

届出等については幅広く押さえておきましょう。

**ア　×　根拠：法14条、法附則7条の5,1項**　　　　　　cf. 合テキ8 P53

設問文のカッコ書の部分を「第2号被保険者のうち第2号厚生年金被保険者、第3号厚生年金被保険者又は第4号厚生年金被保険者であるものを除く」と読み替えると、正しい記述となる。

**イ　○　根拠：法12条3項**　　　　　　　　　　cf. 合テキ8 P38

設問の通り正しい。

**ウ　×　根拠：法12条6項、8項**　　　　　　　　cf. 合テキ8 P40

設問の経由に係る事務の一部については、全国健康保険協会に委託することはできない。

**エ　×　根拠：法附則7条の3,2項、3項**　　　　　　cf. 合テキ8 P45

「さかのぼって」とする部分が誤りである。設問の場合には、厚生労働大臣にその旨の届出が行われた日以後、当該届出に係る期間は保険料納付済期間に算入される。なお、設問の届出をした場合であっても、その者の配偶者である第2号被保険者の厚生年金保険法による保険料を徴収する権利が時効によって消滅した場合には、当該第2号被保険者の厚生年金保険の被保険者期間の計算の基礎となった月に係る第3号被保険者としての被保険者期間については、保険料納付済期間とされない。

【確認】

3号被保険者又は第3号被保険者であった者は、「平成17年4月1日前」のその者の第3号被保険者としての被保険者期間のうち、第3号被保険者に関する届出をしなかったことにより保険料納付済期間に算入されない期間（その者の配偶者である第2号被保険者の厚生年金保険法による保険料を徴収する権利が時効によって消滅した場合には、当該第2号被保険者の厚生年金保険の被保険者期間の計算の基礎となった月に係る第3号被保険者としての被保険者期間を除く。）について、厚生労働大臣に届出をすることができる（やむを得ない事由がある場合に限らない。）。この届出が行われたときは、その届出が行われた日以後、届出に係る期間は保険料納付済期間に算入される。

国民年金法　75

オ ○ **根拠**：根拠：法105条4項、則24条1項 cf. 合テキ **8** P47、50

　設問の通り正しい。なお、厚生労働大臣が住民基本台帳法の規定により機構保存本人確認情報の提供を受けることができる老齢基礎年金の受給権者の死亡について、その死亡の日から7日以内に当該受給権者に係る戸籍法の規定による死亡の届出をした場合には、設問の死亡の届出を行うことを要しない。

---

**問 4**　　**正解　B**　　　　　　　　　　　　　　**難易度** 基 **応** 難

● **出題の趣旨**

　被保険者に関する事務を確認しておきましょう。

A ○ **根拠**：法附則5条2項 cf. 合テキ **8** P23、24

　設問の通り正しい。なお、①日本国内に住所を有する20歳以上60歳未満の者であって、厚生年金保険法に基づく老齢給付等を受けることができるもの（国民年金法の適用を除外すべき特別の理由がある者として厚生労働省令で定める者を除く。）又は②日本国内に住所を有する60歳以上65歳未満の者が、任意加入被保険者となる旨の申出を行おうとする場合には、口座振替納付を希望する旨の申出又は口座振替納付によらない正当な事由がある場合として厚生労働省令で定める場合に該当する旨の申出を厚生労働大臣に対して行わなければならない。

B × **根拠**：法93条1項、法附則5条8項、令9条1項、平成22.11.29年年発1129第
　　　1号 cf. 合テキ **8** P86、87

　任意加入被保険者が保険料を前納したが、前納に係る期間の途中で資格を喪失した後、引き続き第1号被保険者となった場合、任意加入被保険者として納付する保険料と第1号被保険者として納付する保険料はどちらも国民年金の保険料であることから、未経過期間に係る保険料は第1号被保険者として前納された保険料として取り扱い、前納に係る期間の各月が経過した際に、保険料納付済期間に算入されることとなる。なお、国民年金法施行令9条では、被保険者資格を喪失した時点における未経過期間に係る前納保険料を還付する旨を規定しているが、これは、前納に係る期間の途中で被保険者資格を喪失し、未経過期間について保険料を納付する必要がなくなった場合に、未経過期間に係る前納保険料を還付する趣旨である（したがって、例えば、任意加入被保険者が保険料を前納したが、前納に係る期間の途中で資格喪失した後に引き続き第1号被保険者となった場合には、第1号被保険者として保険料を納付することが引き続き必要であるため、未経過期間に係る前納保険料を還付して、改めて第1号被保険者として当該未経過期間分の保険料納付を求めなければならないわけではない。）。ただし、このような場合には、その資格喪失した者の請求に基づき未経過期間に係る前納保険料を還付する

76

旨規定されていることから、請求があれば、当該未経過期間に係る前納保険料は還付されることとなる。

**C** ○ **根拠**：法90条、法90条の2、法90条の3、(16)法附則19条、(26)法附則14条、則77条の7,3号、平成24.7.6年管管発0706第1号 　cf. 合テキ 8 P98

　設問の通り正しい。設問の場合、原則として、配偶者から暴力を受けた第1号被保険者及び世帯主の所得が審査の対象となる。ただし、世帯主が配偶者と同居している場合は、世帯主の所得は審査の対象とならない。

**D** ○ **根拠**：法3条3項、令1条の2,3号イ 　cf. 合テキ 8 P6

　設問の通り正しい。なお、第2号厚生年金被保険者期間、第3号厚生年金被保険者期間又は第4号厚生年金被保険者期間のみを有する者（第2号厚生年金被保険者期間又は第3号厚生年金被保険者期間のみを有する者にあっては、第2号厚生年金被保険者期間又は第3号厚生年金被保険者期間のうちに一の共済組合の組合員であった期間のみを有する者に限る。）に係る老齢基礎年金〔国民年金法法附則第9条の2第3項（老齢基礎年金の支給の繰上げ）の規定により支給するものを除く。〕を受ける権利の裁定の請求の受理及びその請求に係る事実についての審査に関する事務は、共済組合（国家公務員共済組合連合会又は全国市町村職員共済組合連合会を組織する共済組合にあっては、それぞれ当該連合会）又は日本私立学校振興・共済事業団に行わせるものとされている。

---

【確認】
① 国民年金事業は、政府が、管掌する。
② 国民年金事業の事務の一部は、政令の定めるところにより、法律によって組織された共済組合（共済組合）、国家公務員共済組合連合会、全国市町村職員共済組合連合会、地方公務員共済組合連合会又は日本私立学校振興・共済事業団（共済組合等）に行わせることができる。
③ 国民年金事業の事務の一部は、政令の定めるところにより、市町村長（特別区の区長を含む。）が行うこととすることができる。

---

**E** ○ **根拠**：法3条3項、令1条の2,3号ハ 　cf. 合テキ 8 P6

　設問の通り正しい。なお、共済組合の組合員又は私立学校教職員共済制度の加入者であった間に初診日がある傷病による障害に係る障害基礎年金を受ける権利の裁定の請求の受理及びその請求に係る事実についての審査に関する事務は、共済組合（国家公務員共済組合連合会又は全国市町村職員共済組合連合会を組織する共済組合にあっては、それぞれ当該連合会）又は日本私立学校振興・共済事業団に行わせるものとされている。

国民年金法　77

| 問 5 | 正解 **E** | 難易度 基 応 難 |

● 出題の趣旨

老齢基礎年金の額の計算についても押さえておきましょう。

**A × 根拠：法28条 4 項、令 4 条の5,1項**　　cf. 合テキ 8 P158、159、163

設問の場合、遺族基礎年金の受給権を取得した日に支給繰下げの申出があったものとみなされ、増額率は、1000分の 7 ×24月＝16.8％となる。

**B × 根拠：⑹法附則14条 1 項、⑹経過措置令25条 1 号**　　cf. 合テキ 8 P151

設問の場合、「振替加算額に相当する部分の支給が停止される」のではなく、振替加算は行われなくなる。

**C × 根拠：法27条、⑹法附則 8 条 1 項、⑯法附則10条 1 項**　　cf. 合テキ 8 P145～149

設問の保険料全額免除期間のうち、480月から保険料納付済期間の月数（396月）及び保険料半額免除期間の月数（36月）を控除した月数（48月）については、その月数に 2 分の 1 を乗じて得た数が年金額に反映されるが、480月を超える12月については、年金額に反映されない。したがって、年金額は、780,900円×改定率×（396月＋36月× 2 / 3 ＋48月× 1 / 2 ）÷480月で計算した額となる。

**D × 根拠：法73条、法105条 3 項**　　cf. 合テキ 8 P47、265

「その一部の支給を停止することができる」のではなく、「その支払を一時差し止めることができる」ものとされている。

**E ○ 根拠：法30条 1 項**　　cf. 合テキ 8 P171、172

設問の通り正しい。

| 問 6 | 正解 **C** | 難易度 基 応 難 |

● 出題の趣旨

事後重症、基準障害など、各々の制度を整理しておきましょう。

**A × 根拠：法36条の2,1項、 2 項、労災保険法附則60条の4,4項**　　cf. 合テキ 3 P142

遺族補償年金が遺族補償年金前払一時金の支給を受けたことによりその全額につき支給停止されている場合であっても、国民年金法30条の 4 の規定による障害基礎年金は支給停止される。なお、その他の記述は正しい。

**B × 根拠：法30条の2,1項**　　cf. 合テキ 8 P174

事後重症の障害基礎年金の支給を受けるには、65歳に達する日の前日までに、障害等級に該当し、かつ、その請求をすることが必要であり、特例による任意加入被保険者に

78

は支給されない。

**C ○ 根拠：法33条の2,2項** cf. 合テキ **8** P185、186

設問の通り正しい。

**D × 根拠：法31条１項** cf. 合テキ **8** P182

障害基礎年金の受給権者に対して更に障害基礎年金を支給すべき事由が生じたときは、前後の障害を併合した障害の程度にかかわらず、その併合した障害の程度による障害基礎年金が支給される。

**E × 根拠：法35条３号** cf. 合テキ **8** P195

「60歳」を「65歳」と読み替えると、正しい記述となる。

---

| 問 7 | 正解 **E** | 難易度 基 応 難 |

### ● 出題の趣旨

遺族基礎年金の支給停止、失権の事由は確実に押さえておきましょう。

**A × 根拠：法42条１項** cf. 合テキ **8** P210

遺族基礎年金の受給権を有する子が２人以上ある場合において、その子のうち１人以上の子の所在が１年以上明らかでないときは、その子に対する遺族基礎年金は、他の子の申請によって、「その所在が明らかでなくなった時にさかのぼって」、その支給が停止される。

**B × 根拠：法37条** cf. 合テキ **8** P199

遺族基礎年金の対象となるのは、①被保険者、②被保険者であった者であって、日本国内に住所を有し、かつ、60歳以上65歳未満であるもの、③老齢基礎年金の受給権者（保険料納付済期間と保険料免除期間とを合算した期間が25年以上である者に限る。）、④保険料納付済期間と保険料免除期間とを合算した期間が25年以上である者の①から④のいずれかに該当するものが死亡した場合である。設問の者は、②に該当するため、他の要件を満たす限り、その者の遺族に遺族基礎年金が支給されることとなる。

**C × 根拠：法40条３項２号** cf. 合テキ **8** P212

遺族補償年金の受給権者である子が18歳に達する日以後の最初の３月31日が終了するまでの間に障害等級に該当する程度の障害の状態になったときは、他の失権事由に該当しない限り、20歳に達するまでは、その受給権は消滅しない。

**D × 根拠：法41条～42条** cf. 合テキ **8** P209

設問のような支給停止の規定はない。

**E ○ 根拠：法39条の2,1項** cf. 合テキ **8** P205

設問の通り正しい。

国民年金法 79

| 問 8 | 正解 **D** | 難易度 基 応 難 |

● **出題の趣旨**

独自給付について、各給付の要件等をきちんと把握しておきましょう。

**A ○ 根拠**：法16条の2,1項　　　　　　　　　　　cf. 合テキ 8 P235

設問の通り正しい。付加年金の額については、設問のマクロ経済スライドの調整の対象とならず、改定率による改定も行われない。

**B ○ 根拠**：法附則9条の2,6項、令12条2項　　　cf. 合テキ 8 P215

設問の通り正しい。なお、老齢基礎年金の支給繰下げの申出をした場合には、付加年金についてもその支給が繰り下げられ、老齢基礎年金と同様の率で増額される。

**C ○ 根拠**：法52条の2,2項　　　　　　　　　　cf. 合テキ 8 P223

設問の通り正しい。なお、設問の場合、胎児であった子が生まれた日の属する月に当該遺族基礎年金の受給権が消滅したときは、他の要件を満たす限り、死亡一時金が支給される。

---

**【確認】**
① 死亡一時金は、死亡した者の死亡日においてその者の死亡により遺族基礎年金を受けることができる者があるときは、当該死亡日の属する月に当該遺族基礎年金の受給権が消滅したときを除き、支給されない。
② 死亡一時金の支給を受ける者が、同一人の死亡により寡婦年金を受けることができるときは、その者の選択により、死亡一時金と寡婦年金とのうち、その一が支給され、他は支給されない。

---

**D × 根拠**：法52条の4,1項　　　　　　　　　　cf. 合テキ 8 P226

死亡一時金の額の計算に当たっては、保険料全額免除期間は、その額の基礎とされない。

**E ○ 根拠**：法49条1項　　　　　　　　　　　　cf. 合テキ 8 P217、218

設問の通り正しい。保険料納付済期間と保険料免除期間とを合算した期間の10年について、①保険料納付済期間又は②学生納付特例の期間若しくは納付猶予の期間以外の保険料免除期間を有する場合（設問の場合、保険料半額免除期間を2年間有する）には、寡婦年金の対象となる。

| 問 9 | 正解 **D** | 難易度 基 応 難 |

● **出題の趣旨**

給付通則は、各科目横断しておくとよいでしょう。

**A ✕ 根拠：法24条** cf. 合テキ8 P254

　給付を受ける権利は、譲り渡し、担保に供し、又は差し押えることができないものとされており、老齢基礎年金を受ける権利を担保に供することはできない。

**B ✕ 根拠：法18条の3** cf. 合テキ8 P248

　死亡したものと「みなす」のではなく、死亡したものと「推定する」。

**C ✕ 根拠：法18条3項** cf. 合テキ8 P247

　年金給付は、毎年2月、4月、6月、8月、10月及び12月の6期に、それぞれの「前月」までの分を支払うものとされているが、前支払期月に支払うべきであった年金又は権利が消滅した場合若しくは年金の支給を停止した場合におけるその期の年金は、その支払期月でない月であっても、支払うものとされている。

**D ○ 根拠：法27条の2,2項** cf. 合テキ8 P240

　設問の通り正しい。調整期間以外の期間における新規裁定者の改定率については、常に名目手取り賃金変動率を基準として改定される。なお、調整期間以外の期間における既裁定者の改定率（基準年度以後改定率）については、毎年度、物価変動率を基準として改定するものとされているが、物価変動率が名目手取り賃金変動率を上回る場合には、名目手取り賃金変動率を基準として改定される。

**E ✕ 根拠：法14条の5、則15条の4** cf. 合テキ8 P57、58

　「国民年金基金の加入履歴」は、通知を受ける被保険者の年齢にかかわらず、ねんきん定期便の記載事項とされていない。

---

**問 10　　正解　E（エとオ）　　難易度 基 応 難**

● **出題の趣旨**

　不服申立てについては、各科目横断して押さえておきましょう。

**ア ○ 根拠：法101条1項、7項** cf. 合テキ8 P301

　設問の通り正しい。

**イ ○ 根拠：法101条1項、地方公務員等共済組合法117条1項** cf. 合テキ8 P300

　設問の通り正しい。

**ウ ○ 根拠：法101条1項、行審法2条、3条** cf. 合テキ8 P56、57

　設問の通り正しい。

**エ ✕ 根拠：法101条1項** cf. 合テキ8 P298

　保険料その他国民年金法の規定による徴収金に関する処分に不服がある者は、「社会保険審査官」に対して審査請求をすることができる。

国民年金法　81

オ ×　**根拠**：法101条4項　　　　　　　　　　cf. 合テキ **8** P298

　被保険者の資格に関する処分が確定したときは、その処分についての不服を当該処分に基づく給付に関する処分の不服の理由とすることができない。

# 第2回 選択式予想問題
# 解答・解説

**2**

| | |
|---|---|
| 解答一覧 ……………………………………………… | 84 |
| 労働基準法及び労働安全衛生法 ……………………… | 86 |
| 労働者災害補償保険法 ………………………………… | 87 |
| 雇用保険法 ……………………………………………… | 88 |
| 労務管理その他の労働に関する一般常識 ………………… | 88 |
| 社会保険に関する一般常識 …………………………… | 90 |
| 健康保険法 ……………………………………………… | 91 |
| 厚生年金保険法 ………………………………………… | 91 |
| 国民年金法 ……………………………………………… | 92 |

## 第2回　選択式予想問題・解答一覧

| 問1 | 労働基準法及び労働安全衛生法 | | 難易度 基 応 難 |
|---|---|---|---|
| A | ⑩ | 当該業務の遂行の手段及び時間配分の決定等に関し使用者が具体的な指示をすることが困難なものとして厚生労働省令で定める業務のうち、労働者に就かせることとする業務 | |
| B | ⑬ | 当該労働契約において仮眠時間に対していかなる賃金を支払うものと合意されているか | |
| C | ⑭ | 本質的 | |
| D | ⑰ | 1年以内に2人以上 | |
| E | ⑤ | 所轄都道府県労働局長 | |

| 問2 | 労働者災害補償保険法 | | 難易度 基 応 難 |
|---|---|---|---|
| A | ③ | 船員法 | |
| B | ③ | 故意又は重大な過失 | |
| C | ③ | 故意又は重大な過失 | |
| D | ③ | 20,000円の100分の60に相当する額 | |
| E | ③ | 労働政策審議会の議を経て厚生労働大臣が定める基準 | |

| 問3 | 雇用保険法 | | 難易度 基 応 難 |
|---|---|---|---|
| A | ⑥ | 介護休業給付金 | |
| B | ⑪ | 8分の1 | |
| C | ⑧ | 出生後休業支援給付及び育児時短就業給付 | |
| D | ⑬ | 10分の2 | |
| E | ⑱ | 2か月 | |

| 問4 | 労務管理その他の労働に関する一般常識 | | 難易度 基 応 難 |
|---|---|---|---|
| A | ② | 因果関係 | |
| B | ⑥ | 契機 | |
| C | ⑤ | 業務上の必要性 | |
| D | ⑭ | 内容や程度 | |
| E | ① | 一般的な労働者 | |

| 問5 | | 社会保険に関する一般常識 | 難易度 基 応 難 |
|---|---|---|---|
| A | ① | 2025（令和7） | |
| B | ⑫ | 生産年齢人口 | |
| C | ⑬ | 世代間のみならず世代内 | |
| D | ⑥ | 3分の1 | |
| E | ⑰ | 報酬水準 | |

| 問6 | | 健康保険法 | 難易度 基 応 難 |
|---|---|---|---|
| A | ③ | 出産手当金 | |
| B | ② | 3分の1 | |
| C | ④ | 流行初期医療確保拠出金 | |
| D | ③ | 1000分の164 | |
| E | ② | 特定健康診査等 | |

| 問7 | | 厚生年金保険法 | 難易度 基 応 難 |
|---|---|---|---|
| A | ② | 100分の125 | |
| B | ⑪ | 4分の3 | |
| C | ⑧ | 100分の200 | |
| D | ⑰ | 5 | |
| E | ⑭ | 2 | |

| 問8 | | 国民年金法 | 難易度 基 応 難 |
|---|---|---|---|
| A | ③ | 祖父母又は兄弟姉妹であって、その者の死亡の当時その者と生計を同じく | |
| B | ④ | 配偶者であって、その者の死亡の当時その者と生計を同じく | |
| C | ③ | 3,704,000円 | |
| D | ④ | 10月から翌年の9月 | |
| E | ③ | 全部又は2分の1 | |

| 問 1 | 労働基準法及び労働安全衛生法 | 難易度 基 応 難 |

● **ポイント解説**

　設問２の判例の事例では、労働者は、不活動仮眠時間であっても労働時間であるから、不活動仮眠時間に対して仮眠時間中に実作業をしたときと同様の賃金（時間外勤務手当及び深夜就業手当）を支払うべきと主張していました。しかし、最高裁判所は、労働契約を合理的に解釈すると、不活動仮眠時間に対する賃金は泊り勤務手当のみであるとし、労働者が請求していた時間外勤務手当及び深夜就業手当の請求を棄却した上で、「しかし、労基法13条は、労基法で定める基準に達しない労働条件を定める労働契約はその部分について無効とし、無効となった部分は労基法で定める基準によることとし、労基法37条は、法定時間外労働及び深夜労働に対して使用者は同条所定の割増賃金を支払うべきことを定めている。したがって、労働契約において本件仮眠時間中の不活動仮眠時間について時間外勤務手当、深夜就業手当を支払うことを定めていないとしても、本件仮眠時間が労基法上の労働時間と評価される以上、被上告人は本件仮眠時間について労基法13条、37条に基づいて時間外割増賃金、深夜割増賃金を支払うべき義務がある。」としています。

　設問４について、所轄都道府県労働局長に報告すべき所定の事項とは、「(1)がんに罹患した労働者が当該事業場で従事した業務において製造し、又は取り扱った化学物質の名称（化学物質を含有する製剤にあっては、当該製剤が含有する化学物質の名称）」、「(2)がんに罹患した労働者が当該事業場において従事していた業務の内容及び当該業務に従事していた期間」及び「(3)がんに罹患した労働者の年齢及び性別」です。

**解答根拠**：労基法38条の3,1項１号、最一小平成14.2.28大星ビル管理事件、安衛則97条の２

| A | ⑩ | 当該業務の遂行の手段及び時間配分の決定等に関し使用者が具体的な指示をすることが困難なものとして厚生労働省令で定める業務のうち、労働者に就かせることとする業務　cf. 合テキ 1 P189 |
| B | ⑬ | 当該労働契約において仮眠時間に対していかなる賃金を支払うものと合意されているか　cf. 合テキ 1 P- |
| C | ⑭ | 本質的　cf. 合テキ 1 P- |
| D | ⑰ | １年以内に２人以上　cf. 合テキ 2 P206 |
| E | ⑤ | 所轄都道府県労働局長　cf. 合テキ 2 P206 |

| 問 2 | 労働者災害補償保険法 | 難易度 基 応 難 |
|---|---|---|

### ● ポイント解説

設問 2 については、次のようになります。

(1) 年齢階層別の最高限度額の適用

休業給付基礎日額について年齢階層別の最高限度額が適用されるのは、療養を開始した日から起算して1年6か月を経過した日以後の日に支給すべき事由が生じた休業給付に係る休業給付基礎日額です。

したがって、設問の「最初に支給すべき事由の生じた日に係る休業給付」に係る休業給付基礎日額には、年齢階層別の最高限度額（17,532円）は適用されません。

(2) 一部負担金相当額の減額

療養給付を受ける労働者に支給する休業給付であって最初に支給すべき事由の生じた日に係るものの額は、原則として、給付基礎日額の100分の60に相当する額から一部負担金の額〔原則200円（健康保険法3条2項に規定する日雇特例被保険者は100円）※〕に相当する額を減じた額とされています。

ただし、次の①〜④のいずれかに該当する者については、一部負担金相当額の減額は行われません。

① 第三者の行為によって生じた事故により療養給付を受ける者

② 療養の開始後3日以内に死亡した者その他休業給付を受けない者

③ 同一の通勤災害に係る療養給付について既に一部負担金を納付した者

④ 特別加入者

※ 現に療養に要した費用の総額が〔200円（100円）〕に満たない場合には、当該現に療養に要した費用の総額に相当する額

設問の場合、「後続車を運転するドライバーのわき見運転による不注意（つまり第三者の過失）でブレーキが遅れたために追突され、その衝撃によって負傷し、療養給付を受けつつ入院することとなった」のですから、上記①のいわゆる第三者行為災害に該当し、一部負担金相当額（200円）の減額は行われません。

**解答根拠**：法22条の2,2項、3項、法31条1項、法附則64条2項、則44条の2,1項、2項

| A | ③ | 船員法 | cf. 合テキ 3 P180 |
|---|---|---|---|
| B | ③ | 故意又は重大な過失 | cf. 合テキ 3 P180 |
| C | ③ | 故意又は重大な過失 | cf. 合テキ 3 P180 |
| D | ③ | 20,000円の100分の60に相当する額 | cf. 合テキ 3 P67、88 |
| E | ③ | 労働政策審議会の議を経て厚生労働大臣が定める基準 | cf. 合テキ 3 P194 |

| 問 3 | 雇用保険法 | 難易度 基 応 難 |

**● ポイント解説**

　設問1について、「当分の間、当該国庫の負担額の100分の55に相当する額を負担する」措置が適用されるのは、介護休業給付金及び職業訓練受講給付金ですが、「令和6年度から令和8年度までの各年度においては、当該国庫の負担額の100分の10に相当する額を負担する」措置が適用されるのは、介護休業給付金だけです。

　設問2について、国庫は、毎年度、予算の範囲内において、就職支援法事業に要する費用（職業訓練受講給付金に要する費用を除く。）及び雇用保険事業（出生後休業支援給付及び育児時短就業給付に係る事業を除く。）の事務の執行に要する経費を負担するものとされており、また、出生後休業支援給付及び育児時短就業給付に要する費用並びにこれらの給付に関する事務の執行に要する経費については、子ども・子育て支援法の規定により政府が徴収する子ども・子育て支援納付金をもって充てるものとされています。

**解答根拠**：法56条の3,3項1号、法66条1項、5項、法68条1項、法附則13条1項、法附則14条1項、則83条の4,1項

| A | ⑥ | 介護休業給付金 | cf. 合テキ 4 P295〜297 |
| B | ⑪ | 8分の1 | cf. 合テキ 4 P295〜297 |
| C | ⑧ | 出生後休業支援給付及び育児時短就業給付 | cf. 合テキ 4 P297 |
| D | ⑬ | 10分の2 | cf. 合テキ 4 P178 |
| E | ⑱ | 2か月 | cf. 合テキ 4 P179 |

| 問 4 | 労務管理その他の労働に関する一般常識 | 難易度 基 応 難 |

**● ポイント解説**

　平成26年10月23日に均等法9条3項の適用に関して最高裁判所の判決（下記参照）があったこと等を踏まえ、通達により、妊娠・出産、育児休業等を「契機として」なされた不利益取扱いは、原則として均等法が禁止する妊娠・出産、育児休業等を「理由として」行った不利益取扱いと解されるということが明確化されました。

＜最一小平成26.10.23広島中央保健生活協同組合事件＞

　均等法は、雇用の分野における男女の均等な機会及び待遇の確保を図るとともに、女性労働者の就業に関して妊娠中及び出産後の健康の確保を図る等の措置を推進することをその目的とし（1条）、女性労働者の母性の尊重と職業生活の充実の確保を基本的理念として（2条）、女性労働者につき、妊娠、出産、産前休業の請求、産前産後の休業その他の妊娠又は出産に関す

る事由であって厚生労働省令で定めるものを理由として解雇その他不利益な取扱いをしてはならない旨を定めている（9条3項）。そして、同項の規定を受けて、雇用の分野における男女の均等な機会及び待遇の確保等に関する法律施行規則2条の2第6号は、上記の「妊娠又は出産に関する事由」として、労働基準法65条3項の規定により他の軽易な業務に転換したこと（以下「軽易業務への転換」という。）等を規定している。

　上記のような均等法の規定の文言や趣旨等に鑑みると、同法9条3項の規定は、上記の目的及び基本的理念を実現するためにこれに反する事業主による措置を禁止する強行規定として設けられたものと解するのが相当であり、女性労働者につき、妊娠、出産、産前休業の請求、産前産後の休業又は軽易業務への転換等を理由として解雇その他不利益な取扱いをすることは、同項に違反するものとして違法であり、無効であるというべきである。

　一般に降格は労働者に不利な影響をもたらす処遇であるところ、上記のような均等法1条及び2条の規定する同法の目的及び基本的理念やこれらに基づいて同法9条3項の規制が設けられた趣旨及び目的に照らせば、女性労働者につき妊娠中の軽易業務への転換を契機として降格させる事業主の措置は、原則として同項の禁止する取扱いに当たるものと解されるが、当該労働者が軽易業務への転換及び上記措置により受ける有利な影響並びに上記措置により受ける不利な影響の内容や程度、上記措置に係る事業主による説明の内容その他の経緯や当該労働者の意向等に照らして、当該労働者につき自由な意思に基づいて降格を承諾したものと認めるに足りる合理的な理由が客観的に存在するとき、又は事業主において当該労働者につき降格の措置を執ることなく軽易業務への転換をさせることに円滑な業務運営や人員の適正配置の確保などの業務上の必要性から支障がある場合であって、その業務上の必要性の内容や程度及び上記の有利又は不利な影響の内容や程度に照らして、上記措置につき同項の趣旨及び目的に実質的に反しないものと認められる特段の事情が存在するときは、同項の禁止する取扱いに当たらないものと解するのが相当である。

**解答根拠**：令和2.2.10雇均発0210第2号

A　②　因果関係　　　　　　　　　　　　　　cf. 合テキ 6 P-
B　⑥　契機　　　　　　　　　　　　　　　　cf. 合テキ 6 P105
C　⑤　業務上の必要性　　　　　　　　　　　cf. 合テキ 6 P106
D　⑭　内容や程度　　　　　　　　　　　　　cf. 合テキ 6 P-
E　①　一般的な労働者　　　　　　　　　　　cf. 合テキ 6 P-

| 問 5 | 社会保険に関する一般常識 | 難易度 基 応 難 |
|---|---|---|

### ● ポイント解説

　本試験では、選択式についても厚生労働白書から出題されることがあります。厚生労働白書の年金・医療・介護等の記載部分について、ひととおり目を通しておくとよいでしょう。

【参考】

＜第三者行為求償の取組み強化＞

　国保財政を支出面から適正に管理するため、2025（令和7）年度から、国保の財政運営の責任主体である都道府県が、保険給付の適正な実施を確保するため、広域的又は専門的な見地から必要があると認められる場合に、市町村の委託を受けて、第三者行為求償事務を行うことを可能とすることとしている。また、市町村が、第三者行為求償事務を円滑に実施できるよう、官公署、金融機関などの関係機関に対し、保険給付が第三者の行為によって生じた事実に係る資料の提供等を求めることを可能とすることとしている〔令和6年厚生労働白書（厚生労働省）P339〕。

**解答根拠**：令和6年版厚生労働白書（厚生労働省）P337、338

| | | | |
|---|---|---|---|
| A | ① | 2025（令和7） | cf. 合テキ 別冊 P38 |
| B | ⑫ | 生産年齢人口 | cf. 合テキ 別冊 P38 |
| C | ⑬ | 世代間のみならず世代内 | cf. 合テキ 別冊 P40 |
| D | ⑥ | 3分の1 | cf. 合テキ 別冊 P40 |
| E | ⑰ | 報酬水準 | cf. 合テキ 別冊 P40 |

90

| 問 6 | 健康保険法 | 難易度 基 応 難 |

● ポイント解説

　設問 1 について、出産育児一時金、家族出産育児一時金、埋葬料、埋葬費（埋葬に要した費用）、家族埋葬料については、国庫補助は行われていません。なお、出産育児一時金及び家族出産育児一時金の支給に要する費用（政令で定める金額に係る部分に限る。）の一部については、政令で定めるところにより、社会保険診療報酬支払基金が保険者に対して交付する出産育児交付金をもって充てるものとされています。

**解答根拠**：法153条１項、法154条の２、法附則５条

| A | ③ | 出産手当金 | cf. 合テキ 7 P148 |
| B | ② | ３分の１ | cf. 合テキ 7 P149 |
| C | ④ | 流行初期医療確保拠出金 | cf. 合テキ 7 P149 |
| D | ③ | 1000分の164 | cf. 合テキ 7 P149 |
| E | ② | 特定健康診査等 | cf. 合テキ 7 P152 |


| 問 7 | 厚生年金保険法 | 難易度 基 応 難 |

● ポイント解説

　設問 4 について、令和７年６月20日に65歳になることに注意しましょう。65歳に到達した日の属する月の翌月以降の各月については、年金と基本手当の支給調整は行われません。なお、年金停止月数のうち、「基本手当の支給を受けた日とみなされる日」は、５月１日から６月30日までの61日間です。

**解答根拠**：法50条２項、３項、法57条、法附則７条の４、法附則11条の５、則34条の３

| A | ② | 100分の125 | cf. 合テキ 9 P214 |
| B | ⑪ | ４分の３ | cf. 合テキ 9 P214 |
| C | ⑧ | 100分の200 | cf. 合テキ 9 P231 |
| D | ⑰ | 5 | cf. 合テキ 9 P181〜183 |
| E | ⑭ | 2 | cf. 合テキ 9 P184 |

| 問 8 | 国民年金法 | 難易度 基 応 難 |

## ● ポイント解説

　設問2について、国民年金法30条の4の規定による障害基礎年金（20歳前傷病による障害基礎年金）は、受給権者の前年の所得により、その全部又は2分の1（子の加算額が加算された障害基礎年金にあっては、子の加算額を控除した額の2分の1）に相当する部分の支給が停止されますが、扶養親族等がないときは、前年の所得の額が3,704,000円を超え4,721,000円以下の場合にはその2分の1を、4,721,000円を超える場合にはその全部を支給停止することとされています。なお、震災、風水害、火災その他これらに類する災害により、自己又は所得税法に規定する同一生計配偶者若しくは扶養親族の所有に係る住宅、家財又は政令で定めるその他の財産につき被害金額（保険金、損害賠償金等により補充された金額を除く。）がその価格のおおむね2分の1以上である損害を受けた者（以下「被災者」という。）がある場合においては、その損害を受けた月から翌年の9月までの20歳前傷病による障害基礎年金については、その損害を受けた年の前年又は前々年における当該被災者の所得を理由とする支給の停止は、行わないこととされています。

**解答根拠**：法36条の3,1項、法52条の3,1項、令5条の4,1項

A　③　祖父母又は兄弟姉妹であって、その者の死亡の当時その者と生計を同じく　　　cf. 合テキ 8 P224

B　④　配偶者であって、その者の死亡の当時その者と生計を同じく　　　cf. 合テキ 8 P224

C　③　3,704,000円　　　cf. 合テキ 8 P194

D　④　10月から翌年の9月　　　cf. 合テキ 8 P194

E　③　全部又は2分の1　　　cf. 合テキ 8 P194

# 第2回 択一式予想問題
# 解答・解説

| 解答一覧 | 94 |
| 労働基準法及び労働安全衛生法 | 96 |
| 労働者災害補償保険法 | 106 |
| （労働保険の保険料の徴収等に関する法律を含む。） | |
| 雇用保険法 | 117 |
| （労働保険の保険料の徴収等に関する法律を含む。） | |
| 労務管理その他の労働及び社会保険に関する一般常識 | 125 |
| 健康保険法 | 135 |
| 厚生年金保険法 | 145 |
| 国民年金法 | 155 |

# 第2回　択一式問題・解答一覧

| 科目名 | 問題番号 | 正解番号 | 難易度 |
|---|---|---|---|
| 労働基準法及び労働安全衛生法 | 問1 | D | 基 **応** 難 |
| | 問2 | B | **基** 応 難 |
| | 問3 | A | **基** 応 難 |
| | 問4 | E | **基** 応 難 |
| | 問5 | B | 基 **応** |
| | 問6 | C | 基 応 **難** |
| | 問7 | E | **基** 応 難 |
| | 問8 | A | **基** 応 難 |
| | 問9 | B | 基 **応** |
| | 問10 | D | **基** 応 難 |
| 労働者災害補償保険法（労働保険の保険料の徴収等に関する法律を含む。） | 問1 | D | 基 **応** |
| | 問2 | E | **基** 応 難 |
| | 問3 | D | **基** 応 難 |
| | 問4 | D | **基** 応 難 |
| | 問5 | A | **基** 応 難 |
| | 問6 | E | **基** 応 難 |
| | 問7 | B | 基 **応** 難 |
| | 問8 | E | **基** 応 難 |
| | 問9 | E | **基** 応 難 |
| | 問10 | D | **基** 応 難 |

| 科目名 | 問題番号 | 正解番号 | 難易度 |
|---|---|---|---|
| 雇用保険法（労働保険の保険料の徴収等に関する法律を含む。） | 問1 | C | 基 **応** 難 |
| | 問2 | C | **基** 応 難 |
| | 問3 | C | **基** 応 難 |
| | 問4 | D | **基** 応 難 |
| | 問5 | C | 基 **応** |
| | 問6 | B | **基** 応 難 |
| | 問7 | A | **基** 応 難 |
| | 問8 | C | **基** 応 難 |
| | 問9 | E | **基** 応 難 |
| | 問10 | B | **基** 応 難 |
| 労務管理その他の労働及び社会保険に関する一般常識 | 問1 | B | 基 **応** |
| | 問2 | B | **基** 応 難 |
| | 問3 | B | 基 **応** |
| | 問4 | E | **基** 応 難 |
| | 問5 | C | **基** 応 難 |
| | 問6 | B | **基** 応 難 |
| | 問7 | A | **基** 応 難 |
| | 問8 | A | 基 **応** |
| | 問9 | C | **基** 応 難 |
| | 問10 | E | **基** 応 難 |

| 科目名 | 問題番号 | 正解番号 | 難易度 |
|---|---|---|---|
| 健康保険法 | 問1 | D | **基** 応 難 |
| | 問2 | B | 基 **応** |
| | 問3 | D | **基** 応 難 |
| | 問4 | C | 基 **応** |
| | 問5 | E | 基 **応** 難 |
| | 問6 | A | **基** 応 難 |
| | 問7 | C | **基** 応 難 |
| | 問8 | D | **基** 応 難 |
| | 問9 | A | **基** 応 難 |
| | 問10 | D | **基** 応 難 |
| 厚生年金保険法 | 問1 | B | **基** 応 難 |
| | 問2 | A | **基** 応 難 |
| | 問3 | C | **基** 応 難 |
| | 問4 | C | **基** 応 難 |
| | 問5 | D | 基 **応** 難 |
| | 問6 | C | 基 **応** 難 |
| | 問7 | A | 基 **応** 難 |
| | 問8 | B | **基** 応 難 |
| | 問9 | E | 基 **応** 難 |
| | 問10 | D | **基** 応 難 |

| 科目名 | 問題番号 | 正解番号 | 難易度 |
|---|---|---|---|
| 国民年金法 | 問1 | D | **基** 応 難 |
| | 問2 | B | **基** 応 |
| | 問3 | E | 基 **応** 難 |
| | 問4 | D | **基** 応 難 |
| | 問5 | D | 基 **応** 難 |
| | 問6 | B | **基** 応 難 |
| | 問7 | A | **基** 応 難 |
| | 問8 | B | **基** 応 難 |
| | 問9 | A | **基** 応 難 |
| | 問10 | D | **基** 応 難 |

# 労働基準法及び労働安全衛生法

**問 1** 　正解　**D** 　　　　　　　　　　　難易度 基応難

● **出題の趣旨**

計画的付与・時間単位年休・使用者の時季指定など、1つ1つていねいに学習しましょう。

**A** ×　**根拠**：法39条4項、6項、平成21.5.29基発0529001号 　　cf. 合テキ**1** P212

時間単位年休は、労働者が時間単位による取得を請求した場合において、労働者が請求した時季に時間単位により年次有給休暇を与えることができるものであり、計画的付与として時間単位年休を与えることは認められない。

**B** ×　**根拠**：法39条7項、平成30.12.28基発1228第15号 　　cf. 合テキ**1** P213

法39条7項の「年次有給休暇の日数が10労働日以上である労働者」は、基準日に付与される年次有給休暇の日数が10労働日以上である労働者を規定したものであり、いわゆる比例付与の対象となる労働者であって、今年度の基準日に付与される年次有給休暇の日数が10労働日未満であるものについては、仮に前年度繰越分の年次有給休暇も合算すれば10労働日以上となったとしても、「年次有給休暇の日数が10労働日以上である労働者」に含まれない。

**C** ×　**根拠**：法39条7項、平成30.12.28基発1228第15号 　　cf. 合テキ**1** P213

労働者の取得した年次有給休暇が前年度からの繰越分のみである場合であっても、その日数分については、法39条7項に基づき使用者が付与すべき5日の年次有給休暇から控除することができるものとされており、労働者が前年度からの繰越分の年次有給休暇を5労働日以上取得したときは、使用者に同項に基づく年次有給休暇の付与義務は生じない。

**D** ○　**根拠**：法39条7項 　　cf. 合テキ**1** P214

設問の通り正しい。労働者の取得した年次有給休暇が時間単位年休である場合には、その日数分については、法39条7項に基づき使用者が付与すべき5日の年次有給休暇から控除することはできない。なお、労働者が半日単位の年次有給休暇を取得した場合には、その日数分については、法39条7項に基づき使用者が付与すべき5日の年次有給休暇から控除することができる。

---

**【確認】**

年次有給休暇の半日単位による付与については、年次有給休暇の取得促進の観点から、労働者がその取得を希望して時季を指定し、これに使用者が同意した場合であって、本来の取得方法による休暇取得の阻害とならない範囲で適切に運用される限りにおいて、問題がないものとして取り扱うこととされている。

---

96

E ×　**根拠**：法39条７項、平成30.12.28基発1228第15号　　　cf. 合テキ**1** P214

　法39条７項に基づく使用者による年次有給休暇の付与は、時間単位で行うことはできない。なお、労働者の意見を聴いた際に半日単位の年次有給休暇の取得の希望があった場合には、法39条７項に基づく使用者による年次有給休暇の付与を半日単位で行うことは差し支えないものとされており、この場合には、半日の年次有給休暇の日数は0.5日として取り扱われる。

---

**問 2**　　**正解** **B**　　　　　　　　　　　　　　**難易度** 基 応 難

● **出題の趣旨**
　兼業・副業の場合における労働時間の通算については、しっかりと把握しておきましょう。

A ○　**根拠**：法24条１項、法32条の3,2項、平成30.12.28基発1228第15号

cf. 合テキ**1** P135

　設問の通り正しい。

B ×　**根拠**：法38条の2,1項、昭和63.1.1基発１号　　　cf. 合テキ**1** P187、188

　設問のように、労働時間の一部について事業場内で業務に従事した場合には、原則として、当該事業場内の労働時間を含めて、所定労働時間労働したものとみなされる。

C ○　**根拠**：法38条の4,1項６号、平成15.10.22厚労告353号、平成22.5.18基発0518
　　　第１号　　　　　　　　　　　　　　　　　　　　cf. 合テキ**1** P193

　設問の通り正しい。

D ○　**根拠**：法37条、法38条１項、令和2.9.1基発0901第３号　　cf. 合テキ**1** P-

　設問の通り正しい。設問のように、複数の事業場で労働する場合（兼業・副業の場合）の労働時間の通算については、次のように行うこととされている。
　①まず、労働契約の締結の先後の順に、所定労働時間を通算する。
　②次に、所定外労働時間の発生順に、所定外労働時間を通算する。
　時間外労働の割増賃金は、上記①・②により、それぞれの事業場での所定労働時間・所定外労働時間を通算した労働時間を把握し、そのうち自ら法定労働時間を超える労働をさせた時間分について支払義務が生じる。設問の場合、上記①により所定労働時間を通算すると、Ｓ事業場（３時間）＋Ｔ事業場（４時間）＝７時間となる（法定労働時間内）。次に上記②により所定外労働時間を通算すると、Ｓ事業場（２時間）の通算の段階で所定労働時間と合わせ９時間となるので、Ｓ事業場に１時間分の割増賃金の支払義務が生じ、Ｔ事業場（１時間）の１時間分についても割増賃金の支払義務が生じる。

E ○　**根拠**：法37条、法38条１項、令和2.9.1基発0901第３号　　cf. 合テキ**1** P-

　設問の通り正しい。労働時間の通算については、Ｄ肢解説のとおりである。設問の場

労働基準法及び労働安全衛生法　97

合、D肢解説①により所定労働時間を通算すると、S事業場（3時間）＋T事業場（4時間）＝7時間となる（法定労働時間内）。次に上記②により所定外労働時間を通算すると、T事業場（1時間）の通算の段階では所定労働時間と合わせ法定労働時間内（8時間）であるが、S事業場（2時間）の通算により2時間分の時間外労働が生じるため、割増賃金の支払義務を負うのはS事業場の使用者となる。

---

| 問 3 | 正解 **A** | 難易度 基 応 難 |

● **出題の趣旨**

　雑則等については、条文を中心に目を通しておきましょう。

**A ○ 根拠：則24条の7、則55条の2**　　　　　　　cf. 合テキ 1 P-

　設問の通り正しい。

**B × 根拠：法107条1項、法108条、労働者派遣法37条1項、則55条の2、昭和61.6.6基発333号**　　　　　　　cf. 合テキ 1 P279

　労働者名簿、賃金台帳及び派遣元管理台帳については、法令上記載しなければならない事項が具備されていれば、必ずしも別個に作成しなければならないものではなく、これらを合わせて1つの台帳を作成することとしても差し支えないものとされている。なお、派遣元事業の使用者が派遣労働者の労働者名簿及び賃金台帳の調製をするものとされている旨の記述は正しい。

**C × 根拠：法109条、法120条、法附則143条1項、則24条の7、則附則71条、平成30.9.7基発0907第1号**　　　　　　　cf. 合テキ 1 P281、282、287

　年次有給休暇管理簿の保存義務違反については、罰則は設けられていない。使用者は、労働者名簿、賃金台帳及び雇入れ、解雇、災害補償、賃金その他労働関係に関する重要な書類を5年間（当分の間、3年間）保存しなければならず、これに違反した場合には、30万円以下の罰金に処せられる。一方、年次有給休暇管理簿については、当該有給休暇を与えた期間中及び当該期間の満了後5年間（当分の間、3年間）保存しなければならないとされているが、この違反については、罰則は設けられていない。

**D × 根拠：法106条、則52条の2**　　　　　　　cf. 合テキ 1 P277、278

　法106条に基づく周知は、次の①～③のいずれかの方法によらなければならず、「周知の方法は問われない」とする記述は誤りである。

　①　常時各作業場の見やすい場所へ掲示し、又は備え付けること

　②　書面を労働者に交付すること

　③　使用者の使用に係る電子計算機に備えられたファイル又は電磁的記録媒体をもって調製するファイルに記録し、かつ、各作業場に労働者が当該記録の内容を常時

98

確認できる機器を設置すること

**E ✕ 根拠：法106条** cf. 合テキ 1 P277

寄宿舎規則については、寄宿舎の見やすい場所に掲示し、又は備え付ける等の方法によって、寄宿舎に寄宿する労働者に周知させなければならない。

---

| **問 4** | **正解 E（ウとエ）** | **難易度 基 応 難** |

### ● 出題の趣旨

総則については、禁止されている事項をきちんと捉えておきましょう。

**ア ✕ 根拠：法１条２項** cf. 合テキ 1 P2

労働基準法は、労働条件の最低基準を設けているものであって、その基準以上のものについて労使の自主的な交渉等を否定するものではないから、同法の基準を理由として労働条件を低下させた場合にも、同法の最低基準を下回らない限り、設問の同法１条２項によりその低下行為の効力が無効とされるものではなく、同条は全体として訓示規定と解すべきとされている。

**イ ✕ 根拠：法３条** cf. 合テキ 1 P20

法３条（均等待遇）では、「使用者は、労働者の国籍、信条又は社会的身分を理由として、賃金、労働時間その他の労働条件について、差別的取扱をしてはならない」と規定しており、ここにいう「理由として」とは、労働者の国籍、信条又は社会的身分が差別的取扱の決定的原因となっていると判断される場合をいう。したがって、特定の国籍の労働者の労働条件が、他の国籍の労働者の労働条件と具体的に相違がある場合であっても、その相違が国籍を理由としたものでなければ、法３条違反とならない。

**ウ ○ 根拠：法５条** cf. 合テキ 1 P26

設問の通り正しい。強制労働（法５条）違反となるのは、「不当に拘束する手段」が「労働の強制」の目的と結びついており、かつ、「不当に拘束する手段」によって、「労働の強制」に至らしめたものである。したがって、暴行があり、刑法の暴行罪に該当する場合であっても、労働の強制の目的がないときは、法５条違反とならない。

**エ ○ 根拠：法16条** cf. 合テキ 1 P30、31

設問の通り正しい。法16条は、実損害額にかかわらず損害賠償の額を定めることを禁止したものであり、実際に生じた損害について賠償を請求することを禁止するものではない。設問のように、損害賠償の上限額を定めることは、実際に生じた損害についての損害賠償の請求額に上限を設けるものであるから、法16条違反とならない。

労働基準法及び労働安全衛生法 99

> **【参考】**
> 　法16条は、身元保証契約（労働者の行為により使用者が受けた損害を賠償することを約する契約）についても適用されるが、身元保証契約には、損害賠償の上限額（極度額）を定めなければならないものとされている（上限額を定めない身元保証契約は無効とされる。）。

**オ　✕　根拠：法18条１項、２項**　　　　　　　　　　　　　cf. 合テキ❶ P32、33

　使用者は、労働契約に附随して貯蓄の契約をさせ、又は貯蓄金を管理する契約をしてはならない（強制貯蓄は全面的に禁止されている。）。なお、使用者は、「労働者の貯蓄金をその委託を受けて管理しようとする場合（任意貯蓄の場合）」においては、当該事業場に、労働者の過半数で組織する労働組合があるときはその労働組合、労働者の過半数で組織する労働組合がないときは労働者の過半数を代表する者との書面による協定をし、これを行政官庁に届け出なければならない。

---

**問 5**　　**正解　B**　　　　　　　　　　　　　　　　　難易度 基 **応** 難

● **出題の趣旨**

　労働条件の明示事項は、法15条１項及び則5条に定める事項に限られます。

**A　✕　根拠：法15条１項、２項**　　　　　　　　　　　　cf. 合テキ❶ P50、51

　労働契約の即時解除権（法15条２項）における解除は、民法一般の意味の解除（既存の契約の効力を遡及的に消滅させ、当該契約が締結されなかったのと同一の法律効果が生じる）と異なり、労働契約を将来に向かって消滅させることをいう。

**B　○　根拠：法15条１項、則５条１項**　　　　　　　　　　　cf. 合テキ❶ P46

　設問の通り正しい。「就業の場所及び従事すべき業務に関する事項（就業の場所及び従事すべき業務の変更の範囲を含む。）」は絶対的明示事項であり、就業の場所及び従事すべき業務の変更の範囲を明示しなければならないものとされているが、これは、当該労働契約の期間中における変更の範囲を意味する。したがって、有期労働契約が更新された場合にその更新後の契約期間中に命じる可能性がある就業の場所及び業務については、明示する必要はない。

**C　✕　根拠：法15条１項、則５条１項**　　　　　　　　　　cf. 合テキ❶ P46、47

　有期労働契約であって当該労働契約の期間の満了後に当該労働契約を更新する場合があるものの締結の場合においては、「有期労働契約を更新する場合の基準に関する事項（通算契約期間又は有期労働契約の更新回数に上限の定めがある場合には当該上限を含む。）」が絶対的明示事項とされているが、「更新回数に上限の定めがある場合には当該上限を含む」と規定されているとおり、更新回数に上限の定めがない場合にはその旨を明示する必要はない。なお、その他の記述は正しい。

100

**D** × **根拠**：法15条2項、3項    cf. 合テキ **1** P50

「契約解除の日から14日以内に帰郷する」とは、14日以内に帰郷の目的地に向かって現住所を離れることで足り、目的地に到着することは要しない。なお、契約解除の日から14日以内に帰郷する予定で帰郷旅費の請求をした場合は、使用者の都合によって帰郷旅費が支給されないために契約解除の日から14日経過後に帰郷することとなっても、帰郷旅費請求権を失わない。

---

**【確認】**

契約解除の日から14日以内であるか否かの計算は、民法の期間計算の原則による。例えば、8月1日に労働契約を解除した場合は、翌日の8月2日から数えて14日目、すなわち8月15日までをいう。

---

**E** × **根拠**：法14条1項    cf. 合テキ **1** P40

労働契約の期間の上限（原則3年）を定める法14条第1項の規定は、長期労働契約による人身拘束の弊害を排除するために設けられたものであり、設問のように「3年経過後はいつでも労働者側から解約することができることが明示され、6年間のうち3年を超える期間は身分保障期間であることが明らかな場合」には、労働基準法違反とならない。

---

| 問 6 | 正解 **C**（ア、イ、オの三つ） | 難易度 基礎 **難** |
|---|---|---|

● **出題の趣旨**

賃金支払5原則の例外をまとめておきましょう。

**ア** × **根拠**：法24条1項、最一小昭和44.12.18福島県教組事件    cf. 合テキ **1** P87

「労働者の自由な意思に基づく同意がある場合」とする部分が誤りである。最高裁判所の判例では、「適正な賃金の額を支払うための手段たる相殺は、労働基準法24条1項但書によって除外される場合にあたらなくても、その行使の時期、方法、金額等からみて労働者の経済生活の安定との関係上不当と認められないものであれば、同項の禁止するところではないと解するのが相当である」としている。

**イ** × **根拠**：法24条1項、最二小昭和52.8.9三晃社事件    cf. 合テキ **1** P87

最高裁判所の判例では、設問の場合の退職金の定めは、制限違反の就職をしたことにより勤務中の功労に対する評価が減殺されて、退職金の権利そのものが一般の自己都合による退職の場合の半額の限度においてしか発生しないこととする趣旨であると解すべきであるから、右の定めは、その退職金が労働基準法上の賃金にあたるとしても、所論の同法3条（均等待遇）、16条（賠償予定の禁止）、24条（賃金の全額払の原則）及び民法90条（公序良俗）等の規定にはなんら違反するものではない、としている。つまり、

労働基準法及び労働安全衛生法 **101**

設問文のように「退職金の額からその半額を控除して支給することができる」のではなく、「退職金の権利そのものが一般の自己都合による退職の場合の半額の限度においてしか発生しない」こととなるので、設問文は誤りとなる。

**ウ　○　根拠：法37条３項、則19条の２、平成21.5.29基発0529001号**　cf. 合テキ❶ P180

設問の通り正しい。なお、通常の労働時間の賃金の計算額の５割以上の率で計算した割増賃金を支払った後に、労働者から代替休暇を取得する旨の意向があった場合について、労使協定で代替休暇を与えることができる期間として定めた期間内であれば労働者は代替休暇を取得できることとし、労働者が実際に代替休暇を取得したときは、すでに支払われた当該代替休暇に対応する割増賃金について精算することとする旨を労使協定で定めることも妨げられるものではないとされている。

**エ　○　根拠：法37条３項、則19条の2,1項２号、平成21.5.29基発0529001号**

cf. 合テキ❶ P182

設問の通り正しい。

**オ　×　根拠：法37条３項、則19条の２、平成21.5.29基発0529001号**　cf. 合テキ❶ P183

設問の場合には、前々月の時間外労働に対応する代替休暇と前月の時間外労働に対応する代替休暇とを合わせて１日又は半日の代替休暇として取得することができる。なお、代替休暇を与えることができる期間は、時間外労働の時間が１か月について60時間を超えた当該１か月の末日の翌日から２か月以内とされている。

---

| 問 7 | 正解 E | 難易度 基 応 難 |
| --- | --- | --- |

### ● 出題の趣旨

Eについて、認定職業訓練を受ける未成年者については、雇入れの日から起算して６か月継続勤務し、全労働日の８割以上出勤した場合、12労働日の年次有給休暇が付与されます。

**A　○　根拠：法57条、昭和63.3.14基発150号**　cf. 合テキ❶ P224

設問の通り正しい。使用者が満18歳未満であるか疑わしい者について、単純に労働者の申告を信用して戸籍証明書を備え付けなかった場合は、法57条違反の責めは免れないが、労働者の容貌、体格、能力、知能その他より判断して何人が観察しても満18歳未満ではないかという疑念をはさむ余地の全くない者については、その労働者の口頭又は自筆あるいは代筆により作成提出した身分書類による申告を基準として判断した場合であっても、使用者が年齢を確認すべき義務を故意に怠ったものとはいえない。

**B　○　根拠：法60条３項、昭和63.3.14基発150号**　cf. 合テキ❶ P226

設問の通り正しい。

102

**【確認】**

　使用者は、交替制によって労働させる事業については、行政官庁の許可を受けて、満18歳に満たない者を午後10時30分まで労働させ、又は午前５時30分から労働させることができるが、この場合には、30分の深夜業（午後10時から午後10時30分又は午前５時30分から午前６時）について、割増賃金を支払わなければならない。

**C　○　根拠：法60条３項、則34条の２の４、平成6.1.4基発１号** cf. 合テキ**1** P226

　設問の通り正しい。設問の場合には、法32条の４（１年単位の変形労働時間制）の場合と同様に、労使協定を締結する必要がある。

**D　○　根拠：法60条１項** cf. 合テキ**1** P226

　設問の通り正しい。

**E　×　根拠：法70条、法71条、則34条の２の５、則34条の４** cf. 合テキ**1** P248、249

　設問の職業訓練に関する特例の許可は、都道府県労働局長が行う。なお、都道府県労働局長は、職業訓練に関する特例の申請について許可をしたとき、若しくは許可をしないとき、又は許可を取り消したときは、その旨を都道府県知事に通知しなければならない。

---

## 問 8　　正解 **A**　　　　難易度 **基** 応 難

**● 出題の趣旨**

　化学物質管理者に係る規定に注意しておきましょう。

**A　×　根拠：則12条の5,1項、３項** cf. 合テキ**2** P108

　化学物質管理者の選任は、リスクアセスメント対象物を製造している事業場については、厚生労働大臣が定める化学物質の管理に関する講習を修了した者又はこれと同等以上の能力を有すると認められる者のうちから選任することを要するが、設問のリスクアセスメント対象物を取り扱う事業場については、リスクアセスメント対象物を製造している事業場でない限り、厚生労働大臣が定める化学物質の管理に関する講習を修了した者又はこれと同等以上の能力を有すると認められる者のほか、化学物質の管理に係る技術的事項を担当するために必要な能力を有すると認められる者から選任することも可能である。

**B　○　根拠：則17条** cf. 合テキ**2** P-

　設問の通り正しい。

**C　○　根拠：則664条１項** cf. 合テキ**2** P53

　設問の通り正しい。

**D　○　根拠：法101条２項、則98条の2,2項** cf. 合テキ**2** P33

労働基準法及び労働安全衛生法　103

設問の通り正しい。

E ○ **根拠**：則12条の6,1項、3項　　　　cf. 合テキ**2** P109
設問の通り正しい。

---

| 問 9 | 正解 **B**（ウ、エの二つ） | 難易度 基 応 難 |

● **出題の趣旨**

労働者派遣に関する特例については、整理しておきたいところです。

ア × **根拠**：法59条2項、派遣法45条1項　　cf. 合テキ**2** P6
設問の作業内容変更時の安全衛生教育の実施義務は、派遣元の事業者及び派遣先の事業者の双方が負う。

イ × **根拠**：法66条の6、派遣法45条　　cf. 合テキ**2** P-
設問の特殊健康診断の結果の通知義務は、派遣元の事業者のみが負う。なお、特殊健康診断の実施義務は、派遣先の事業者のみが負う。

ウ ○ **根拠**：法66条の8の3、派遣法45条3項、5項　cf. 合テキ**2** P6
設問の通り正しい。設問の面接指導に係る労働時間の把握義務は、派遣先の事業者のみが負う。なお、面接指導の実施義務は、派遣元の事業者のみが負う。

エ ○ **根拠**：法68条、派遣法45条3項、5項　cf. 合テキ**2** P-
設問の通り正しい。設問の就業禁止の義務は、派遣先の事業者のみが負う。

オ × **根拠**：法100条1項、則97条、派遣法45条15項、同則42条　cf. 合テキ**2** P6
労働者死傷病報告の義務は、派遣元の事業者及び派遣先の事業者の双方が負う。

---

| 問 10 | 正解 **D** | 難易度 基 応 難 |

● **出題の趣旨**

主な規定違反の罰則については、きちんと把握しておきましょう。

A ○ **根拠**：法5条1項、2項　　　　cf. 合テキ**2** P10
設問の通り正しい。

B ○ **根拠**：法78条1項、法80条1項　　cf. 合テキ**2** P186～189
設問の通り正しい。

C ○ **根拠**：法97条1項　　　　cf. 合テキ**2** P201
設問の通り正しい。

D ×　**根拠**：法15条1項、法15条の2,1項、法15条の3,1項、法16条1項、法120条1号他
　　　　cf. 合テキ**2** P210、211

　労働安全衛生法15条1項（統括安全衛生責任者の選任等）、同法15条の2,1項（元方安全衛生管理者の選任等）及び「同法16条1項（安全衛生責任者の選任等）」の規定違反については、罰則（50万円以下の罰金）の適用があるが、「同法15条の3,1項（店社安全衛生管理者の選任等）」の規定違反については、罰則の適用はない。

E ○　**根拠**：法66条の8,1項、法66条の8の2,1項、法66条の8の4,1項、法120条1号他
　　　　cf. 合テキ**2** P210、211

　設問の通り正しい。

労働基準法及び労働安全衛生法　105

# 労働者災害補償保険法（労働保険の保険料の徴収等に関する法律を含む。）

**問 1**　　**正解 D**　　**難易度** 基 応 難

### ● 出題の趣旨

「血管病変等を著しく増悪させる業務による脳血管疾患及び虚血性心疾患等の認定基準」の内容を確認しておきましょう。

**A ○ 根拠**：令和5.10.18基発1018第 1 号　　cf. 合テキ 3 P23

設問の通り正しい。

**B ○ 根拠**：令和5.10.18基発1018第 1 号　　cf. 合テキ 3 P25

設問の通り正しい。

**C ○ 根拠**：令和5.10.18基発1018第 1 号　　cf. 合テキ 3 P26

設問の通り正しい。「短期間の過重業務」の判断に当たり、労働時間については、「①発症直前から前日までの間に特に過度の長時間労働が認められる場合」、「②発症前おおむね 1 週間継続して深夜時間帯に及ぶ時間外労働を行うなど過度の長時間労働が認められる場合等（手待時間が長いなど特に労働密度が低い場合を除く。）」には、業務と発症との関係性が強いと評価できる。

---

**【確認】**

(1)　特に過重な業務に就労したと認められるか否かについては、業務量、業務内容、作業環境等を考慮し、同種労働者※にとっても、特に過重な身体的、精神的負荷と認められる業務であるか否かという観点から、客観的かつ総合的に判断する。

　※「同種労働者」とは、当該労働者と職種、職場における立場や職責、年齢、経験等が類似する者をいい、基礎疾患を有していたとしても日常業務を支障なく遂行できるものを含む。

(2)　短期間の過重業務と発症との関連性を時間的にみた場合、業務による過重な負荷は、発症に近ければ近いほど影響が強いと考えられることから、次に示す業務と発症との時間的関連を考慮して、特に過重な業務と認められるか否かを判断する。

①　発症に最も密接な関連性を有する業務は、発症直前から前日までの間の業務であるので、まず、この間の業務が特に過重であるか否かを判断する。

②　発症直前から前日までの間の業務が特に過重であると認められない場合であっても、発症前おおむね 1 週間以内に過重な業務が継続している場合には、業務と発症との関連性があると考えられるので、この間の業務が特に過重であるか否かを判断する。

なお、発症前おおむね 1 週間以内に過重な業務が継続している場合の「継続」とは、この期間中に過重な業務に就労した日が連続しているという趣旨であり、必ずしもこの期間を通じて過重な業務に就労した日が間断なく続いている場合のみをいうものではない。したがって、発症前おおむね 1 週間以内に就労しなかった日があったとしても、このことをもって、直ちに業務起因性を否定するものではない。

**D　×　根拠：令和5.10.18基発1018第1号**　cf. 合テキ3 P26

　「短期間の過重業務」の判断に当たり、労働時間以外の負荷要因のうち作業環境については、付加的に考慮するのではなく、他の負荷要因と同様に十分検討することとされている。なお、「長期間の過重業務」の判断に当たり、労働時間以外の負荷要因のうち作業環境については、付加的に評価することとされている。

**E　○　根拠：令和5.10.18基発1018第1号**　cf. 合テキ3 P38

　設問の通り正しい。なお、2以上の事業の業務による「長期間の過重業務」及び「短期間の過重業務」の判断に当たり、労働時間については、異なる事業における労働時間を通算して評価する。

> **【参考】**
> 　2以上の事業の業務による「異常な出来事」の判断に当たり、「異常な出来事」が認められる場合には、一の事業における業務災害に該当すると考えられることから、一般的には、異なる事業における負荷を合わせて評価することはないものと考えられる。

---

### 問 2　正解 **E**（ア、イ、ウ、エ、オの五つ）　難易度 基 応 難

> ● **出題の趣旨**
> 　二次健康診断等給付については、条文の規定をていねいにみておきましょう。

**ア　×　根拠：則11条の3,1項**　cf. 合テキ3 P155

　二次健康診断等給付は、社会復帰促進等事業として設置された病院若しくは診療所又は都道府県労働局長が二次健康診断等給付を行うものとして指定する「病院若しくは診療所」において行う（療養の給付に係る指定と二次健康診断等給付に係る指定は、別個に行われる。また、二次健康診断等給付に係る指定の対象には、薬局及び訪問看護事業者は含まれていない。）。

**イ　×　根拠：則18条の19,4項**　cf. 合テキ3 P155

　二次健康診断等給付の請求は、天災その他請求をしなかったことについてやむを得ない理由があるときを除き、一次健康診断を受けた日から「3か月」以内に行わなければならない。

> **【確認】**
> ①　二次健康診断等給付を受けようとする者は、所定の事項を記載した請求書を、当該二次健康診断等給付を受けようとする健診給付病院等を経由して所轄都道府県労働局長に提出しなければならない。
> ②　上記①の請求書には、一次健康診断において厚生労働省令で定める検査のいずれの項目にも異常の所見があると診断されたことを証明することができる書類を添えなければならない。

労働者災害補償保険法（労働保険の保険料の徴収等に関する法律を含む。）　107

ウ　×　**根拠**：則１条２項、３項、則19条１項　　　　　　　cf. 合テキ **3** P-

　所轄都道府県労働局長は、二次健康診断等給付について、その全部又は一部を支給しないこととする決定をしたときに限り、遅滞なく、文書で、その内容を請求人等に通知しなければならない。保険給付に関する事務のうち、二次健康診断等給付に関する事務は、所轄都道府県労働局長が行う。

---

**【確認】**

　所轄都道府県労働局長又は所轄労働基準監督署長は、保険給付に関する処分（療養の給付及び二次健康診断等給付にあっては、その全部又は一部を支給しないこととする処分に限る。）を行ったときは、遅滞なく、文書で、その内容を請求人等（請求人、申請人又は受給権者若しくは受給権者であった者をいう。）に通知しなければならない。

---

エ　×　**根拠**：法26条２項２号　　　　　　　　　　　　　　cf. 合テキ **3** P153

　特定保健指導とは、二次健康診断の結果に基づき、脳血管疾患及び心臓疾患の発生の予防を図るため、面接により行われる「医師又は保健師」による保健指導をいい、二次健康診断ごとに１回に限られる。

オ　×　**根拠**：法26条２項２号　　　　　　　　　　　　　　cf. 合テキ **3** P153

　特定保健指導とは、二次健康診断の結果に基づき、脳血管疾患及び心臓疾患の発生の予防を図るため、面接により行われる「医師又は保健師」による保健指導をいい、二次健康診断ごとに１回に限られる。

---

**問 3**　　**正解　D**　　　　　　　　　　　　　　　　　　**難易度**基 応 難

● **出題の趣旨**

　障害等級の併合・併合繰上げ、加重、変更（自然的経過による変更）をしっかりと見直しておきましょう。

---

A　×　**根拠**：則14条５項　　　　　　　　　　　　　　　　cf. 合テキ **3** P110

　設問の場合、障害等級第５級に応ずる障害補償年金の額から、障害等級第７級に応ずる障害補償年金の額を差し引いた額の障害補償年金が新たに支給され、既存の障害等級第７級の障害補償年金と併給されることとなる。

B　×　**根拠**：法15条の２　　　　　　　　　　　　　　　　cf. 合テキ **3** P112

　設問の場合、障害等級第９級に応ずる額の障害補償一時金が支給される。

**【確認】**

　障害補償年金を受ける労働者の当該障害の程度に変更（自然的経過による変更）があったため、新たに他の障害等級に該当するに至った場合には、政府は、新たに該当するに至った障害等級に応ずる障害補償年金又は障害補償一時金を支給するものとし、その後は、従前の障害補償年金は、支給しない。

**C** ✕　根拠：法15条の2　　　　　　　　　　　　　　　cf. 合テキ**3** P112

　障害補償一時金の支給を受けた者の当該障害の程度が自然的経過により変更し、新たに他の障害等級に該当するに至った場合には、当該他の障害等級に応ずる障害補償給付が行われることはない。Bの**【確認】**参照。

**D** 〇　根拠：則14条3項1号　　　　　　　　　　　　　cf. 合テキ**3** P108

　設問の通り正しい。設問の場合、障害等級第13級以上に該当する身体障害が2以上あることから、併合繰上げにより最も重い障害等級第8級が1級繰り上げられ、障害等級第7級に応ずる額の障害補償年金が支給されることとなる。

**【確認】**

障害等級の併合繰上げの取扱いは、次のようになる。

| 障害 | 併合繰上げ |
|---|---|
| 第13級以上の障害が2以上あるとき | 重い方を1級繰上げ |
| 第8級以上の障害が2以上あるとき | 重い方を2級繰上げ |
| 第5級以上の障害が2以上あるとき | 重い方を3級繰上げ |

**E** ✕　根拠：法附則58条2項　　　　　　　　　　　cf. 合テキ**3** P119、120

　設問の場合、妹が障害補償年金差額一時金の受給権者となる。

---

**問 4**　　**正解　D**　　　　　　　　　　　　　　　**難易度 基** 応 難

● **出題の趣旨**

　傷病（補償）等年金、介護（補償）等給付についてまとめておきましょう。

**A** ✕　根拠：法19条　　　　　　　　　　　　　　　　cf. 合テキ**3** P103

　療養の開始後3年を経過した日において複数事業労働者傷病年金又は傷病年金を受けている場合に、打切補償を支払ったものとみなされることはない。

労働者災害補償保険法（労働保険の保険料の徴収等に関する法律を含む。）　109

【確認】

　業務上負傷し、又は疾病にかかった労働者が、当該負傷又は疾病に係る療養の開始後3年を経過した日において傷病補償年金を受けている場合又は同日後において傷病補償年金を受けることとなった場合には、労働基準法19条1項の規定の適用については、当該使用者は、それぞれ、当該3年を経過した日又は傷病補償年金を受けることとなった日において、同法81条の規定により打切補償を支払ったものとみなす。

**B　×　根拠：則18条2項、則18条の13,1項**　　　cf. 合テキ**3** P100

「1年6か月以上」ではなく、「6か月以上」の期間にわたって存する障害の状態により認定するものとされている。

**C　×　根拠：平成8.3.1基発95号他**　　　cf. 合テキ**3** P127

　傷病補償年金、複数事業労働者傷病年金又は傷病年金を受ける権利を有する者が介護補償給付、複数事業労働者介護給付又は介護給付を請求する場合における当該請求は、当該傷病補償年金、複数事業労働者傷病年金又は傷病年金の支給決定を受けた後に行わなければならない。傷病補償年金、複数事業労働者傷病年金又は傷病年金は請求により行われるものではなく、所轄労働基準監督署長の支給決定（職権）によって行われる。

【確認】

　障害（補償）等年金を受ける権利を有する者が介護（補償）等給付を請求する場合における当該請求は、当該障害（補償）等年金の請求と同時に、又は請求をした後に行わなければならない。

**D　○　根拠：法19条の2、法20条の9,2項、法24条2項**　　　cf. 合テキ**3** P125

　設問の通り正しい。

**E　×　根拠：法42条1項、昭和52.3.30基発192号他**　　　cf. 合テキ**3** P251〜253

　傷病補償年金、複数事業労働者傷病年金及び傷病年金については、所轄労働基準監督署長の支給決定（職権）によって行われるものであり、時効の問題は生じない。なお、介護補償給付、複数事業労働者介護給付及び介護給付を受ける権利の時効に関する記述は正しい。

| 問 5 | 正解　**A** | 難易度 基 応 難 |

● 出題の趣旨

　特別支給金については、保険給付と異なる点も確認しておきましょう。

**A　×　根拠：特別支給金規則3条1項**　　　cf. 合テキ**3** P203、204

　休業特別支給金の額は、原則として、1日につき「休業給付基礎日額」の100分の20に相当する額とされている。

110

**B　○　根拠**：特別支給金規則12条１項　　　　　　　cf. 合テキ **3** P204

　設問の通り正しい。なお、特別給与の総額については、事業主の証明を受けなければ
ならない。

**C　○　根拠**：特別支給金規則４条３項　　　　　　　cf. 合テキ **3** P206

　設問の通り正しい。設問の場合、障害特別支給金の額は、設問の超える額（当該障害
の該当する障害等級に応ずる障害特別支給金の額から既に支給を受けた当該傷病特別支
給金の額を差し引いた額）に相当する額となる。

**D　○　根拠**：特別支給金規則５条３項　　　　　　　cf. 合テキ **3** P207

　設問の通り正しい。遺族特別支給金の額は、300万円（当該遺族特別支給金の支給を
受ける遺族が２人以上ある場合には、300万円をその人数で除して得た額）となる。

**E　○　根拠**：特別支給金規則20条　　　　　　　　　cf. 合テキ **3** P217

　設問の通り正しい。

---

| 問 **6** | 正解 **E** | 難易度 基 応 難 |
| --- | --- | --- |

**● 出題の趣旨**

　総則等については、条文を中心に押さえておきましょう。

---

**A　×　根拠**：法10条　　　　　　　　　　　　　　　cf. 合テキ **3** P161

　船舶が沈没した際現にその船舶に乗っていた労働者の生死が３か月間わからない場合
には、「遺族補償給付、葬祭料、遺族給付及び葬祭給付」の支給に関する規定の適用に
ついては、その船舶が沈没した日に、当該労働者は、死亡したものと推定する。設問文
の「みなす」は、正しくは「推定する」である。また、死亡の推定の規定は「複数事業
労働者遺族給付、複数事業労働者葬祭給付」には適用されない。

**B　×　根拠**：法11条　　　　　　　　　　　　　　　cf. 合テキ **3** P162

　保険給付を受ける権利を有する者が死亡した場合において、その死亡した者に支給す
べき保険給付でまだその者に支給しなかったものがあるときは、その者の「配偶者、
子、父母、孫、祖父母又は兄弟姉妹」であって、その者の死亡の当時その者と生計を同
じくしていたもの（遺族補償年金については当該遺族補償年金を受けることができる他
の遺族、複数事業労働者遺族年金については当該複数事業労働者遺族年金を受けること
ができる他の遺族、遺族年金については当該遺族年金を受けることができる他の遺族）
は、自己の名で、その未支給の保険給付の支給を請求することができる。「これらの者
以外の３親等内の親族」は、未支給の保険給付の支給を請求することができる遺族の範
囲に含まれない。また、設問文のカッコ書に「遺族補償給付」「複数事業労働者遺族給
付」「遺族給付」とあるのは、正しくはそれぞれ「遺族補償年金」「複数事業労働者遺族

---

労働者災害補償保険法（労働保険の保険料の徴収等に関する法律を含む。）　111

年金」「遺族年金」である。

**C　×　根拠：法32条**　　　　　　　　　　　　　　　　cf. 合テキ **3** P251

　国庫は、予算の範囲内において、労働者災害補償保険事業に要する費用の「一部」を補助することができる。

**D　×　根拠：則51条**　　　　　　　　　　　　　　　　cf. 合テキ **3** P255

　労災保険に係る保険関係が成立し、若しくは成立していた事業の事業主又は労働保険事務組合若しくは労働保険事務組合であった団体は、労災保険に関する書類（徴収法又は同法施行規則による書類を除く。）を、その完結の日から「3年間」保存しなければならない。

**E　○　根拠：法38条1項、3項**　　　　　　　　　　　cf. 合テキ **3** P246

　設問の通り正しい。

---

| 問 **7** | 正解 **B**（アとエ） | 難易度 基 応 難 |
| --- | --- | --- |

● **出題の趣旨**

　労災保険法上の通勤の要件等をきちんと確認しておきましょう。

**ア　×　根拠：則7条1号イ**　　　　　　　　　　　　　cf. 合テキ **3** P265

　設問文中のカッコ書内の記述を「負傷、疾病又は身体上若しくは精神上の障害により、『2週間』以上の期間にわたり『常時』介護を必要とする状態をいう。」と、また、設問文中の「労働者の子、父母、孫、祖父母若しくは兄弟姉妹又は配偶者の父母」の記述を「労働者又は配偶者の父母又は同居の親族」と、それぞれ読み替えると、正しい記述となる。

---

**【確認】**

　通勤災害保護制度の対象となる住居間移動の要件は、住居間移動が、次の(1)〜(4)のいずれかに該当する労働者により行われるものであることとされている。

| 配偶者との別居 |
| --- |
| (1)　転任に伴い、当該転任の直前の住居と就業の場所との間を日々往復することが当該往復の距離等を考慮して困難となったため住居を移転した労働者であって、次の①〜⑤のいずれかに掲げるやむを得ない事情により、当該転任の直前の住居に居住している配偶者（婚姻の届出をしていないが、事実上婚姻関係と同様の事情にある者を含む。以下同じ。）と別居することとなったもの |
| ①　配偶者が、要介護状態（負傷、疾病又は身体上若しくは精神上の障害により、2週間以上の期間にわたり常時介護を必要とする状態をいう。以下同じ。）にある労働者又は配偶者の父母又は同居の親族を介護すること。 |

112

② 配偶者が、学校等に在学し、保育所若しくは幼保連携型認定こども園に通い、又は職業訓練を受けている同居の子（18歳に達する日以後の最初の３月31日までの間にある子に限る。）を養育すること。

③ 配偶者が、引き続き就業すること。

④ 配偶者が、労働者又は配偶者の所有に係る住宅を管理するため、引き続き当該住宅に居住すること。

⑤ その他配偶者が労働者と同居できないと認められる上記①～④までに類する事情

**子との別居（配偶者がない場合に限る。）**

⑵ 転任に伴い、当該転任の直前の住居と就業の場所との間を日々往復することが当該往復の距離等を考慮して困難となったため住居を移転した労働者であって、次の①～③のいずれかに掲げるやむを得ない事情により、当該転任の直前の住居に居住している子と別居することとなったもの（配偶者がないものに限る。）

① 子が要介護状態にあり、引き続き当該転任の直前まで日常生活を営んでいた地域において介護を受けなければならないこと。

② 子（18歳に達する日以後の最初の３月31日までの間にある子に限る。）が学校等に在学し、保育所若しくは幼保連携型認定こども園に通い、又は職業訓練を受けていること。

③ その他子が労働者と同居できないと認められる上記①又は②に類する事情

**労働者の父母又は親族との別居（配偶者及び子がない場合に限る。）**

⑶ 転任に伴い、当該転任の直前の住居と就業の場所との間を日々往復することが当該往復の距離等を考慮して困難となったため住居を移転した労働者であって、次の①又は②のいずれかに掲げるやむを得ない事情により、当該転任の直前の住居に居住している当該労働者の父母又は親族（要介護状態にあり、かつ、当該労働者が介護していた父母又は親族に限る。）と別居することとなったもの（配偶者及び子がないものに限る。）

① 父母又は親族が、引き続き当該転任の直前まで日常生活を営んでいた地域において介護を受けなければならないこと。

② 父母又は親族が労働者と同居できないと認められる上記①に類する事情

**その他**

⑷ その他上記⑴～⑶に類する労働者

---

**イ ○ 根拠：則７条１号ロ**　　　　　　　　cf. 合テキ 3 P265

設問の通り正しい。アの【確認】参照。

**ウ ○ 根拠：則７条１号ハ**　　　　　　　　cf. 合テキ 3 P265

設問の通り正しい。アの【確認】参照。

**エ × 根拠：則７条２号イ**　　　　　　　　cf. 合テキ 3 P265

設問文の最初のカッコ書が誤りである。設問文の子は、18歳に達する日以後の最初の３月31日までの間にある子に限られない。アの【確認】参照。

**オ ○ 根拠：則７条２号ロ**　　　　　　　　cf. 合テキ 3 P265

設問の通り正しい。アの【確認】参照。

労働者災害補償保険法（労働保険の保険料の徴収等に関する法律を含む。）　113

| 問 8 | 正解 E | 難易度 基 応 難 |

● 出題の趣旨

有期事業の一括、請負事業の一括のほか、継続事業の一括について、きちんと整理しておきましょう。

A ○ **根拠：法附則２条３項、法附則7条1項**　　　cf. 合テキ 5 P13、15

設問の通り正しい。なお、労災保険暫定任意適用事業の事業主は、その事業に使用される労働者の過半数が希望する場合には、労災保険の加入の申請をしなければならないが、これに違反しても、罰則は適用されない。

B ○ **根拠：整備法５条３項**　　　cf. 合テキ 5 P13

設問の通り正しい。また、雇用保険の適用事業が雇用保険暫定任意適用事業に該当するに至ったときについても、その翌日に、その事業につき任意加入に関する厚生労働大臣の認可があったものとみなされる。

C ○ **根拠：法39条１項、則70条**　　　cf. 合テキ 5 P4、5

設問の通り正しい。いわゆる二元適用事業とされるものである。

D ○ **根拠：法７条、昭和40.7.31基発901号**　　　cf. 合テキ 5 P26

設問の通り正しい。有期事業の一括の規定により一括された個々の事業については、その後、事業規模の変更等があった場合でも、あくまで当初の一括扱いによることとし、新たに独立の有期事業として取り扱わないこととされている。また、当初、独立の有期事業として保険関係が成立した事業は、その後、事業の規模の変更等があった場合でも、有期事業の一括扱いの対象としないこととされている。

E × **根拠：法８条１項、則７条**　　　cf. 合テキ 5 P28

請負事業の一括により保険関係が一括されるのは、労災保険に係る保険関係が成立している事業のうち数次の請負による建設の事業に限られており、製造業の親事業の事業場構内で行われる構内下請負事業については、親事業に保険関係が一括されることはない。

| 問 9 | 正解 E | 難易度 基 応 難 |

● 出題の趣旨

用語等の定義は、しっかりと押さえておきましょう。

A ○ **根拠：法２条２項、法11条２項、則３条**　　　cf. 合テキ 5 P39、40

設問の通り正しい。

114

B ○ **根拠：法13条** cf. 合テキ **5** P53

設問の通り正しい。なお、「労災保険法の適用を受けるすべての事業の過去３年間の二次健康診断等給付に要した費用の額を考慮して厚生労働大臣の定める率」は、現在、「零（０）」とされているため、第１種特別加入保険料率は、当該事業の労災保険率と同一の率となる。

C ○ **根拠：法14条の2,1項、則23条の３** cf. 合テキ **5** P56、57

設問の通り正しい。

D ○ **根拠：法12条３項、則16条２項** cf. 合テキ **5** P45

設問の通り正しい。なお、労災保険法第８条第３項に規定する給付基礎日額とは、複数事業労働者の給付基礎日額である。

E × **根拠：法17条１項** cf. 合テキ **5** P85

政府は、第２種特別加入保険料率の引上げを行ったときも、その額の多寡にかかわらず労働保険料を追加徴収するものとされている。

---

| 問 10 | 正解 **D** | 難易度 基 応 難 |

### ● 出題の趣旨

労働保険料の申告先、納付先、納期限等について整理しておきましょう。

---

A × **根拠：法15条３項、則38条４項、５項** cf. 合テキ **5** P86、87

設問の認定決定された概算保険料は、「納入告知書」ではなく、納付書によって納付しなければならない。

B × **根拠：法16条、則25条１項** cf. 合テキ **5** P81

増加概算保険料は、賃金総額等の見込額の増加が見込まれた日から「15日以内」ではなく、30日以内（翌日起算）に、申告・納付しなければならない。

C × **根拠：法16条** cf. 合テキ **5** P87

増加概算保険料については、認定決定は行われない。

D ○ **根拠：法41条** cf. 合テキ **5** P168

設問の通り正しい。政府が行う労働保険料その他徴収法の規定による徴収金の徴収の告知又は督促は、時効の更新の効力を生ずるとされており、設問の通知についても、時効の更新事由となる徴収の告知に当たる。

E × **根拠：法30条、法41条１項、国税通則法72条２項** cf. 合テキ **5** P168

設問の場合であっても、政府は、労働保険料を徴収することができない。労働保険料その他徴収法の規定による徴収金を徴収する権利の時効については、その援用を要せ

---

労働者災害補償保険法（労働保険の保険料の徴収等に関する法律を含む。）　115

ず、また、その利益を放棄することができないものとされており、時効の期間が経過した場合には、納付義務者が時効完成の事実を主張しないとき、又はその時効による利益を放棄して徴収金を納付する意思を有するときであっても、政府はその徴収権を行使することができない。なお、徴収金の還付を受ける権利についても同様である。

## 雇用保険法（労働保険の保険料の徴収等に関する法律を含む。）

**問 1**　正解　**C**（ア、ウ、エの三つ）　難易度 基 応 難

● 出題の趣旨

離職証明書の取扱いについて、きちんと整理しておきましょう。

**ア ○ 根拠：法4条2項、法7条、則7条、行政手引21203** cf. 合テキ 4 P-
設問の通り正しい。

**イ × 根拠：法4条2項、法7条、則7条、行政手引21203** cf. 合テキ 4 P-
適用事業に雇用される被保険者が、被保険者として取り扱われない取締役になったことにより被保険者資格を喪失したときは、資格喪失届に記載すべき喪失原因は、「離職」となる。

**ウ ○ 根拠：法4条2項、法7条、則7条、行政手引21203** cf. 合テキ 4 P-
設問の通り正しい。

**エ ○ 根拠：法7条、則7条2項** cf. 合テキ 4 P46、47
設問の通り正しい。なお、事業主が所轄公共職業安定所の長に提出する資格取得届については、年金事務所を経由して提出することができるほか、一定の場合には、労働基準監督署長を経由して提出することができる。

**オ × 根拠：則101条の19、則101条の30,10項** cf. 合テキ 4 P43
介護休業給付金の支給申請に係る届出については、電子情報処理組織を使用して行うものとはされていない。育児休業給付金に関する記述は正しい。なお、特定法人について電子情報処理組織を使用して行うものとされている届出は、①資格取得届、②転勤届、③資格喪失届、④高年齢雇用継続基本給付金の支給申請、⑤育児休業給付金の支給申請、⑥出生時育児休業給付金の支給申請、⑦出生後休業支援給付金の支給申請、⑧育児時短就業給付金の支給申請（④～⑧は事業主を経由して提出する場合に限る。）である。

**問 2**　正解　**C**　難易度 基 応 難

● 出題の趣旨

適用除外の具体例については、しっかりと確認しておきましょう。

**A ○ 根拠：行政手引20002** cf. 合テキ 4 P8
設問の通り正しい。なお、適用事業の事業主は、被保険者に関する届出その他の事務

雇用保険法（労働保険の保険料の徴収等に関する法律を含む。）　117

について、原則としてその事業所ごとに処理しなければならないこととされているが、この「事業所」とは、「事業」が経済活動単位の機能面を意味するのに対し、その物的な存在の面を意味するものであり、事業所の単位と事業の単位は、本来同一のものであるとされている。

B ○ **根拠**：法5条1項、法附則2条1項、令附則2条、行政手引20105

cf. **合テキ 4** P9、10

　設問の通り正しい。農林水産の事業のうち、常時5人以上の労働者を雇用する事業以外の事業（国、都道府県、市町村その他これらに準ずるものの事業及び法人である事業主の事業を除く。）は、当分の間、任意適用事業（暫定任意適用事業）とされるが、この5人の計算に当たっては、雇用保険法の適用を受けない労働者（適用除外の規定に該当する者）を含む。設問の個人経営の農業の事業は、適用除外の規定に該当する者（1週間の所定労働時間が10時間の労働者）を含めて5名の労働者を雇用しているので、適用事業となる。

C × **根拠**：法4条1項、行政手引20351

cf. **合テキ 4** P15

　法人の代表者と同居している親族については、通常の被保険者の場合の判断と異なるものではなく、当該法人である適用事業に雇用されたときは、適用除外に該当する場合を除き、被保険者となる。なお、個人事業の事業主と同居している親族は、原則として被保険者とならない。

---

【参考】
　形式的には法人であっても、実質的には代表者の個人事業と同様と認められる場合（例えば、個人事業が税金対策等のためにのみ法人としている場合、株式や出資の全部又は大部分を当該代表者やその親族のみで保有して取締役会や株主総会等がほとんど開催されていないような状況にある場合のように、実質的に法人としての活動が行われていない場合）があり、この場合は、個人事業主と同居の親族の場合と同様、原則として被保険者とならない。

---

D ○ **根拠**：法4条1項、行政手引20352

cf. **合テキ 4** P18

　設問の通り正しい。

E ○ **根拠**：法5条1項、行政手引20051

cf. **合テキ 4** P8

　設問の通り正しい。

---

**問 3**　　**正解 C**　　　　　　　　　　　　**難易度** 基 応 難

● **出題の趣旨**
　特例一時金は、高年齢求職者給付金との類似点・相違点に着目して学習しておきましょう。

A ○ **根拠**：法39条2項

cf. **合テキ 4** P155

118

設問の通り正しい。設問の場合、特例受給資格の受給期限日（当初の離職の日の翌日から起算して6か月を経過する日）までに求職の申込みをした上、失業の認定を受けたときは、特例一時金の支給を受けることができる。

B ○ **根拠**：法41条1項　　　　　　　　　cf. 合テキ 4 P157

設問の通り正しい。なお、設問の場合であっても、受給資格者に係る求職者給付のうち傷病手当は支給されないが、条文では単に「求職者給付を支給する」と規定されている。

C × **根拠**：法40条1項　　　　　　　　　cf. 合テキ 4 P157

特例受給資格に係る離職の日において65歳以上である特定受給資格者については、基本手当の受給資格に係る離職の日において「30歳未満」の受給資格者について定められた賃金日額の上限額が適用される。

D ○ **根拠**：法37条　　　　　　　　　　cf. 合テキ 4 P143

設問の通り正しい。傷病手当の支給の対象となるのは、受給資格者のみである。

E ○ **根拠**：法37条4項　　　　　　　　　cf. 合テキ 4 P146

設問の通り正しい。傷病手当を支給する日数は、「受給資格者の所定給付日数から当該受給資格に基づき既に基本手当を支給した日数を差し引いた日数」とされており、所定給付日数を超えて支給される延長給付を受ける期間について、傷病手当が支給されることはない。

---

| 問 4 | 正解 **D** | 難易度 基 応 難 |
| --- | --- | --- |

● **出題の趣旨**

特定受給資格者に係る事由や、特定理由離職者となる事由について、確認しておきましょう。

A ○ **根拠**：法23条2項2号、則35条3号、行政手引50305　　cf. 合テキ 4 P116
設問の通り正しい。

B ○ **根拠**：法23条2項2号、則36条5号イ、行政手引50305　　cf. 合テキ 4 P117
設問の通り正しい。

C ○ **根拠**：法23条2項2号、則36条7号、行政手引50305　　cf. 合テキ 4 P118
設問の通り正しい。

D × **根拠**：法22条2項、行政手引50304　　cf. 合テキ 4 P123

就職困難者とは、受給資格決定時に厚生労働省令で定める理由により就職が困難な状態にあるものをいい、受給資格決定後にその状態が生じたものは含まない。なお、受給資格決定時に就職困難者であるかどうか判明していない場合でも、基本手当の支給終了日の翌日から2年を経過しない日までに、受給資格決定時において就職困難者であった

雇用保険法（労働保険の保険料の徴収等に関する法律を含む。）　119

ことが判明すれば、就職困難者として取り扱われ、所定給付日数が変更される。

E ○ **根拠**：法22条2項、則32条、法56条の3,1項2号、則82条の3,2項

cf. **合テキ4** P123、180、181

設問の通り正しい。

---

**問 5** **正解 C（ア、イ、オの三つ）** 難易度 基 応 難

● **出題の趣旨**

育児休業等給付については、介護休業給付と比較して押さえておきましょう。

---

ア ○ **根拠**：法61条の7,1項　　　　　　　cf. **合テキ4** P240、241

設問の通り正しい。同一の子について2回以上の育児休業をする場合であっても、みなし被保険者期間に係る要件を満たすか否かは、初回の育児休業を基に判断する。

イ ○ **根拠**：法61条の10,1項、2項　　　　cf. **合テキ4** P259、260

設問の通り正しい。出生後休業支援給付金が支給されるには、原則として、被保険者の配偶者が当該出生後休業に係る子について、当該子の出生の日から起算して8週間を経過する日の翌日までの期間内に通算して14日以上の出生後休業をしていることが要件とされるが、被保険者の配偶者が当該出生後休業に係る子について産後休業等をした場合には、当該配偶者が出生後休業をしていなくても、他の要件を満たす限り、被保険者に対して出生後休業支援給付金が支給される。

ウ × **根拠**：法61条の7,7項、法61条の10、則101条の34、行政手引60006

cf. **合テキ4** P261

「当該支給単位期間について出生後休業支援給付金の要件を満たしている場合には、当該出生後休業支援給付金は支給される」とする記述が誤りである。賃金の支払により育児休業給付金が全額不支給となる場合には、出生後休業支援給付金は支給されない。

---

**【確認】**

出生後休業支援給付金を支給する期間を含む出生時育児休業期間を対象として事業主から賃金を支払われた場合又は出生後休業支援給付金を支給する期間を含む育児休業期間中に事業主から賃金を支払われた場合でも、出生後休業支援給付金については支給額の減額は行われない（減額調整の対象となるのは、出生時育児休業給付金又は育児休業給付金）。ただし、出生時育児休業給付金又は育児休業給付金の減額調整の結果、これらの給付金の支給がなくなった場合（全額不支給の場合）は、出生後休業支援給付金は支給されない。

---

エ × **根拠**：法61条の7,9項、法61条の8,6項　　cf. **合テキ4** P124

設問のような規定はない。なお、育児休業給付金及び出生時育児休業給付金の支給に係る休業の期間は、基本手当の所定給付日数に係る算定基礎期間の算定の対象となる被

120

保険者であった期間から除くものとされている。

オ　○　**根拠**：法61条の12,10項　　　cf. **合テキ 4** P267

　設問の通り正しい。なお、設問の者が、高年齢雇用継続基本給付金の支給を受けたときは、育児時短就業給付金は支給されない。

---

| 問 **6** | 正解　**B** | 難易度**基**応難 |

● **出題の趣旨**

　教育訓練給付金については、一般教育訓練、特定一般教育訓練、専門実践教育訓練を区分して学習しておきましょう。

第2回
択一式

解　答

A　×　**根拠**：法60条の2,2項　　　cf. **合テキ 4** P196

　支給要件期間には、教育訓練を開始した日（基準日）前に教育訓練給付金の支給を受けたことがあるときは、当該教育訓練給付金に係る教育訓練を「開始した日（基準日）前」の被保険者であった期間は、算入されない。

B　○　**根拠**：法60条の2,1項、法附則11条、則101条の2の7,4号〜6号、則附則24条
　　　cf. **合テキ 4** P194、195

　設問の通り正しい。なお、基準日前に教育訓練給付金の支給を受けたことがない者が一般教育訓練に係る教育訓練給付金の支給を受けるには、当分の間、支給要件期間が1年あれば足りるものとされている。

C　×　**根拠**：法60条の2,1項、則101条の2の5,1項、2項、行政手引58211
　　　cf. **合テキ 4** P195

　「引き続き30日以上教育訓練の受講を開始することができなくなるに至った日の翌日から1か月以内に公共職業安定所長に申し出ることにより」とする部分が誤りである。設問の公共職業安定所長に対する申出は、引き続き30日以上教育訓練の受講を開始することができなくなるに至った日の翌日から、当該者に該当するに至った日の直前の一般被保険者等でなくなった日から起算して20年を経過する日までの間（延長後の期間が20年に満たない場合は、当該期間の最後の日までの間）に行えば足りる。

D　×　**根拠**：法60条の2,4項、則101条の2の7,3号、則101条の2の8,1項3号
　　　cf. **合テキ 4** P198〜201

　設問の「所定の方法により算定した賃金額が特定一般教育訓練の開始前から5％以上上昇した場合に限り」とする記述が誤りである。設問の場合には、賃金額が上昇したか否かを問わず、特定一般教育訓練に係る教育訓練給付金の給付率は100分の50となり、その上限額は25万円となる。

E　×　**根拠**：則101条の2の11、則101条の2の11の2,1項、則101条の2の12,1項

---

雇用保険法（労働保険の保険料の徴収等に関する法律を含む。）　121

cf. 合テキ**4** P204〜211

　特定一般教育訓練に係る教育訓練給付金の支給申請手続に当たっては、担当キャリア
コンサルタントがキャリアコンサルティングを踏まえて記載した職務経歴等記録書が必
要である（特定一般教育訓練を開始する日の14日前までに、教育訓練給付金及び教育訓
練支援給付金受給資格確認票に添付して提出する。）。なお、一般教育訓練に係る教育訓
練給付金の支給申請手続については、キャリアコンサルティングに要した費用分の教育
訓練給付金の支給を受ける場合に限り、キャリアコンサルティングを踏まえて記載した
職務経歴等記録書が必要とされる（一般教育訓練を修了した日の翌日から起算して１か
月以内に、教育訓練給付金支給申請書に添付して提出する。）。

| 問 7 | 正解　**A** | 難易度 基 応 難 |

● 出題の趣旨

　雑則等についても、しっかりと目を通しておきましょう。

**A　×　根拠：法19条１項**　　　　　　　　　　　　　　　　　cf. 合テキ**4** P96

　設問の場合（収入の１日分に相当する額から控除額を控除した額と基本手当の日額と
の合計額が賃金日額の100分の80に相当する額を超える場合）、その超える額が基本手当
の日額以上であるときは、基本手当は支給されないが、その超える額が基本手当の日額
未満であるときは、その超える額を基本手当の日額から控除した残りの額にその収入の
基礎となった日数を乗じて得た額の基本手当が支給される。

**B　○　根拠：則29条２項**　　　　　　　　　　　　　　　　　cf. 合テキ**4** P98

　設問の通り正しい。なお、自己の労働による収入の届出は、その者が自己の労働によ
って収入を得るに至った日の後における最初の失業の認定日に、失業認定申告書により
管轄公共職業安定所の長にしなければならない。

**C　○　根拠：法76条３項**　　　　　　　　　　　　　　　　　cf. 合テキ**4** P306

　設問の通り正しい。なお、設問の離職した者からの請求があったときは、当該事業主
は、その請求に係る証明書を交付しなければならないとされており、これに違反して証
明書の交付を拒んだ場合には、６か月以下の懲役又は30万円以下の罰金に処せられる。

**D　○　根拠：法75条**　　　　　　　　　　　　　　　　　　　cf. 合テキ**4** P306

　設問の通り正しい。

**E　○　根拠：法73条**　　　　　　　　　　　　　　　　　　　cf. 合テキ**4** P304、305

　設問の通り正しい。なお、設問の不利益取扱いの禁止の規定に違反した場合には、６
か月以下の懲役又は30万円以下の罰金に処せられる。

122

| 問 8 | 正解 C | 難易度 基 応 難 |

● 出題の趣旨

労働保険料の申告・納付先は、しっかりと覚えておきましょう。

A ○ **根拠**：則38条2項3号、6号　　　　cf. 合テキ 5 P64〜66

設問の通り正しい。

B ○ **根拠**：則38条2項5号、7号　　　　cf. 合テキ 5 P64〜66

設問の通り正しい。

C × **根拠**：則38条2項7号　　　　cf. 合テキ 5 P64〜66

口座振替納付を行う場合には、年金事務所を経由して提出することはできない。

D ○ **根拠**：則38条3項2号　　　　cf. 合テキ 5 P111

設問の通り正しい。印紙保険料に係る徴収金は、日本銀行又は都道府県労働局収入官吏に納付しなければならない。

E ○ **根拠**：則36条1項　　　　cf. 合テキ 5 P93、94

設問の通り正しい。

| 問 9 | 正解 E | 難易度 基 応 難 |

● 出題の趣旨

雇用保険率等について、整理しておきましょう。

A ○ **根拠**：法12条4項　　　　cf. 合テキ 5 P48

設問の通り正しい。

B ○ **根拠**：法12条4項　　　　cf. 合テキ 5 P48

設問の通り正しい。

C ○ **根拠**：法12条4項、8項　　　　cf. 合テキ 5 P48、51

設問の通り正しい。

D ○ **根拠**：法12条4項　　　　cf. 合テキ 5 P48、49

設問の通り正しい。

E × **根拠**：法22条2項　　　　cf. 合テキ 5 P58

厚生労働大臣は、「失業等給付費等充当徴収保険率」を変更した場合には、印紙保険料の額（第1級保険料日額、第2級保険料日額及び第3級保険料日額）を、徴収法第22条第3項に定めるところにより、変更するものとされている。

雇用保険法（労働保険の保険料の徴収等に関する法律を含む。）　123

| 問 10 | 正解 B | 難易度 基 応 難 |

● **出題の趣旨**

追徴金、延滞金については、1つ1つていねいに押さえておきましょう。

**A ✕ 根拠：法21条1項、則26条**                cf. 合テキ 5 P87、98、99

認定決定された概算保険料については、追徴金は徴収されない。なお、認定決定された確定保険料については、設問の記述のとおり、追徴金が徴収される。

**B ○ 根拠：法25条2項、法46条1号**              cf. 合テキ 5 P112、173

設問の通り正しい。なお、労働保険料の納付を怠ったことにより罰則が適用されるのは、印紙保険料の納付を怠った場合のみである。

**C ✕ 根拠：法28条1項、5項2号**                cf. 合テキ 5 P124、125

追徴金については、延滞金は課されない。延滞金が徴収されるのは、労働保険料を督促状の指定期限までに納付しないときである。なお、その他の記述は正しい。

**D ✕ 根拠：法28条5項3号**                    cf. 合テキ 5 P124

政府は、延滞金の額が「1,000円未満」ではなく「100円未満」であるときは、延滞金を徴収しないものとされている。

**E ✕ 根拠：法28条2項**                      cf. 合テキ 5 P124

設問のように、労働保険料の額の一部につき納付があったときは、納期限の翌日から労働保険料の額の一部を納付した日前までの期間に係る延滞金の額は、納付のあった労働保険料の額を控除せずに計算し、当該一部の納付があった日以後の期間については、納付のあった労働保険料の額を控除して計算する。

# 労務管理その他の労働及び社会保険に関する一般常識

| 問 1 | 正解 **B** | 難易度 基 **応** 難 |
|---|---|---|

### ● 出題の趣旨

労働協約について、見直ししておきましょう。

**A ✕ 根拠：労働組合法17条**　　　cf. 合テキ **6** P14、15

設問の場合、他の同種の労働者には、労働協約は拡張適用されない。労働組合法17条では、「一の工場事業場に常時使用される同種の労働者の4分の3以上の数の労働者が一の労働協約の適用を受けるに至ったときは、当該工場事業場に使用される他の同種の労働者に関しても、当該労働協約が適用されるものとする。」とされているが、ここにいう「一の労働協約」は厳格に解すべきであり、設問のように甲労働組合及び乙労働組合とそれぞれ同一の内容の労働協約を締結した場合であっても、この2つの労働協約をあわせて一の労働協約と解することはできない。

**B 〇 根拠：労働組合法17条、昭和24.5.28労収2829号**　　　cf. 合テキ **6** P14、15

設問の通り正しい。「一の工場事業場に常時使用される同種の労働者の4分の3以上の数の労働者が一の労働協約の適用を受ける」ことは、労働協約の一般的拘束力の発生要件であるとともに存続要件であり、一の労働協約の適用を受ける労働者が同種の労働者の4分の3未満の数となったときは、他の同種の労働者に関して当該労働協約は拡張適用されなくなる。

**C ✕ 根拠：労働組合法15条1項、3項**　　　cf. 合テキ **6** P12

「有効期間の定がない労働協約は、3年の有効期間の定をした労働協約とみなされる。」とする規定はない。有効期間の定がない労働協約は、当事者の一方が、署名し、又は記名押印した文書によって相手方に予告して、解約することができる。なお、3年をこえる有効期間の定をした労働協約は、3年の有効期間の定をした労働協約とみなされる。

**D ✕ 根拠：最一小平成元.12.14三井倉庫港運事件**　　　cf. 合テキ **6** P11

最高裁判所の判例では、「ユニオン・ショップ協定のうち、ユニオン・ショップ協定を締結している労働組合以外の他の労働組合に加入している者について使用者の解雇義務を定める部分は、これを無効と解すべきである。」としている。

**E ✕ 根拠：最一小平成5.3.25エッソ石油事件**　　　cf. 合テキ **6** P13

最高裁判所の判例では、「チェック・オフ開始後においても、組合員は使用者に対し、いつでもチェック・オフの中止を申し入れることができ、右中止の申入れがされたときには、使用者は当該組合員に対するチェック・オフを中止すべきものである。」としている。

| 問 2 | 正解 **B** | 難易度基応難 |

## ● 出題の趣旨

　労働契約法、労働組合法以外の労働関係法規は、本試験で細かい内容が問われることは少ないので、条文を中心に復習しておきましょう。

**A ×　根拠：育児介護休業法22条の2、則71条の6**　　　cf. 合テキ6 P157

　設問の事業主は、毎年少なくとも1回、その雇用する男性労働者の「育児休業等」の取得率又は男性労働者の「育児休業等及び育児目的休暇」の取得率のいずれかを公表しなければならない。なお、当該公表は、インターネットの利用その他の適切な方法により行うものとされている。

**B ○　根拠：職業安定法20条1項、法34条**　　　cf. 合テキ6 P201、202

　設問の通り正しい。

**C ×　根拠：派遣法40条の6,1項**　　　cf. 合テキ6 P250、251

　設問の派遣先が、許可を受けずに違法に労働者派遣事業を行う事業主から労働者派遣の役務の提供を受けた場合には、その時点において、「当該派遣先から当該労働者派遣に係る派遣労働者に対し、」その時点における当該派遣労働者に係る労働条件と同一の労働条件を内容とする労働契約の申込みをしたものとみなされる。ただし、派遣先が、その行った行為が違法な行為に該当することを知らず、かつ、知らなかったことにつき過失がなかったときは、この限りでない。

**D ×　根拠：高年齢者雇用安定法10条の2,1項**　　　cf. 合テキ6 P270

　継続雇用制度に基づいて特殊関係事業主に65歳に達するまで雇用されている高年齢者については、原則として、当該高年齢者を定年まで雇用していた事業主が高年齢者就業確保措置を実施することとなる。

**E ×　根拠：障害者雇用促進法35条、平成27.3.25厚労告116号**　　　cf. 合テキ6 P278

　設問の「障害者であることを理由とする差別」は直接差別をいい、車いす、補助犬その他の支援器具等の利用、介助者の付添い等の社会的不利を補う手段の利用等を理由とする不当な不利益取扱いが含まれる。なお、その他の記述は正しい。

| 問 3 | 正解 **B（アとオ）** | 難易度基応難 |

## ● 出題の趣旨

　最高裁判所の判例については、本問で取り上げたもののほか、過去の本試験で出題されたものを中心に押さえておきましょう。

**ア　○　根拠：最二小昭和54.7.20大日本印刷事件**　　　cf. 合テキ **6** P31

設問の通り正しい。

**イ　×　根拠：最二小昭和43.8.2西日本鉄道事件**　　　cf. 合テキ **6** P-

最高裁判所の判例では、「使用者がその企業の従業員に対して金品の不正隠匿の摘発・防止のために行う、いわゆる所持品検査は、被検査者の基本的人権に関する問題であって、その性質上つねに人権侵害のおそれを伴うものであるから、たとえ、それが企業の経営・維持にとって必要かつ効果的な措置であり、他の同種の企業において多く行なわれるところであるとしても、また、それが労働基準法所定の手続を経て作成・変更された就業規則の条項に基づいて行われ、これについて従業員組合または当該職場従業員の過半数の同意があるとしても、そのことの故をもって、当然に適法視されうるものではない。問題は、その検査の方法ないし程度であって、所持品検査は、これを必要とする合理的理由に基づいて、一般的に妥当な方法と程度で、しかも制度として、職場従業員に対して画一的に実施されるものでなければならない」としている。

**ウ　×　根拠：最二小令和2.2.28福山通運事件**　　　cf. 合テキ **6** P-

最高裁判所の判例では、被用者が使用者の事業の執行について第三者に損害を加え、その損害を賠償した場合には、被用者は、諸般の事情に照らし、損害の公平な分担という見地から相当と認められる額について、使用者に対して求償することができる、としている。

> **【参考】**
> ＜最二小令和2.2.28福山通運事件＞
> 　民法715条1項が規定する使用者責任は、使用者が被用者の活動によって利益を上げる関係にあることや、自己の事業範囲を拡張して第三者に損害を生じさせる危険を増大させていることに着目し、損害の公平な分担という見地から、その事業の執行について被用者が第三者に加えた損害を使用者に負担させることとしたものである。このような使用者責任の趣旨からすれば、使用者は、その事業の執行により損害を被った第三者に対する関係において損害賠償義務を負うのみならず、被用者との関係においても、損害の全部又は一部について負担すべき場合があると解すべきである。
> 　また、使用者が第三者に対して使用者責任に基づく損害賠償義務を履行した場合には、使用者は、その事業の性格、規模、施設の状況、被用者の業務の内容、労働条件、勤務態度、加害行為の態様、加害行為の予防又は損失の分散についての使用者の配慮の程度その他諸般の事情に照らし、損害の公平な分担という見地から信義則上相当と認められる限度において、被用者に対して求償することができると解すべきところ（最一小昭和51.7.8茨城石炭商事事件）、上記の場合と被用者が第三者の被った損害を賠償した場合とで、使用者の損害の負担について異なる結果となることは相当でない。
> 　以上によれば、被用者が使用者の事業の執行について第三者に損害を加え、その損害を賠償した場合には、被用者は、上記諸般の事情に照らし、損害の公平な分担という見地から相当と認められる額について、使用者に対して求償することができるものと解すべきである。

**エ　×　根拠：最二小平成12.3.24電通事件**　　　cf. 合テキ **6** P-

最高裁判所の判例では、労働者の性格が同種の業務に従事する労働者の個性の多様さ

労務管理その他の労働及び社会保険に関する一般常識　127

として通常想定される範囲を外れるものでない場合には、裁判所は、業務の負担が過重であることを原因とする損害賠償請求において使用者の賠償すべき額を決定するに当たり、その性格及びこれに基づく業務遂行の態様等を、心因的要因としてしんしゃくすることはできないというべきである、としている。

**オ ○ 根拠**：最大判昭和48.12.12三菱樹脂事件　　　　　cf. 合テキ 6 P-

設問の通り正しい。

---

**問 4**　　**正解　E**　　　　　　　　　　　　　　難易度 基 応 難

● **出題の趣旨**

令和5年度雇用均等基本調査について、ひととおり目を通しておきましょう。

---

**A ○ 根拠**：令和5年度雇用均等基本調査（厚生労働省）　　cf. 合テキ 別冊 P88

設問の通り正しい。企業調査によれば、課長相当職以上の管理職に占める女性の割合を産業別にみると、医療、福祉が突出して高くなっており、52.7％と5割を上回っている。なお、課長相当職以上の管理職に占める女性の割合は12.7％、係長相当職以上の管理職等に占める女性の割合は15.1％である。

**B ○ 根拠**：令和5年度雇用均等基本調査（厚生労働省）　　cf. 合テキ 別冊 P89

設問の通り正しい。不妊治療と仕事との両立のために利用できる制度を設けている企業割合は36.9％であり、5割を下回っている。また、制度の内容別に内訳をみると、「短時間勤務制度」が48.5％と最も高く、次いで「特別休暇制度（多目的であり、不妊治療にも利用可能なもの）」、「時差出勤制度」、「所定外労働の制限の制度」、「フレックスタイム制度」の順となっている。

**C ○ 根拠**：令和5年度雇用均等基本調査（厚生労働省）　　cf. 合テキ 別冊 P92

設問の通り正しい。カスタマーハラスメント対策の取組について「一定の取組をしている」企業割合は24.3％、「今後取組を検討している」企業割合は33.5％、「取り組んでいない」企業割合は42.2％となっており、「一定の取組をしている」企業割合よりも「取り組んでいない」企業割合の方が高くなっている。

**D ○ 根拠**：令和5年度雇用均等基本調査（厚生労働省）　　cf. 合テキ 別冊 P94

設問の通り正しい。令和4年4月1日から令和5年3月31日までの1年間に育児休業（産後パパ育休を含む。）を終了し、復職した男性の育児休業期間は、「1か月～3か月未満」が28.0％と最も高く、次いで「5日～2週間未満」が22.0％、「2週間～1か月未満」が20.4％、「5日未満」が15.7％の順となっており、令和3年度調査と比較して2週間以上取得する割合が上昇しているものの、「1か月未満」の割合（「5日未満」「5日～2週間未満」「2週間～1か月未満」の合計）は5割を上回っている。

128

【参考】

　令和４年４月１日から令和５年３月31日までの１年間に育児休業（産後パパ育休を含む。）を終了し、復職した女性の育児休業期間は、「12か月～18か月未満」が32.7％と最も高く、次いで「10か月～12か月未満」が30.9％、「８か月～10か月未満」11.4％の順となっている。

E　×　**根拠**：令和５年度雇用均等基本調査（厚生労働省）　　　cf. 合テキ 別冊 P96

　育児のための所定労働時間の短縮措置等の各種制度の導入状況（複数回答）をみると、「短時間勤務制度」の割合（61.0％）が最も高く、「テレワーク（在宅勤務等）」の割合（14.5％）よりも「短時間勤務制度」の割合の方が高くなっている。

| 問 5 | 正解 **C** | 難易度 基 応 難 |
|------|-----------|----------------|

● **出題の趣旨**

　令和５年若年者雇用実態調査について、きちんと確認しておきましょう。

A　○　**根拠**：令和５年若年者雇用実態調査（事業所調査）（厚生労働省）

cf. 合テキ 別冊 P104

　設問の通り正しい。令和５年10月１日現在で、若年労働者が就業している事業所の割合は、73.6％と７割を上回っており、その内訳は「若年正社員がいる」事業所が62.0％、「正社員以外の若年労働者がいる」事業所が34.4％であり、「若年正社員がいる」事業所の割合の方が高くなっている。

B　○　**根拠**：令和５年若年者雇用実態調査（事業所調査）（厚生労働省）

cf. 合テキ 別冊 P104、105

　設問の通り正しい。若年労働者の割合を産業別にみると、「宿泊業，飲食サービス業」の割合（34.3％）が最も高く、次いで「情報通信業」、「生活関連サービス業，娯楽業」の順となっている。

【参考】

　正社員に占める若年労働者の割合が高い産業は「情報通信業」、「金融業,保険業」の順となっており、正社員以外の労働者に占める若年労働者の割合が高い産業は「宿泊業，飲食サービス業」、「生活関連サービス業，娯楽業」の順となっている。

C　×　**根拠**：令和５年若年者雇用実態調査（事業所調査）（厚生労働省）

cf. 合テキ 別冊 P105

　過去１年間に正社員として採用された若年労働者がいた事業所の割合は33.4％（約３割）、正社員以外の労働者として採用された若年労働者がいた事業所は19.8％（約２割）となっている。

労務管理その他の労働及び社会保険に関する一般常識　　129

D ○ **根拠**：令和 5 年若年者雇用実態調査（事業所調査）（厚生労働省）

cf. 合テキ 別冊 P105、106

設問の通り正しい。

E ○ **根拠**：令和 5 年若年者雇用実態調査（事業所調査）（厚生労働省）

cf. 合テキ 別冊 P106

設問の通り正しい。過去 1 年間に若年労働者がいた事業所のうち、「自己都合により退職した若年労働者がいた」事業所は40.9％と約 4 割となっており、自己都合により退職した若年労働者を雇用形態別（複数回答）でみると、「正社員」の若年労働者の割合（28.4％）の方が「正社員以外」の若年労働者の割合（18.4％）よりも高い。

---

**問 6**　正解 **B**　難易度 基 応 難

● **出題の趣旨**

　国民健康保険法・後期高齢者医療確保法は、過去の本試験で問われた箇所とその周辺事項を中心にみておきましょう。

A × **根拠**：国民健康保険法58条 1 項

cf. 合テキ 別冊 P68

　市町村及び国民健康保険組合は、被保険者の出産及び死亡に関しては、条例又は規約の定めるところにより、出産育児一時金の支給又は葬祭費の支給若しくは葬祭の給付を「行うものとする」とされている（「行うことができる」のではない。）。なお、市町村及び国民健康保険組合は、条例又は規約の定めるところにより、傷病手当金の支給その他の保険給付を行うことができるとされている。

B ○ **根拠**：国民健康保険法116条の2,1項

cf. 合テキ 10 P60

　設問の通り正しい。なお、修学のため一の市町村の区域内に住所を有する被保険者であって、修学していないとすれば他の市町村の区域内に住所を有する他人と同一の世帯に属するものと認められるものは、国民健康保険法の適用については、当該他の市町村の区域内に住所を有するものとみなされ、かつ、当該世帯に属するものとみなされる。

C × **根拠**：高齢者医療確保法157条の2,1項

cf. 合テキ 10 P140

　保険者協議会を「組織するよう努めなければならない」のではなく、「組織する」とされている。なお、保険者協議会は、①特定健康診査等の実施、高齢者医療制度の運営その他の事項に関する保険者その他の関係者間の連絡調整、②保険者に対する必要な助言又は援助、③医療に要する費用その他の厚生労働省令で定める事項に関する情報についての調査及び分析、④都道府県医療費適正化計画の実績の評価に関する調査及び分析の業務を行う。

D × **根拠**：高齢者医療確保法19条 1 項

cf. 合テキ 10 P124

特定健康診査等実施計画を定めるのは、国民健康保険法の定めるところにより都道府県が当該都道府県内の市町村とともに行う国民健康保険にあっては、「市町村」とされている。

**E　×　根拠：**高齢者医療確保法171条5項　　　cf. 合テキ 10 P-

　市町村は、条例で、偽りその他不正の行為により保険料その他市町村が徴収する一定の徴収金の徴収を免れた者に対し、その徴収を免れた金額の「5倍」に相当する金額以下の過料を科する規定を設けることができる。なお、後期高齢者医療広域連合は、条例で、偽りその他不正の行為により徴収猶予した一部負担金に係る徴収金その他後期高齢者医療広域連合が徴収する一定の徴収金の徴収を免れた者に対し、その徴収を免れた金額の5倍に相当する金額以下の過料を科する規定を設けることができる。

---

**問 7　　正解 A　　　難易度 基 応 難**

### ● 出題の趣旨

　介護に関する事業者又は施設等の指定・許可等について、きちんと整理しておきましょう。

**A　○　根拠：**介護保険法58条1項、法115条の22　　　cf. 合テキ 10 P162

　設問の通り正しい。

【確認】

　介護保険の事業者・施設の指定・許可をまとめると、次のようになる。

| 事業者・施設 | | 申請者 | 指定・許可 | |
|---|---|---|---|---|
| 指定居宅サービス事業者 | | 事業者 | 都道府県知事 | 指定 |
| 指定地域密着型サービス事業者 | | | 市町村長 | |
| 指定居宅介護支援事業者 | | | 市町村長 | |
| 介護保険施設 | 指定介護老人福祉施設 | 開設者 | 都道府県知事 | 指定 |
| | 介護老人保健施設 | | | 許可 |
| | 介護医療院 | | | |
| 指定介護予防サービス事業者 | | 事業者 | 都道府県知事 | 指定 |
| 指定地域密着型介護予防サービス事業者 | | | 市町村長 | |
| 指定介護予防支援事業者 | | 地域包括支援センターの設置者 | 市町村長 | |

**B　×　根拠：**介護保険法99条2項　　　cf. 合テキ 10 P-

　介護老人保健施設の開設者は、当該介護老人保健施設を廃止し、又は休止しようとするときは、その廃止又は休止の日の1月前までに、その旨を都道府県知事に届け出なければならない。

労務管理その他の労働及び社会保険に関する一般常識　131

C × **根拠：介護保険法９条２号** cf. 合テキ⑩ P149

　市町村の区域内に住所を有する40歳以上65歳未満の医療保険加入者は、介護保険の「第２号被保険者」となる。なお、介護保険の「第１号被保険者」とは、市町村の区域内に住所を有する65歳以上の者をいう。

D × **根拠：介護保険法14条** cf. 合テキ⑩ P156

　介護認定審査会は、市町村に置かれる。なお、地方自治法の規定により市町村の委託を受けて審査判定業務を行う都道府県には、都道府県介護認定審査会が置かれる。

E × **根拠：介護保険法183条** cf. 合テキ⑩ P190

　介護保険の保険給付に関する処分（被保険者証の交付の請求に関する処分及び要介護認定又は要支援認定に関する処分を含む。）に不服がある者は、各都道府県に置かれる介護保険審査会に審査請求をすることができる。なお、保険料その他介護保険法の規定による徴収金（一定のものを除く。）に関する処分に不服がある者についても、介護保険審査会に審査請求をすることができるとされている。

| 問 8 | 正解 **A** | 難易度 基 応 難 |

● **出題の趣旨**

　船員保険法は、条文を中心に幅広く目を通しておきましょう。

A × **根拠：船員保険法53条３項２号** cf. 合テキ⑩ P97、98

　後期高齢者医療の被保険者である船員保険の被保険者であっても、雇入契約存続中の職務外の事由（通勤を除く。）による疾病若しくは負傷又はこれにより発した疾病（当該疾病又は負傷について下船後の療養補償を受けることができるものに限る。）については、船員保険の保険給付が行われる。また、船員保険法による傷病手当金は、後期高齢者医療による傷病手当金の支給がないときは、支給要件に該当する限りその支給が行われる（後期高齢者医療広域連合は、後期高齢者医療広域連合の条例の定めるところにより、傷病手当金の支給を行うことができるとされており、船員保険法による傷病手当金の支給は、後期高齢者医療広域連合により傷病手当金の支給があったときは、その限度において、行わないこととされている。）。

【参考】

＜下船後の療養補償：船員法89条２項＞

　船員が雇入契約存続中職務外で負傷し、又は疾病にかかったときは、船舶所有者は、３箇月の範囲内において、その費用で療養を施し、又は療養に必要な費用を負担しなければならない。但し、その負傷又は疾病につき船員に故意又は重大な過失のあったときは、この限りでない。

**B** ○　**根拠**：船員保険法34条１項、３項　　　　　cf. 合テキ10 P-

　設問の通り正しい。なお、被保険者が行方不明となった当時胎児であった子が出生したときは、行方不明手当金を受けることができる被扶養者の範囲及び順序の規定の適用については、出生の日より被保険者が行方不明となった当時主としてその収入によって生計を維持していた子とみなされる。

**C** ○　**根拠**：船員保険法30条、法72条、法80条、令２条　　cf. 合テキ10 P102、103

　設問の通り正しい。

**D** ○　**根拠**：船員保険法138条１項、法141条、法152条１項、３項　cf. 合テキ10 P110、111

　設問の通り正しい。

**E** ○　**根拠**：船員保険法６条１項　　　　　　　　　cf. 合テキ10 P91

　設問の通り正しい。なお、船員保険協議会の委員は12人以内とされ、船舶所有者、被保険者及び船員保険事業の円滑かつ適正な運営に必要な学識経験を有する者のうちから、厚生労働大臣が任命することとされており、委員の任期は、２年（補欠の委員の任期は、前任者の残任期間）である。

---

**問9**　　**正解 C**　　　　　　　　　　　　　　**難易度** 基 応 難

● **出題の趣旨**

　　確定給付企業年金法は、その仕組みを１つ１つていねいに確認しておきましょう。

**A** ○　**根拠**：確定給付企業年金法３条１項１号　　　cf. 合テキ10 P259

　設問の通り正しい。なお、基金型企業年金を実施しようとするときは、厚生年金適用事業所に使用される厚生年金保険の被保険者の過半数で組織する労働組合（当該労働組合がないときは厚生年金保険の被保険者の過半数を代表する者）の同意を得た上で、規約を作成し、企業年金基金の設立について厚生労働大臣の認可を受けなければならない。

**B** ○　**根拠**：確定給付企業年金法29条　　　　　　cf. 合テキ10 P265

　設問の通り正しい。

**C** ×　**根拠**：確定給付企業年金法33条　　　　　　cf. 合テキ10 P266

　年金給付の支給期間及び支払期月は、政令で定める基準に従い規約で定めるところによるものとされており、終身又は「５年」以上にわたり、毎年１回以上定期的に支給するものでなければならない。

**D** ○　**根拠**：確定給付企業年金法55条１項、２項　　cf. 合テキ10 P273

　設問の通り正しい。

**E** ○　**根拠**：確定給付企業年金法82条の3,1項　　　cf. 合テキ10 P282

　設問の通り正しい。なお、確定給付企業年金の事業主等は、設問の申出により当該確

労務管理その他の労働及び社会保険に関する一般常識　133

定給付企業年金の資産管理運用機関等が脱退一時金相当額を移換したときは、当該中途脱退者に係る脱退一時金の支給に関する義務を免れる。

## 問 10 正解 E （ア、イ、ウ、エ、オの五つ） 難易度 基 応 難

● 出題の趣旨

目的条文は、きちんと目を通しておきましょう。

**ア ○ 根拠：国民健康保険法 1 条** cf. 合テキ 10 P52

設問の通り正しい。

**イ ○ 根拠：高齢者医療確保法 1 条** cf. 合テキ 10 P114

設問の通り正しい。

**ウ ○ 根拠：介護保険法 1 条** cf. 合テキ 10 P144

設問の通り正しい。

**エ ○ 根拠：児童手当法 1 条** cf. 合テキ 10 P194

設問の通り正しい。。

**オ ○ 根拠：確定拠出年金法 1 条** cf. 合テキ 10 P210

設問の通り正しい。なお、確定給付企業年金法は、少子高齢化の進展、産業構造の変化等の社会経済情勢の変化にかんがみ、事業主が従業員と給付の内容を約し、高齢期において従業員がその内容に基づいた給付を受けることができるようにするため、確定給付企業年金について必要な事項を定め、国民の高齢期における所得の確保に係る自主的な努力を支援し、もって公的年金の給付と相まって国民の生活の安定と福祉の向上に寄与することを目的とする。

# 健康保険法

| 問 1 | 正解 **D** | 難易度 基 応 難 |
|---|---|---|

## ● 出題の趣旨

適用事業所、被保険者については、幅広く押さえておきたいところです。

**A** × **根拠**：法32条　　　　　　　cf. 合テキ **7** P48

強制適用事業所が、その要件に該当しなくなったときは、その事業所について、法律上当然に任意適用に係る「認可」があったものとみなされる。

**B** × **根拠**：法３条４項　　　　　　cf. 合テキ **7** P76〜78

任意継続被保険者の対象となるのは、適用事業所に使用されなくなったため、又は適用除外の規定に該当するに至ったため被保険者（日雇特例被保険者を除く。）の資格を喪失した者であり、設問の場合、他の要件を満たせば、任意継続被保険者となることが可能である。

**C** × **根拠**：法33条２項　　　　　　cf. 合テキ **7** P49

４分の３以上の同意に係る使用される者は、「被保険者である者に限る」とされている。

> 【確認】
> 常時５人以上の従業員を使用する適用業種の事業の事業所は（強制）適用事業所とされるが、ここにいう「従業員」の員数の算定においては、適用除外の規定によって被保険者とならない者であっても、当該事業所に常時使用されている者は含まれる。

**D** 〇 **根拠**：法３条１項４号、昭和9.4.17保発191号　　cf. 合テキ **7** P61

設問の通り正しい。季節的業務に使用される者は、継続して４か月を超えて使用されるべき場合には、当初から被保険者となるが、当初４か月以内で使用されるべき予定である場合には、業務の都合等により継続して４か月を超えて使用されることとなっても、被保険者とならない。

**E** × **根拠**：法34条２項、法160条１項、２項　　cf. 合テキ **7** P49、162

厚生労働大臣の承認を受けて２以上の適用事業所を一の適用事業所としたときは、当該２以上の事業所は、適用事業所でなくなったものとみなされるため、それぞれの事業所に使用される被保険者には、一括された適用事業所の所在地の都道府県について定められた都道府県単位保険料率が適用される。

健康保険法　135

| 問 2 | 正解 **B** | 難易度 基 応 難 |

● **出題の趣旨**

保険者については、組織や財政に関する事項もきちんと学習しておきましょう。

**A** ○ **根拠**：則2条の4,2項　　　　　　　　cf. 合テキ 7 P399

設問の通り正しい。

---

【確認】
・事業主（被保険者を使用する適用事業所の事業主をいう。以下同じ。）及び被保険者の意見を反映させ、協会の業務の適正な運営を図るため、協会に運営委員会を置く。
・運営委員会の委員は、9人以内とし、事業主、被保険者及び協会の業務の適正な運営に必要な学識経験を有する者のうちから、厚生労働大臣が各同数を任命する。
・運営委員会の委員の任期は、2年とする。

---

**B** × **根拠**：則2条の4,5項　　　　　　　　cf. 合テキ 7 P400

設問の場合のほか、運営委員会は、委員の総数の3分の2以上が出席すれば、議事を開くことができる。

**C** ○ **根拠**：法7条の20　　　　　　　　　　cf. 合テキ 7 P-

設問の通り正しい。

**D** ○ **根拠**：法7条の14,1項　　　　　　　cf. 合テキ 7 P23

設問の通り正しい。政府又は地方公共団体の職員（非常勤の者を除く。）は、協会の役員となることができないものとされており、厚生労働大臣又は理事長は、それぞれその任命に係る役員（厚生労働大臣の任命に係る役員＝理事長・監事／理事長の任命に係る役員＝理事）が政府又は地方公共団体の職員（非常勤の者を除く。）となったことにより役員となることができない者に該当するに至ったときは、その役員を解任しなければならない。

---

【参考】
(1) 厚生労働大臣又は理事長は、それぞれその任命に係る役員が次の①②のいずれかに該当するとき、その他役員たるに適しないと認めるときは、その役員を解任することができる。
　① 心身の故障のため職務の遂行に堪えないと認められるとき
　② 職務上の義務違反があるとき
(2) 理事長は、上記(1)により理事を解任したときは、遅滞なく、厚生労働大臣に届け出るとともに、これを公表しなければならない。

---

**E** ○ **根拠**：法7条30,1項、則2条の8　　　cf. 合テキ 7 P25

設問の通り正しい。なお、厚生労働大臣は、設問の業績の評価を行ったときは、遅滞なく、協会に対し、当該評価の結果を通知するとともに、これを公表しなければならない。

136

| 問 3 | 正解 D | 難易度 基 応 難 |

## ● 出題の趣旨

保険医療機関等の指定等について、「地方社会保険医療協議会・中央社会保険医療協議会」、「諮問・議を経る」等についても、きちんと整理しておきましょう。

**A ✕ 根拠：法68条** cf. 合テキ 7 P196、197

保険医療機関の指定は、指定の日から起算して6年を経過したときは、その効力を失うが、保険医療機関（病院及び病床を有する診療所を除く。）であって厚生労働省令で定めるものについては、その指定の効力を失う日前6月から同日前3月までの間に、別段の申出がないときは、当該指定に係る「申請」があったものとみなされる。

**B ✕ 根拠：法65条3項5号** cf. 合テキ 7 P198

設問の場合、「指定をしてはならない」のではなく、「指定をしないことができる」とされている。なお、厚生労働大臣は、保険医療機関又は保険薬局の指定をしないこととするときは、地方社会保険医療協議会の議を経なければならない。

**C ✕ 根拠：法71条2項** cf. 合テキ 7 P203

設問のような規定はない。

---

【確認】

厚生労働大臣は、保険医又は保険薬剤師の登録に係る申請があった場合において、次の①〜④のいずれかに該当するときは、その登録をしないことができる。

① 申請者が、健康保険法の規定により保険医又は保険薬剤師に係る登録を取り消され、その取消しの日から5年を経過しない者であるとき。

② 申請者が、健康保険法その他国民の保健医療に関する法律で政令で定めるものの規定により罰金の刑に処せられ、その執行を終わり、又は執行を受けることがなくなるまでの者であるとき。

③ 申請者が、禁錮以上の刑に処せられ、その執行を終わり、又は執行を受けることがなくなるまでの者であるとき。

④ 上記①〜③のほか、申請者が、保険医又は保険薬剤師として著しく不適当と認められる者であるとき。

---

**D ○ 根拠：法89条4項7号** cf. 合テキ 7 P208、209

設問の通り正しい。設問の場合、保険医療機関又は保険薬局の指定に係る申請と異なり、「指定をしてはならない」とされている。また、保険医療機関又は保険薬局の指定をしないこととする場合と異なり、厚生労働大臣が指定訪問看護事業者の指定をしないこととするに当たり、地方社会保険医療協議会の議を経ることを要しない。

**E ✕ 根拠：法89条3項** cf. 合テキ 7 P207、208

設問の場合、指定訪問看護事業者に係る指定の取消しがあったものとはみなされない。

健康保険法　137

【確認】
(1) 指定訪問看護事業者以外の訪問看護事業を行う者について、介護保険法の規定による指定居宅サービス事業者（訪問看護事業を行う者のうち、厚生労働省令で定める基準に該当するものに限る。）の指定、指定地域密着型サービス事業者（訪問看護事業を行う者のうち、厚生労働省令で定める基準に該当するものに限る。）の指定又は指定介護予防サービス事業者（訪問看護事業を行う者のうち、厚生労働省令で定める基準に該当するものに限る。）の指定があったときは、当該訪問看護事業を行う者が別段の申出をしたときを除き、その指定の際、指定訪問看護事業者に係る指定があったものとみなす。
(2) 介護保険法の規定による指定居宅サービス事業者の指定の失効若しくは指定居宅サービス事業者の指定の取消し若しくは効力の停止、指定地域密着型サービス事業者の指定の取消し若しくは効力の停止若しくは指定の失効又は指定介護予防サービス事業者の指定の取消し若しくは効力の停止若しくは指定の失効は、上記(1)により受けたものとみなされた指定訪問看護事業者に係る指定の効力に影響を及ぼさないものとする。

## 問 4　正解 C　難易度 基 応 難

### ● 出題の趣旨

報酬等、標準報酬月額の決定等に関する事項については、通達・事務連絡を含めてしっかりと目を通しておきたいところです。

**A** ○ **根拠**：法3条5項、6項、令和5.6.27事務連絡　　cf. 合テキ 7 P-

設問の通り正しい。なお、事業主が奨学金の返還金を被保険者に支給する場合は、当該返還金が奨学金の返済に充てられることが明らかではないため「報酬等」に該当する。また、給与規程等に基づき、事業主が給与に代えて直接返還金を日本学生支援機構に送金する場合は、労働の対償である給与の代替措置に過ぎず、事業主が被保険者に対して直接返還金を支給しない場合であっても「報酬等」に該当する。

**B** ○ **根拠**：法41条、令和5.6.27事務連絡　　cf. 合テキ 7 P-

設問の通り正しい。

【確認】
夜勤労働者で日をまたいで労務に就いている場合は、支払基礎日数について、次のように取り扱う。
① 夜勤労働者が月給で給与の支払を受けている場合
　→ 各月の暦日数を支払基礎日数とする。
② 夜勤労働者が日給で給与の支払を受けている場合
　→ 給与の支払の基礎となる出勤回数を支払基礎日数とする。ただし、変形労働時間制を導入している場合は、下記の③に準じて取り扱う。
③ 夜勤労働者が時給で給与の支払を受けている場合
　→ 各月の総労働時間をその事業所における所定労働時間で除して得られた日数を支払基礎日数

とする。なお、勤務中に仮眠時間等が設けられている場合、これを労働時間に含めるか否かは、その事業所の業務の実態、契約内容、就業規則等によって仮眠時間等が給与の支払の対象となる時間に含まれているかどうかを確認することで判断する。

C ✕ **根拠：法43条、令和5.6.27事務連絡** cf. 合テキ 7 P-

　設問の場合、随時改定の対象となるか否かの判断は、非固定的賃金が新設された10月を起算月として行うこととされている。非固定的賃金の新設がなされたことによる賃金体系の変更を随時改定の契機とする際は、その非固定的賃金の支払の有無に係わらず、非固定的賃金が新設された月を起算月とし、以後の継続した3か月間のいずれかの月において、当該非固定的賃金の支給実績が生じていれば、随時改定の対象となる。なお、非固定的賃金の新設以後の継続した3か月間に受けた報酬のいずれにも当該非固定的賃金の支給実績が生じていなければ、報酬の変動要因としてみなすことができないため、随時改定の対象とはならない。また、その場合には当該非固定的賃金の支給実績が生じた月を起算月とすることにもならない。

D ○ **根拠：法43条、令和5.6.27事務連絡** cf. 合テキ 7 P-
　設問の通り正しい。

E ○ **根拠：法43条、令和5.6.27事務連絡** cf. 合テキ 7 P132
　設問の通り正しい。

---

**問 5** 　**正解 E** 　**難易度 基 応 難**

● **出題の趣旨**

　一部負担金割合、食事療養標準負担額、生活療養標準負担額は、正確に押さえておきましょう。

---

A ○ **根拠：法97条、平成29.12.22事務連絡** cf. 合テキ 7 P286

　設問の通り正しい。移送費は、被保険者が療養の給付（保険外併用療養費に係る療養を含む。）を受けるため、病院又は診療所に移送されたときに支給されるものであるが、海外で臓器移植を受けることは、療養費の支給対象となり得るものの、「療養の給付を受ける」ことには該当しないため、移送費は支給されない。

【参考】
　海外で臓器移植を受けた場合、療養費の支給が認められる（保険者が「やむを得ないもの」と認める）のは、被保険者等が下記の状態のいずれも満たす場合である。
(1) 臓器移植を必要とする被保険者等がレシピエント適応基準に該当し、海外渡航時に日本臓器移植ネットワークに登録している状態であること
(2) 当該被保険者等が移植を必要とする臓器に係る、国内における待機状況を考慮すると、海外で移植を受けない限りは生命の維持が不可能となる恐れが高いこと

健康保険法　139

B ○ **根拠**：法74条１項、平成14.9.27保保発927007号・庁保険発34号

cf. 合テキ **7** P224、225

　設問の通り正しい。なお、定時決定の場合には、改定後の標準報酬月額の適用は９月１日からとなるため、定時決定により標準報酬月額が「①28万円未満から、28万円以上となった者」「②28万円以上から、28万円未満となった者」については、９月１日より一部負担金の割合が変更されることとなる。

C ○ **根拠**：法85条２項、３項

cf. 合テキ **7** P231、232

　設問の通り正しい。なお、食事療養標準負担額とは、平均的な家計における食費の状況及び特定介護保険施設等における食事の提供に要する平均的な費用の額を勘案して厚生労働大臣が定める額（所得の状況その他の事情をしん酌して厚生労働省令で定める者については、別に定める額）をいい、厚生労働大臣は、食事療養標準負担額を定めた後に勘案又はしん酌すべき事項に係る事情が著しく変動したときは、速やかにその額を改定しなければならないとされている。

D ○ **根拠**：法85条２項、則58条、令和7.3.24厚労告64号

cf. 合テキ **7** P232

　設問の通り正しい。

E × **根拠**：法63条４項

cf. 合テキ **7** P242

　患者申出療養の申出は、厚生労働大臣が定めるところにより、厚生労働大臣に対し、当該申出に係る療養を行う「医療法第４条の３に規定する臨床研究中核病院」（保険医療機関であるものに限る。）の開設者の意見書その他必要な書類を添えて行う。

---

**問6** **正解** **A** **難易度** 基 応 難

**● 出題の趣旨**

　傷病手当金については、通達を含めた取扱い等をきちんと押さえておきたいところです。

A ○ **根拠**：法88条１項、則67条、則68条

cf. 合テキ **7** P258、259

　設問の通り正しい。

B × **根拠**：法88条１項、２項、則69条

cf. 合テキ **7** P259

　訪問看護療養費に係る指定訪問看護は、同時に２か所以上の指定訪問看護事業者から受けることはできない。保険者は、被保険者が疾病又は負傷により、居宅において継続して療養を受ける状態にある者（厚生労働省令で定める基準に適合している者に限る。）であると認められる場合に訪問看護療養費を支給するものとされているが、他の訪問看護ステーション（指定訪問看護事業者が当該指定に係る訪問看護事業を行う事業所をいう。）から現に指定訪問看護を受けるときは、この限りでないとされている。

C × **根拠**：法108条１項、法109条１項

cf. 合テキ **7** P295

設問の場合、受けることができるはずであった報酬の全部又は一部につき、その全額を受けることができなかったときは、傷病手当金の全額が支給される。なお、その報酬の全部又は一部につき、その一部を受けることができなかった場合においてその受けた額が傷病手当金の額より少ないときは、その額と傷病手当金との差額が支給される。

---

【確認】
　保険者は、被保険者が受けることができるはずであった報酬の全部又は一部につき、その全額又は一部を受けることができなかったため、傷病手当金を支給したときは、その支給した金額を、事業主から徴収することとされている。

---

**D　×　根拠：法99条1項、昭和26.5.1保文発1346号**　　cf. 合テキ7 P289

　被保険者の資格を取得する前にかかった疾病又は負傷であっても、当該疾病又は負傷の資格取得後の療養については、傷病手当金の対象となる。

**E　×　根拠：法102条**　　cf. 合テキ7 P310

　出産手当金については、「被保険者が出産したときは、出産の日（出産の日が出産の予定日後であるときは、出産の予定日）以前42日（多胎妊娠の場合においては、98日）から出産の日後56日までの間において労務に服さなかった期間、出産手当金を支給する」こととされており、被保険者の資格を取得する前に出産した場合には、「被保険者が出産したとき」の要件に当てはまらないので、出産手当金の対象とならない。

---

**問 7**　　**正解 C**　　難易度 基 応 難

● **出題の趣旨**

　高額療養費の支給要件等についても、しっかり目を通しておきましょう。

**A　×　根拠：法100条1項**　　cf. 合テキ7 P304

　埋葬料は、その者により生計を維持していた者であって、「埋葬を行うもの」に対し、支給されることとされており、遺族の身分によって支給順位が定まっているものではない。設問の場合、父母が「埋葬を行うもの」に該当するのであれば、埋葬料は父母に対して支給されることとなる。

**B　×　根拠：法115条1項、令41条の2、令42条10項**　　cf. 合テキ7 P273

　70歳以上の外来療養に係る高額療養費算定基準額の年間上限（144,000円）については、計算期間（8月1日から翌年7月31日）の末日（基準日）において現役並み所得者（原則として、標準報酬月額が28万円以上の者＝一部負担金の割合が3割となる者）に該当する場合には、適用されない。したがって、基準日において一般所得者である場合には、他の月において現役並み所得者であったことがあるときであっても年間上限が適用され、また、基準日において現役並み所得者である場合には、他の月において一般所

健康保険法　141

得者であったことがあるときであっても年間上限は適用されない。

**C ○ 根拠：法115条の2,1項** cf. 合テキ **7** P281

　設問の通り正しい。高額介護合算療養費が支給されるには、健康保険の保険給付について一部負担金等を負担し、かつ、介護保険の介護サービス又は介護予防サービスに係る利用者負担をしていることが必要とされる。なお、健康保険の高額療養費、介護保険の高額介護サービス費又は高額介護予防サービス費の支給を受けていることは、高額介護合算療養費の支給要件とされていない。

**D × 根拠：法113条、法114条、昭和23.12.2保文発898号** cf. 合テキ **7** P306、309

　設問の場合、（死産児は被扶養者でないため）家族埋葬料は支給されない。なお、家族出産育児一時金が支給されるとする記述は正しい。

**E × 根拠：法105条1項** cf. 合テキ **7** P316

　被保険者であった者が被保険者の資格を喪失した日後3月以内に死亡したときは、被保険者の資格喪失前の被保険者期間の長短にかかわらず、被保険者であった者により生計を維持していた者であって、埋葬を行うものに対し、埋葬料が支給される。なお、当該被保険者であった者が船員保険の被保険者となったときは、埋葬料の支給は行われない。

---

## 問 8　　正解　**D**　　難易度 基 応 難

● **出題の趣旨**

　費用の負担等については、条文を中心にていねいに学習しておきましょう。

**A ○ 根拠：法165条1項、3項** cf. 合テキ **7** P181、183

　設問の通り正しい。

**B ○ 根拠：法47条** cf. 合テキ **7** P143

　設問の通り正しい。任意継続被保険者の標準報酬月額は、原則として、設問文の①に掲げる額又は②に掲げる額のうち、いずれか少ない額とされている。なお、保険者が健康保険組合である場合においては、設問文の①に掲げる額が②に掲げる額を超える任意継続被保険者について、規約で定めるところにより、①に掲げる額（当該健康保険組合が②に掲げる額を超え①に掲げる額未満の範囲内においてその規約で定めた額があるときは、当該規約で定めた額を標準報酬月額の基礎となる報酬月額とみなしたときの標準報酬月額)をその者の標準報酬月額とすることができる。

**C ○ 根拠：法160条14項** cf. 合テキ **7** P166

　設問の通り正しい。

**D × 根拠：法152条** cf. 合テキ **7** P148

142

健康保険組合に対して交付する国庫負担金は、各健康保険組合における「被保険者数」を基準として、厚生労働大臣が算定するものとされており、健康保険組合に対する国庫負担金の基準には、被扶養者数は含まれない。なお、健康保険組合に対する国庫負担金については、概算払をすることができるとされている。

**E　○　根拠：法附則2条5項、令67条1項**　　　cf. 合テキ 7 P186

設問の通り正しい。なお、調整保険料率とは、健康保険組合が、その財政調整のために健康保険組合連合会に拠出する調整保険料額の算定の基礎となる率である。また、設問の基本調整保険料率は、厚生労働大臣が定めるものとされ、修正率は、健康保険組合連合会が定めるものとされている。

---

**問 9　　正解　A**　　　　　　　　　　難易度 基 応 難

### ● 出題の趣旨

各保険給付を受ける権利の時効の起算日は、しっかりと把握しておきたいところです。

**A　○　根拠：法57条2項**　　　cf. 合テキ 7 P331、332

設問の通り正しい。

【確認】
(1) 保険者は、給付事由が第三者の行為によって生じた場合において、保険給付を行ったときは、その給付の価額（当該保険給付が療養の給付であるときは、当該療養の給付に要する費用の額から当該療養の給付に関し被保険者が負担しなければならない一部負担金に相当する額を控除した額）の限度において、保険給付を受ける権利を有する者（当該給付事由が被保険者の被扶養者について生じた場合には、当該被扶養者を含む。(2)において同じ。）が第三者に対して有する損害賠償の請求権を取得する。
(2) (1)の場合において、保険給付を受ける権利を有する者が第三者から同一の事由について損害賠償を受けたときは、保険者は、その価額の限度において、保険給付を行う責めを免れる。

**B　×　根拠：昭和2.2.18保理発719号**　　　cf. 合テキ 7 P321

健康保険法には、未支給の保険給付に関する独自の規定がないため、未支給の保険給付があるときは、民法の規定による相続人がその請求権を有することとなる。

**C　×　根拠：法58条3項**　　　cf. 合テキ 7 P331

「100分の10」を「100分の40」と読み替えると、正しい記述となる。

**D　×　根拠：法62条**　　　cf. 合テキ 7 P321

租税その他の公課は、保険給付として支給を受けた金品を標準として、課することができないとされており、健康保険組合の付加給付も保険給付であるから、現金で支給されるものと否とを問わず、課税対象とならない。

**E　×　根拠：法193条、平成21.4.30保保発0430001号**　　　cf. 合テキ 7 P388、389

健康保険法　143

高額介護合算療養費については、原則として、基準日（7月31日）の翌日（8月1日）に、はじめてその給付の請求ができるものである。したがって、その給付を受ける権利の消滅時効の起算日は、当該基準日の翌日であり、その消滅時効の期間は、2年である。

---

**問 10**　　**正解　D**　　　　　　　　　　　　　**難易度 基 応 難**

● **出題の趣旨**

　　給付制限については、他の科目と比較横断しつつ押さえておきましょう。

---

**A　○　根拠：社審法5条1項、同法32条4項**　　　cf. 合テキ 7 P384、386

　設問の通り正しい。

**B　○　根拠：法189条3項**　　　cf. 合テキ 7 P382

　設問の通り正しい。

**C　○　根拠：社審法10条1項**　　　cf. 合テキ 7 P385

　設問の通り正しい。なお、社会保険審査官は、原処分の執行を停止した場合であっても、いつでも執行の停止を取り消すことができるとされており、執行の停止は、審査請求があった日から2月以内に審査請求についての決定がない場合において、審査請求人が、審査請求を棄却する決定があったものとみなして再審査請求をしたときは、その効力を失う。

**D　×　根拠：法116条**　　　cf. 合テキ 7 P326

　被保険者又は被保険者であった者が、自己の故意の犯罪行為により、又は故意に給付事由を生じさせたときは、当該給付事由に係る保険給付は、「行わない。」

**E　○　根拠：法118条**　　　cf. 合テキ 7 P324、325

　設問の通り正しい。

# 厚生年金保険法

| 問 1 | 正解 **B** | 難易度 基 応 難 |

● **出題の趣旨**

届出は、事業主が行うもの、被保険者が行うもの等に区分して1つ1つていねいに把握しておきたいところです。

**A ×　根拠：法27条、則15条の2、3項**　　cf. 合テキ**9** P37、38

設問のように、70歳以上被用者の要件該当の届出と被保険者の資格喪失の届出を同時に行うときは、これらの届出は、厚生年金保険被保険者資格喪失届・70歳以上被用者該当届を機構に提出することによって行うものとされている。なお、標準報酬月額に相当する額が70歳以上の使用される者の要件に該当するに至った日の前日における標準報酬月額と同額である場合には、当該届出は不要とされる。

**B ○　根拠：(24)法附則17条2項、則14条の4**　　cf. 合テキ**9** P31、32

設問の通り正しい。なお、設問の申出があったときは、当該特定4分の3未満短時間労働者（厚生年金保険の被保険者の資格を有する者に限る。）は、当該申出が受理された日の翌日に、厚生年金保険の被保険者の資格を喪失する。

**C ×　根拠：法98条2項、則1条1項、2項、則2条1項**　　cf. 合テキ**9** P55

第1号厚生年金被保険者は、同時に2以上の事業所に使用されるに至った場合において、当該2以上の事業所に係る機構の業務が一の年金事務所で行われるときは、2以上の事業所勤務の届書を、10日以内に、機構に提出しなければならないとされている。なお、設問文前段の年金事務所の選択に係る届書についても、2以上の事業所に使用されるに至った日から10日以内に、機構に提出することとされている。

**D ×　根拠：平成25年改正前法126条1項、2項、則2条の2、1項**　　cf. 合テキ**9** P-

設問の選択をした者は、直ちに、その基金の名称を機構に届け出なければならないとされている。なお、設問の場合における基金の選択は、2以上の基金の設立事業所に使用されるに至った日から起算して10日以内にしなければならない。

**E ×　根拠：法23条の2、1項、則10条**　　cf. 合テキ**9** P84

設問の申出は、「事業主」ではなく、育児休業等を終了した被保険者が、被保険者の氏名、生年月日及び住所、個人番号又は基礎年金番号等の所定の事項を記載した申出書を事業主を経由して、機構に提出することによって行うものとされている。

厚生年金保険法　145

| 問 2 | 正解　**A** | 難易度 基 応 難 |
|---|---|---|

● **出題の趣旨**

再評価率の改定（原則・調整期間）についても、しっかりと目を通しておきたいところです。

**A　○　根拠：法78条の25**　　　cf. 合テキ **9** P299、300

設問の通り正しい。

**B　×　根拠：法28条の4**　　　cf. 合テキ **9** P68

厚生年金保険原簿の訂正をしない旨の決定をしようとするときについても、社会保障審議会に諮問しなければならない。

**C　×　根拠：法38条1項、法附則17条、⑹法附則73条1項ただし書**

cf. 合テキ **9** P250、291、293、294

遺族厚生年金に経過的寡婦加算が加算される場合には、（その者は65歳以上であるため）当該遺族厚生年金と老齢基礎年金又は障害基礎年金を併給することができる。この場合、障害基礎年金との併給の場合には経過的寡婦加算相当額が支給停止され、老齢基礎年金との併給の場合には経過的寡婦加算相当額は支給停止されない。

**D　×　根拠：法44条2項**　　　cf. 合テキ **9** P136

加給年金額に係る改定率については、65歳に達した日の属する年度の初日の属する年の3年後の年の4月1日の属する年度以後の年金たる保険給付の受給権者（既裁定者）であるか、当該年度前の年金たる保険給付の受給権者（新規裁定者）であるかを問わず、原則として、毎年度、名目手取り賃金変動率を基準として改定される。

**E　×　根拠：⑿法附則21条4項**　　　cf. 合テキ **9** P359

従前額改定率は、毎年度、原則として、（既裁定者の再評価率の改定と同様に）物価変動率を基準として改定される。

| 問 3 | 正解　**C** | 難易度 基 応 難 |
|---|---|---|

● **出題の趣旨**

支給繰下げ・支給繰上げについて目を通しておきましょう。

**A　×　根拠：法44条の3,1項**　　　cf. 合テキ **9** P148、150

特別支給の老齢厚生年金の支給を受けていた者であっても、65歳以後の老齢厚生年金の支給繰下げの申出をすることができる。

**B　×　根拠：法附則7条の3,6項**　　　cf. 合テキ **9** P135、137

146

設問の場合には、「請求をした当時」ではなく、（繰上げ支給の老齢厚生年金の受給権者が）「65歳に達した当時」、その者によって生計を維持していた65歳未満の配偶者があるときに、加給年金額が加算される。

C　〇　**根拠**：法附則７条の3,5項、法附則15条の２　　　cf. **合テキ 9** P158

設問の通り正しい。設問の繰上げ支給の老齢厚生年金の受給権者については、65歳に達するまでの間は、被保険者資格を喪失したことによる年金額の改定（退職改定）は行われない。

D　×　**根拠**：法44条の3,1項、２項　　　cf. **合テキ 9** P148～150

設問のように、受給権者となった日において支給繰下げの申出があったものとみなされるのは、（老齢厚生年金の受給権を取得した日から起算して10年を経過した日前であって）１年を経過した日後に他の年金たる給付〔他の年金たる保険給付又は国民年金法による年金たる給付（老齢基礎年金及び付加年金並びに障害基礎年金を除く。）をいう。〕の受給権者となった場合である。したがって、１年を経過した日後に障害基礎年金の受給権者となっても、当該申出のみなしの規定は適用されない。

E　×　**根拠**：法78条の27、令３条の13,2項　　　cf. **合テキ 9** P141、142

設問の場合には、原則として、各号の厚生年金被保険者期間のうち一の期間に基づく老齢厚生年金のうち最も早い日において受給権を取得したものについて加給年金額を加算するものとされている。なお、当該最も早い日において受給権を取得した老齢厚生年金が２以上あるときは、各号の厚生年金被保険者期間のうち最も長い一の期間に基づく老齢厚生年金について加給年金額を加算するものとされている。

---

**問 4**　　**正解** **C**　　　　　　　　　　　　　　**難易度基**応難

● **出題の趣旨**

脱退一時金の支給要件等については、きちんと見直しておきましょう。

A　〇　**根拠**：法附則29条８項、令13条　　　cf. **合テキ 9** P339、340
設問の通り正しい。

B　〇　**根拠**：法附則29条４項　　　cf. **合テキ 9** P260
設問の通り正しい。

厚生年金保険法　147

**【確認】**

脱退一時金の額の算定に当たり、保険料率に２分の１を乗じて得た額に乗じる数は、被保険者期間の月数に応じて次のとおりである。

| 被保険者期間の月数 | 政令で定める数 |
|---|---|
| 6月以上12月未満 | 6 |
| 12月以上18月未満 | 12 |
| 18月以上24月未満 | 18 |
| 24月以上30月未満 | 24 |
| 30月以上36月未満 | 30 |
| 36月以上42月未満 | 36 |
| 42月以上48月未満 | 42 |
| 48月以上54月未満 | 48 |
| 54月以上60月未満 | 54 |
| 60月以上 | 60 |

C ✕ **根拠**：法附則29条１項２号、令12条　　　　　cf. 合テキ 9 P259

遺族厚生年金の受給権を有したことがある者については、所定の要件を満たせば、脱退一時金の支給を請求することができる。なお、障害厚生年金の受給権を有したことがある者については、設問文のとおり、脱退一時金の支給を請求することができない。

D 〇 **根拠**：法附則28条の２　　　　　cf. 合テキ 9 P-

設問の通り正しい。設問の旧共済組合員期間は、老齢又は死亡に関し支給する保険給付については、厚生年金保険法による坑内員たる被保険者及び船員たる被保険者以外の被保険者であった期間とみなされ、老齢厚生年金の加給年金額及び遺族厚生年金の中高齢寡婦加算額の要件となる月数に含まれる。

E 〇 **根拠**：法附則28条の３,1項　　　　　cf. 合テキ 9 P265

設問の通り正しい。なお、特例老齢年金の額は、特別支給の老齢厚生年金の額の規定の例により計算した額とされている（ただし、旧共済組合員期間については、報酬比例部分の額の計算の基礎としない。）。

**問 5** 　　正解 **D（イとオ）**　　　　難易度 基 応 難

● **出題の趣旨**

在職老齢年金の額の計算について、復習しておきましょう。

ア 〇 **根拠**：法附則13条の4,1項　　　　　cf. 合テキ 9 P194

148

設問の通り正しい。設問文は、報酬比例部分の支給開始年齢が引き上げられている途中の者を対象とする特例による老齢厚生年金の支給繰上げに関する記述である。

**イ ×　根拠：法44条の3,1項、5項、令和2年法附則8条**　　cf. 合テキ 9 P148、149、154

令和5年3月31日において、老齢厚生年金の受給権を取得した日から起算して5年を経過していない者については、老齢厚生年金の受給権を取得した日から起算して5年を経過した日後に老齢厚生年金を請求し、かつ、老齢厚生年金の支給繰下げの申出をしない場合には、当該請求をした日の5年前の日に老齢厚生年金の支給繰下げの申出があったものとみなされる。一方、設問の受給権者は、令和5年3月31日において、老齢厚生年金の受給権を取得した日から起算して5年を経過しているため、老齢厚生年金の請求の際に支給繰下げの申出をしない場合には、老齢厚生年金の支給繰下げの申出があったものとみなされることはなく、繰下げによる加算が行われない額の老齢厚生年金が支給されることとなる。

**ウ ○　根拠：法46条1項**　　cf. 合テキ 9 P143

設問の通り正しい。被保険者に係る在職老齢年金の仕組みによる支給停止は、前月以前の月に属する日から引き続き当該被保険者の資格を有する者に限り行われるため、月の初日に被保険者の資格を取得した場合であっても、その月については、在職老齢年金の仕組みによる支給停止は行われない。

**エ ○　根拠：法46条1項**　　cf. 合テキ 9 P143

設問の通り正しい。設問の場合、基本月額は120万円、総報酬月額相当額は、令和6年9月の標準報酬月額（36万円）と令和6年9月以前の1年間（令和5年10月から令和6年9月まで）の標準賞与額の総額〔令和6年3月の150万円（支払われた賞与の額は180万円であるが、150万円を超えているので、標準賞与額として決定されるのは150万円）〕を12で除して得た額を合算した額であり、年金の支給停止月額は（120万円÷12＋36万円＋150万円÷12－50万円）×2分の1により計算される。したがって、支給停止月額は、42,500円となる。

**オ ×　根拠：法78条の28**　　cf. 合テキ 9 P150

2以上の種別の被保険者であった期間を有する者が老齢厚生年金の支給繰下げの申出を行う場合には、一の期間に基づく老齢厚生年金についての支給繰下げの申出は、他の期間に基づく老齢厚生年金についての当該申出と同時に行わなければならない。

---

**問 6　正解　C（イとオ）**　　難易度 基 応 難

● **出題の趣旨**

障害厚生年金の額の改定について確認しておきましょう。

厚生年金保険法　149

**ア** × **根拠**：法48条1項、⑹法附則69条1項、⑹経過措置令85条1項

cf. 合テキ**9** P211

　設問の場合には、従前の（旧厚生年金保険法の）障害年金の受給権は消滅せず、受給権者は、旧法の障害年金の支給を受けるか、併合された程度の障害厚生年金の支給を受けるか、どちらかを選択することとなる。

**イ** ○ **根拠**：法52条の2,1項

cf. 合テキ**9** P223

　設問の通り正しい。設問の場合には、併合認定により新たに支給される障害等級1級の障害基礎年金にあわせて障害等級1級の障害厚生年金に額が改定されることとなる。

**ウ** × **根拠**：法47条の2,1項

cf. 合テキ**9** P205

　設問のいわゆる事後重症による障害厚生年金は、「障害認定日後65歳に達する日までの間」ではなく、「障害認定日後65歳に達する日の前日までの間」に障害等級に該当する程度の障害の状態に該当するに至った場合に、その期間内に請求することができる。なお、その他の記述は正しい。

**エ** × **根拠**：法47条、法47条の2、法47条の3

cf. 合テキ**9** P202、205、206

　障害厚生年金は、初診日において「被保険者であった者」に支給されるものであり、被扶養配偶者みなし被保険者期間中に初診日があっても、初診日において被保険者ではない（国民年金の第3号被保険者である）ため、障害厚生年金は支給されない。

**オ** ○ **根拠**：法78条の14,1項、令3条の12の11、則78条の17,1項1号

cf. 合テキ**9** P320、323

　設問の通り正しい。特定被保険者が障害厚生年金の受給権者であり、当該年金額の計算の基礎となる期間に特定期間が含まれている場合には、当該特定期間を除いて3号分割が行われるので、特定被保険者の障害厚生年金の額は改定されない。

---

**問 7** 　正解 **A** 　　　　　　　　　　　　　　　難易度 基 応 難

● **出題の趣旨**

　遺族厚生年金の支給停止事由、失権事由は、正確に押さえましょう。

---

**A** ○ **根拠**：法60条1項

cf. 合テキ**9** P241

　設問の通り正しい。なお、設問の場合には、遺族厚生年金の額のうち、当該受給権者自身の老齢厚生年金相当額については、支給停止される。

**B** × **根拠**：⑹法附則74条1項

cf. 合テキ**9** P250、251

　設問の場合における遺族厚生年金の額は、遺族厚生年金の額の規定の例により計算した額に国民年金法による遺族基礎年金の額の規定の例により計算した額及び子の加算額の規定の例により計算した額を加算した額となる。

C ×　**根拠**：法65条の2、法66条1項　　　cf. 合テキ **9** P-

　夫が60歳未満であるために遺族厚生年金の支給が停止されている場合には、子に対する遺族厚生年金は支給停止されない。

D ×　**根拠**：法67条1項　　　cf. 合テキ **9** P254

　配偶者（又は子）に対する遺族厚生年金は、その配偶者（又は子）の所在が1年以上明らかでないときは、「遺族厚生年金の受給権を有する子（又は配偶者）」の申請によって、その所在が明らかでなくなった時にさかのぼって、その支給が停止される。父母、孫又は祖父母の申請によって支給が停止される旨の規定はない。

E ×　**根拠**：⑹法附則72条2項、3項　　　cf. 合テキ **9** P-

　設問の場合、父に対する遺族厚生年金の受給権は消滅する。平成8年4月1日前に死亡した者の死亡については、その死亡の当時、障害等級1級又は2級に該当する障害の状態にある夫、父母又は祖父母は、その年齢にかかわらず遺族厚生年金の受給権者となることができたが、当該夫、父母又は祖父母が障害等級1級又は2級の障害の状態に該当しなくなったときは、被保険者の死亡の当時55歳以上であったときを除き、遺族厚生年金の受給権は消滅する。

---

**問 8**　　**正解** **B**　　　**難易度** 基 応 難

● **出題の趣旨**

　被保険者の資格については、適用除外に留意しつつ判断できるようにしておきましょう。

A ×　**根拠**：法14条、法18条1項　　　cf. 合テキ **9** P48、49

　任意単独被保険者は、厚生労働大臣の認可を受けて資格を喪失した場合には、その資格の喪失について確認は行われないが、その他の事由（事業所に使用されなくなったとき等）に該当したことによる任意単独被保険者の資格の喪失については、厚生労働大臣の確認によって、その効力を生ずるものとされている。したがって、確認が行われることはないとする設問の記述は誤りである。

B ○　**根拠**：法10条1項、法12条1号　　　cf. 合テキ **9** P40

　設問の通り正しい。設問の臨時に使用される者（船舶所有者に使用される船員を除く。）が、2月以内の期間を定めて使用される者であって、当該定めた期間を超えて使用されることが見込まれないものであるときは、適用除外に該当するので、任意単独被保険者となることはできない。

C ×　**根拠**：法附則4条の3,5項3号　　　cf. 合テキ **9** P47

　設問の場合には、「当該申出が受理された日の翌日」に、その資格を喪失する。なお、その他の記述は正しい。

厚生年金保険法　151

**【確認】**

　国民年金の任意加入被保険者は、厚生労働大臣に申し出て、被保険者の資格を喪失することができるが、その資格を喪失する日は、「当該申出が受理された日」である。

**D　×　根拠：法附則4条の3,6項**　　　　　　　　　　　cf. 合テキ 9 P47

　設問の場合には、当該保険料の納期限の属する月の前月末日に、被保険者の資格を喪失する。

**E　×　根拠：法6条1項、法9条、令1条の2**　　　　　cf. 合テキ 9 P13、24

　個人事業の事業主は、使用される者ではないので、被保険者とならない。なお、その他の記述は正しい。

---

| 問 9 | 正解 **E** | 難易度 基 応 難 |

● **出題の趣旨**

　標準報酬月額については、健康保険と異なる点を中心に押さえておきましょう。

**A　○　根拠：法24条の2**　　　　　　　　　　　　　cf. 合テキ 9 P87

　設問の通り正しい。

**B　○　根拠：法23条1項、平成30.7.30年管管発0730第1号**　cf. 合テキ 9 P76

　設問の通り正しい。なお、賞与に係る報酬額は、標準報酬月額の定時決定又は7月、8月若しくは9月の随時改定の際、次の①②により算定することとされている。

　①　7月1日前の1年間に受けた賞与の額を12で除して得た額

　②　7月1日以前1年内に諸規定により賞与の支給回数が変更され、新たに当該賞与が報酬に該当したときは、変更後の諸規定による賞与の支給回数等の支給条件であったとすれば同日前1年間に受けたであろう賞与の額を算定し、その額を12で除して得た額

**C　○　根拠：法23条1項、令和2.8.17管発0817第1号**　　cf. 合テキ 9 P83

　設問の通り正しい。なお、標準報酬月額等級が第2級にある者の報酬月額が降給（固定的賃金の増額のことをいう。）したことにより、その報酬月額が8万3千円未満となった場合についても、随時改定の対象となる。

**D　○　根拠：法83条1項**　　　　　　　　　　　　　cf. 合テキ 9 P103

　設問の通り正しい。なお、第4種被保険者については、その月の10日までに、保険料を納付しなければならないとされている。

**E　×　根拠：法81条の2、⑥法附則43条12項**　　　　cf. 合テキ 9 P100

　いわゆる育児休業等期間中の保険料の免除は、任意単独被保険者についても行われる。なお、第4種被保険者について免除されないとする記述は正しい。

| 問 10 | 正解 D | 難易度 基 応 難 |

● **出題の趣旨**

2以上の種別の被保険者であった期間を有する場合の取扱いについて確認しておきましょう。

**A ✕ 根拠：法78条の32,2項、令3条の13の6,2項、令3条の13の7**

cf. 合テキ 9 P245、246

　設問の場合、中高齢寡婦加算は、厚生年金被保険者期間のうち最も長い一の期間に基づく遺族厚生年金（厚生労働大臣が支給する第1号厚生年金被保険者期間に係る遺族厚生年金）について加算されることとなる（合算遺族按分率を乗じて得た額をそれぞれの種別の実施機関が支給するのではない。）。なお、最も長い一の期間が2以上ある場合は、次の①～④の順序による期間に基づく遺族厚生年金について当該加算額が加算される。

① 第1号厚生年金被保険者期間

② 第2号厚生年金被保険者期間

③ 第3号厚生年金被保険者期間

④ 第4号厚生年金被保険者期間

**B ✕ 根拠：法78条の33,2項、令3条の13の10,4項**

cf. 合テキ 9 P246、247

　設問の場合、遺族厚生年金の支給に関する事務は、死亡日における実施機関である厚生労働大臣が行う。短期要件の遺族厚生年金の支給に関する事務は、次の①～③に掲げる区分に応じて行われるが、①～③のうち2つ以上に該当する場合には、①の死亡日における実施機関（②及び③の2つに該当する場合は③の実施機関）が遺族厚生年金の支給に関する事務を行うこととされている。設問の場合は、①及び③に該当するので、①の死亡日における実施機関（厚生労働大臣）が行うこととなる。

① 被保険者が死亡したことにより支給される遺族厚生年金……死亡日における実施機関

② 被保険者であった者が、被保険者の資格を喪失した後に、被保険者であった間に初診日がある傷病により当該初診日から起算して5年を経過する日前に死亡したことにより支給される遺族厚生年金……初診日における実施機関

③ 障害等級1級又は2級に該当する障害の状態にある障害厚生年金の受給権者が死亡したことにより支給される遺族厚生年金……障害厚生年金の支給事由となった障害に係る傷病の初診日における実施機関

**C ✕ 根拠：最二小平成11.10.22損害賠償請求事件**

cf. 合テキ 9 P-

　「及びこれに係る加給年金額」とする部分が誤りである。最高裁判所の判例では、加給年金額の部分については、年金としての逸失利益性を認めるのは相当でないというべ

厚生年金保険法　153

きであるとし、これを損害として賠償を請求することはできないものとしている。その他の記述は正しい。

D ○ **根拠**：則78条の2の2,2項　　　　　　　　　　cf. 合テキ 9 P307
　設問の通り正しい。

E × **根拠**：法19条2項、法42条　　　　　　　cf. 合テキ 9 P50、123、124
　設問の場合、厚生年金保険の被保険者期間を有しないため、老齢厚生年金は支給されない。

---

【確認】
　被保険者の資格を取得した月にその資格を喪失したときは、その月を1箇月として被保険者期間に算入する。ただし、その月に更に被保険者又は国民年金の被保険者（第2号被保険者を除く。）の資格を取得したときは、この限りでない。

---

154

# 国民年金法

| 問 1 | 正解 **D（イとオ）** | 難易度 基 応 難 |

## ● 出題の趣旨

届出はていねいに押さえておきましょう。

**ア ×　根拠：則23条１項**　　cf. 合テキ 8 P50

「１年」を「１月」と読み替えると、正しい記述となる。

**イ ○　根拠：法14条の２**　　cf. 合テキ 8 P55、56

設問の通り正しい。

**ウ ×　根拠：法附則９条の４の2,2項**　　cf. 合テキ 8 P323

設問の期間は、学生納付特例に係る期間とみなされる。

**エ ×　根拠：則６条の3,1項**　　cf. 合テキ 8 P43

設問の場合には、「種別変更の届出」ではなく、「種別確認の届出」を提出しなければならない。

**オ ○　根拠：法11条の２**　　cf. 合テキ 8 P35

設問の通り正しい。なお、同一の月において、２回以上にわたり被保険者の種別に変更があったときは、その月は最後の種別の被保険者であった月とみなされる。

| 問 2 | 正解 **B** | 難易度 基 応 難 |

## ● 出題の趣旨

振替加算の支給要件、支給額、支給停止についても目を通しておきましょう。

**A ×　根拠：⑹法附則14条１項**　　cf. 合テキ 8 P150

振替加算は、障害厚生年金の加給年金額の計算の基礎となっていた配偶者が老齢基礎年金の受給権を取得した場合についても、他の要件を満たす限り、行われる。

**B ○　根拠：⑹法附則14条１項**　　cf. 合テキ 8 P150〜152

設問の通り正しい。設問の夫には、64歳から報酬比例部分のみの老齢厚生年金が支給される（在職老齢年金による調整あり）が、令和６年３月までの期間で第１号厚生年金被保険者であった期間が44年以上となり、退職したときは、その翌月（令和７年３月）から定額部分及び加給年金額が加算された老齢厚生年金が支給されることとなる。したがって、その夫により生計を維持する妻は、65歳から支給される老齢基礎年金（令和７年６月支給開始）に当初から振替加算が加算される。

国民年金法　155

**C** ×　**根拠**：⑹法附則14条１項、２項　　　　cf.合テキ8 P152

　老齢基礎年金の支給繰下げの申出をしたときは、振替加算についても支給が繰り下げられるが、その額が増額されることはない。

**D** ×　**根拠**：⑹法附則8条3項　　　　cf.合テキ8 P133、134

　設問の厚生年金保険の坑内員たる被保険者（第３種被保険者）であった期間については、老齢基礎年金の額の計算に当たっては、３分の４を乗ずることはなく、実期間を基礎としてその算定がなされる。

**E** ×　**根拠**：法5条１項、⑹法附則8条4項　　　　cf.合テキ8 P132、172

　設問の期間は、老齢基礎年金の支給要件については、その計算の基礎に算入されない（保険料納付済期間とされない）が、障害基礎年金の保険料納付要件については、その計算の基礎に算入される。

---

| 問 3 | 正解 **E** | 難易度 基 応 難 |

● **出題の趣旨**

　設問のほか、20歳前傷病による障害基礎年金や支給停止事由などを確認しておきましょう。

**A** ×　**根拠**：⑹法附則6条　　　　cf.合テキ8 P-

　設問の者は、「国民年金法第30条第１項の一般的な障害基礎年金」ではなく、「国民年金法第30条の４第１項の20歳前傷病による障害基礎年金」の支給を請求することができる。

**【確認】**

　平成６年11月９日前に国民年金法による障害基礎年金（国民年金法30条の４の規定による障害基礎年金を除く。）の受給権を有していたことがある者（平成６年11月９日において当該障害基礎年金の受給権を有する者を除く。）が、当該障害基礎年金の支給事由となった傷病により、平成６年11月９日において障害等級に該当する程度の障害の状態にあるとき、又は平成６年11月10日から65歳に達する日の前日までの間において、障害等級に該当する程度の障害の状態に該当するに至ったときは、その者は、平成６年11月９日（同日において障害等級に該当する程度の障害の状態にない者にあっては、障害等級に該当する程度の障害の状態に該当するに至ったとき）から65歳に達する日の前日までの間に、国民年金法30条１項の障害基礎年金の支給を請求することができる。

　なお、平成６年11月９日前に国民年金法30条の４の規定による障害基礎年金の受給権を有していたことがある者については、同法30条の４の規定による障害基礎年金の支給を請求することができる。

**B** ×　**根拠**：法30条１項、⑹法附則20条１項　　　　cf.合テキ8 P173

　「当該初診日の前日において65歳未満であるときに限り」ではなく、「当該初診日において65歳未満であるときに限り」である。

C　×　**根拠**：法33条、法33条の2,1項　　cf. 合テキ**8** P185、186

　障害基礎年金に配偶者に係る加算は行われない。

D　×　**根拠**：法33条の2,1項、令4条の7,1項、平成23.3.23年発0323第1号

cf. 合テキ**8** P186

　障害基礎年金に係る収入に関する要件は、「厚生労働大臣の定める金額（年額850万円）以上の収入を有すると認められる者以外の者」等とされており（条文上「将来にわたって」とする文言はない）、定年退職等の事情（定年退職等により収入が減少したような場合）により現に収入が年額850万円未満となると認められる場合には、生計維持に係る収入の要件を満たすものとして取り扱われる〔「近い将来（おおむね5年以内）」ではなく、「現に」年額850万円未満となると認められる場合である〕。遺族基礎年金・寡婦年金の遺族に係る収入の要件と異なるので、注意しておこう。

---

**【確認】**

＜収入に関する要件＞

(1) 遺族基礎年金又は寡婦年金に係る収入に関する要件は、「厚生労働大臣の定める金額（年額850万円）以上の収入を将来にわたって有すると認められる者以外の者」とされており、次のいずれかに該当する者は、当該要件に該当する。

　① 前年の収入（前年の収入が確定しない場合にあっては、前々年の収入）が年額850万円未満であること。

　② 前年の所得（前年の所得が確定しない場合にあっては、前々年の所得）が年額655.5万円未満であること。

　③ 一時的な所得があるときは、これを除いた後、上記①又は②に該当すること。

　④ 上記①、②又は③に該当しないが、定年退職等の事情により近い将来（おおむね5年以内）収入が年額850万円未満又は所得が年額655.5万円未満となると認められること。

(2) 障害基礎年金に係る収入に関する要件は、「厚生労働大臣の定める金額（年額850万円）以上の収入を有すると認められる者以外の者」とされており、次のいずれかに該当する者は、当該要件に該当する。

　① 前年の収入（前年の収入が確定しない場合にあっては、前々年の収入）が年額850万円未満であること。

　② 前年の所得（前年の所得が確定しない場合にあっては、前々年の所得）が年額655.5万円未満であること。

　③ 一時的な所得があるときは、これを除いた後、上記①又は②に該当すること。

　④ 上記①、②又は③に該当しないが、定年退職等の事情により現に収入が年額850万円未満又は所得が年額655.5万円未満となると認められること。

---

E　○　**根拠**：法34条2項、3項、則33条の2の2　　cf. 合テキ**8** P187、188

　設問の通り正しい。設問のいわゆる増進改定請求は、障害の程度が増進したことが明らかである場合として厚生労働省令で定める場合には、1年経過日前であっても行うことができるとされており、「人工呼吸器を装着したもの（1月を超えて常時装着している場合に限る。）に該当する状態に至った場合」はこれに該当する。

国民年金法　157

**【参考】**

　1年経過日前であっても増進改定請求を行うことができる「障害の程度が増進したことが明らかである場合として厚生労働省令で定める場合」には、上記の「人工呼吸器を装着したもの（1月を超えて常時装着している場合に限る。）に該当する状態に至った場合」のほか、次に掲げる状態に至った場合がある。

① 両眼の視力がそれぞれ0.03以下のもの
② 一眼の視力が0.04、他眼の視力が手動弁以下のもの
③ ゴールドマン型視野計による測定の結果、両眼のⅠ／四視標による周辺視野角度の和がそれぞれ80度以下かつⅠ／二視標による両眼中心視野角度が28度以下のもの
④ 自動視野計による測定の結果、両眼開放視認点数が70点以下かつ両眼中心視野視認点数が20点以下のもの
⑤ 両耳の聴力レベルが100デシベル以上のもの
⑥ 両上肢の全ての指を欠くもの
⑦ 両下肢を足関節以上で欠くもの
⑧ 四肢又は手指若しくは足指が完全麻痺したもの（脳血管障害又は脊髄の器質的な障害によるものについては、当該状態が6月を超えて継続している場合に限る。）
⑨ 心臓を移植したもの又は人工心臓（補助人工心臓を含む。）を装着したもの
⑩ 脳死状態（脳幹を含む全脳の機能が不可逆的に停止するに至った状態をいう。）又は遷延性植物状態（意識障害により昏睡した状態にあることをいい、当該状態が3月を超えて継続している場合に限る。）となったもの

---

**問 4**　　**正解　D**　　　　　　　　　　　　　　　　　　　**難易度**基応難

● **出題の趣旨**

　独自給付については、1つ1つていねいに見直しておきましょう。

**A ○　根拠**：法附則9条の3の2,3項、令和2年法附則5条、令14条の3の2

cf. **合テキ8** P230

　設問の通り正しい。脱退一時金の額は、基準月（請求の日の属する月の前月までの第1号被保険者としての被保険者期間に係る保険料納付済期間、保険料4分の1免除期間、保険料半額免除期間又は保険料4分の3免除期間のうち請求の日の前日までに当該期間の各月の保険料として納付された保険料に係る月のうち直近の月をいう。）の属する年度における保険料の額（設問の場合、令和2年度の額＝16,540円）に2分の1を乗じて得た額に保険料納付済期間等の月数（設問の場合、60月）に応じて政令で定める数（設問の場合、36）を乗じて得た額である（第2号被保険者としての被保険者期間は国民年金法による脱退一時金の算定の対象とならない。）。また、最後に保険料を納付した月が令和3年3月以前（設問の場合、令和3年2月）の場合は、政令で定める数の上限は36月となる。なお、保険料納付済期間等の月数とは、請求の日の前日において請求の日の属する月の前月までの第1号被保険者としての被保険者期間に係る保険料納付済期

間の月数、保険料４分の１免除期間の月数の４分の３に相当する月数、保険料半額免除期間の月数の２分の１に相当する月数及び保険料４分の３免除期間の月数の４分の１に相当する月数を合算した月数をいう。

---

【確認】
　最後に保険料を納付した月が令和３年４月以後である場合には、脱退一時金の額の算定に当たり、保険料の額に２分の１を乗じて得た額に乗じる数は、保険料納付済期間等の月数に応じて次のとおりである。

| 保険料納付済期間等の月数 | 保険料の額に２分の１を乗じて得た額に乗じる数 |
| --- | --- |
| ６月以上12月未満 | 6 |
| 12月以上18月未満 | 12 |
| 18月以上24月未満 | 18 |
| 24月以上30月未満 | 24 |
| 30月以上36月未満 | 30 |
| 36月以上42月未満 | 36 |
| 42月以上48月未満 | 42 |
| 48月以上54月未満 | 48 |
| 54月以上60月未満 | 54 |
| 60月以上 | 60 |

第２回
択一式

解答

---

**B　○　根拠：法附則９条の３の2,7項、令14条の５**　　cf. 合テキ 8 P254、255
設問の通り正しい。

**C　○　根拠：法49条１項**　　cf. 合テキ 8 P217
設問の通り正しい。

**D　×　根拠：法52条の６**　　cf. 合テキ 8 P227
死亡一時金の支給を受けることができる遺族が、同一人の死亡により寡婦年金を受けることができるときは、その者の選択により、死亡一時金と寡婦年金とのうち、その一が支給され、他は支給されない。

**E　○　根拠：法52条の2,1項**　　cf. 合テキ 8 P222
設問の通り正しい。設問の場合、死亡一時金の支給要件に係る月数は、保険料納付済期間27月（24月＋３月）＋保険料４分の1免除期間12月×3/4＝36月であり、他の要件を満たせば、死亡一時金が支給される。

国民年金法　159

| 問 5 | 正解 **D** | 難易度 基 応 難 |

● **出題の趣旨**

遺族基礎年金の支給停止、失権の事由は確実に押さえておきましょう。

**A ×　根拠：法37条、(60)法附則12条１項、同法附則別表第２**　　cf. 合テキ**8** P199〜201

設問の死亡した者は、厚生年金保険の被保険者（第２号被保険者）としての被保険者期間を24年有しており、また、昭和31年２月11日生まれの者（令和２年２月10日に64歳に達した者）であることから、いわゆる厚生年金保険の期間短縮特例により25年の期間を満たしていることとされるため、その者の遺族に遺族基礎年金が支給され得る。

**B ×　根拠：法40条２項**　　cf. 合テキ**8** P211

配偶者の有する遺族基礎年金の受給権は、その全ての子が「配偶者以外の者の養子となったとき」は、消滅する。直系血族又は直系姻族は、配偶者以外の者であるため、子の全てが直系血族又は直系姻族の養子となったときは、配偶者の遺族基礎年金の受給権は消滅することとなる。

**C ×　根拠：法39条２項**　　cf. 合テキ**8** P206

設問の場合、その生まれた日の属する月の「翌月」から、遺族基礎年金の額が改定される。

**D ○　根拠：法41条２項**　　cf. 合テキ**8** P209

設問の通り正しい。

**E ×　根拠：法40条**　　cf. 合テキ**8** P211

設問の場合（姻族関係を終了させた場合）は、失権事由に該当しない。

| 問 6 | 正解 **B**（アとエ） | 難易度 基 応 難 |

● **出題の趣旨**

国民年金基金については、設立、掛金等、幅広く押さえておきましょう。

**ア ×　根拠：法127条３項**　　cf. 合テキ**8** P288

産前産後期間の保険料免除の規定により保険料を納付することを要しないものとされたことを理由として、加入員の資格を喪失することはない。

**イ ○　根拠：法129条３項**　　cf. 合テキ**8** P291

設問の通り正しい。なお、国民年金基金が支給する一時金の額は、8,500円を超えるものでなければならないとされている。

**ウ ○　根拠：法130条２項、基金令24条１項**　　cf. 合テキ**8** P290

設問の通り正しい。なお、支給繰上げによる老齢基礎年金の受給権者に対し国民年金基金が支給する年金の額は、200円に減額率を乗じて得た額を200円から減じた額に納付された掛金に係る当該国民年金基金の加入員期間の月数を乗じて得た額を超えるものでなければならない。

**エ ✕ 根拠：法133条**　　　　　　　　　　　　　cf. 合テキ 8 P290

国民年金基金が支給する給付を受ける権利は、その権利を有する者の請求に基いて、「国民年金基金」が裁定する。なお、国民年金基金連合会が支給する年金及び一時金を受ける権利は、その権利を有する者の請求に基いて、国民年金基金連合会が裁定するものとされている。

**オ ◯ 根拠：法135条1項1号、2項**　　　　　　cf. 合テキ 8 P282、283

設問の通り正しい。

---

**【確認】**

国民年金基金は、次の①〜③に掲げる理由により解散するものとされており、①又は②の理由により解散しようとするときは、厚生労働大臣の認可を受けなければならない。
① 代議員の定数の4分の3以上の多数による代議員会の議決
② 国民年金基金の事業の継続の不能
③ 厚生労働大臣による解散の命令

---

| 問 7 | 正解 **A** | 難易度 基 応 難 |

● **出題の趣旨**

費用の負担等に関する事項は、幅広く学習しておきましょう。

**A ✕ 根拠：法87条3項、改定令2条**　　　　　cf. 合テキ 8 P70、71

設問のカッコ書の端数処理の部分が誤りである。17,000円に保険料改定率を乗じて得た額に5円未満の端数が生じたときは、これを切り捨て、5円以上10円未満の端数が生じたときは、これを10円に切り上げるものとされている。その他の記述は正しい。なお、保険料の一部免除（国民年金法90条の2,1項〜3項）の規定により納付することを要しないものとされたその一部の額以外の残余の額に5円未満の端数が生じたときは、これを切り捨て、5円以上10円未満の端数が生じたときは、これを10円に切り上げるものとされている。

**B ◯ 根拠：法90条3項**　　　　　　　　　　　cf. 合テキ 8 P99

設問の通り正しい。なお、保険料の一部免除の処分についても同様の規定が設けられている。

**C ◯ 根拠：法94条の3,1項、2項、令11条の3**　　cf. 合テキ 8 P65、66

国民年金法　161

設問の通り正しい。設問の被保険者の総数並びに政府及び実施機関に係る被保険者の総数は、第１号被保険者にあっては保険料納付済期間、保険料４分の１免除期間、保険料半額免除期間又は保険料４分の３免除期間を有する者、第２号被保険者にあっては20歳以上60歳未満の者、第３号被保険者にあってはすべての者を計算の基礎とするものとされ、第１号被保険者であって保険料全額免除期間のみを有する者は、その計算の基礎とされない。

**D ○ 根拠**：(60)法附則34条４項　　cf. 合テキ**8** P-

設問の通り正しい。なお、国庫は、毎年度、当該年度における国民年金基金又は国民年金基金連合会が支給する一時金に要する費用について、国民年金法52条の4,2項の加算額（8,500円）の４分の１に相当する額を負担するものとされている。

---

**【確認】**

国庫は、毎年度、国民年金事業に要する費用に充てるため、付加年金の給付に要する費用及び死亡一時金の加算額（付加保険料の保険料納付済期間が３年以上あるものが死亡した場合における8,500円の加算額をいう。）の給付に要する費用の総額の４分の１に相当する額を負担する。

---

**E ○ 根拠**：法86条　　cf. 合テキ**8** P64

設問の通り正しい。

---

| 問 8 | 正解 **B** | 難易度 基 応 難 |
|---|---|---|

● **出題の趣旨**

支給制限は、各科目横断しておくとよいでしょう。

---

**A × 根拠**：法72条１号　　cf. 合テキ**8** P264

受給権者が、正当な理由がなくて、国民年金法107条１項の規定による物件の提出命令に従わず、又は同項の規定による当該職員の質問に応じなかったときは、「その額の全部又は一部につき、その支給を停止することができる」。

**B ○ 根拠**：法70条　　cf. 合テキ**8** P264

設問の通り正しい。自己の故意の犯罪行為又は重大な過失により、死亡又はその原因となった事故を生じさせた者の死亡については、これを支給事由とする給付は、その全部又は一部を行わないことができる。

**C × 根拠**：法22条、平成27.9.30年官官発0930第６号　　cf. 合テキ**8** P266

設問の場合、死亡一時金は支給される。死亡一時金は、保険料の掛捨て防止を目的とした給付であり、その性質から損害賠償との調整は行わない。

**D × 根拠**：法18条の４　　cf. 合テキ**8** P249

失踪の宣告を受けたことにより死亡したとみなされた者に係る死亡を支給事由とする

162

給付の支給に関する規定の適用における身分関係、年齢及び障害の状態については、失踪の宣告により死亡したものとみなされた日を死亡日として取り扱う。

**E** ✕ **根拠**：法18条2項　　　　　　　　　　　　　cf. 合テキ **8** P246

これらの日（支給を停止すべき事由が生じた日及びその事由が消滅した日）が同じ月に属する場合は、支給は停止されない。

---

| 問 9 | 正解 **A** | 難易度 **基** 応 難 |
|---|---|---|

**● 出題の趣旨**

用語の定義・被保険者の定義等を確認しておきましょう。

**A** 〇 **根拠**：法7条1項3号、則1条の3、則8条の3　　　cf. 合テキ **8** P20

設問の通り正しい。第3号被保険者が国内居住要件の例外（以下「特例要件」という。）のいずれかに該当するに至った場合又は日本国内に住所を有するに至ったことにより特例要件に該当しなくなった場合であって、引き続き第3号被保険者となるときは、当該第3号被保険者は、当該事実があった日から14日以内に、所定の事項を記載した届書を日本年金機構に提出しなければならないとされている。なお、この場合において特例要件のいずれかに該当するに至った者にあっては、当該届書にその事実を明らかにすることができる書類を添えなければならないとされている。

**【確認】**
＜特例要件＞
① 外国において留学をする学生
② 外国に赴任する第2号被保険者に同行する者
③ 観光、保養又はボランティア活動その他就労以外の目的で一時的に海外に渡航する者
④ 第2号被保険者が外国に赴任している間に当該第2号被保険者との身分関係が生じた者であって、上記②に掲げる者と同等と認められるもの
⑤ 上記①〜④に掲げる者のほか、渡航目的その他の事情を考慮して日本国内に生活の基礎があると認められる者

**B** ✕ **根拠**：法5条1項　　　　　　　　　　　　cf. 合テキ **8** P12、13

保険料納付済期間には、「国民年金法第90条の2第1項から第3項までの規定によりその一部の額につき納付することを要しないものとされた保険料につきその残余の額が納付又は徴収された期間」は含まれない。なお、当該期間は保険料免除期間となる。

**C** ✕ **根拠**：法7条2項、令4条　　　　　　　　　cf. 合テキ **8** P20

第3号被保険者の認定に係る主として第2号被保険者の収入により生計を維持することの認定は、健康保険法、国家公務員共済組合法、地方公務員等共済組合法及び私立学校教職員共済法における被扶養者の認定の取扱いを勘案して「日本年金機構」が行う。

国民年金法　**163**

D　×　根拠：法附則５条１項　　　　　　　　　　　cf. 合テキ8 P23、24

　特別支給の老齢厚生年金の支給を受けている場合であっても、他の要件を満たせば、任意加入被保険者となることができる。

E　×　根拠：法５条８項　　　　　　　　　　　　　　cf. 合テキ8 P12

　国民年金法において、「政府及び実施機関」とは、厚生年金保険の実施者たる政府及び実施機関たる共済組合等をいう。なお、国民年金法において、「実施機関たる共済組合等」とは、厚生年金保険の実施機関たる国家公務員共済組合連合会、地方公務員共済組合連合会又は日本私立学校振興・共済事業団をいう。

---

## 問 10　正解　D　　　　　　　　　　　　　　　　難易度 基 応 難

**● 出題の趣旨**

　合算対象期間を１つ１つ確認しておきましょう。

---

A　○　根拠：⑽法附則８条５項10号　　　　　　　cf. 合テキ8 P143

　設問の通り正しい。

B　○　根拠：⑽法附則８条５項９号　　　　　　　cf. 合テキ8 P141

　設問の通り正しい。

C　○　根拠：⑳法附則13条２項　　　　　　　　　cf. 合テキ8 P142、143

　設問の通り正しい。

D　×　根拠：⑽法附則８条５項７号　　　　　　　cf. 合テキ8 P138

　設問の船員保険の被保険者であった期間のうち、老齢基礎年金の合算対象期間となるのは、昭和36年４月１日以後の期間に限られる。

E　○　根拠：⑳法附則10条１項、２項、⑳法附則11条１項、⑳法附則12条１項

　　　　　　　　　　　　　　　　　　　　　　　　cf. 合テキ8 P143、144

　設問の通り正しい。

164

# PLUS 1

## 選択式 プラスワン予想 解答・解説

| | |
|---|---|
| 解答一覧 | 166 |
| 労働基準法及び労働安全衛生法 | 168 |
| 労働者災害補償保険法 | 169 |
| 雇用保険法 | 170 |
| 労務管理その他の労働に関する一般常識 | 172 |
| 社会保険に関する一般常識 | 173 |
| 健康保険法 | 174 |
| 厚生年金保険法 | 175 |
| 国民年金法 | 176 |

# 選択式　プラスワン予想・解答一覧

| 問1 | 労働基準法及び労働安全衛生法 | 難易度 基応難 |
|---|---|---|
| A | ④ | 労働者の責めに帰すべき事由によるとはいえない |
| B | ③ | 出勤日数に算入するのが相当でなく全労働日から除かれるべきもの |
| C | ④ | 出勤日数に算入すべきものとして全労働日に含まれる |
| D | ① | 人体に及ぼす作用 |
| E | ④ | ５年 |

| 問2 | 労働者災害補償保険法 | 難易度 基応難 |
|---|---|---|
| A | ⑪ | 社会通念上 |
| B | ⑧ | 合意 |
| C | ⑭ | 損害の額から過失割合による減額をし、その残額から右保険給付の価額を控除する方法 |
| D | ⑯ | 不法行為の時 |
| E | ⑬ | 損益相殺的 |

| 問3 | 雇用保険法 | 難易度 基応難 |
|---|---|---|
| A | ⑩ | ５と２分の１か月 |
| B | ⑲ | 毎月勤労統計 |
| C | ⑭ | 100分の120を超え、又は100分の83 |
| D | ① | ７日 |
| E | ⑤ | ３か月 |

| 問4 | 労務管理その他の労働に関する一般常識 | 難易度 基応難 |
|---|---|---|
| A | ⑮ | 特別な社会的接触 |
| B | ⑬ | 信義則 |
| C | ⑧ | 債務の本旨 |
| D | ② | 危険負担 |
| E | ⑯ | 取締法規 |

| 問5 | | 社会保険に関する一般常識 | 難易度 | 基 応 難 |
|:---:|:---:|---|:---:|:---:|
| A | ② | 4割 | | |
| B | ② | 106 | | |
| C | ① | キャリアアップ助成金 | | |
| D | ② | 3年 | | |
| E | ① | 2年 | | |

| 問6 | | 健康保険法 | 難易度 | 基 応 難 |
|:---:|:---:|---|:---:|:---:|
| A | ② | 総報酬額の平均額 | | |
| B | ① | 2年ごとに | | |
| C | ④ | 翌事業年度以降の5年間 | | |
| D | ① | 総報酬額 | | |
| E | ① | 運営委員会 | | |

| 問7 | | 厚生年金保険法 | 難易度 | 基 応 難 |
|:---:|:---:|---|:---:|:---:|
| A | ② | 月の前月 | | |
| B | ② | 月の前月までの2年間 | | |
| C | ② | 第13級（190,000円） | | |
| D | ① | 標準報酬月額に100分の4 | | |
| E | ③ | 10万円 | | |

| 問8 | | 国民年金法 | 難易度 | 基 応 難 |
|:---:|:---:|---|:---:|:---:|
| A | ① | 0.997 | | |
| B | ① | 1を上回る | | |
| C | ② | 1を下回る | | |
| D | ② | 1を下回る | | |
| E | ④ | 名目手取り賃金変動率 | | |

プラスワン
予想
選択式

解 答

| 問 1 | 労働基準法及び労働安全衛生法 | 難易度基応難 |

### ● ポイント解説

　設問2に関連して、「事業者は、令17条に規定する物（製造許可物質）又は令18条各号に掲げる物（表示対象物）を容器に入れ、又は包装して保管するとき（法57条1項の規定により表示対象物の譲渡又は提供に用いる容器又は包装に表示をした場合において、当該表示がされた容器又は包装により保管するときを除く。）は、当該物の名称及び人体に及ぼす作用について、当該物の保管に用いる容器又は包装への表示、文書の交付その他の方法により、当該物を取り扱う者に、明示しなければならない。」とされています。

**解答根拠**：最一小平成25.6.6八千代交通事件、安衛則34条の2の5,2項

A　④　**労働者の責めに帰すべき事由によるとはいえない**　cf. 合テキ**1** P200

B　③　**出勤日数に算入するのが相当でなく全労働日から除かれるべきもの**
cf. 合テキ**1** P201

C　④　**出勤日数に算入すべきものとして全労働日に含まれる**
cf. 合テキ**1** P200

D　①　**人体に及ぼす作用**　cf. 合テキ**2** P104

E　④　**5年**　cf. 合テキ**2** P104

| 問 2 | 労働者災害補償保険法 | 難易度 基 応 難 |

## ● ポイント解説

設問1の「届出による婚姻関係がその実体を失って形骸化し、かつ、その状態が固定化して近い将来解消される見込みがなかった場合」は、具体的には、次に掲げる要件のすべてを満たす状態をいうものとされています。

(1) 被災者の死亡時、当事者間において、婚姻関係の形骸化及びその状態の固定化を容易に推認できるほどの長期間にわたる別居状態が継続中であったこと。

(2) 上記(1)の別居状態が継続している期間（別居期間）中、当事者間において、電話連絡、書簡又は訪問等による交流の事実が存在せず、音信不通又はそれに準じた状態であったこと。

(3) 別居期間中、正常な夫婦関係の回復、別居生活の解消を図るための継続した努力の形跡が当事者のいずれにも認められないこと。ただし、届出による婚姻関係にあった者について、生活状態等からこれらの継続した努力が期待し得ないと認められる場合を除く。

設問2の最高裁判所の判例では、Cの設問部分に続いて、「けだし（なぜなら）、法12条の4は、事故が第三者の行為によって生じた場合において、受給権者に対し、政府が先に保険給付をしたときは、受給権者の第三者に対する損害賠償請求権は右給付の価額の限度で当然国に移転し、第三者が先に損害賠償をしたときは、政府はその価額の限度で保険給付をしないことができると定め、受給権者に対する第三者の損害賠償義務と政府の保険給付義務とが相互補完の関係にあり、同一の事由による損害の二重填補を認めるものではない趣旨を明らかにしているのであって、……損害賠償額を定めるにつき労働者の過失を斟酌すべき場合には、受給権者は第三者に対し右過失を斟酌して定められた額の損害賠償請求権を有するにすぎないので、国に移転するとされる損害賠償請求権も過失を斟酌した後のそれを意味すると解するのが、文理上自然であり、右規定の趣旨にそうものといえるからである」としています。

> プラスワン
> 予想
> 選択式
>
> 解 答

**解答根拠**：最三小平成元.4.11高田建設事件、最大判平成27.3.4フォーカスシステムズ労災遺族年金事件、平成10.10.30基発627号

A ⑪ 社会通念上 　　　　　　　　　　　　　　cf. 合テキ 3 P-

B ⑧ 合意 　　　　　　　　　　　　　　　　　cf. 合テキ 3 P-

C ⑭ 損害の額から過失割合による減額をし、その残額から右保険給付の価額を控除する方法 　　　　　　　　cf. 合テキ 3 P188

D ⑯ 不法行為の時 　　　　　　　　　　　　　cf. 合テキ 3 P194

E ⑬ 損益相殺的 　　　　　　　　　　　　　　cf. 合テキ 3 P194

| 問 3 | 雇用保険法 | 難易度 基 応 難 |

● **ポイント解説**

設問1については、次のようになります。

(1) 被保険者期間の算定の対象となる期間は、丙事業の離職の日（令和7年5月31日）以前の1年間（令和6年6月1日～令和7年5月31日）となります。

(2) 一般被保険者であった期間については、被保険者資格の喪失の日の前日（離職日）からさかのぼって1か月毎に区切っていき、このように区切られた1か月の期間に賃金支払基礎日数が11日以上ある場合に、その1か月の期間を被保険者期間の1か月として計算します。また、このように区切ることにより1か月未満の期間が生じたときは、その1か月未満の期間の日数が15日以上あり、かつ、その期間内に賃金支払基礎日数が11日以上あるときに、その期間を被保険者期間の2分の1か月として計算します。

(3) 短期雇用特例被保険者であった期間については、当分の間、月の途中で資格を取得した場合には、その月の初日から資格を取得したものとみなし、資格の喪失の日の前日が月の途中である場合にはその月の末日を資格の喪失の日の前日とみなして、(2)と同様に被保険者期間を計算します。したがって、(2)による1か月ごとの区切りは、すべての場合に暦月と一致するので、1か月未満の端数の期間が生ずることはありません。

※ 一般被保険者であった者が離職し、短期雇用特例被保険者として再就職し離職した場合又は短期雇用特例被保険者として離職した者が一般被保険者として再就職し、離職した場合には、短期雇用特例被保険者であった期間についてのみ(3)の方法により計算することとなります。

(4) 短期雇用特例被保険者に係る被保険者期間の算定に当たり、同一暦月において、例えばX事業所で賃金支払基礎日数があり、Y事業所でも賃金支払基礎日数がある場合には、X事業所及びY事業所の賃金支払基礎日数を合計した日数が、その暦月における賃金支払基礎日数となり、その暦月における賃金支払基礎日数が11日以上となるときに、被保険者期間1か月として計算します。なお、本問と直接関係はありませんが、同一暦月において、例えばX事業所において賃金支払基礎日数が11日以上あり、Y事業所においても賃金支払基礎日数が11日以上ある場合には、被保険者期間2か月として計算するのでなく、その日数はその暦月において合計して計算されるので、被保険者期間1か月として計算します。

設問の場合、一般被保険者であった期間については、(1)により、令和6年6月1日～令和6年7月25日までの期間が被保険者期間の算定の対象となる期間であり、(2)により、令和6年6月26日～令和6年7月25日の賃金支払基礎日数が22日であり、令和6年6月1日～令和6年6月25日の賃金支払基礎日数が14日以上〔令和6年5月26日～令和6年6月25日における賃金支払基礎日数が20日であるため、令和6年5月26日～令和6年5月31日（6日間）の全てが賃金支払基礎日数であったとしても、令和6年6月1日～令和6年6月25日の賃金支払基礎日数は

170

14日となる〕であるため、令和6年6月1日～令和6年7月25日までの期間における被保険者期間は、「1と2分の1か月」として計算されます。…①

　短期雇用特例被保険者であった期間における被保険者期間については、(3)により、暦月で計算することとなり、令和7年5月及び4月は、それぞれ賃金支払基礎日数が16日、12日なので、それぞれの月が被保険者期間1か月として計算されます。また、令和7年3月については、(4)により、乙事業における賃金支払基礎日数6日と丙事業における賃金支払基礎日数6日を合計すると「12日」となるので、被保険者期間1か月として計算されます。令和7年2月については、賃金支払基礎日数が11日（17日－6日）となるので、被保険者期間1か月として計算されます。これらを合計すると、短期雇用特例被保険者であった期間における被保険者期間は、「4か月」となります。…②

　したがって、丙事業の離職時におけるTの被保険者期間は、①＋②＝「5と2分の1か月」となります。

**解答根拠**：法14条1項、法39条1項、法49条1項、法52条1項、3項、法附則3条1項、行政手引55103、55104

| | | | |
|---|---|---|---|
| A | ⑩ | 5と2分の1か月 | cf. 合テキ 4 P72、73、154 |
| B | ⑲ | 毎月勤労統計 | cf. 合テキ 4 P99 |
| C | ⑭ | 100分の120を超え、又は100分の83 | cf. 合テキ 4 P161、162 |
| D | ① | 7日 | cf. 合テキ 4 P282 |
| E | ⑤ | 3か月 | cf. 合テキ 4 P274 |

| 問 4 | 労務管理その他の労働に関する一般常識 | 難易度 基 応 難 |

### ● ポイント解説

　設問3について、危険負担とは、双務契約が成立した後に、債務者の責めに帰すべき事由によらず債務が履行不能となった場合に、そのリスクを当事者のどちらが負担するのかという問題のことです。

　これを労働契約に当てはめると、労働者の責めに帰すべき事由によらず労務の提供をすることができなくなった場合に、使用者は賃金の支払を拒絶できる（労働者が危険を負担する）のか、賃金の支払を拒絶できない（使用者が危険を負担する）のかという問題となります。

　民法536条では、危険負担について、次のように規定しています。

　第1項：当事者双方の責めに帰することができない事由によって債務を履行することができなくなったときは、債権者は、反対給付の履行を拒むことができる。

　第2項：債権者の責めに帰すべき事由によって債務を履行することができなくなったときは、債権者は、反対給付の履行を拒むことができない。（以下略）

　設問3の判例（最二小昭和62.7.17ノース・ウエスト航空事件・一部読替）では、「ストライキは労働者に保障された争議権の行使であって、使用者がこれに介入して制御することはできず、また、団体交渉において組合側にいかなる回答を与え、どの程度譲歩するかは使用者の自由であるから、団体交渉の決裂の結果ストライキに突入しても、そのことは、一般に使用者に帰責さるべきものということはできない。したがって、労働者の一部によるストライキが原因でストライキ不参加労働者の労働義務の履行が不能となった場合は、使用者が不当労働行為の意思その他不当な目的をもってことさらストライキを行わしめたなどの特別の事情がない限り、右ストライキは民法536条2項の『債権者の責めに帰すべき事由』には当たらず…」としており、使用者は賃金の支払を拒むことができることになります。

**解答根拠**：最三小昭和50.2.25陸上自衛隊事件、最一小昭和60.3.7水道機工事件、最二小昭和62.7.17ノース・ウエスト航空事件、最二小平成21.12.18パナソニックプラズマディスプレイ事件

| A | ⑮ | 特別な社会的接触 | cf. 合テキ 6 P28 |
| B | ⑬ | 信義則 | cf. 合テキ 6 P28 |
| C | ⑧ | 債務の本旨 | cf. 合テキ 1 P88 |
| D | ② | 危険負担 | cf. 合テキ 6 P- |
| E | ⑯ | 取締法規 | cf. 合テキ 6 P- |

| 問 5 | 社会保険に関する一般常識 | 難易度 基 応 難 |

### ● ポイント解説

　社会保険適用促進手当については、社会保険料負担の発生等による手取り収入の減少を理由として就業調整を行う者が一定程度存在するという、いわゆる「106万円の壁※」の時限的な対応策として、臨時かつ特例的に労働者の保険料負担を軽減すべく支給されるものであることから、社会保険適用に伴い新たに発生した本人負担分（健康保険・厚生年金保険・介護保険の本人負担分）の保険料相当額を上限として、保険料算定の基礎となる標準報酬月額・標準賞与額（標準報酬月額等）の算定に考慮しないこととしています（社会保険適用促進手当の標準報酬算定除外）。

　※　所定内賃金が月額8.8万円以上であることが短時間労働者の適用要件の１つとなっており、106万円は年収換算した参考額です。

　なお、「社会保険適用促進手当の標準報酬算定除外の措置」は、原則として新たに社会保険の適用となった労働者であって、標準報酬月額が10.4万円以下※の者が対象となります。

　※　標準報酬月額11.0万円以上の者については、社会保険の保険料負担を考慮してもなお、手取り収入が106万円を超えることから、既に「106万円の壁」を超えており、壁を超える後押しをすることを目的とする当該措置の対象となりません。

プラスワン
予想
選択式

解　答

**解答根拠**：年収の壁・支援強化パッケージ、令和5.10.20保保発1020第３号

| A | ② | ４割 | cf. 合テキ10 P- |
| B | ② | 106 | cf. 合テキ10 P- |
| C | ① | キャリアアップ助成金 | cf. 合テキ10 P- |
| D | ② | ３年 | cf. 合テキ10 P- |
| E | ① | ２年 | cf. 合テキ10 P- |

173

| 問 6 | 健康保険法 | 難易度 基 応 難 |

## ● ポイント解説

　設問3について、支部長は、設問3の意見を求められた場合のほか、都道府県単位保険料率の変更が必要と認める場合には、あらかじめ、当該支部に設けられた評議会の意見を聴いた上で、理事長に対し、当該都道府県単位保険料率の変更について意見の申出を行うものとされています。なお、協会が都道府県単位保険料率を変更しようとするときは、理事長は、その変更について厚生労働大臣の認可を受けなければなりません。

**解答根拠：法160条4項〜6項**

| | | | |
|---|---|---|---|
| A | ② | 総報酬額の平均額 | cf. 合テキ 7 P162 |
| B | ① | 2年ごとに | cf. 合テキ 7 P162 |
| C | ④ | 翌事業年度以降の5年間 | cf. 合テキ 7 P162 |
| D | ① | 総報酬額 | cf. 合テキ 7 P162 |
| E | ① | 運営委員会 | cf. 合テキ 7 P163 |

| 問 7 | 厚生年金保険法 | 難易度 基 応 難 |

### ● ポイント解説

　設問2について、高年齢雇用継続基本給付金の支給による年金額の調整率（減額率）が最大となるのは、受給権者に係る標準報酬月額が、みなし賃金日額に30を乗じて得た額（設問の場合、300,000円）の100分の64に相当する額（設問の場合、192,000円）未満であるときです。したがって、標準報酬月額等級が第13級（190,000円）以下のときに、調整率（減額率）が最大となります。

　設問3について、月の末日（本問の場合、4月末日）に退職したことにより被保険者の資格を喪失した場合には、原則として、当該月の翌月（本問の場合、5月）について、在職老齢年金の仕組みによる支給停止は行われません。また、設問の特別支給の老齢厚生年金の受給権者について、いわゆる退職改定が行われるには、「特別支給の老齢厚生年金の受給権者」である被保険者が被保険者となることなくして資格喪失日から起算して1か月を経過したことが必要であり、設問の者は1か月経過日において特別支給の老齢厚生年金の受給権者ではないため、退職改定は行われません。

**解答根拠**：法26条1項、法43条3項、法46条1項、法附則7条の5,1項、法附則11条1項、則32条の2

| A | ② | 月の前月 | cf. 合テキ 9 P88 |
| B | ② | 月の前月までの2年間 | cf. 合テキ 9 P88 |
| C | ② | 第13級（190,000円） | cf. 合テキ 9 P186 |
| D | ① | 標準報酬月額に100分の4 | cf. 合テキ 9 P186 |
| E | ③ | 10万円 | cf. 合テキ 9 P133 |

プラスワン
予想
選択式

解 答

175

| 問 8 | 国民年金法 | 難易度基応難 |

● **ポイント解説**

　設問1について、調整期間における改定率の改定については、名目手取り賃金変動率が1以上である場合には、名目手取り賃金変動率に、調整率〔公的年金被保険者総数の変動率に0.997（平均余命の伸び率）を乗じて得た率（当該率が1を上回るときは、1とします。）をいいます。マクロ経済スライドによる調整分です。〕に当該年度の前年度の特別調整率（前年度以前のマクロ経済スライドによる調整ができなかった分、いわゆる積み残し分です。）を乗じて得た率を乗じて得た率（当該率が1を下回るときは、1。「算出率」といいます。）を基準とします。名目手取り賃金変動率が1以上である場合には、マクロ経済スライドによる調整（前年度以前の積み残しを含みます。）は、改定率の改定の基準が1を下回らないように（1を下回るときは、基準を1とすることにより）行われます。

　設問2について、調整期間における改定率の改定について、名目手取り賃金変動率が1を下回る場合には、マクロ経済スライドによる調整（前年度以前の積み残しを含みます。）は行わず、改定率の改定の基準は、そのまま名目手取り賃金変動率を用います。

解答根拠：法27条の4

| A | ① | 0.997 | cf. 合テキ 8 P241 |
| B | ① | 1を上回る | cf. 合テキ 8 P241 |
| C | ② | 1を下回る | cf. 合テキ 8 P241 |
| D | ② | 1を下回る | cf. 合テキ 8 P241 |
| E | ④ | 名目手取り賃金変動率 | cf. 合テキ 8 P241 |

本書は、令和7年3月26日現在公表されている情報に基づいて執筆しています。

　追加情報がある場合は、TAC出版書籍販売サイト（https://bookstore.tac-school.co.jp/）の法改正情報ページでご案内いたします。

〈装丁デザイン〉
　ATOZデザイン（小川 あづさ）

2025年度版　本試験をあてる　TAC直前予想模試　社労士

（2016年度版：2016年4月20日　初版　第1刷発行）

2025年4月24日　初　版　第1刷発行

| | | |
|---|---|---|
| 編　著　者 | T A C 株 式 会 社 | |
| | （社会保険労務士講座） | |
| 発　行　者 | 多　田　敏　男 | |
| 発　行　所 | TAC株式会社　出版事業部 | |
| | （TAC出版） | |

〒101-8383
東京都千代田区神田三崎町3-2-18
電話 03（5276）9492（営業）
FAX 03（5276）9674
https://shuppan.tac-school.co.jp

| | | |
|---|---|---|
| 印　　　刷 | 株式会社　ワ　コ　ー | |
| 製　　　本 | 東京美術紙工協業組合 | |

© TAC 2025　　Printed in Japan

ISBN 978-4-300-11386-8
N.D.C. 364

本書は、「著作権法」によって、著作権等の権利が保護されている著作物です。本書の全部または一部につき、無断で転載、複写されると、著作権等の権利侵害となります。上記のような使い方をされる場合、および本書を使用して講義・セミナー等を実施する場合には、小社宛許諾を求めてください。

乱丁・落丁による交換、および正誤のお問合せ対応は、該当書籍の改訂版刊行月末日までといたします。なお、交換につきましては、書籍の在庫状況等により、お受けできない場合もございます。
また、各種本試験の実施の延期、中止を理由とした本書の返品はお受けいたしません。返金もいたしかねますので、あらかじめご了承くださいますようお願い申し上げます。

# 社会保険労務士講座

## 2025年合格目標 社会保険労務士 直前対策
通学・通信にて順次開講中!

インプットを終えた今、弱点補強や実践力強化への悩みは人それぞれです。
そこでTACでは、直前期に必要不可欠な重要ポイントの総整理や弱点克服、実践演習などを盛り込んだ弱点克服オプションを多数開講します。直前期の限られた時間で効率的に力を伸ばし、合格を勝ち取りましょう!

### ポイント整理・弱点克服で確実に合格する!
## 弱点克服オプション

**Webフォロー標準装備!**

厳選した過去問で、基本事項を総復習
**過去問で総復習ゼミ（全6回）**

横のつながりで科目間の論点整理
**横断セミナー（全2回）**

年金の苦手意識が一気に吹き飛ぶ!
**年金補講セミナー（全4回）**

選択式の"1点"で泣かないために!
**選択式セミナー**
レクチャー編／統計・白書・判例・読解編（各1回）

幅広い事例問題にも対応
**計算・事例対策セミナー（全2回）**

得点力UP! 果てしなく広い範囲はこれで絞り込め!
**統計・白書セミナー（全2回）**

## 社労士試験 直前対策プレセミナー
インターネット上で無料配信中!
テーマ：「本試験の傾向と対策＆
　　　　過去問で理解を深める勉強法」

★TACホームページ上でご覧いただけます▶▶▶ https://www.tac-school.co.jp/
☞ TAC動画チャンネルをクリック!

「直前対策」「勝利の全国模試シリーズ」の詳細は、
TACホームページをご覧ください。

https://www.tac-school.co.jp/kouza_sharosi.html ➡

# 社労士 勝利の全国模試シリーズ

**2025年合格目標** **圧倒的な受験者数!!**

## 最大級の母集団！TACの模試で合格に王手をかける

**2024年度『勝利の全国模試シリーズ』受験者数**

# 11,318名
(令和6年7月末日実績)

※2024年度『勝利の全国模試シリーズ』延べ受験者数：11,318名（全国中間模試5,738名＋全国公開模試5,580名）
※『勝利の全国模試シリーズ』とは、「全国中間模試」および「全国公開模試」を合わせたコースです。

**受験者の数が証明！多くの受験生が選んでいます!!**

**セット申込がお得！**
**勝利の模試セット**
（全国中間模試・全国公開模試一括）

# ¥8,800
(10%税込)

| | 会場受験 | 実施日 |
|---|---|---|
| 全国中間模試 | 会場受験 | 6/20(金)・6/21(土)・6/22(日)実施 |
| 全国公開模試 | 会場受験 | 7/11(金)・7/12(土)・7/13(日)実施 |

**自宅受験** ・全国中間模試6/12(木)TACより送付 ・全国公開模試7/4(金)TACより送付

## 大人気！全国模試 申込者限定 特典も充実！

### 1.「選択式予想問題」
本試験選択式対策で役立つ予想問題を進呈！
過去の本試験で的中実績のある予想問題です。
※「選択式予想問題」は、マイページ内の「教材」情報にPDFデータでアップします。

### 2.「問題ダウンロードサービス」
TAC WEB SCHOOLのマイページ内の教材情報に問題PDFデータをアップします。
プリントして利用できますので、復習の際にお役立てください。

### 3.「Web解答解説講義」
模試受験後も万全のフォロー！
全国模試受験後は、インターネット上で解答解説講義の動画を視聴できます！

---

「直前対策」及び「全国模試」は、インターネット上からもお申込みいただけます！

 https://ec.tac-school.co.jp/

※全国模試のインターネット申込みは、締切日にご注意ください。

# TAC出版 書籍のご案内

TAC出版では、資格の学校TAC各講座の定評ある執筆陣による資格試験の参考書をはじめ、資格取得者の開業法や仕事術、実務書、ビジネス書、一般書などを発行しています！

## TAC出版の書籍

*一部書籍は、早稲田経営出版のブランドにて刊行しております。

### 資格・検定試験の受験対策書籍

- 日商簿記検定
- 建設業経理士
- 全経簿記上級
- 税理士
- 公認会計士
- 社会保険労務士
- 中小企業診断士
- 証券アナリスト

- ファイナンシャルプランナー(FP)
- 証券外務員
- 貸金業務取扱主任者
- 不動産鑑定士
- 宅地建物取引士
- 賃貸不動産経営管理士
- マンション管理士
- 管理業務主任者

- 司法書士
- 行政書士
- 司法試験
- 弁理士
- 公務員試験(大卒程度・高卒者)
- 情報処理試験
- 介護福祉士
- ケアマネジャー
- 電験三種　ほか

### 実務書・ビジネス書

- 会計実務、税法、税務、経理
- 総務、労務、人事
- ビジネススキル、マナー、就職、自己啓発
- 資格取得者の開業法、仕事術、営業術

### 一般書・エンタメ書

- ファッション
- エッセイ、レシピ
- スポーツ
- 旅行ガイド (おとな旅プレミアム/旅コン)

(2024年2月現在)

# 書籍のご購入は

## 1 全国の書店、大学生協、ネット書店で

## 2 TAC各校の書籍コーナーで

資格の学校TACの校舎は全国に展開！
校舎のご確認はホームページにて

資格の学校TAC ホームページ
https://www.tac-school.co.jp

## 3 TAC出版書籍販売サイトで

CYBER TAC出版書籍販売サイト
BOOK STORE

24時間ご注文受付中

TAC出版 で 検索

https://bookstore.tac-school.co.jp/

- 新刊情報をいち早くチェック！
- たっぷり読める立ち読み機能
- 学習お役立ちの特設ページも充実！

TAC出版書籍販売サイト「サイバーブックストア」では、TAC出版および早稲田経営出版から刊行されている、すべての最新書籍をお取り扱いしています。

また、会員登録（無料）をしていただくことで、会員様限定キャンペーンのほか、送料無料サービス、メールマガジン配信サービス、マイページのご利用など、うれしい特典がたくさん受けられます。

### サイバーブックストア会員は、特典がいっぱい！（一部抜粋）

通常、1万円（税込）未満のご注文につきましては、送料・手数料として500円（全国一律・税込）頂戴しておりますが、1冊から無料となります。

専用の「マイページ」は、「購入履歴・配送状況の確認」のほか、「ほしいものリスト」や「マイフォルダ」など、便利な機能が満載です。

メールマガジンでは、キャンペーンやおすすめ書籍、新刊情報のほか、「電子ブック版 TACNEWS（ダイジェスト版）」をお届けします。

書籍の発売を、販売開始当日にメールにてお知らせします。これなら買い忘れの心配もありません。

# 2025年度版 社労士試験対策書籍のご案内

TAC出版では、独学用、およびスクール学習の副教材として、各種対策書籍を取り揃えています。学習の各段階に対応していますので、あなたのステップに応じて、合格に向けてご活用ください！

（刊行内容、発売月、表紙は変更になることがあります。）

## みんなが欲しかった！シリーズ

わかりやすさ、学習しやすさに徹底的にこだわった、TAC出版イチオシのシリーズ。大人気の『社労士の教科書』をはじめ、合格に必要な書籍を網羅的に取り揃えています。

### 基礎学習

**『みんなが欲しかった！社労士合格へのはじめの一歩』**
A5判、8月　貫場 恵子 著
- 初学者のための超入門テキスト！
- 概要をしっかりつかむことができる入門講義で、学習効率ぐーんとアップ！
- フルカラーの巻頭漫画とスタートアップ講座は必見！

**『みんなが欲しかった！社労士の教科書』**
A5判、10月
- 資格の学校TACが独学者・初学者専用に開発！ フルカラーで圧倒的にわかりやすいテキストです。
- 2冊に分解OK！ セパレートBOOK形式。
- 便利な赤シートつき！

**『みんなが欲しかった！社労士の問題集』**
A5判、10月
- この1冊でイッキに合格レベルに！ 本試験形式の択一式&選択式の過去問、予想問を必要な分だけ収載。
- 『社労士の教科書』に完全準拠。

### 実力アップ

**『みんなが欲しかった！社労士合格のツボ 選択対策』**
B6判、11月
- 基本事項のマスターにも最適！ 本試験のツボをおさえた選択式問題厳選333問!!
- 赤シートつきでパパッと対策可能！

**『みんなが欲しかった！社労士合格のツボ 択一対策』**
B6判、11月
- 択一の得点アップに効く1冊！ 本試験のツボをおさえた一問一答問題厳選1600問!! 基本と応用の2step式で、効率よく学習できる！

**『みんなが欲しかった！社労士全科目横断総まとめ』**
B6判、12月
- 各科目間の共通・類似事項をこの1冊で整理！
- 赤シート対応で、まとめて覚えられるから効率的！

### 実践演習

**『みんなが欲しかった！ 社労士の年度別過去問題集 5年分』**
A5判、12月
- 年度別にまとめられた5年分の過去問で知識を総仕上げ！
- 問題、解説冊子は取り外しOKのセパレートタイプ！

**『みんなが欲しかった！社労士の直前予想模試』**
B5判、4月
- みんなが欲しかったシリーズの総仕上げ模試！
- 基本事項を中心とした模試で知識を一気に仕上げます！

# TAC出版

## よくわかる社労士シリーズ

なぜ？ どうして？ を確実に理解しながら、本試験での得点力をつける！
本気で合格することを考えてできた、実践的シリーズです。受験経験のある方にオススメです。

**『よくわかる社労士 合格するための 過去10年本試験問題集』**
A5判、9月～10月 全4巻

① 労基・安衛・労災　② 雇用・徴収・労一
③ 健保・社一　　　　④ 国年・厚年

● 過去10年分の本試験問題を「一問一答式」「科目別」「項目別」に掲載！2色刷で見やすく学びやすい！
● 合格テキストに完全準拠！
● テキストと一緒に効率よく使える、過去問検索索引つき！

**『よくわかる社労士 合格テキスト』**
A5判、10月～4月 全10巻＋別冊1巻

① 労基法　② 安衛法　③ 労災法　④ 雇用法　⑤ 徴収法
⑥ 労一　　⑦ 健保法　⑧ 国年法　⑨ 厚年法　⑩ 社一
別冊．直前対策（一般常識・統計／白書／労務管理）

● 科目別重点学習で、しっかり学べる！
● 受験経験者やより各科目の知識を深めたい方にぴったり。
● TAC上級（演習）本科生コースの教材です。
● 全点赤シートつき！

**『本試験をあてる TAC直前予想模試 社労士』**
B5判、4月

● 本試験形式の予想問題を2回分収録！難易度を高めに設定した総仕上げ模試！
● マークシート解答用紙つき！

## 無敵シリーズ

年3回刊行の無敵シリーズ。完全合格を実現するためのマストアイテムです！

**『無敵の社労士1 スタートダッシュ』**
B5判、8月

**『無敵の社労士2 本試験徹底解剖』**
B5判、12月

**『無敵の社労士3 完全無欠の直前対策』**
B5判、5月

## こちらもオススメ！

**『岡根式 社労士試験はじめて講義』**
B6判、8月　岡根 一雄 著

● "はじめて"でも"もう一度"でも、まずは岡根式から！
社労士試験の新しい入門書です。

## 啓蒙書

好評発売中！

**『専業主婦が社労士になった！』**
四六判　竹之下 節子 著

● 社労士の竹之下先生が、試験合格、独立開業の体験と、人生を変えるコツを教えます!!

---

TACの書籍はこちらの方法でご購入いただけます

① 全国の書店・大学生協　② TAC各校 書籍コーナー　③ インターネット

CYBER BOOK STORE　TAC出版書籍販売サイト
アドレス　https://bookstore.tac-school.co.jp/

・2024年7月現在　・とくに記述がある商品以外は、TAC社会保険労務士講座編です

# 書籍の正誤に関するご確認とお問合せについて

書籍の記載内容に誤りではないかと思われる箇所がございましたら、以下の手順にてご確認とお問合せをしてくださいますよう、お願い申し上げます。

なお、正誤のお問合せ以外の**書籍内容に関する解説および受験指導などは、一切行っておりません。**
そのようなお問合せにつきましては、お答えいたしかねますので、あらかじめご了承ください。

## 1 「Cyber Book Store」にて正誤表を確認する

TAC出版書籍販売サイト「Cyber Book Store」の
トップページ内「正誤表」コーナーにて、正誤表をご確認ください。

**CYBER** TAC出版書籍販売サイト
**BOOK STORE**

### URL：https://bookstore.tac-school.co.jp/

## 2 1の正誤表がない、あるいは正誤表に該当箇所の記載がない ⇒ 下記①、②のどちらかの方法で文書にて問合せをする

★ご注意ください★

**お電話でのお問合せは、お受けいたしません。**
①、②のどちらの方法でも、お問合せの際には、「お名前」とともに、
「対象の書籍名（○級・第○回対策も含む）およびその版数（第○版・○○年度版など）」
「お問合せ該当箇所の頁数と行数」
「誤りと思われる記載」
「正しいとお考えになる記載とその根拠」
を明記してください。
なお、回答までに１週間前後を要する場合もございます。あらかじめご了承ください。

① ウェブページ「Cyber Book Store」内の「お問合せフォーム」より問合せをする

【お問合せフォームアドレス】

### https://bookstore.tac-school.co.jp/inquiry/

② メールにより問合せをする

【メール宛先　TAC出版】

### syuppan-h@tac-school.co.jp

※土日祝日はお問合せ対応をおこなっておりません。
※正誤のお問合せ対応は、該当書籍の改訂版刊行月末日までといたします。

乱丁・落丁による交換は、該当書籍の改訂版刊行月末日までといたします。なお、書籍の在庫状況等により、お受けできない場合もございます。
また、各種本試験の実施の延期、中止を理由とした本書の返品はお受けいたしません。返金もいたしかねますので、あらかじめご了承くださいますようお願い申し上げます。

TACにおける個人情報の取り扱いについて
■お預かりした個人情報は、TAC（株）で管理させていただき、お問合せへの対応、当社の記録保管にのみ利用いたします。お客様の同意なしに業務委託先以外の第三者に開示、提供することはございません（法令等により開示を求められた場合を除く）。その他、個人情報保護管理者、お預かりした個人情報の開示等及びTAC（株）への個人情報の提供の任意性については、当社ホームページ（https://www.tac-school.co.jp）をご覧いただくか、個人情報に関するお問い合わせ窓口（E-mail:privacy@tac-school.co.jp）までお問合せください。

（2022年7月現在）

# 2025本試験をあてる
# TAC直前予想(選択式)解答用紙〔第1回〕

※本解答用紙は、自宅学習用に本試験の解答用紙を再現したものです。採点は、本書の解答編をご覧いただき、自己採点でお願いいたします。
※本試験では、受験番号、氏名(フリガナ)が印字された解答用紙が配布されます。

**コード記入欄**
**1. 受験番号**

**フリガナ**
**2. 氏名**

注意事項
　この試験の採点は、電子計算機によって行いますから次の指示を守ってください。
(1)解答用紙を汚したり折り曲げたりしないこと。
(2)マークはHBの鉛筆かシャープペンシルで下記の良い例のように、ていねいにぬりつぶすこと。
　なお、悪い例のようにぬりつぶしが不十分な場合、ボールペン、万年筆、水性ペンなどでぬりつぶした場合は無答扱いになります。

記入例　良い例　　　　　悪い例

ぬりつぶし
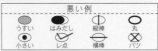
うすい　はみだし　縦棒　丸
小さい　レ点　横棒　バツ

(3)訂正するときは消しゴムで完全に消すこと。
　消し方が十分でないと無答扱いになります。
(4)1の受験番号及び2の氏名(フリガナ)を確認し、2の氏名(漢字)欄に氏名を記入すること。

＜解　答　欄＞

〔問 1〕
労働基準法及び労働安全衛生法
A ① ② ③ ④ ⑤ ⑥ ⑦ ⑧ ⑨ ⑩ ⑪ ⑫ ⑬ ⑭ ⑮ ⑯ ⑰ ⑱ ⑲ ⑳
B ① ② ③ ④ ⑤ ⑥ ⑦ ⑧ ⑨ ⑩ ⑪ ⑫ ⑬ ⑭ ⑮ ⑯ ⑰ ⑱ ⑲ ⑳
C ① ② ③ ④ ⑤ ⑥ ⑦ ⑧ ⑨ ⑩ ⑪ ⑫ ⑬ ⑭ ⑮ ⑯ ⑰ ⑱ ⑲ ⑳
D ① ② ③ ④ ⑤ ⑥ ⑦ ⑧ ⑨ ⑩ ⑪ ⑫ ⑬ ⑭ ⑮ ⑯ ⑰ ⑱ ⑲ ⑳
E ① ② ③ ④ ⑤ ⑥ ⑦ ⑧ ⑨ ⑩ ⑪ ⑫ ⑬ ⑭ ⑮ ⑯ ⑰ ⑱ ⑲ ⑳

〔問 2〕
労働者災害補償保険法
A ① ② ③ ④ ⑤ ⑥ ⑦ ⑧ ⑨ ⑩ ⑪ ⑫ ⑬ ⑭ ⑮ ⑯ ⑰ ⑱ ⑲ ⑳
B ① ② ③ ④ ⑤ ⑥ ⑦ ⑧ ⑨ ⑩ ⑪ ⑫ ⑬ ⑭ ⑮ ⑯ ⑰ ⑱ ⑲ ⑳
C ① ② ③ ④ ⑤ ⑥ ⑦ ⑧ ⑨ ⑩ ⑪ ⑫ ⑬ ⑭ ⑮ ⑯ ⑰ ⑱ ⑲ ⑳
D ① ② ③ ④ ⑤ ⑥ ⑦ ⑧ ⑨ ⑩ ⑪ ⑫ ⑬ ⑭ ⑮ ⑯ ⑰ ⑱ ⑲ ⑳
E ① ② ③ ④ ⑤ ⑥ ⑦ ⑧ ⑨ ⑩ ⑪ ⑫ ⑬ ⑭ ⑮ ⑯ ⑰ ⑱ ⑲ ⑳

〔問 3〕
雇用保険法
A ① ② ③ ④
B ① ② ③ ④
C ① ② ③ ④
D ① ② ③ ④
E ① ② ③ ④

〔問 4〕
労務管理その他の労働に関する一般常識
A ① ② ③ ④ ⑤ ⑥ ⑦ ⑧ ⑨ ⑩ ⑪ ⑫ ⑬ ⑭ ⑮ ⑯ ⑰ ⑱ ⑲ ⑳
B ① ② ③ ④ ⑤ ⑥ ⑦ ⑧ ⑨ ⑩ ⑪ ⑫ ⑬ ⑭ ⑮ ⑯ ⑰ ⑱ ⑲ ⑳
C ① ② ③ ④ ⑤ ⑥ ⑦ ⑧ ⑨ ⑩ ⑪ ⑫ ⑬ ⑭ ⑮ ⑯ ⑰ ⑱ ⑲ ⑳
D ① ② ③ ④ ⑤ ⑥ ⑦ ⑧ ⑨ ⑩ ⑪ ⑫ ⑬ ⑭ ⑮ ⑯ ⑰ ⑱ ⑲ ⑳
E ① ② ③ ④ ⑤ ⑥ ⑦ ⑧ ⑨ ⑩ ⑪ ⑫ ⑬ ⑭ ⑮ ⑯ ⑰ ⑱ ⑲ ⑳

〔問 5〕
社会保険に関する一般常識
A ① ② ③ ④ ⑤ ⑥ ⑦ ⑧ ⑨ ⑩ ⑪ ⑫ ⑬ ⑭ ⑮ ⑯ ⑰ ⑱ ⑲ ⑳
B ① ② ③ ④ ⑤ ⑥ ⑦ ⑧ ⑨ ⑩ ⑪ ⑫ ⑬ ⑭ ⑮ ⑯ ⑰ ⑱ ⑲ ⑳
C ① ② ③ ④ ⑤ ⑥ ⑦ ⑧ ⑨ ⑩ ⑪ ⑫ ⑬ ⑭ ⑮ ⑯ ⑰ ⑱ ⑲ ⑳
D ① ② ③ ④ ⑤ ⑥ ⑦ ⑧ ⑨ ⑩ ⑪ ⑫ ⑬ ⑭ ⑮ ⑯ ⑰ ⑱ ⑲ ⑳
E ① ② ③ ④ ⑤ ⑥ ⑦ ⑧ ⑨ ⑩ ⑪ ⑫ ⑬ ⑭ ⑮ ⑯ ⑰ ⑱ ⑲ ⑳

〔問 6〕
健康保険法
A ① ② ③ ④ ⑤ ⑥ ⑦ ⑧ ⑨ ⑩ ⑪ ⑫ ⑬ ⑭ ⑮ ⑯ ⑰ ⑱ ⑲ ⑳
B ① ② ③ ④ ⑤ ⑥ ⑦ ⑧ ⑨ ⑩ ⑪ ⑫ ⑬ ⑭ ⑮ ⑯ ⑰ ⑱ ⑲ ⑳
C ① ② ③ ④ ⑤ ⑥ ⑦ ⑧ ⑨ ⑩ ⑪ ⑫ ⑬ ⑭ ⑮ ⑯ ⑰ ⑱ ⑲ ⑳
D ① ② ③ ④ ⑤ ⑥ ⑦ ⑧ ⑨ ⑩ ⑪ ⑫ ⑬ ⑭ ⑮ ⑯ ⑰ ⑱ ⑲ ⑳
E ① ② ③ ④ ⑤ ⑥ ⑦ ⑧ ⑨ ⑩ ⑪ ⑫ ⑬ ⑭ ⑮ ⑯ ⑰ ⑱ ⑲ ⑳

〔問 7〕
厚生年金保険法
A ① ② ③ ④ ⑤ ⑥ ⑦ ⑧ ⑨ ⑩ ⑪ ⑫ ⑬ ⑭ ⑮ ⑯ ⑰ ⑱ ⑲ ⑳
B ① ② ③ ④ ⑤ ⑥ ⑦ ⑧ ⑨ ⑩ ⑪ ⑫ ⑬ ⑭ ⑮ ⑯ ⑰ ⑱ ⑲ ⑳
C ① ② ③ ④ ⑤ ⑥ ⑦ ⑧ ⑨ ⑩ ⑪ ⑫ ⑬ ⑭ ⑮ ⑯ ⑰ ⑱ ⑲ ⑳
D ① ② ③ ④ ⑤ ⑥ ⑦ ⑧ ⑨ ⑩ ⑪ ⑫ ⑬ ⑭ ⑮ ⑯ ⑰ ⑱ ⑲ ⑳
E ① ② ③ ④ ⑤ ⑥ ⑦ ⑧ ⑨ ⑩ ⑪ ⑫ ⑬ ⑭ ⑮ ⑯ ⑰ ⑱ ⑲ ⑳

〔問 8〕
国民年金法
A ① ② ③ ④ ⑤ ⑥ ⑦ ⑧ ⑨ ⑩ ⑪ ⑫ ⑬ ⑭ ⑮ ⑯ ⑰ ⑱ ⑲ ⑳
B ① ② ③ ④ ⑤ ⑥ ⑦ ⑧ ⑨ ⑩ ⑪ ⑫ ⑬ ⑭ ⑮ ⑯ ⑰ ⑱ ⑲ ⑳
C ① ② ③ ④ ⑤ ⑥ ⑦ ⑧ ⑨ ⑩ ⑪ ⑫ ⑬ ⑭ ⑮ ⑯ ⑰ ⑱ ⑲ ⑳
D ① ② ③ ④ ⑤ ⑥ ⑦ ⑧ ⑨ ⑩ ⑪ ⑫ ⑬ ⑭ ⑮ ⑯ ⑰ ⑱ ⑲ ⑳
E ① ② ③ ④ ⑤ ⑥ ⑦ ⑧ ⑨ ⑩ ⑪ ⑫ ⑬ ⑭ ⑮ ⑯ ⑰ ⑱ ⑲ ⑳

✂ キリトリ

# 2025本試験をあてる TAC直前予想（択一式）解答用紙〔第1回〕

※本解答用紙は、自宅学習用に本試験の解答用紙を再現したものです。採点は、本書の解答編をご覧いただき、自己採点でお願いいたします。
※本試験では、受験番号、氏名（フリガナ）が印字された解答用紙が配布されます。

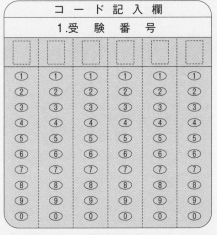

### 注意事項

この試験の採点は、電子計算機によって行いますから次の指示を守ってください。

(1) 解答用紙を汚したり折り曲げたりしないこと。
(2) マークはHBの鉛筆かシャープペンシルで下記の良い例のように、ていねいにぬりつぶすこと。なお、悪い例のようにぬりつぶしが不十分な場合、ボールペン、万年筆、水性ペンなどでぬりつぶした場合は無答扱いになります。
(3) 訂正するときは消しゴムで完全に消すこと。消し方が十分でないと無答扱いになります。
(4) 1の受験番号及び2の氏名（フリガナ）を確認し、2の氏名（漢字）欄に氏名を記入すること。また、3の年齢は点線のシカクの中にそれぞれ算用数字を記入するとともに下側のコード欄をマークすること。
(5) 4の職業はコード欄の該当するものをマークすること。

記入例
良い例：  ぬりつぶし
悪い例：  うすい／はみだし／小さい／レ点／縦棒／横棒／丸／バツ

✂ キリトリ

### ＜解 答 欄＞

**労働基準法及び労働安全衛生法**

|  | A | B | C | D | E |
|---|---|---|---|---|---|
| 問1 | ○ | ○ | ○ | ○ | ○ |
| 問2 | ○ | ○ | ○ | ○ | ○ |
| 問3 | ○ | ○ | ○ | ○ | ○ |
| 問4 | ○ | ○ | ○ | ○ | ○ |
| 問5 | ○ | ○ | ○ | ○ | ○ |
| 問6 | ○ | ○ | ○ | ○ | ○ |
| 問7 | ○ | ○ | ○ | ○ | ○ |
| 問8 | ○ | ○ | ○ | ○ | ○ |
| 問9 | ○ | ○ | ○ | ○ | ○ |
| 問10 | ○ | ○ | ○ | ○ | ○ |

**労働者災害補償保険法**（労働保険の保険料の徴収等に関する法律を含む。）

|  | A | B | C | D | E |
|---|---|---|---|---|---|
| 問1 | ○ | ○ | ○ | ○ | ○ |
| 問2 | ○ | ○ | ○ | ○ | ○ |
| 問3 | ○ | ○ | ○ | ○ | ○ |
| 問4 | ○ | ○ | ○ | ○ | ○ |
| 問5 | ○ | ○ | ○ | ○ | ○ |
| 問6 | ○ | ○ | ○ | ○ | ○ |
| 問7 | ○ | ○ | ○ | ○ | ○ |
| 問8 | ○ | ○ | ○ | ○ | ○ |
| 問9 | ○ | ○ | ○ | ○ | ○ |
| 問10 | ○ | ○ | ○ | ○ | ○ |

**雇用保険法**（労働保険の保険料の徴収等に関する法律を含む。）

|  | A | B | C | D | E |
|---|---|---|---|---|---|
| 問1 | ○ | ○ | ○ | ○ | ○ |
| 問2 | ○ | ○ | ○ | ○ | ○ |
| 問3 | ○ | ○ | ○ | ○ | ○ |
| 問4 | ○ | ○ | ○ | ○ | ○ |
| 問5 | ○ | ○ | ○ | ○ | ○ |
| 問6 | ○ | ○ | ○ | ○ | ○ |
| 問7 | ○ | ○ | ○ | ○ | ○ |
| 問8 | ○ | ○ | ○ | ○ | ○ |
| 問9 | ○ | ○ | ○ | ○ | ○ |
| 問10 | ○ | ○ | ○ | ○ | ○ |

**労務管理その他の労働及び社会保険に関する一般常識**

|  | A | B | C | D | E |
|---|---|---|---|---|---|
| 問1 | ○ | ○ | ○ | ○ | ○ |
| 問2 | ○ | ○ | ○ | ○ | ○ |
| 問3 | ○ | ○ | ○ | ○ | ○ |
| 問4 | ○ | ○ | ○ | ○ | ○ |
| 問5 | ○ | ○ | ○ | ○ | ○ |
| 問6 | ○ | ○ | ○ | ○ | ○ |
| 問7 | ○ | ○ | ○ | ○ | ○ |
| 問8 | ○ | ○ | ○ | ○ | ○ |
| 問9 | ○ | ○ | ○ | ○ | ○ |
| 問10 | ○ | ○ | ○ | ○ | ○ |

**健康保険法**

|  | A | B | C | D | E |
|---|---|---|---|---|---|
| 問1 | ○ | ○ | ○ | ○ | ○ |
| 問2 | ○ | ○ | ○ | ○ | ○ |
| 問3 | ○ | ○ | ○ | ○ | ○ |
| 問4 | ○ | ○ | ○ | ○ | ○ |
| 問5 | ○ | ○ | ○ | ○ | ○ |
| 問6 | ○ | ○ | ○ | ○ | ○ |
| 問7 | ○ | ○ | ○ | ○ | ○ |
| 問8 | ○ | ○ | ○ | ○ | ○ |
| 問9 | ○ | ○ | ○ | ○ | ○ |
| 問10 | ○ | ○ | ○ | ○ | ○ |

**厚生年金保険法**

|  | A | B | C | D | E |
|---|---|---|---|---|---|
| 問1 | ○ | ○ | ○ | ○ | ○ |
| 問2 | ○ | ○ | ○ | ○ | ○ |
| 問3 | ○ | ○ | ○ | ○ | ○ |
| 問4 | ○ | ○ | ○ | ○ | ○ |
| 問5 | ○ | ○ | ○ | ○ | ○ |
| 問6 | ○ | ○ | ○ | ○ | ○ |
| 問7 | ○ | ○ | ○ | ○ | ○ |
| 問8 | ○ | ○ | ○ | ○ | ○ |
| 問9 | ○ | ○ | ○ | ○ | ○ |
| 問10 | ○ | ○ | ○ | ○ | ○ |

**国民年金法**

|  | A | B | C | D | E |
|---|---|---|---|---|---|
| 問1 | ○ | ○ | ○ | ○ | ○ |
| 問2 | ○ | ○ | ○ | ○ | ○ |
| 問3 | ○ | ○ | ○ | ○ | ○ |
| 問4 | ○ | ○ | ○ | ○ | ○ |
| 問5 | ○ | ○ | ○ | ○ | ○ |
| 問6 | ○ | ○ | ○ | ○ | ○ |
| 問7 | ○ | ○ | ○ | ○ | ○ |
| 問8 | ○ | ○ | ○ | ○ | ○ |
| 問9 | ○ | ○ | ○ | ○ | ○ |
| 問10 | ○ | ○ | ○ | ○ | ○ |

# 2025本試験をあてる
## TAC直前予想（選択式）解答用紙〔第2回〕

※本解答用紙は、自宅学習用に本試験の解答用紙を再現したものです。採点は、本書の解答編をご覧いただき、自己採点でお願いいたします。
※本試験では、受験番号、氏名（フリガナ）が印字された解答用紙が配布されます。

# 2025本試験をあてる
## TAC直前予想（択一式）解答用紙〔第2回〕

※本解答用紙は、自宅学習用に本試験の解答用紙を再現したものです。採点は、本書の解答編をご覧いただき、自己採点でお願いいたします。
※本試験では、受験番号、氏名（フリガナ）が印字された解答用紙が配布されます。

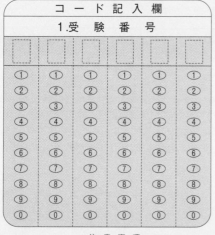

注 意 事 項

この試験の採点は、電子計算機によって行いますから次の指示を守ってください。
(1) 解答用紙を汚したり折り曲げたりしないこと。
(2) マークはHBの鉛筆かシャープペンシルで下記の良い例のように、ていねいにぬりつぶすこと。なお、悪い例のようにぬりつぶしが不十分な場合、ボールペン、万年筆、水性ペンなどでぬりつぶした場合は無答扱いになります。

記入例　　

(3) 訂正するときは消しゴムで完全に消すこと。
　　消し方が十分でないと無答扱いになります。
(4) 1の受験番号及び2の氏名（フリガナ）を確認し、2の氏名（漢字）欄に氏名を記入すること。また、3の年齢は点線のシカクの中にそれぞれ算用数字を記入するとともに下側のコード欄をマークすること。
(5) 4の職業はコード欄の該当するものをマークすること。

＜解 答 欄＞

| 労働基準法及び労働安全衛生法 | 労働者災害補償保険法（労働保険の保険料の徴収等に関する法律を含む。） | 雇 用 保 険 法（労働保険の保険料の徴収等に関する法律を含む。） | 労務管理その他の労働及び社会保険に関する一般常識 |
|---|---|---|---|
| A B C D E<br>問1 ○ ○ ○ ○ ○<br>問2 ○ ○ ○ ○ ○<br>問3 ○ ○ ○ ○ ○<br>問4 ○ ○ ○ ○ ○<br>問5 ○ ○ ○ ○ ○ | A B C D E<br>問1 ○ ○ ○ ○ ○<br>問2 ○ ○ ○ ○ ○<br>問3 ○ ○ ○ ○ ○<br>問4 ○ ○ ○ ○ ○<br>問5 ○ ○ ○ ○ ○ | A B C D E<br>問1 ○ ○ ○ ○ ○<br>問2 ○ ○ ○ ○ ○<br>問3 ○ ○ ○ ○ ○<br>問4 ○ ○ ○ ○ ○<br>問5 ○ ○ ○ ○ ○ | A B C D E<br>問1 ○ ○ ○ ○ ○<br>問2 ○ ○ ○ ○ ○<br>問3 ○ ○ ○ ○ ○<br>問4 ○ ○ ○ ○ ○<br>問5 ○ ○ ○ ○ ○ |
| A B C D E<br>問6 ○ ○ ○ ○ ○<br>問7 ○ ○ ○ ○ ○<br>問8 ○ ○ ○ ○ ○<br>問9 ○ ○ ○ ○ ○<br>問10 ○ ○ ○ ○ ○ | A B C D E<br>問6 ○ ○ ○ ○ ○<br>問7 ○ ○ ○ ○ ○<br>問8 ○ ○ ○ ○ ○<br>問9 ○ ○ ○ ○ ○<br>問10 ○ ○ ○ ○ ○ | A B C D E<br>問6 ○ ○ ○ ○ ○<br>問7 ○ ○ ○ ○ ○<br>問8 ○ ○ ○ ○ ○<br>問9 ○ ○ ○ ○ ○<br>問10 ○ ○ ○ ○ ○ | A B C D E<br>問6 ○ ○ ○ ○ ○<br>問7 ○ ○ ○ ○ ○<br>問8 ○ ○ ○ ○ ○<br>問9 ○ ○ ○ ○ ○<br>問10 ○ ○ ○ ○ ○ |

| 健 康 保 険 法 | 厚 生 年 金 保 険 法 | 国 民 年 金 法 |
|---|---|---|
| A B C D E<br>問1 ○ ○ ○ ○ ○<br>問2 ○ ○ ○ ○ ○<br>問3 ○ ○ ○ ○ ○<br>問4 ○ ○ ○ ○ ○<br>問5 ○ ○ ○ ○ ○ | A B C D E<br>問1 ○ ○ ○ ○ ○<br>問2 ○ ○ ○ ○ ○<br>問3 ○ ○ ○ ○ ○<br>問4 ○ ○ ○ ○ ○<br>問5 ○ ○ ○ ○ ○ | A B C D E<br>問1 ○ ○ ○ ○ ○<br>問2 ○ ○ ○ ○ ○<br>問3 ○ ○ ○ ○ ○<br>問4 ○ ○ ○ ○ ○<br>問5 ○ ○ ○ ○ ○ |
| A B C D E<br>問6 ○ ○ ○ ○ ○<br>問7 ○ ○ ○ ○ ○<br>問8 ○ ○ ○ ○ ○<br>問9 ○ ○ ○ ○ ○<br>問10 ○ ○ ○ ○ ○ | A B C D E<br>問6 ○ ○ ○ ○ ○<br>問7 ○ ○ ○ ○ ○<br>問8 ○ ○ ○ ○ ○<br>問9 ○ ○ ○ ○ ○<br>問10 ○ ○ ○ ○ ○ | A B C D E<br>問6 ○ ○ ○ ○ ○<br>問7 ○ ○ ○ ○ ○<br>問8 ○ ○ ○ ○ ○<br>問9 ○ ○ ○ ○ ○<br>問10 ○ ○ ○ ○ ○ |

✂ キリトリ

# 2025本試験をあてる
# TAC直前予想（選択式）解答用紙〔プラスワン予想〕

※本解答用紙は、自宅学習用に本試験の解答用紙を再現したものです。採点は、本書の解答編をご覧いただき、自己採点でお願いいたします。
※本試験では、受験番号、氏名（フリガナ）が印字された解答用紙が配布されます。

### 注意事項
この試験の採点は、電子計算機によって行いますから次の指示を守ってください。
(1) 解答用紙を汚したり折り曲げたりしないこと。
(2) マークはHBの鉛筆かシャープペンシルで下記の良い例のように、ていねいにぬりつぶすこと。
なお、悪い例のようにぬりつぶしが不十分な場合、ボールペン、万年筆、水性ペンなどでぬりつぶした場合は無答扱いになります。

| 記入例 | 良い例 | 悪い例 |
|---|---|---|
|  | ぬりつぶし | うすい／はみだし／縦棒／丸／小さい／レ点／横棒／バツ |

(3) 訂正するときは消しゴムで完全に消すこと。
消し方が十分でないと無答扱いになります。
(4) 1の受験番号及び2の氏名（フリガナ）を確認し、2の氏名（漢字）欄に氏名を記入すること。

―――― ＜解 答 欄＞ ――――

〔問 1〕 労働基準法及び労働安全衛生法
A ① ② ③ ④
B ① ② ③ ④
C ① ② ③ ④
D ① ② ③ ④
E ① ② ③ ④

〔問 2〕 労働者災害補償保険法
A ① ② ③ ④ ⑤ ⑥ ⑦ ⑧ ⑨ ⑩ ⑪ ⑫ ⑬ ⑭ ⑮ ⑯ ⑰ ⑱ ⑲ ⑳
B ① ② ③ ④ ⑤ ⑥ ⑦ ⑧ ⑨ ⑩ ⑪ ⑫ ⑬ ⑭ ⑮ ⑯ ⑰ ⑱ ⑲ ⑳
C ① ② ③ ④ ⑤ ⑥ ⑦ ⑧ ⑨ ⑩ ⑪ ⑫ ⑬ ⑭ ⑮ ⑯ ⑰ ⑱ ⑲ ⑳
D ① ② ③ ④ ⑤ ⑥ ⑦ ⑧ ⑨ ⑩ ⑪ ⑫ ⑬ ⑭ ⑮ ⑯ ⑰ ⑱ ⑲ ⑳
E ① ② ③ ④ ⑤ ⑥ ⑦ ⑧ ⑨ ⑩ ⑪ ⑫ ⑬ ⑭ ⑮ ⑯ ⑰ ⑱ ⑲ ⑳

〔問 3〕 雇用保険法
A ① ② ③ ④ ⑤ ⑥ ⑦ ⑧ ⑨ ⑩ ⑪ ⑫ ⑬ ⑭ ⑮ ⑯ ⑰ ⑱ ⑲ ⑳
B ① ② ③ ④ ⑤ ⑥ ⑦ ⑧ ⑨ ⑩ ⑪ ⑫ ⑬ ⑭ ⑮ ⑯ ⑰ ⑱ ⑲ ⑳
C ① ② ③ ④ ⑤ ⑥ ⑦ ⑧ ⑨ ⑩ ⑪ ⑫ ⑬ ⑭ ⑮ ⑯ ⑰ ⑱ ⑲ ⑳
D ① ② ③ ④ ⑤ ⑥ ⑦ ⑧ ⑨ ⑩ ⑪ ⑫ ⑬ ⑭ ⑮ ⑯ ⑰ ⑱ ⑲ ⑳
E ① ② ③ ④ ⑤ ⑥ ⑦ ⑧ ⑨ ⑩ ⑪ ⑫ ⑬ ⑭ ⑮ ⑯ ⑰ ⑱ ⑲ ⑳

〔問 4〕 労務管理その他の労働に関する一般常識
A ① ② ③ ④ ⑤ ⑥ ⑦ ⑧ ⑨ ⑩ ⑪ ⑫ ⑬ ⑭ ⑮ ⑯ ⑰ ⑱ ⑲ ⑳
B ① ② ③ ④ ⑤ ⑥ ⑦ ⑧ ⑨ ⑩ ⑪ ⑫ ⑬ ⑭ ⑮ ⑯ ⑰ ⑱ ⑲ ⑳
C ① ② ③ ④ ⑤ ⑥ ⑦ ⑧ ⑨ ⑩ ⑪ ⑫ ⑬ ⑭ ⑮ ⑯ ⑰ ⑱ ⑲ ⑳
D ① ② ③ ④ ⑤ ⑥ ⑦ ⑧ ⑨ ⑩ ⑪ ⑫ ⑬ ⑭ ⑮ ⑯ ⑰ ⑱ ⑲ ⑳
E ① ② ③ ④ ⑤ ⑥ ⑦ ⑧ ⑨ ⑩ ⑪ ⑫ ⑬ ⑭ ⑮ ⑯ ⑰ ⑱ ⑲ ⑳

〔問 5〕 社会保険に関する一般常識
A ① ② ③ ④
B ① ② ③ ④
C ① ② ③ ④
D ① ② ③ ④
E ① ② ③ ④

〔問 6〕 健康保険法
A ① ② ③ ④
B ① ② ③ ④
C ① ② ③ ④
D ① ② ③ ④
E ① ② ③ ④

〔問 7〕 厚生年金保険法
A ① ② ③ ④
B ① ② ③ ④
C ① ② ③ ④
D ① ② ③ ④
E ① ② ③ ④

〔問 8〕 国民年金法
A ① ② ③ ④
B ① ② ③ ④
C ① ② ③ ④
D ① ② ③ ④
E ① ② ③ ④

✂ キリトリ

別冊1

## 【問題冊子ご利用時の注意】

「問題冊子」は、この色紙を残したまま、ていねいに**抜き取り**、ご利用ください。

- 抜き取り時のケガには、十分お気をつけください。
- 抜き取りの際の損傷についてのお取替えはご遠慮願います。

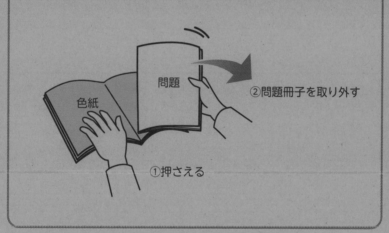

**TAC出版**
TAC PUBLISHING Group

# 2025本試験をあてる　TAC直前予想　第1回

# 選択式予想問題

（注　　　意）

1　解答は、別紙解答用紙によること。
2　各問ごとに、正解と思うものの符号を解答用紙の所定の欄に1つ表示すること。
3　この問題の解答は、令和7年4月1日に施行されている法令等によること。
4　この問題は、問1から問8までの8問であるので、確認すること。

【注意事項】

　本予想問題における出題は、根拠となる法律、政令、省令、告示、通達に、「東日本大震災に対処するための特別の財政援助及び助成に関する法律（平成23年法律第40号）」をはじめとする東日本大震災等に関連して制定、発出された特例措置及び新型コロナウイルス感染症に関連して制定、発出された特例措置に係るものは含まれません。

# 労働基準法及び労働安全衛生法

〔問　1〕　次の文中の□□□□の部分を選択肢の中の適当な語句で埋め、完全な文章とせよ。

1　「給料ファクタリング」と称して、被告人が顧客との間で行っていた取引（以下「本件取引」という。）は、労働者である顧客から、その使用者に対する賃金債権の一部を、額面額から４割程度割り引いた額で譲り受け、同額の金銭を顧客に交付するというものであった。本件取引では、契約上、使用者の不払の危険は被告人が負担するとされていたが、希望する顧客は譲渡した賃金債権を買戻し日に額面額で買い戻すことができること、被告人が、使用者に対する債権譲渡通知の委任を受けてその内容と時期を決定すること、顧客が買戻しを希望しない場合には使用者に債権譲渡通知をするが、顧客が希望する場合には買戻し日まで債権譲渡通知を留保することが定められていた。そして、全ての顧客との間で、買戻し日が定められ、債権譲渡通知が留保されていた。

　　この事案について、最高裁判所の判例では、□□A□□、としている。

2　労働基準法第40条では、次のように規定している。

　(1)　労働基準法別表第１第１号から第３号まで、第６号及び第７号に掲げる事業以外の事業で、公衆の不便を避けるために必要なものその他□□B□□あるものについては、その必要避くべからざる限度で、同法第32条から第32条の５までの労働時間及び同法第34条の休憩に関する規定について、厚生労働省令で別段の定めをすることができる。

　(2)　上記(1)の別段の定めは、この法律で定める基準□□C□□ものであって、労働者の健康及び福祉を害しないものでなければならない。

3　厚生労働大臣は、化学物質で、がんその他の重度の健康障害を労働者に生ずるおそれのあるものについて、当該化学物質による労働者の健康障害を防止するため必要があると認めるときは、当該化学物質を製造し、輸入し、又は使用している事業者その他厚生労働省令で定める事業者に対し、

1

政令で定める有害性の調査（当該化学物質が労働者の健康障害に及ぼす影響についての調査をいう。）を行い、その結果を報告すべきことを　D　することができる。なお、厚生労働大臣は、当該　D　を行おうとするときは、あらかじめ、　E　の意見を聴かなければならない。

───── 選択肢 ─────

① 以上の　　　　　　② 学識経験者　　　　　③ 勧告

④ 指示　　　　　　　⑤ 特殊の必要　　　　　⑥ 特別の事情

⑦ と同様の　　　　　⑧ に適合する　　　　　⑨ に近い

⑩ 本件取引で譲渡されたのは賃金債権であるが、その内容は労働基準法24条1項の趣旨を没却せしめるものであり、同条の趣旨に反し、当該譲渡は違法無効というべきである

⑪ 命令　　　　　　　⑫ やむを得ない事情　　⑬ 要請

⑭ 臨時の必要　　　　⑮ 労働衛生指導医　　　⑯ 労働衛生専門官

⑰ 労働基準法24条1項の趣旨に徴すれば、労働者が賃金の支払を受ける前に賃金債権を他に譲渡することは許されない

⑱ 労働者が賃金の支払を受ける前に賃金債権を他に譲渡した場合においても、その支払についてはなお労働基準法24条1項が適用され、使用者は直接労働者に対して賃金を支払わなければならず、その賃金債権の譲受人は、自ら使用者に対してその支払を求めることは許されない

⑲ 労働者が賃金の支払を受ける前に賃金債権を他に譲渡した場合においても、その支払についてはなお労働基準法24条1項が適用され、使用者は直接労働者に対して賃金を支払わなければならないが、民法467条に基づく債権譲渡通知により第三者に対する対抗要件を備えたときは、同項の「法令に別段の定めがある場合」に該当し、賃金債権の譲受人は、自ら使用者に対してその支払を求め得るものと解すべきである

⑳ 労働政策審議会

# 労働者災害補償保険法

〔問　2〕　次の文中の　　　　　の部分を選択肢の中の最も適切な語句で埋め、完全な
文章とせよ。

1　休業補償給付、複数事業労働者休業給付又は休業給付（以下「休業補償
給付等」という。）の額の算定の基礎として用いる給付基礎日額（以下「休
業給付基礎日額」という。）については、四半期ごとの平均給与額（厚生
労働省において作成する　　A　　における毎月きまって支給する給与の額
を基礎として厚生労働省令で定めるところにより算定した労働者1人当た
りの給与の1箇月平均額をいう。以下同じ。）が、　　B　　の属する四半
期（改定日額を休業給付基礎日額とすることとされている場合にあっては、
当該改定日額を休業補償給付等の額の算定の基礎として用いるべき最初の
四半期の前々四半期）の平均給与額の100分の110を超え、又は100分の90
を下るに至った場合には、その上昇し、又は低下した比率を基準として厚
生労働大臣が定める率を労働者災害補償保険法第8条の規定により給付基
礎日額として算定した額（改定日額を休業給付基礎日額とすることとされ
ている場合にあっては、当該改定日額）に乗じて得た額を、その上昇し、
又は低下するに至った四半期の翌々四半期に属する最初の日以後に支給す
べき事由が生じた休業補償給付等の額の算定の基礎として用いる休業給付
基礎日額とする。

2　所轄労働基準監督署長は、業務上の事由、2以上の事業の業務を要因と
する事由又は通勤により負傷し、又は疾病にかかった労働者の当該負傷又
は疾病が療養の開始後　　C　　を経過した日において治っていないとき
は、同日以後　　D　　以内に、当該労働者から所定の事項を記載した届書
を提出させるものとする。

3　毎年　　E　　から同月末日までの間に業務上の事由、2以上の事業の業
務を要因とする事由又は通勤による負傷又は疾病に係る療養のため労働す
ることができないために賃金を受けなかった日がある労働者が、その日に

ついて休業補償給付等の支給を請求しようとする場合に、同月1日におい
て当該負傷又は疾病に係る療養の開始後　　C　　を経過しているときは、
当該労働者は、当該賃金を受けなかった日に係る休業補償給付等の請求書
に添えて所定の事項を記載した報告書を所轄労働基準監督署長に提出しな
ければならない。

┌─ 選択肢 ─────────────────────────────┐
│ ①　10日　　　　　　　　　　　②　2週間　　　　　　　│
│ ③　1箇月　　　　　　　　　　④　2箇月　　　　　　　│
│ ⑤　6箇月　　　　　　　　　　⑥　1年　　　　　　　　│
│ ⑦　1年6箇月　　　　　　　　⑧　3年　　　　　　　　│
│ ⑨　1月1日　　　　　　　　　⑩　4月1日　　　　　　│
│ ⑪　8月1日　　　　　　　　　⑫　12月1日　　　　　　│
│ ⑬　休業補償給付等の支給を始めた日　⑭　休業を開始した日　│
│ ⑮　算定事由発生日　　　　　　⑯　就業構造基本統計　　│
│ ⑰　就労条件総合調査　　　　　⑱　賃金構造基本統計　　│
│ ⑲　毎月勤労統計　　　　　　　⑳　療養を開始した日　　│
└─────────────────────────────────┘

# 雇用保険法

〔問 3〕 次の文中の□□□の部分を選択肢の中の最も適切な語句で埋め、完全な文章とせよ。

1 出産予定日が4月15日である甲（一般被保険者とする。）は、労働基準法第65条第1項の規定に基づき3月5日から産前休業を取得したが、出産予定日より遅れて4月20日に出産をした。甲は同条第2項の規定により6月15日まで産後休業を取得し、その後6月21日から育児休業を開始した。この場合、原則として、甲は　A　前2年間に、みなし被保険者期間が通算して12か月以上あれば、育児休業給付金の支給に係る被保険者期間の要件を満たすこととなるが、当該2年間にみなし被保険者期間が通算して12か月に満たない場合であっても、　B　前2年間に、みなし被保険者期間が通算して12か月以上あれば、当該要件を満たすものとされる。

2 上記1の甲の配偶者である乙（一般被保険者とする。）は、　C　の期間内に4週間以内の期間を定めて、出生時育児休業給付金に係る出生時育児休業を取得することができる。

3 育児時短就業給付金に係る「育児時短就業」とは、被保険者（短期雇用特例被保険者及び日雇労働被保険者を除く。以下本問において同じ。）が、厚生労働省令で定めるところにより、その　D　を養育するための所定労働時間を短縮することによる就業をいう。具体的には、被保険者が、その期間中は育児時短就業をすることとする一の期間について、その初日及び末日とする日を明らかにしてする申出に基づき、事業主が講じた　E　の所定労働時間を短縮する措置である就業をした場合に、支給するものとされている。

5

選択肢

| | | | | |
|---|---|---|---|---|
| A | ① | 4月15日 | ② | 4月20日 |
| | ③ | 6月15日 | ④ | 6月21日 |
| B | ① | 3月5日 | ② | 4月15日 |
| | ③ | 4月20日 | ④ | 6月15日 |
| C | ① | 4月15日から6月10日 | ② | 4月15日から6月15日 |
| | ③ | 4月20日から6月15日 | ④ | 4月20日から6月20日 |
| D | ① | 1歳に満たない子 | ② | 2歳に満たない子 |
| | ③ | 3歳に満たない子 | ④ | 小学校就学の始期に達するまでの子 |
| E | ① | 1日 | ② | 1週間 |
| | ③ | 1か月 | ④ | 1年 |

# 労務管理その他の労働に関する一般常識

〔問　4〕　次の文中の＿＿＿の部分を選択肢の中の最も適切な語句で埋め、完全な文章とせよ。

1　厚生労働省では、賃金に関する調査として「　A　」と「　B　」を行っている。いずれも労働者の賃金や労働時間を調べているが、調査目的が違い、作成される統計が異なっているため、用途に応じ使い分けている。

　通常、労働者全体の賃金の水準や増減の状況をみるときは　B　を用いる。　B　は、特定の年の水準を100とする指数や季節による変動を取り除いた季節調整値も公表している。一方、男女、年齢、勤続年数や学歴などの属性別にみるとき、また、賃金の分布をみるときは、　A　を用いる。

2　労使関係総合調査は、「　C　」と毎年テーマを変えて実施される「　D　」の2つの調査の総称で、労使関係の状況を総合的に把握することを目的として昭和58年から実施している。

　このうち「　C　」は、昭和22年6月30日現在及び同年12月31日現在をもって全国一斉に「労働組合調査」が　E　として実施されたことに端を発する。その後、昭和23年以降は毎年6月30日現在をもって「労働組合基本調査」として実施されてきたが、昭和58年に労使関係総合調査の一環として「　C　」と現在の名称に変更された。

　一方、「　D　」は、毎年テーマを変えて実施しているが、令和5年は「労働組合活動等に関する実態調査」を実施した。

┌─ 選択肢 ─────────────────────────────────────────┐

① 悉皆調査　　　　　　　　　　② 実態調査

③ 縦断調査　　　　　　　　　　④ 就労条件総合調査

⑤ 職種別民間給与実態調査　　　⑥ 賃金構造基本統計調査

⑦ 賃金事情等総合調査　　　　　⑧ 賃金引上げ等の実態に関する調査

⑨ パネル調査　　　　　　　　　⑩ 標本調査

⑪ 毎月勤労統計調査　　　　　　⑫ 民間給与実態統計調査

⑬ 民間主要企業春季賃上げ要求・妥結状況

⑭ 労使コミュニケーション調査　⑮ 労働協約等実態調査

⑯ 労働組合活動実態調査　　　　⑰ 労働組合基礎調査

⑱ 労働組合実態調査　　　　　　⑲ 労働組合設立解散統計

⑳ 労働争議統計調査

└──────────────────────────────────────────────┘

# 社会保険に関する一般常識

〔問　5〕　次の文中の　　　　の部分を選択肢の中の適当な語句で埋め、完全な文章とせよ。なお、本問における「市町村」には、特別区を含むものとする。

1　国民健康保険法によれば、都道府県は、都道府県等が行う国民健康保険の　A　な財政運営並びに当該都道府県内の市町村の国民健康保険事業の　B　な運営の推進を図るため、　C　、都道府県及び当該都道府県内の市町村の国民健康保険事業の運営に関する方針（「都道府県国民健康保険運営方針」という。）を定めるものとする。

2　船員保険法によれば、一般保険料率は、後期高齢者医療の被保険者等である被保険者及び独立行政法人等職員被保険者にあっては、　D　のみとされている。また、　D　は、　E　までの範囲内において、全国健康保険協会が決定するものとされている。

---

選択肢

① 安定的

② おおむね3年ごとに

③ おおむね6年ごとに

④ 基本保険料率

⑤ 広域的及び効率的

⑥ 災害保健福祉保険料率

⑦ 疾病保険料率

⑧ 自発的

⑨ 積極的

⑩ 長期的

⑪ 長期的及び安定的

⑫ 適正

⑬ 適切

⑭ 特定保険料率

⑮ 1000分の10から1000分の35

⑯ 1000分の20から1000分の35

⑰ 1000分の30から1000分の130

⑱ 1000分の40から1000分の130

⑲ 3年ごとに、3年を1期として

⑳ 6年ごとに、6年を1期として

# MEMO

# 健康保険法

〔問　6〕　次の文中の□□□の部分を選択肢の中の最も適切な語句で埋め、完全な文章とせよ。

1　日雇特例被保険者の出産手当金の額は、1日につき、出産の日の属する月の前　A　間の保険料が納付された日に係る当該日雇特例被保険者の標準賃金日額の各月ごとの合算額のうち最大のものの　B　に相当する金額とする。

2　一の年度における標準賃金日額等級の最高等級に対応する標準賃金日額に係る保険料の延べ納付日数の当該年度における日雇特例被保険者に関する保険料の総延べ納付日数に占める割合が　C　を超える場合において、その状態が継続すると認められるときは、　D　から、政令で、当該最高等級の上に更に等級を加える標準賃金日額の等級区分の改定を行うことができる。ただし、当該一の年度において、改定後の標準賃金日額等級の最高等級に対応する標準賃金日額に係る保険料の延べ納付日数の日雇特例被保険者に関する保険料の総延べ納付日数に占める割合が　E　を下回ってはならない。

11

┌─ 選択肢 ─────────────────────────────────────┐

① 2月　　　　　　　　　　　② 3月

③ 4月　　　　　　　　　　　④ 6月

⑤ 30分の1　　　　　　　　　⑥ 45分の1

⑦ 50分の1　　　　　　　　　⑧ 60分の1

⑨ 100分の0.5　　　　　　　⑩ 100分の1

⑪ 100分の1.5　　　　　　　⑫ 100分の2

⑬ 100分の2.5　　　　　　　⑭ 100分の3

⑮ 100分の3.5　　　　　　　⑯ 100分の4

⑰ その年度の4月1日　　　　⑱ その年度の9月1日

⑲ 翌年度の4月1日　　　　　⑳ 翌年度の9月1日

└──────────────────────────────────────────┘

# 厚生年金保険法

〔問 7〕 次の文中の◻️◻️◻️の部分を選択肢の中の最も適切な語句で埋め、完全な文章とせよ。

1 実施機関は、被保険者が賞与を受けた月において、その月に当該被保険者が受けた賞与額に基づき、これに A 未満の端数を生じたときはこれを切り捨てて、その月における標準賞与額を決定する。この場合において、当該標準賞与額が B （厚生年金保険法第20条第2項の規定による標準報酬月額の等級区分の改定が行われたときは、政令で定める額。以下同じ。）を超えるときは、これを B とする。

2 63歳の特別支給の老齢厚生年金の受給権者が、令和7年3月1日に被保険者の資格を取得し、令和7年9月1日において引き続き被保険者であった。この場合、当該年金の額は、 C 。

3 保険料その他厚生年金保険法の規定による徴収金を徴収し、又はその還付を受ける権利は、これらを D から2年を経過したとき、保険給付を受ける権利は、その支給すべき事由が生じた日から5年を経過したとき、当該権利に基づき支払期月ごとに支払うものとされる保険給付の支給を受ける権利は、当該日の属する月の翌月以後に到来する当該保険給付の支給に係る同法第36条第3項本文に規定する E から5年を経過したとき、保険給付の返還を受ける権利は、これを D から5年を経過したときは、時効によって、消滅する。

13

┌─ 選択肢 ─────────────────────────────────────────────────

①　改定されない　　　　　②　行使した時　　　　③　行使したことを知った時

④　行使することができることを知った時　　　　⑤　行使することができる時

⑥　支払期月の初日　　　　　　　　　　　⑦　支払期月の前月の末日

⑧　支払期月の末日　　　　　　　　　　　⑨　支払期月の翌月の初日

⑩　令和7年8月までの被保険者であった期間をその計算の基礎とするものと
　　し、令和7年9月から改定される

⑪　令和7年8月までの被保険者であった期間をその計算の基礎とするものと
　　し、令和7年10月から改定される

⑫　令和7年9月までの被保険者であった期間をその計算の基礎とするものと
　　し、令和7年10月から改定される

⑬　100円　　　　　　　⑭　500円　　　　　　⑮　1,000円

⑯　5,000円　　　　　　⑰　150万円　　　　　⑱　300万円

⑲　576万円　　　　　　⑳　655万円

# 国民年金法

〔問 8〕 次の文中の □□□□ の部分を選択肢の中の最も適切な語句で埋め、完全な文章とせよ。

1 保険料その他国民年金法の規定による徴収金を滞納する者に対して督促をしたときは、厚生労働大臣は、徴収金額に、納期限の翌日から徴収金完納又は財産差押の日の前日までの期間の日数に応じ、年14.6%（当該督促が保険料に係るものであるときは、当該納期限の翌日から □ A □ を経過する日までの期間については、年7.3%）の割合を乗じて計算した延滞金を徴収する。ただし、徴収金額が □ B □ 未満であるとき、又は滞納につきやむを得ない事情があると認められるときは、この限りでない。なお、当分の間、延滞金の割合については特例が設けられており、上記の延滞金の年14.6%の割合は、令和7年中は当該特例により □ C □ ％とされる。

2 被保険者は、出産の予定日（保険料免除に関する届出を行う前に出産した場合にあっては、出産の日。「出産予定日」という。）の属する月（以下「出産予定月」という。）の □ D □ までの期間に係る保険料は、納付することを要しない。なお、上記の保険料免除に関する届出は、出産の予定日の □ E □ 前から行うことができる。

```
┌─ 選択肢 ─────────────────────────────────────────────┐
│ ①  42日（多胎妊娠の場合においては、98日）      ②   8週間                │
│ ③  1月            ④   2月            ⑤   3月                     │
│ ⑥  4月            ⑦   6月            ⑧   1年                     │
│ ⑨  50円           ⑩   100円          ⑪   500円                   │
│ ⑫  1,000円        ⑬   6.8           ⑭   7.8                     │
│ ⑮  8.6           ⑯   8.7                                        │
│ ⑰  前月（多胎妊娠の場合においては、2月前）から出産予定月の翌々月               │
│ ⑱  前月（多胎妊娠の場合においては、3月前）から出産予定月の翌々月               │
│ ⑲  前々月（多胎妊娠の場合においては、3月前）から出産予定月の翌月              │
│ ⑳  前々月（多胎妊娠の場合においては、4月前）から出産予定月の翌月              │
└─────────────────────────────────────────────────────┘
```

別冊2

【問題冊子ご利用時の注意】

「問題冊子」は、この色紙を残したまま、ていねいに抜き取り、ご利用ください。

- 抜き取り時のケガには、十分お気をつけください。
- 抜き取りの際の損傷についてのお取替えはご遠慮願います。

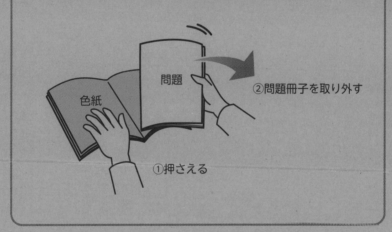

TAC出版
TAC PUBLISHING Group

2025本試験をあてる　TAC直前予想　第1回

# 択一式予想問題

(注　　　意)

1　解答は、別紙解答用紙によること。
2　各問ごとに、正解と思うものの符号を解答用紙の所定の欄に1つ表示すること。
3　「労働者災害補償保険法」及び「雇用保険法」の問1から問7までは労働者災害補償保険法及び雇用保険法、問8から問10までは労働保険の保険料の徴収等に関する法律の問題であること。
4　計算を要する問題があるときは、この問題用紙の余白を計算用紙として差し支えないこと。
5　この問題の解答は、令和7年4月1日に施行されている法令等によること。
6　この問題用紙は、68頁あるので確認すること。

## 【注意事項】

　本予想問題における出題は、根拠となる法律、政令、省令、告示、通達に、「東日本大震災に対処するための特別の財政援助及び助成に関する法律（平成23年法律第40号）」をはじめとする東日本大震災等に関連して制定、発出された特例措置及び新型コロナウイルス感染症に関連して制定、発出された特例措置に係るものは含まれません。


## 【法令等略記凡例】

　問題文中においては、下表左欄の法令名等を右欄に示す略称により記載しています。

| 法令等名称 | 法令等略称 |
|---|---|
| 労働者派遣事業の適正な運営の確保及び派遣労働者の保護等に関する法律 | 労働者派遣法 |
| 労働者災害補償保険法 | 労災保険法 |
| 労働保険の保険料の徴収等に関する法律 | 徴収法 |
| 育児休業、介護休業等育児又は家族介護を行う労働者の福祉に関する法律 | 育児介護休業法 |
| 短時間労働者及び有期雇用労働者の雇用管理の改善等に関する法律 | パートタイム・有期雇用労働法 |
| 労働施策の総合的な推進並びに労働者の雇用の安定及び職業生活の充実等に関する法律 | 労働施策総合推進法 |

# 労働基準法及び労働安全衛生法

〔問　1〕　次の記述のうち、誤っているものはどれか。

A　常時10人以上の労働者を使用する使用者は、就業規則を作成しなければ
ならないが、就業規則は当該事業場の全労働者について作成する必要があ
り、正社員については作成しているが、パートタイム労働者については作
成していないという場合は、労働基準法第89条違反となる。

B　常時10人以上の労働者を使用する派遣元事業場の使用者は、就業規則の
作成に当たり、当該派遣元事業場に労働者の過半数で組織する労働組合が
ある場合にはその労働組合、当該労働組合がない場合には労働者の過半数
を代表する者の意見を聴かなければならないが、この場合の労働者とは、
派遣元事業場の全ての労働者であり、派遣中の労働者とそれ以外の労働者
との両者を含む。

C　就業規則に定める労働条件の変更について、慣習により労働組合との協
議を必要としている場合であっても、その旨を就業規則に定める必要はな
い。

D　就業規則において「将来にわたって本給の10分の1以内を減ずる」旨の
降給の制裁を定めるときは、その降給が従前の職務に従事せしめつつ賃金
額のみを減ずるものであれば、減給の制裁として労働基準法第91条の適用
を受ける。

E　就業規則で、労働者に対して減給の制裁を定める場合には、その減給の
総額は、一賃金支払期における賃金の総額の10分の1を超えてはならない
とされており、一賃金支払期における賃金の総額が欠勤等のために少額と
なったときは、欠勤等がなかった場合に支払われるべき賃金の総額を基礎
としてその10分の1を計算することとなる。

1

〔問　2〕　次の記述のうち、誤っているものはどれか。

A　1か月単位の変形労働時間制について、最高裁判所の判例では、「変形労働時間制の適用による効果は、使用者が、単位期間内の一部の週又は日において法定労働時間を超える労働時間を定めても、ここで定められた所定労働時間の限度で、法定労働時間を超えたものとの取扱いをしないというにすぎないものであり、単位期間内の実際の労働時間が平均して法定労働時間内に納まっていれば、法定時間外労働にならないというものではない。すなわち、特定の週又は日につき法定労働時間を超える所定労働時間を定めた場合には、法定労働時間を超えた所定労働時間内の労働は時間外労働とならないが、所定労働時間を超えた労働はやはり時間外労働となるのである。」としている。

B　使用者は、運輸交通業において列車、気動車又は電車に乗務する労働者で予備の勤務に就くものについては、労使協定又は就業規則その他これに準ずるものによる定めがない場合であっても、1か月以内の一定の期間を平均し1週間当たりの労働時間が40時間を超えない限りにおいて、1週間について40時間、1日について8時間を超えて労働させることができる。

C　1年単位の変形労働時間制を採用しようとする場合において、対象期間を3か月とし、労使協定において、休日を当該3か月のうち労働者の指定する20日間とする旨の定めをするときは、対象期間の開始前に休日が特定されないこととなるが、労働日数は特定されるのであるから、当該定めにより1年単位の変形労働時間制を採用することができる。

2

D　テレワークにおいて「①情報通信機器が、使用者の指示により常時通信可能な状態におくこととされていないこと」及び「②随時使用者の具体的な指示に基づいて業務を行っていないこと」のいずれの要件にも該当する場合には、事業場外労働のみなし労働時間制の適用の対象となるものであり、使用者の指示が情報通信機器を用いて行われ、勤務時間中は通信回線自体の切断はできない場合であっても、労働者が情報通信機器から自分の意思で離れることができ、応答のタイミングを労働者が判断することができるときは、①の要件に該当するものとされ、また、使用者の指示が、1日のスケジュール（作業内容とそれを行う時間等）をあらかじめ決めるなど作業量や作業の時期、方法等を具体的に特定するものではなく、業務の目的、目標、期限等の基本的事項にとどまるときは、②の要件に該当するものとされる。

E　使用者は、運輸交通業又は郵便若しくは信書便の事業に使用される労働者のうち列車、気動車、電車、自動車、船舶又は航空機に乗務する機関手、運転手、操縦士、車掌、列車掛、荷扱手、列車手、給仕、暖冷房乗務員及び電源乗務員で長距離にわたり継続して乗務するものについては、休憩時間を与えないことができる。

〔問　3〕　次の記述のうち、正しいものはどれか。

A　産後1年を経過しない女性については、その者が申し出た場合に限り、女性労働基準規則第2条第1項第1号に規定する重量物を取り扱う業務に就かせてはならない。

B　産後1年を経過しない女性については、その者が申し出た場合に限り、高さが5メートル以上の場所で、墜落により労働者が危害を受けるおそれのあるところにおける業務に就かせてはならない。

C　妊娠中の女性については、その者が申し出た場合に限り、高さが5メートル以上の場所で、墜落により労働者が危害を受けるおそれのあるところにおける業務に就かせてはならない。

D　産後1年を経過しない女性については、その者が申し出た場合に限り、さく岩機、鋲打機等身体に著しい振動を与える機械器具を用いて行う業務に就かせてはならない。

E　産後1年を経過しない女性については、その者が申し出た場合に限り、ボイラー（労働安全衛生法施行令第1条第3号に規定するボイラーをいう。）の取扱いの業務に就かせてはならない。

〔問　4〕　次の記述のうち、正しいものはどれか。

A　使用者は、労働者が退職した場合には、7日以内に賃金を支払い、積立金、保証金、貯蓄金その他名称の如何を問わず、労働者の権利に属する金品を返還しなければならないとされており、ここにいう金品には、金銭のみならず、例えば、労働者の所有に属するふとん、衣類等の物品も含まれるが、これらの物品の返還を請求する権利は、労働基準法第115条により、2年間行わない場合においては、消滅する。

B　労働基準法第14条第2項に基づく有期労働契約の締結、更新、雇止め等に関する基準第2条の規定に基づき、使用者が労働者に対して有期労働契約の期間の満了する日の30日前までに当該契約を更新しない旨の予告をした場合において、当該労働者がその予告期間中に業務上の災害により負傷し、療養のため休業したときは、当該予告期間の満了をもって当該契約を終了させることはできない。

C　使用者が労働基準法第20条所定の予告期間をおかず、又は解雇予告手当の支払をしないで労働者を解雇した場合には、たとえその解雇が有効と認められる場合であっても、これによって同条違反（解雇予告義務違反）の事実が消滅するものではないから、労働者は使用者に対して解雇予告手当の支払を請求し得る、とするのが最高裁判所の判例である。

4

D　労働基準法第20条の規定による解雇予告の期間満了の直前に、労働者が業務上負傷し、療養のため休業を要する場合には、その期間満了をもって労働者を解雇することはできず、その休業によって当初の解雇予告はその効力が失われるので、その休業後に当該労働者を解雇するに当たっては、改めて解雇予告をする必要がある。

E　解雇予告手当は、解雇の申し渡しと同時に支払うべきものであるが、郵送等の手段により労働者宛てに解雇予告手当を発送する場合には、その解雇予告手当が労働者の生活の本拠地に到達したときに支払があったものと認められることとなり、直接労働者本人が受領したか否かは問われない。

〔問　5〕　次の記述のうち、正しいものはどれか。

A　労働者派遣法第44条に規定する労働基準法の適用に関する特例は、労働者派遣法に基づく適法な労働者派遣についてのみ適用されるものではなく、例えば、派遣先の事業所の業務が同法第4条第1項に定めるいわゆる派遣禁止業務である場合には、当該派遣禁止業務について行われる労働者派遣についても当該特例が適用される。

B　労働基準法第10条に規定する「使用者」とは、労働者と相対する労働契約の締結当事者であって、その使用する労働者に対して賃金を支払う者をいい、労働契約法第2条第2項に規定する「使用者」と同義である。

C　労働基準法第7条が、特に、労働者に対し労働時間中における公民としての権利の行使及び公の職務の執行を保障していることにかんがみるときは、労働者が使用者の承認を得ずして公職に就任し、その就任によって会社業務の遂行を著しく阻害する虞れのある場合においても、懲戒解雇に附することはもとより、普通解雇に附することも到底許されるものではない、とするのが最高裁判所の判例である。

D　労働基準法第17条では、使用者が前借金その他労働することを条件とする前貸の債権と賃金を相殺することを禁止しているが、明らかに身分的拘束を伴わない貸付金と賃金とを相殺することは、労働基準法上何ら問題はない。

E 労働基準法第17条では、使用者が前借金その他労働することを条件とする前貸の債権と賃金を相殺することを禁止しているが、使用者が前借金制度を設け、前借金の返済完了までは労働すべきことを義務付け、労働者が退職を申し出た場合には未返済の前借金を即座に返還しなければこれを承認しないこととするときは、同条違反の罰則（6か月以下の懲役又は30万円以下の罰金）が適用される。

〔問 6〕 次のアからオの記述のうち、誤っているものの組合せは、後記AからEまでのうちどれか。

ア 9月3日にその年の1月からの新給与を決定し、遡及支払を行う場合、1月から9月2日までの退職者については支給しない旨を給与規定に定めても、労働基準法第24条第1項にいう賃金の全額払の原則に違反しない。

イ ストライキにおける不就労期間において、家族手当を含めて労働者の賃金を削減した事案について、最高裁判所の判例では、「家族手当は賃金中生活保障部分に該当し、労働の対価としての交換的部分には該当しないので、ストライキ期間中といえども賃金削減の対象とすることができない」としている。

ウ 労働基準法第24条第1項では、賃金は通貨で支払わなければならないとされているが、ここにいう「通貨」とは、強制通用力のある貨幣をいい、例えば、外国人労働者に対して賃金を外貨（米ドル紙幣など）で支払うことは、原則として認められない。

エ 労働基準法第36条第1項に規定する時間外及び休日の労働に関する協定（以下「36協定」という。）において、同条第4項に規定する限度時間（以下「限度時間」という。）を超える時間外労働の時間を定めている場合には、当該36協定は、全体として無効とされる。

オ　同一の企業内のＡ事業場からＢ事業場に転勤した労働者について、限度時間に関する規定を適用する際には、労働基準法第38条第１項において「労働時間は、事業場を異にする場合においても、労働時間に関する規定の適用については通算する。」とされていることから、Ａ事業場の時間外労働の時間とＢ事業場の時間外労働の時間を通算して適用するものとされている。

A （アとウ）　　　　　B （アとエ）　　　　　C （イとウ）

D （イとオ）　　　　　E （エとオ）

〔問　7〕　次の記述のうち、誤っているものはどれか。

A　労働基準法第41条の2に規定するいわゆる高度プロフェッショナル制度を採用した場合には、対象労働者については、労働基準法第4章で定める労働時間、休憩、休日及び深夜の割増賃金に関する規定は適用されず、また、生後満1年に達しない生児を育てる女性である対象労働者については、同法第67条の育児時間の規定も適用されない。

B　高度プロフェッショナル制度の対象業務については、当該対象業務に従事する時間に関し使用者から具体的な指示を受けて行うものでないこととされており、対象労働者は使用者からの具体的な労働時間の指示に従う必要はないが、使用者が全社的な所定労働日について出勤を指示するような場合は、対象労働者はそれに従う必要がある。

C　高度プロフェッショナル制度の対象業務は、厚生労働省令で定める業務に限定されているが、対象労働者はこの対象業務に常態として従事していることが必要とされ、対象業務に加え、対象業務以外の業務に常態として従事している者は、対象労働者には該当しない。

D　使用者は、高度プロフェッショナル制度の対象業務に従事する対象労働者に対し、4週間を通じ4日以上の休日を与えなければならないが、4週間を通じ4日以上の休日を確保できなかった場合は、その後に代替となる休日の付与を具体的に定めたとしても、4週間を通じ4日以上の休日を確保できなくなることが確定した時点から高度プロフェッショナル制度の法律上の効果が生じないこととなる。

E　高度プロフェッショナル制度の選択的措置（労働基準法第41条の2第1項第5号の措置をいう。）の1つとして、「1年に1回以上の継続した2週間(労働者が請求した場合においては、1年に2回以上の継続した1週間)（使用者が当該期間において、第39条の規定による有給休暇を与えたときは、当該有給休暇を与えた日を除く。）について、休日を与えること。」が定められているが、これは、年次有給休暇を取得した日も含めて、1年に連続2週間（労働者が請求した場合は、連続1週間を2回）について休日を確保することを規定したものである。

〔問　8〕　次のアからオの記述のうち、その保存期間が3年間とされているものはいくつあるか。

ア　事業者が、労働安全衛生法第13条第5項の規定により産業医の勧告を受けた場合におけるその勧告の内容等に関する記録の保存期間。

イ　事業者が、安全委員会、衛生委員会又は安全衛生委員会（以下「委員会」という。）を開催した場合における委員会の議事で重要なもの等に関する記録の保存期間。

ウ　事業者が、労働安全衛生法第59条第3項の規定により特別教育を行った場合における特別教育の受講者、科目等に関する記録の保存期間。

エ　事業者が、労働安全衛生法第66条の8第1項の規定により面接指導を実施するために把握した労働時間の状況に関する記録の保存期間。

オ　事業者が、労働安全衛生法第66条の8第1項の規定により面接指導を実施した場合における面接指導の結果に関する記録の保存期間。

A 一つ

B 二つ

C 三つ

D 四つ

E 五つ

〔問 9〕 次の記述のうち、正しいものはどれか。

A 常時500人を超える労働者を使用する事業場で、深夜業を含む業務に常時30人以上の労働者を従事させるものにあっては、衛生管理者のうち少なくとも1人を専任の衛生管理者とすることを要する。

B 深夜業を含む業務に常時500人以上の労働者を従事させる事業場にあっては、その事業場に専属の産業医を選任することを要する。

C 事業者は、つり上げ荷重が1トン以上の移動式クレーンの運転（道路上を走行させる運転を除く。）の業務については、移動式クレーン運転士免許を受けた者でなければ、当該業務に就かせてはならない。

D 都道府県労働局長は、労働安全衛生法第12条第1項、第14条又は第61条第1項の免許を取り消され、その取消の日から起算して1年を経過しないものには、原則として免許を与えないものとされているが、免許を受けた者から免許の取消の申請があったことによりその取消を行った場合には、1年を経過する前であっても免許を与えることができる。

E 労働基準監督官は、労働安全衛生法違反の犯罪捜査のために必要があると認めるときは、事業場に立ち入り、関係者に質問し、帳簿、書類その他の物件を検査し、若しくは作業環境測定を行い、又は検査に必要な限度において無償で製品、原材料若しくは器具を収去することができる。

〔問 10〕 次の記述のうち、誤っているものはどれか。

A 事業者は、ボイラーその他の機械等で、政令で定めるものについて、定期に自主検査を行い、及びその結果を記録しておかなければならないが、特定機械等はすべて当該自主検査の対象とされている。

9

B　特定機械等の検査証の有効期間の更新を受けようとする者は、当該特定機械等及びこれに係る厚生労働省令で定める事項について、労働基準監督署長が行う性能検査を受けなければならない。

C　機械等で、政令で定めるものを他の事業者に貸与する者で、厚生労働省令で定めるもの（機械等貸与者）は、当該機械等の貸与を受けた事業者の事業場における当該機械等による労働災害を防止するため必要な措置を講じなければならないが、無償で当該機械等を貸与する者については、当該措置を講ずる必要はない。

D　建築物で、政令で定めるものを他の事業者に貸与する者(建築物貸与者)は、当該建築物の貸与を受けた事業者の労働者で、当該建築物の内部で就業するものの数が50人以上であるときは、非常の場合に関係労働者にすみやかに知らせるための自動警報設備、非常ベル等の警報用の設備又は携帯用拡声器、手動式サイレン等の警報用の器具を備え、かつ、有効に作動するように保持しておかなければならないが、建築物の全部を一の事業者に貸与するときは、この限りでない。

E　事業者は、建設業又は土石採取業に属する事業の仕事（建設業に属する事業にあっては、労働安全衛生法第88条第2項の規定する仕事を除く。)で、建築物、工作物又は船舶（鋼製の船舶に限る。）に吹き付けられている石綿等（石綿等が使用されている仕上げ用塗り材を除く。）の除去、封じ込め又は囲い込みの作業を行う仕事を開始しようとするときは、その計画を当該仕事の開始の日の14日前までに、労働基準監督署長に届け出なければならない。

# 労働者災害補償保険法
（労働保険の保険料の徴収等に関する法律を含む。）

〔問　1〕　厚生労働省労働基準局長通知「心理的負荷による精神障害の認定基準について（令和5年9月1日基発0901第2号）」では、業務による心理的負荷の強度の判断に当たっては、「業務による心理的負荷評価表」を指標として、出来事による心理的負荷の強度を「弱」「中」「強」の3段階に区分するものとされており、また、「業務による心理的負荷評価表」では、心理的負荷の強度を「弱」「中」「強」と判断する具体例が掲げられている。当該具体例に関する次の記述のうち、心理的負荷の強度を「強」と判断する事例として、正しいものはいくつあるか。

ア　同僚等から、人格や人間性を否定するような言動を反復・継続するなどして執拗に受けた。

イ　業務をめぐる方針等において、周囲からも客観的に認識されるような大きな対立が上司との間に生じた。

ウ　部下との対立により、本来得られるべき業務上必要な協力が得られず、業務に一定の影響が生じた。

エ　顧客等から、人格や人間性を否定するような言動を受けた場合であって、会社が迷惑行為を把握していても適切な対応がなく、改善がなされなかった。

オ　顧客等から、威圧的な言動などその態様や手段が社会通念に照らして許容される範囲を超える著しい迷惑行為を受けた場合であって、会社に相談しても適切な対応がなく、改善がなされなかった。

A　一つ

B　二つ

C　三つ

D　四つ

E　五つ

〔問　2〕　次の記述のうち、正しいものはどれか。

　　　A　療養の給付の範囲は、①診察、②薬剤又は治療材料の支給、③処置、手術その他の治療、④居宅における療養上の管理及びその療養に伴う世話その他の看護、⑤病院又は診療所への入院及びその療養に伴う世話その他の看護であって、政府が必要と認めるものに限られる。

　　　B　療養補償給付たる療養の給付を受けようとする者は、所定の事項を記載した請求書を指定病院等を経由して所轄労働基準監督署長に提出しなければならないが、当該請求書には、「労働者が複数事業労働者である場合は、その旨」を記載することとされている。

　　　C　療養の給付に代えて療養の費用が支給されるのは、療養の給付をすることが困難な場合のほか、療養の給付を受けないことについてやむを得ない事情がある場合とされている。

　　　D　葬祭料の額の計算の基礎となる給付基礎日額には、労働者が死亡した日の属する年度の8月1日（死亡した日の属する月が4月から7月までの月である場合には、当該年度の前年度の8月1日）における当該労働者の年齢（当該労働者の死亡がなかったものとして計算した場合に得られる当該労働者の年齢をいう。）により、年齢階層別の最低・最高限度額が適用される。

　　　E　葬祭料の支給を受けようとする者は、所定の事項を記載した請求書を所轄労働基準監督署長に提出しなければならないが、当該請求書には、「葬祭に要した費用の金額に関する証拠書類」を添付することとされている。

〔問　3〕　次の記述のうち、誤っているものはどれか。

　　　A　労働者が休業補償給付の支給を受けており、その給付基礎日額が10,000円（平均賃金も同額とする。）である場合、ある日について、所定労働時間の一部分について時間単位の年次有給休暇の取得により5,000円の賃金の支払いを受け、残りの部分を休業することとなるときは、その日に係る休業補償給付の額は、3,000円となる。

B　労働者が休業補償給付の支給を受けており、その給付基礎日額が10,000
　　円（平均賃金も同額とする。）である場合、ある日について、所定労働時
　　間の一部分について時間単位の年次有給休暇の取得により7,000円の賃金
　　の支払いを受け、残りの部分を休業することとなるときは、その日に係る
　　休業補償給付は行われない。

C　甲事業場及び乙事業場の２の事業に使用される複数事業労働者が休業補
　　償給付の支給を受けており、その給付基礎日額が10,000円（甲事業場の平
　　均賃金相当額7,000円、乙事業場の平均賃金相当額3,000円とする。）であ
　　る場合に、ある日について、甲事業場で年次有給休暇の取得により7,000
　　円の賃金の支払いを受け、乙事業場で全日休業することとなった。この場
　　合、その日に休業補償給付が行われるときは、その額は1,800円となる。

D　甲事業場及び乙事業場の２の事業に使用される複数事業労働者が休業補
　　償給付の支給を受けており、その給付基礎日額が10,000円（甲事業場の平
　　均賃金相当額8,000円、乙事業場の平均賃金相当額2,000円とする。）であ
　　る場合に、ある日について、甲事業場で年次有給休暇の取得により7,000
　　円の賃金の支払いを受け、乙事業場で全日休業することとなった。この場
　　合、その日に休業補償給付が行われるときは、その額は1,200円となる。

E　甲事業場及び乙事業場の２の事業に使用される複数事業労働者が休業補
　　償給付の支給を受けており、その給付基礎日額が10,000円（甲事業場の平
　　均賃金相当額6,000円、乙事業場の平均賃金相当額4,000円とする。）であ
　　る場合に、ある日について、甲事業場で年次有給休暇の取得により7,000
　　円の賃金の支払いを受け、乙事業場で全日休業することとなった。この場
　　合、その日に休業補償給付が行われるときは、その額は2,400円となる。

〔問　4〕　次の記述のうち、誤っているものはどれか。

A　業務上の事由により労働者が死亡し、その死亡の当時その収入によって生計を維持していた遺族が当該労働者の兄（56歳）及び子（7歳）の2人である場合には、子が遺族補償年金の受給権者となるが、その子が当該労働者の兄の養子となったときは、当該兄が遺族補償年金の受給権者となる。

B　遺族補償年金の受給権者が死亡した労働者の子（厚生労働省令で定める障害の状態にない子）である場合には、その子が18歳に達する日以後の最初の3月31日までの間に当該障害の状態となり、引き続き障害の状態にあるときであっても、18歳に達した日以後の最初の3月31日が終了したときに、当該子の遺族補償年金の受給権は消滅する。

C　遺族補償年金の受給権者が1年以上所在不明となり、当該受給権者の同順位の受給権者がない場合において、次順位者から申請があったときは、その次順位者は、受給権者が所在不明となった時にさかのぼって、遺族補償年金の受給権者となる。

D　業務上の事由により労働者が死亡し、その死亡により、当該労働者の妻に遺族補償年金が支給され、当該労働者の子に国民年金法の規定による遺族基礎年金が支給されることとなった場合には、妻の遺族補償年金について、遺族基礎年金が支給されることによる減額は行われない。

E　遺族補償年金の受給権者であって、遺族補償年金前払一時金の支給を受けたため遺族補償年金の支給を停止されている者が、その支給停止期間の途中に失権した場合には、転給により受給権者となった者に支給すべき遺族補償年金についても、引き続き支給停止されることとなる。

〔問　5〕　次の記述のうち、誤っているものはどれか。

A　中小事業主等の特別加入者であって、自動車を使用して行う旅客若しくは貨物の運送の事業又は原動機付自転車若しくは自転車を使用して行う貨物の運送の事業を行う者については、通勤災害に関する保険給付は行われない。

B　一人親方等の特別加入者は、同一の種類の事業又は同一の種類の作業に関しては、他の団体に関し重ねて特別加入することはできない。

C　一人親方等の特別加入者の事故が、第二種特別加入保険料が滞納されている期間中に生じたものであるときは、政府は、当該事故に係る保険給付の全部又は一部を行わないことができる。

D　海外派遣の特別加入者の給付基礎日額は、当該事業に使用される労働者の賃金の額その他の事情を考慮して厚生労働大臣が定める額とされている。

E　特別加入者に係る業務災害、複数業務要因災害及び通勤災害の認定は、厚生労働省労働基準局長が定める基準によって行われる。

〔問　6〕　次の記述のうち、正しいものはどれか。

A　未支給の保険給付を受けるべき同順位者が2人以上あるときは、これらの者は、世帯を異にする等やむをえない事情のため代表者を選任することができないときを除き、そのうち1人を、未支給の保険給付の支給の請求及び受領についての代表者に選任しなければならない。

B　傷病補償年金を受ける権利を有する労働者が遺族補償年金を受ける権利を有することとなり、かつ、傷病補償年金を受ける権利が消滅した場合において、その消滅した月の翌月以後の分として傷病補償年金が支払われたときは、その支払われた傷病補償年金は、遺族補償年金の内払とみなされる。

C　労働者が故意の犯罪行為又は重大な過失により、死亡の原因となった事故を生じさせたときは、政府は、当該死亡に係る遺族補償年金について、当該事故が発生した日の翌日から起算して3年間、その支給の都度、所定給付額の30パーセントに相当する額につき支給制限を行うこととされている。

D　保険給付の原因である事故が第三者の行為によって生じた場合において、保険給付を受けるべき者が当該第三者から同一の事由について損害賠償を受けることができるときは、政府は、その価額の限度で保険給付をしないことができるが、保険給付をしないこととする措置は、災害発生後5年以内に支給事由の生じた保険給付であって、災害発生後5年以内に支払うべきものを限度として行うこととされている。

E　遺族補償年金に係る「労働者の死亡の当時その収入によって生計を維持していたこと」の認定は、当該労働者との同居の事実の有無、当該労働者以外の扶養義務者の有無その他必要な事項を基礎として厚生労働省労働基準局長が定める基準によって行われる。

〔問　7〕　次の記述のうち、正しいものはいくつあるか。

ア　遺族補償年金を受けることができる遺族が、遺族補償年金を受けることができる先順位又は同順位の他の遺族を故意に死亡させたときは、その者は、遺族補償年金を受けることができる遺族でなくなる。

イ　労働者の死亡前に、当該労働者の死亡によって遺族補償年金を受けることができる先順位又は同順位の遺族となるべき者を故意に死亡させた者は、遺族補償年金を受けることができる遺族としない。

ウ　遺族補償年金を受けることができる遺族を故意に死亡させた者は、遺族補償一時金を受けることができる遺族としない。

エ　労働者の死亡前に、当該労働者の死亡によって遺族補償年金を受けることができる遺族となるべき者を故意に死亡させた者は、遺族補償一時金を受けることができる遺族としない。

オ　労働者を故意に死亡させた者は、遺族補償給付を受けることができる遺族としない。

A　一つ

B　二つ

C　三つ

D　四つ

E　五つ

〔問　8〕　賃金等に関する次の記述のうち、正しいものはどれか。

A　徴収法において「賃金」とは、賃金、給料、手当、賞与その他名称のいかんを問わず、労働の対償として事業主が労働者に支払うもの（3か月を超える期間ごとに支払われるもの及び通貨以外のもので支払われるものであって厚生労働省令で定める範囲外のものを除く。）をいう。

B　徴収法における賃金のうち通貨以外のもので支払われるものの評価に関し必要な事項は、厚生労働大臣が定めることとされている。

C　退職金は、労働協約、就業規則、労働契約等によりあらかじめ支給条件が明確である場合であっても徴収法上の賃金に含まないとされており、給与又は賞与に上乗せして前払いされる退職金についても、徴収法上の賃金とされない。

D　労災保険に係る保険関係が成立している事業のうち立木の伐採の事業については、所轄都道府県労働局長が定める素材1立方メートルを生産するために必要な労務費の額に、生産するすべての素材の材積を乗じて得た額を賃金総額とすることとされている。

E　請負による建設の事業の賃金総額が、請負金額に労務費率を乗じて得た額とされる場合には、事業主が注文者その他の者からその事業に使用する物の支給を受け、又は機械器具等の貸与を受けたときであっても、その支給された物の価額に相当する額又は機械器具等の損料に相当する額は、原則として、当該請負金額に含めないこととされている。

〔問　9〕　保険関係の一括に関する次の記述のうち、誤っているものはどれか。

A　継続事業の一括の規定により一括されている事業のうち指定事業以外の事業の全部又は一部について、労災保険率表に掲げる事業の種類が変更されたときは、事業主は、当該変更された事業について、保険関係成立の手続をしなければならない。

B　雇用保険に係る保険関係が成立している二元適用事業につき継続事業の一括の認可を受ける場合であっても、一括に係るそれぞれの事業が、労災保険率表に掲げる事業の種類を同じくしていなければならない。

17

C　数次の請負によって行われる建設の事業が一の事業とみなされ、元請負人のみが当該事業の事業主とされる場合であっても、下請負人をその請負に係る事業の事業主とすることにつき申請をし、厚生労働大臣の認可（以下本問において「下請負事業の分離の認可」という。）を受けたときは、当該請負に係る事業については、下請負人が元請負人とみなされるが、当該申請は、元請負人及び下請負人が共同でしなければならない。

D　下請負事業の分離の認可を受けたことにより下請負人が元請負人とみなされた場合において、その分離された事業が、元請負人とみなされた事業主の他のいずれかの事業と同時に行われ、労災保険率表に掲げる事業の種類を同じくする等の一定の要件に該当するときは、これらの事業は、有期事業の一括の規定により一の事業とみなされる。

E　下請負事業の分離の認可、継続事業の一括の認可及び継続事業の一括に係る事業の指定に関する厚生労働大臣の権限は、いずれも都道府県労働局長に委任されている。

〔問　10〕　徴収法に関する次のアからオの記述のうち、誤っているものの組合せは、後記AからEまでのうちどれか。

　　ア　徴収法における「労働保険料」は、労災保険料、雇用保険料、第1種特別加入保険料、第2種特別加入保険料、第3種特別加入保険料、印紙保険料及び特例納付保険料とされている。

　　イ　労災保険率は、労災保険法の規定による保険給付及び社会復帰促進等事業に要する費用の予想額に照らし、将来にわたって、労災保険の事業に係る財政の均衡を保つことができるものでなければならない。

　　ウ　労働者派遣事業に係る労災保険率の適用に当たっては、派遣労働者の派遣先での作業実態（派遣先での作業実態が数種にわたる場合には、主たる作業実態）に基づき事業の種類を決定し、労災保険率表による労災保険率を適用するものとされている。

18

エ 派遣先は、日雇派遣労働者が雇用保険法に規定する日雇労働被保険者に該当し、日雇労働被保険者手帳の交付を受けている者であるときは、派遣元事業主と連携を図りつつ、その者を使用する日ごとに雇用保険印紙の貼付をしなければならない。

オ 請負事業の一括の規定により元請負人のみが事業主とされる場合であっても、下請負人が雇用保険法に規定する日雇労働被保険者を使用するときは、当該下請負人は、その者に賃金を支払うつどその者に係る印紙保険料を納付しなければならない。

A （アとイ）　　　　B （アとエ）　　　　C （イとウ）

D （ウとオ）　　　　E （エとオ）

# 雇用保険法
（労働保険の保険料の徴収等に関する法律を含む。）

〔問　1〕　被保険者等に関する次の記述のうち、誤っているものはどれか。なお、本問以下において「一般被保険者」とは、高年齢被保険者、短期雇用特例被保険者及び日雇労働被保険者以外の雇用保険の被保険者をいう。また、本問以下においては、特例高年齢被保険者は考慮しないものとする。

A　1週間の所定労働時間が20時間未満である者は、日雇労働被保険者となる場合を除き、被保険者とされないが、雇用契約書における1週間の所定労働時間が24時間（1日8時間・週3日勤務）とされている者が、具体的には、事業所における入職から離職までの全期間を平均して1週間当たりの通常の実際の勤務時間が概ね20時間以上に満たず、そのことについて合理的な理由がない場合は、原則として1週間の所定労働時間は20時間未満である者と判断され、被保険者とならない。

B　1週間の所定労働時間が20時間未満である者は、日雇労働被保険者となる場合を除き、被保険者とされないが、この場合における「1週間の所定労働時間」については、4週5休制等の1週間の所定労働時間が短期的かつ周期的に変動し、通常の週の所定労働時間が一通りでないときは、1週間の所定労働時間は、それらの平均（加重平均）により算定された時間とし、また、所定労働時間が1か月の単位で定められている場合には、当該時間を12分の52で除して得た時間を1週間の所定労働時間とする。

C　同一の事業主の適用事業に継続して31日以上雇用されることが見込まれない者は、日雇労働被保険者に該当することとなる場合を除き、被保険者とならないが、当初の雇入れ時に31日以上雇用されることが見込まれない場合であっても、その後において、雇入れ時から継続して31日以上雇用されることが見込まれることとなったときは、他の要件を満たす限り、その時点から一般被保険者又は高年齢被保険者の資格を取得する。

D 季節的業務に6か月の期間を定めて雇用される短期雇用特例被保険者が、同一の適用事業所の事業主に引き続き1年以上雇用されることが見込まれることとなったときは、他の要件を満たす限り、その時点から一般被保険者又は高年齢被保険者の資格を取得する。

E 一の事業主（例えば出向元事業主。以下「A事業主」という。）との間の雇用関係に基づく被保険者資格を有する者が、A事業主との雇用関係を存続したまま他の事業主(例えば出向先事業主。以下「B事業主」という。)に雇用された場合であって、B事業主との間の雇用関係について被保険者資格を取得し、A事業主及びB事業主の双方から賃金が支払われる場合、その者が失業した場合における基本手当の日額又は高年齢求職者給付金若しくは特例一時金の額の決定の基礎となる賃金日額の算定に当たっては、A事業主又はB事業主のいずれか一方が支払った賃金のみが基礎となる。

〔問　2〕　次のアからオの記述のうち、正しいものの組合せは、後記AからEまでのうちどれか。

ア 公共職業安定所長は、事業主が提出する雇用保険被保険者資格取得届等に基づき被保険者資格の取得の確認を行った際に、短期雇用特例被保険者であるかどうかの確認を行うが、同一事業所に2回連続して1年未満の雇用期間で雇用され、それぞれの雇用に係る離職の日の翌日から起算して次の雇用に入った日の前日までの期間がいずれも30日未満であり、その都度特例一時金を受給しており、かつ、3回目も同一事業所に1年未満の雇用期間で雇用された者については、当該3回目及びその後の雇用に係る被保険者の種類は、原則として、一般被保険者又は高年齢被保険者であるものとされる。

イ 同一の事業主の二の事業所が一の事業所に統合された場合には、統合前の事業所のうち従たる事業所に係る被保険者については、新たに統合された事業所に転勤したものとされるので、事業主は、雇用保険被保険者転勤届をその統合後の事業所を管轄する公共職業安定所の長に提出しなければならない。

ウ　事業主は、その雇用する被保険者（短期雇用特例被保険者及び日雇労働被保険者を除く。以下ウ及びエにおいて同じ。）が育児休業給付金に係る育児休業（当該子に係る初回の育児休業であるものとする。）を開始した場合には、当該被保険者が育児休業給付受給資格確認票・（初回）育児休業給付金／出生後休業支援給付金支給申請書の提出をする日までに、雇用保険被保険者休業開始時賃金月額証明書・所定労働時間短縮開始時賃金証明書（以下「休業等開始時賃金証明書」という。）を、その事業所の所在地を管轄する公共職業安定所の長に提出しなければならない。

エ　事業主は、その雇用する被保険者のうちその小学校就学の始期に達するまでの子を養育する被保険者に関して所定労働時間の短縮を行った場合であって、当該被保険者が離職し、特定理由離職者又は特定受給資格者として受給資格の決定を受けることとなるときは、休業等開始時賃金証明書の提出については、当該証明書に係る被保険者が離職し、特定理由離職者又は特定受給資格者として受給資格の決定を受けた日の翌日から起算して10日以内に行わなければならない。

オ　雇用保険被保険者証を滅失し、若しくは損傷した者又は雇用保険被保険者離職票を滅失し、若しくは損傷した者は、その者の選択する公共職業安定所長に対し、雇用保険被保険者証又は雇用保険被保険者離職票の再交付を申請することができる。

A（アとイ）　　　　B（アとウ）　　　　C（イとエ）
D（ウとオ）　　　　E（エとオ）


〔問　3〕　求職者給付に関する次の記述のうち、誤っているものはどれか。

A　基本手当の受給資格に係る離職の日（以下本問において「基準日」という。）に60歳であって算定基礎期間が3年の特定受給資格者の所定給付日数と、基準日に40歳であって算定基礎期間が1年の特定受給資格者の所定給付日数は、同じ日数である。

B　基本手当に係る失業の認定を受けるべき期間中において受給資格者が就職した日があるときは、就職した日についての失業の認定は行われないが、受給資格者が被保険者とならないような派遣就業を行った場合、通常、その雇用契約期間は就職していた期間とされる。

C　基本手当に係る失業の認定を受けるべき期間中において受給資格者が就職した日があるときは、就職した日についての失業の認定は行われないが、公認会計士、弁護士、司法書士等の資格を有する者については、これらの資格制度を規定する法律等に基づき、名簿等に登録を受けている場合であっても、失業している旨、事務所を設立して開業している事実がない旨等の申立てが行われた場合には、当該名簿等に登録を受けていることのみをもって就職しているものとして取り扱うことはしないこととされている。

D　受給資格者は、公共職業安定所又は職業紹介事業者等の紹介に応じて求人者に面接するために公共職業安定所に出頭することができないときは、証明書を提出することによって、失業の認定を受けることができる。

E　被保険者が自己の責めに帰すべき重大な理由によって解雇された場合には、その離職の日前1年以内に教育訓練給付金に係る教育訓練を受けたことがあるときであっても、待期期間の満了後1か月以上3か月以内の間で公共職業安定所長の定める期間は、基本手当は支給されない。

〔問　4〕　日雇労働被保険者又は雇用保険法第45条の規定による日雇労働求職者給付金（普通給付）に関する次の記述のうち、正しいものはどれか。

A　日雇労働者は、日雇労働被保険者となったときは、日雇労働被保険者となった日から起算して5日以内に、日雇労働被保険者手帳交付申請書を管轄公共職業安定所の長に提出しなければならない。

B　公共職業安定所長は、その公共職業安定所において失業の認定及び日雇労働求職者給付金の支給を行う時刻を定め、これを日雇労働求職者給付金の支給を受けようとする者に知らせておかなければならない。

C 日雇労働求職者給付金の日額が7,500円となるのは、前2月間に納付された印紙保険料のうち、第1級印紙保険料が26日分以上であるときとされている。

D 日雇労働被保険者が失業した日の属する月における失業の認定を受けた日について、その月の前2月間に、その者について納付されている印紙保険料が29日分である場合には、通算して14日分を限度として、日雇労働求職者給付金が支給される。

E 日雇労働求職者給付金の支給を受けることができる者が、基本手当の受給資格者である場合には、基本手当の支給を受けることができる日について、日雇労働求職者給付金は支給されない。

〔問 5〕 就職促進給付に関する次の記述のうち、誤っているものはどれか。なお、本問において「受給資格者等」とは、受給資格者、高年齢受給資格者（高年齢求職者給付金の支給を受けた者であって、当該高年齢受給資格に係る離職の日の翌日から起算して1年を経過していないものを含む。）、特例受給資格者（特例一時金の支給を受けた者であって、当該特例受給資格に係る離職の日の翌日から起算して6か月を経過していないものを含む。）又は日雇受給資格者をいう。

A 常用就職支度手当は、受給資格者等が、厚生労働省令で定める安定した職業に就いた日前3年以内の就職について就業促進手当の支給を受けたことがあるときは支給されないが、当該就業促進手当を不正に受給した場合であって、当該不正受給分の返還を命ぜられ、その返還を行ったときは、他の要件を満たす限り、常用就職支度手当が支給される。

B 受給資格者等が職業紹介事業者の紹介した職業に就くため、その住所又は居所を変更する場合であっても、当該職業紹介事業者が、職業安定法の規定により期間を定めて有料の職業紹介事業の一部停止を命じられている者であるときは、移転費が支給されることはない。

24

C 　移転費は、鉄道賃、船賃、航空賃、車賃、移転料及び着後手当とされており、その額は、着後手当を除き、移転費の支給を受ける受給資格者等の旧居住地から新居住地までの順路によって計算される。

D 　受給資格者等は、広域求職活動費の支給を受けようとするときは、公共職業安定所の指示による広域求職活動を終了した日の翌日から起算して10日以内に、求職活動支援費（広域求職活動費）支給申請書に受給資格者証等を添えて管轄公共職業安定所の長に提出しなければならない。

E 　短期訓練受講費は、受給資格者等が公共職業安定所の職業指導により再就職の促進を図るために必要な職業に関する教育訓練を受け、当該教育訓練を修了した場合（待期期間又は給付制限期間が経過した後に当該教育訓練を開始した場合に限る。）において、当該教育訓練の受講のために支払った費用（入学料及び受講料に限る。）について教育訓練給付金の支給を受けていないときに、厚生労働大臣の定める基準に従って、支給される。

〔問　6〕　高年齢雇用継続給付に関する次の記述のうち、正しいものはどれか。なお、本問においては、雇用保険法第22条第2項に規定する「厚生労働省令で定める理由により就職が困難なもの」は考慮しないものとする。

A 　高年齢雇用継続基本給付金に係るみなし賃金日額に30を乗じて得た額が30万円である被保険者について、ある支給対象月に支払を受けた賃金が、疾病により2万円差し引かれ、16万円であったときは、当該支給対象月に支給される高年齢雇用継続基本給付金の額は、1万8千円となる。

B 　高年齢雇用継続基本給付金の支給を受けている者が、被保険者の資格を喪失した後、1年の間に、疾病、負傷等の理由により引き続き30日以上職業に就くことができない日がある場合であって、高年齢雇用継続給付の支給を1年以内に受けない場合は、当該1年を超えた後に雇用され、被保険者の資格を再取得したときであっても、新たに取得した被保険者の資格について高年齢雇用継続基本給付金の支給を受けることはできない。なお、当該被保険者の資格の喪失について基本手当の支給は受けていない。

25

C　基本手当の受給資格者であって、9月1日に60歳に達した者が、その翌月の10月3日に再就職した場合には、当該10月について、高年齢再就職給付金が支給されることがある。

D　基本手当の受給資格者であって、9月1日に60歳に達した者が、その後に再就職手当の支給を受けて安定した職業に就いた場合には、当該就職について、高年齢再就職給付金が支給されることはない。

E　20歳から59歳まで同一の適用事業の事業所で被保険者であった者が、正当な理由がなく自己の都合により離職した場合において、当該離職について、基本手当の支給は受けなかったものの、傷病手当の支給を60日間受けた後に再就職したときは、高年齢再就職給付金が支給されることがある。

〔問　7〕　雇用保険法に関する次の記述のうち、誤っているものはどれか。

A　失業等給付の支給を受けることができる者が死亡した場合において、その者に支給されるべき失業等給付でまだ支給されていないものがあるときは、その者の配偶者（婚姻の届出をしていないが、事実上婚姻関係と同様の事情にあった者を含む。）、子、父母、孫、祖父母又は兄弟姉妹であって、その者の死亡の当時その者と生計を同じくしていたものは、自己の名で、その未支給の失業等給付の支給を請求することができる。

B　偽りその他不正の行為により失業等給付の支給を受けた者がある場合には、政府は、その者に対して、支給した失業等給付の全部又は一部を返還することを命ずることができ、また、厚生労働大臣の定める基準により、当該偽りその他不正の行為により支給を受けた失業等給付の額の2倍に相当する額以下の金額を納付することを命ずることができる。

C　失業等給付を受ける権利は、譲り渡し、担保に供し、又は差し押えることができないとされており、また、租税その他の公課は、失業等給付として支給を受けた金銭を標準として課することができないとされている。

D　雇用安定事業及び能力開発事業又は当該事業に係る施設は、被保険者及び被保険者であった者の利用に支障がなく、かつ、その利益を害しない限り、被保険者になろうとする者に利用させることができる。

E　失業等給付及び育児休業等給付に関する処分に不服のある者は、雇用保険審査官に対して審査請求をすることができるとされており、審査請求をしている者は、当該審査請求があった日から3か月を経過してもその決定がないときは、雇用保険審査官が審査請求を棄却したものとみなすことなく、行政事件訴訟法の規定に基づき、当該処分の取消しの訴えを提起することができる。

〔問　8〕　雇用保険印紙等に関する次の記述のうち、誤っているものはどれか。

A　事業主は、日雇労働被保険者に賃金を支払うつど、その使用した日数に相当する枚数の雇用保険印紙をその使用した日の日雇労働被保険者手帳における該当日欄にはり、消印しなければならず、その消印に使用すべき認印の印影については、あらかじめ所轄公共職業安定所長に届け出なければならない。

B　事業主は、その所持する雇用保険印紙購入通帳の有効期間が満了したとき又は事業の廃止等により雇用保険印紙を購入する必要がなくなったときは、速やかに、その所持する雇用保険印紙購入通帳を所轄公共職業安定所長に返納しなければならない。

C　事業主は、雇用保険に係る保険関係が消滅したときは、雇用保険印紙を販売する日本郵便株式会社の営業所に雇用保険印紙購入通帳を提出し、その保有する雇用保険印紙の買戻しを申し出ることができるが、当該申出は、当該保険関係が消滅した日から6月以内にしなければならない。

D　雇用保険印紙購入通帳の交付を受けている事業主は、印紙保険料納付状況報告書によって、毎月における雇用保険印紙の受払状況を、翌月末日までに所轄都道府県労働局歳入徴収官に報告しなければならず、雇用保険印紙の受払いがなかったためにその保有枚数に増減がない月についても、印紙保険料納付状況報告書を提出しなければならない。

E　事業主が印紙保険料の納付を怠った場合には、政府は、その納付すべき印紙保険料の額を決定し、調査決定をした日から20日以内の休日でない日を納期限と定め、これを事業主に納入告知書によって通知する。

〔問　9〕　労働保険料に関する次の記述のうち、正しいものはどれか。

A　4月10日に保険関係が成立した継続事業の事業主がその年度の概算保険料50万円を延納する場合、所定の各期について3回に分けて納付することができ、最初の期の納期限は7月10日、最初の期に納付すべき額は16万6,668円となる。

B　7月10日に賃金総額の見込額が増加したため、継続事業（前年度から引き続き保険関係が成立しているものとする。）の事業主が増加概算保険料30万円を延納する場合、所定の各期について2回に分けて納付することができ、最初の期の納期限は8月9日、最初の期に納付すべき額は15万円となる。

C　11月1日に概算保険料の認定決定を受けた継続事業（前年度から引き続き保険関係が成立しているものとする。）の事業主が当該認定決定に係る概算保険料60万円を納付する場合、所定の各期について2回に分けて納付することができ、最初の期の納期限は11月16日、最初の期に納付すべき額は40万円となる。

D　継続事業のメリット制による労災保険率は、その適用を受けることができる事業であって、連続する3保険年度中の最後の保険年度に属する3月31日（以下「基準日」という。）において労災保険に係る保険関係が成立した後3年以上経過したものについて、当該連続する3保険年度の間における収支率が、100分の85を超え、又は100分の75以下であるときに、当該基準日の属する保険年度の次の保険年度に適用される。

E　メリット収支率の算定の基礎となる業務災害に係る保険給付の額には、労災保険法第8条第3項に規定する給付基礎日額（複数事業労働者の給付基礎日額）を用いて算定した休業補償給付、障害補償給付、遺族補償給付、葬祭料又は傷病補償年金にあっては、給付の原因となる事由が発生した事業場における賃金額をもとに算定した額に相当する額に限り、算入するものとされ、複数業務要因災害に係る保険給付の額についても同様に、給付の要因となる事由が発生した事業場における賃金額をもとに算定した額に相当する額に限り、算入するものとされている。

28

〔問　10〕　労働保険事務組合に関する次の記述のうち、正しいものはどれか。

A　労働保険事務の処理を労働保険事務組合に委託することができる事業主には、その団体の構成員又は連合団体を構成する団体の構成員である事業主以外の事業主であって、労働保険事務の処理を労働保険事務組合に委託することが必要であると認められる事業主も含まれる。

B　厚生労働大臣は、労働保険事務組合が徴収法、労災保険法若しくは雇用保険法又はこれらの法律に基づく厚生労働省令の規定に違反したときに限り、その認可を取り消すことができる。

C　労働保険事務組合の責めに帰すべき理由により政府が追徴金を徴収する場合には、労働保険事務組合が当該追徴金の納付の責めに任ずるものとされているが、労働保険事務組合が督促状の指定期限までに当該追徴金を納付しないときは、政府は、直ちにその追徴金を委託事業主から徴収することができる。

D　政府は、当分の間、労働保険事務組合に対して、予算の範囲内で、報奨金を交付することができるとされているが、労働保険事務組合が納付すべき労働保険料について督促を受けたときは、報奨金は交付されない。

E　労働保険事務組合は、報奨金の交付を受けようとするときは、所定の事項を記載した申請書を9月30日までにその主たる事務所の所在地を管轄する都道府県労働局長に提出しなければならない。

# 労務管理その他の労働及び社会保険に関する一般常識

〔問　1〕　社会保険労務士法に関する次の記述のうち、正しいものはどれか。

A　全国社会保険労務士会連合会（以下本問において「連合会」という。）は、社会保険労務士の登録を受けた者が、社会保険労務士法第25条の2又は第25条の3の規定により業務の停止の処分を受けたときは、資格審査会の議決に基づき、当該登録を取り消さなければならない。

B　社会保険労務士法第16条では、「社会保険労務士は、社会保険労務士の信用又は品位を害するような行為をしてはならない」旨を規定しており、本条に違反した者には罰則の適用はないが、懲戒処分の対象になる。

C　社会保険労務士法第18条第1項では、「開業社会保険労務士は、その業務を行うための事務所を2以上設けてはならない」旨を規定しており、本条に違反した者には罰則の適用があるほか、懲戒処分の対象になる。

D　連合会は、社会保険労務士の懲戒の手続が結了するまでの間において、当該社会保険労務士から登録の抹消の申請があったときは、遅滞なく、その登録を抹消しなければならない。

E　社会保険労務士に対する懲戒処分については、当該懲戒に付せられるべき事件について刑事事件として裁判が継続中であるときは、それとは別に懲戒処分を行うことはできない。

〔問　2〕　労働契約法等に関する次のアからオの記述のうち、誤っているものはいくつあるか。なお、本問において「無期転換申込権」とは、労働契約法第18条第1項に基づき有期契約労働者（有期労働契約（期間の定めのある労働契約をいう。）を締結している労働者をいう。）が無期労働契約（期間の定めのない労働契約をいう。）への転換を申し込むことができる権利をいう。

ア　使用者が就業規則の変更により労働条件を変更する場合について規定する労働契約法第10条本文にいう「労働者の受ける不利益の程度」とは、就業規則の変更により当該事業場の労働者全体に生ずる不利益の程度をいい、必ずしも個々の労働者の不利益の程度をいうものではない。

イ　使用者が就業規則の変更により労働条件を変更する場合について規定する労働契約法第10条本文にいう「変更後の就業規則の内容の相当性」については、変更後の就業規則における個々の労働者の労働条件の内容についての相当性をいう。

ウ　正社員に適用される就業規則と有期雇用労働者である契約社員に適用される就業規則とが別個独立のものとして作成されている場合において、両者の労働条件の相違がパートタイム・有期雇用労働法第8条に規定する「不合理と認められる相違」であり、有期雇用労働者の当該労働条件が無効とされたときは、当該無効となった部分については、正社員の就業規則による労働条件が適用されることとなる。

エ　令和2年4月1日から令和5年3月31日までの有期労働契約を締結していた労働者が、当該期間満了前の令和5年3月1日に使用者との間で当該契約の更新について合意をし、令和5年4月1日から令和8年3月31日までの3年間の有期労働契約を締結した。この場合、当該労働者が無期転換申込権を行使することができるのは、更新後の契約を締結した令和5年3月1日から令和8年3月31日までの間となる。

オ　令和2年4月1日から令和5年3月31日までの有期労働契約を締結して
いた労働者が、当該期間満了前の令和5年3月1日に使用者との間で当該
契約の更新について合意をし、令和5年4月1日から令和8年3月31日ま
での3年間の有期労働契約を締結した。この場合、当該労働者が無期転換
申込権を行使することができるのは、当初の契約の始期から5年を経過し
た日である令和7年4月1日から令和8年3月31日までの間となる。

A　一つ

B　二つ

C　三つ

D　四つ

E　五つ


〔問　3〕　次の記述のうち、誤っているものはどれか。

A　甲社においては、通常の労働者であるXと同様の出勤日が設定されてい
る短時間労働者であるYに対しては、通常の労働者と同様に慶弔休暇を付
与しているが、週2日の勤務の短時間労働者であるZに対しては、勤務日
の振替での対応を基本としつつ、振替が困難な場合のみ慶弔休暇を付与し
ている。当該取扱いは、パートタイム・有期雇用労働法上、問題とならな
い。

B　育児介護休業法第9条の5第2項に規定する「出生時育児休業中の就業」
の対象者については、「労使協定で、出生時育児休業期間中に就業させる
ことができるものとして定められた労働者に該当するものに限る」とされ
ているので、例えば、労使協定でその対象者を「営業職は可だが、事務職
は不可」と定めることも許される。

C　育児介護休業法第16条の2に規定する子の看護等休暇の対象となる子
は、9歳に達する日以後の最初の3月31日までの間にある子であり、また、
その取得事由には、当該子の教育又は保育に係る定例行事（入学式、運動
会）が含まれる。

D 労働施策総合推進法第27条の2第1項の規定に基づき、常時雇用する労働者の数が300人を超える事業主が中途採用に関する情報を公表するに当たっては、当該公表は、おおむね1年に1回以上、公表した日を明らかにして、直近の3事業年度について行わなければならない。

E 派遣先がその事業所で派遣労働者1人をその指揮命令の下に労働させている場合において、当該事業所で派遣先が雇用している労働者が4人であるときは、派遣先は、当該事業所に係る派遣先管理台帳を作成する必要はない。

〔問 4〕 令和6年就労条件総合調査（厚生労働省）に関する次の記述のうち、正しいものはどれか。

A 主な週休制の形態をみると、「何らかの週休2日制」を採用している企業割合は9割を上回っており、「完全週休2日制」を採用している企業割合は6割を上回っている。

B 年次有給休暇の取得率は65.3％となっており、すべての企業規模（「1,000人以上」規模、「300～999人」規模、「100～299人」規模、「30～99人」規模）で6割を上回っている。

C 夏季休暇、病気休暇等の特別休暇制度がない企業割合は約2割となっている。

D 変形労働時間制がある企業割合を、変形労働時間制の種類（複数回答）別にみると、「1年単位の変形労働時間制」が最も高くなっており、また、その割合は企業規模が大きくなるほど高くなっている。

E 貯蓄制度がある企業割合を貯蓄制度の種類（複数回答）別にみると、「財形貯蓄」の割合よりも「社内預金」の割合が高くなっている。

〔問　5〕　令和5年労働安全衛生調査（実態調査）（厚生労働省）に関する次の記述のうち、誤っているものはどれか。

A　事業所調査によれば、過去1年間（令和4年11月1日から令和5年10月31日までの期間）にメンタルヘルス不調により連続1か月以上休業した労働者又は退職した労働者がいた事業所の割合は、1割を上回っている。

B　事業所調査によれば、メンタルヘルス対策に取り組んでいる事業所の割合は、6割を上回っている。

C　事業所調査によれば、労働安全衛生法に基づく雇入れ時教育を実施している事業所の割合は、7割を上回っている。

D　個人調査によれば、現在の仕事や職業生活に関することで、強い不安、悩み、ストレス（以下「ストレス」という。）となっていると感じる事柄がある労働者の割合は、8割を上回っている。

E　個人調査によれば、ストレスを相談できる人がいる労働者について、相談できる人（複数回答）をみると、「家族・友人」が最も多く、次いで「同僚」となっている。

〔問　6〕　高齢者の医療の確保に関する法律に関する次の記述のうち、正しいものはどれか。なお、本問における「市町村」には、特別区を含むものとする。

A　保険者（国民健康保険法の定めるところにより都道府県が当該都道府県内の市町村とともに行う国民健康保険にあっては、市町村）は、特定健康診査等実施計画に基づき、40歳以上の加入者に対し、特定健康診査を行うものとされており、加入者が、労働安全衛生法その他の法令に基づき行われる特定健康診査に相当する健康診断を受けた場合又は受けることができる場合は、特定健康診査の全部又は一部を行ったものとされる。

B　国は、後期高齢者医療広域連合又は市町村に対し、後期高齢者医療制度の運営が健全かつ円滑に行われるように、必要な助言及び適切な援助をするものとされている。

C　後期高齢者医療の保険料率は、都道府県の条例で定めるところにより算定されるが、当該保険料率によって算定された保険料の徴収を行うのは、市町村である。

D　市町村は、政令で定めるところにより、後期高齢者医療広域連合に対し、その特別会計において、負担対象総額の12分の1に相当する額を負担する。

E　後期高齢者医療給付に関する処分（被保険者の資格に係る情報等を記載した書面の交付又は当該事項の電磁的方法による提供の求めに対する処分を含む。）についての不服申立ては、各地方厚生局（地方厚生支局を含む。）に置かれる社会保険審査官に審査請求をすることによって行う。

〔問　7〕　児童手当法に関する次の記述のうち、正しいものはどれか。なお、本問における「市町村」には、特別区を含むものとし、「市町村長」には、特別区の区長を含むものとする。

A　児童手当の額は、国民の生活水準その他の諸事情に著しい変動が生じた場合には、変動後の諸事情に応ずるため、速やかに改定の措置が講ぜられなければならない。

B　児童手当法において「児童」とは、22歳に達する日以後の最初の3月31日までの間にある者であって、日本国内に住所を有するもの又は留学その他の内閣府令で定める理由により日本国内に住所を有しないものをいう。

C　児童手当は、毎年2月、4月、6月、8月、10月及び12月の6期に、それぞれの月までの分を支払うものとされているが、前支払期月に支払うべきであった児童手当又は支給すべき事由が消滅した場合におけるその期の児童手当は、その支払期月でない月であっても、支払うものとされている。

D　一般受給資格者(公務員を除く。以下同じ。)に対する児童手当の支給は、当該一般受給資格者が市町村長の認定を受けた日の属する月の翌月から始め、児童手当を支給すべき事由が消滅した日の属する月で終わる。

35

E　市町村が支給する児童手当を受けている一般受給資格者（個人である場合に限る。）は、内閣府令で定めるところにより、市町村長に対し、前年の所得の状況及びその年の6月1日における被用者又は被用者等でない者の別を届け出なければならないが、正当な理由がなくて、その届出をしないときは、児童手当の支給を停止するものとされている。

〔問　8〕　国民健康保険法に関する次の記述のうち、正しいものはどれか。なお、本問における「市町村」には、特別区を含むものとする。

A　国民健康保険組合の地区は、1又は2以上の市町村の区域とされており、一の市町村の区域を地区とする国民健康保険組合を設立しようとするときは、その市町村長の認可を受けなければならない。

B　後期高齢者医療の被保険者は、都道府県等が行う国民健康保険の被保険者とならないが、世帯主が国民健康保険組合の組合員である場合には、国民健康保険組合が行う国民健康保険の被保険者となる。

C　市町村は、保険料を滞納している世帯主が、当該保険料の納期限から1年が経過するまでの間に当該市町村が保険料納付の勧奨等を行ってもなお当該保険料を納付しない場合には、当該保険料の滞納につき災害その他の政令で定める特別の事情があると認められる場合を除き、当該世帯に属する被保険者（原爆一般疾病医療費の支給等を受けることができる者及び6歳に達する日以後の最初の3月31日までの間にある者を除く。）が保険医療機関等から療養を受けたときは、当該世帯主に対し、特別療養費を支給する。

D　市町村は、被保険者である世帯主が年額18万円以上の老齢等年金給付を受けている場合であっても、その世帯に65歳未満の被保険者が属するときは、国民健康保険の保険料について、特別徴収を行わない。

E　国は、都道府県等が行う国民健康保険について、都道府県及び当該都道府県内の市町村の財政の状況その他の事情に応じた財政の調整を行うため、政令で定めるところにより、市町村に対して調整交付金を交付する。

〔問　9〕　確定拠出年金法に関する次の記述のうち、誤っているものはどれか。

A　企業型年金の実施に当たり、厚生年金適用事業所の事業主がその同意を得なければならないとされる第1号等厚生年金被保険者の過半数を代表する者（以下「過半数代表者」という。）については、労働基準法第41条第2号に規定する監督又は管理の地位にあるものでなく、かつ、過半数代表者を選出することを明らかにして実施される投票、挙手等の方法による手続により選出された者であって、事業主の意向に基づき選出されたものでないものでなければならない。

B　簡易企業型年金に係る企業型年金規約の承認の申請に当たっては、当該承認に係る申請書に添付すべきものとされている一定の書類（運営管理機関の選任の理由についての書類、運営管理業務の委託に係る契約書、資産管理契約の契約書並びに企業型年金を実施しようとする厚生年金適用事業所における労働協約及び就業規則等）の添付を省略することができる。

C　企業型年金加入者又は企業型年金加入者であった者（当該企業型年金に個人別管理資産がある者に限る。）が老齢給付金の支給を請求することなく70歳に達したときは、資産管理機関は、その者に、企業型記録関連運営管理機関等の裁定に基づいて、老齢給付金を支給する。

D　故意の犯罪行為により企業型年金加入者又は企業型年金加入者であった者を死亡させた者は、死亡一時金を受けることができない。

E　企業型運用関連運営管理機関等は、政令で定めるところにより、一定の運用の方法のうち政令で定めるもの（「対象運用方法」という。）を、3以上（簡易企業型年金を実施する事業主から委託を受けて運用関連業務を行う確定拠出年金運営管理機関（運用関連業務を行う簡易企業型年金を実施する事業主を含む。）にあっては、2以上）35以下で選定し、企業型年金規約で定めるところにより、企業型年金加入者等に提示しなければならない。

〔問　10〕　介護保険法に関する次の記述のうち、誤っているものはどれか。なお、本問における「市町村」には、特別区を含むものとする。

A　介護給付を受けようとする被保険者は、要介護者に該当すること及びその該当する要介護状態区分について、要介護認定を受けなければならないが、当該認定を行うのは、市町村である。

B　介護保険の保険給付は、介護給付及び予防給付の2種類である。

C　市町村は、基本指針（厚生労働大臣が地域における医療及び介護の総合的な確保の促進に関する法律第3条第1項に規定する総合確保方針に即して定める介護保険事業に係る保険給付の円滑な実施を確保するための基本的な指針をいう。）に即して、3年を1期とする市町村介護保険事業計画を定めるものとされている。

D　都道府県は、介護保険の財政の安定化に資する事業に必要な費用に充てるため、財政安定化基金を設けるものとされている。

E　市町村は、政令で定めるところにより、その一般会計において、介護給付及び予防給付に要する費用の額の100分の12.5に相当する額を負担する。

# 健康保険法

〔問　1〕　次のアからオの記述のうち、誤っているものの組合せは、後記AからEまでのうちどれか。

ア　被扶養者の認定に当たっては、その対象者が、日本国内に住所を有するものであるか、外国において留学をする学生その他の日本国内に住所を有しないが渡航目的その他の事情を考慮して日本国内に生活の基礎があると認められるものとして厚生労働省令で定めるものであることを要するが、ワーキングホリデー制度の利用者については、他の要件を満たす限り、被扶養者となる。

イ　被保険者が同居している養母を被扶養者としている場合には、日本国内の生家において別居中の被保険者の祖母（実母の母）を扶養することとなったときであっても、当該祖母は被扶養者とならない。

ウ　日本国内に居住する被保険者の配偶者の祖父母であって、被保険者と同一の世帯に属し、主としてその被保険者によって生計を維持している者は、被扶養者となる。

エ　日本国内に居住する夫婦が生計を維持している子について、会社員の夫が健康保険の被保険者であり、自営業の妻が国民健康保険の被保険者である場合には、国民健康保険には被扶養者の制度がないため、当該子は夫の健康保険の被扶養者となる。

オ　被扶養者の認定の対象者については、収入が年間130万円未満であることを要するが、一時的に収入が増加し、直近3か月の収入を年収に換算すると130万円以上となる場合であっても、通常提出が求められる書類と併せて、一時的な収入変動である旨の事業主の証明書を保険者に提出することにより、引き続き被扶養者となることができる。

A（アとウ）　　　　B（アとオ）　　　　C（イとウ）

D（イとエ）　　　　E（エとオ）

〔問　2〕　　次の記述のうち、誤っているものはどれか。

A　最初の雇用契約の期間が2か月以内である者であっても、同一の事業所において、同様の雇用契約に基づき雇用されている者が、契約更新等により最初の雇用契約の期間を超えて雇用された実績がある場合には、最初の雇用契約の期間を超えて使用しないことについて労使双方が合意しているときを除き、他の要件を満たす限り、当初から被保険者となる。

B　特定適用事業所以外の適用事業所においては、1週間の所定労働時間及び1か月間の所定労働日数が、同一の事業所に使用される通常の労働者の1週間の所定労働時間及び1か月間の所定労働日数の4分の3以上（以下「4分の3基準」という。）である者を被保険者として取り扱うこととされており、ここにいう1週間の所定労働時間及び1か月間の所定労働日数とは、就業規則、雇用契約書等により、その者が通常の週及び月に勤務すべきこととされている時間及び日数をいうが、所定労働時間又は所定労働日数は4分の3基準を満たさないものの、事業主等に対する事情の聴取やタイムカード等の書類の確認を行った結果、実際の労働時間又は労働日数が直近の2月において4分の3基準を満たしている場合で、今後も同様の状態が続くことが見込まれるときは、当該所定労働時間又は当該所定労働日数は4分の3基準を満たしているものとして取り扱われる。

C　特定適用事業所に使用される短時間労働者については、「1週間の所定労働時間が20時間以上であること」が被保険者の資格取得要件の1つであり、ここにいう1週間の所定労働時間とは、就業規則、雇用契約書等により、その者が通常の週に勤務すべきこととされている時間をいうが、1週間の所定労働時間は20時間未満であるものの、事業主等に対する事情の聴取やタイムカード等の書類の確認を行った結果、実際の労働時間が直近2月において1週間20時間以上である場合で、今後も同様の状態が続くことが見込まれるときは、当該所定労働時間は1週間20時間以上であることとして取り扱われる。

40

D　特定適用事業所とは、事業主が同一である１又は２以上の適用事業所であって、当該１又は２以上の適用事業所に使用される特定労働者の総数が常時50人を超えるものの各適用事業所をいい、その人数の算定に当たっては、健康保険の被保険者（４分の３基準を満たさない短時間労働者である被保険者を除く。）が対象となる。

E　被保険者の数が５人未満である適用事業所に使用される法人の役員としての業務に起因する疾病、負傷又は死亡に関しては、当該業務がその法人における従業員が従事する業務と同一であると認められる場合に限り、健康保険から保険給付が行われる。

〔問　3〕　次の記述のうち、正しいものはどれか。

A　特定適用事業所に使用される短時間労働者については、「報酬について、健康保険法第42条第１項（いわゆる資格取得時決定）の規定の例により算定した額が月額88,000円以上であること」が被保険者の資格取得要件の１つであるが、当該報酬の額の算定に当たっては、精皆勤手当、通勤手当及び家族手当は算入しないものとされている。

B　被保険者が３月31日に育児介護休業法に基づく育児休業（以下「育児休業」という。）を開始し、４月18日に終了した。その後４月19日・20日の事業所の所定休日をはさみ４月21日に２回目の育児休業を開始し、５月１日に終了した場合、３月分と４月分の標準報酬月額に係る保険料は免除されるが、３月分の賞与に係る保険料は徴収される。

C　労使の話し合いにより、子の養育をする必要がない期間に一時的・臨時的に就労可能とされている場合、被保険者が４月１日に育児休業を開始し、４月15日に終了したが、その間、突発的な事態への対応に当たり２日間臨時的に就労しているときは、４月分の標準報酬月額に係る保険料は免除されない。

D　育児介護休業法第23条第２項の規定により事業主が独自に設けている育児休業に関する制度に準ずる措置については、保険料の免除の対象となる休業とならない。

E　3歳に満たない子を養育し、又は養育していた被保険者が、厚生労働大臣に申出をしたときは、当該子を養育することとなった日の属する月からその子が3歳に達した日の翌日の属する月の前月までの各月のうち、その標準報酬月額が当該子を養育することとなった日の属する月の前月の標準報酬月額（以下「従前標準報酬月額」という。）を下回る月については、従前標準報酬月額を当該下回る月の傷病手当金又は出産手当金の計算の基礎となる標準報酬月額とみなすこととされている。

〔問　4〕　次のアからオの記述のうち、誤っているものの組合せは、後記AからEまでのうちどれか。

ア　健康保険組合が管掌する健康保険の一般保険料率を変更しようとするときは、その変更について厚生労働大臣の認可を受けなければならないが、一般保険料率と調整保険料率とを合算した率の変更が生じない一般保険料率の変更の決定については、その認可を受けることを要しない。

イ　承認健康保険組合は、介護保険第2号被保険者である被保険者（特定被保険者を含む。）に関する保険料額を一般保険料額と特別介護保険料額との合算額とすることができるが、特別介護保険料額の算定方法は、政令で定める基準に従い、各年度における当該承認健康保険組合の特別介護保険料額の総額と当該承認健康保険組合が納付すべき介護納付金の額とが等しくなるように規約で定めるものとされている。

ウ　厚生労働大臣は、都道府県単位保険料率が、当該都道府県における健康保険事業の収支の均衡を図る上で不適当であり、全国健康保険協会が管掌する健康保険の事業の健全な運営に支障があると認めるときは、当該都道府県単位保険料率を変更することができる。

エ　出産育児一時金及び家族出産育児一時金の支給に要する費用（健康保険法第101条の政令で定める金額に係る部分に限る。）の一部については、政令で定めるところにより、高齢者の医療の確保に関する法律の規定により社会保険診療報酬支払基金が保険者に対して交付する出産育児交付金をもって充てるものとされている。

42

オ　国庫は、健康保険事業の執行に要する費用のうち、特定健康診査等の実施に要する費用の3分の1を負担するものとされている。

A（アとイ）　　　　　B（アとエ）　　　　　C（イとウ）

D（ウとオ）　　　　　E（エとオ）

〔問　5〕　次の記述のうち、正しいものはどれか。

A　保険医療機関又は保険薬局の指定は、指定の日から起算して5年を経過したときは、その効力を失う。

B　事業主は、健康保険に関する書類を、その完結の日より3年間、保存しなければならない。

C　保険医療機関は、患者の診療録をその完結の日から5年間保存しなければならない。

D　事業主が、正当な理由がないと認められるにもかかわらず、印紙保険料の納付を怠ったときは、厚生労働大臣は、原則として、決定された保険料額の100分の25に相当する額の追徴金を徴収するが、当該追徴金は、その決定された日から30日以内に、厚生労働大臣に納付しなければならない。

E　指定訪問看護事業者は、当該指定訪問看護の事業を廃止し、又は休止しようとするときは、その廃止又は休止の日の1月前までに、その旨を厚生労働大臣に届け出なければならない。

〔問　6〕　次のアからオの記述のうち、正しいものの組合せは、後記AからEまでのうちどれか。

ア　保険医療機関又は保険薬局が支払を受けるべき一部負担金について、療養の給付を受けた者がその全部又は一部を支払わない場合には、保険医療機関又は保険薬局の請求により、保険者が健康保険法の規定により督促、延滞金の徴収を行うことがある。

イ　保険者は、被保険者が震災、風水害、火災その他これらに類する災害により、住宅、家財又はその他の財産について著しい損害を受けたことにより、その生活が困難となった場合において必要と認めるときは、当該被保険者の申請により、6か月以内の期間を限って、一部負担金、食事療養標準負担額及び生活療養標準負担額等の徴収を猶予することができる。

ウ　保険者は、療養の給付若しくは入院時食事療養費、入院時生活療養費若しくは保険外併用療養費又は訪問看護療養費の支給（療養の給付等）を行うことが困難であると認めるときのほか、被保険者が保険医療機関等以外の病院、診療所、薬局その他の者から診療、薬剤の支給若しくは手当を受けた場合において、保険者がやむを得ないものと認めるときは、療養の給付等に代えて、療養費を支給することができる。

エ　保険外併用療養費の対象となる評価療養とは、厚生労働大臣が定める高度の医療技術を用いた療養その他の療養であって、療養の給付の対象とすべきものであるか否かについて、適正な医療の効率的な提供を図る観点から評価を行うことが必要な療養（患者申出療養を除く。）として厚生労働大臣が定めるものをいい、厚生労働大臣は、その定めをしようとするときは、高度の医療技術に係るものを除き、中央社会保険医療協議会に諮問するものとされている。

オ　被保険者が妊娠4か月以上で人工妊娠中絶術を受けた場合は、それが単に経済的理由によるものであれば、療養の給付の対象とならず、出産育児一時金の対象ともならない。

A（アとウ）　　　　　B（アとエ）　　　　　C（イとエ）

D（イとオ）　　　　　E（ウとオ）

〔問　7〕　次のアからオの記述のうち、正しいものの組合せは、後記AからEまでの
うちどれか。

ア　介護保険の要介護被保険者として介護保険適用病床に入院している健康
保険の被保険者が、急性増悪等により密度の高い医療行為が必要となった
場合については、医療保険適用病床に転床して行われた医療に係る給付は、
医療保険から行われ、転床させずに当該介護保険適用病床において緊急に
行われた医療に係る給付については、介護保険から行うものとされている。

イ　輸血を行う場合、保存血を用いる場合には療養の給付の対象となるが、
生血を用いる場合には療養費の対象となる。

ウ　海外における療養費の支給額の算定に用いる邦貨換算率は、療養の日に
おける外国為替換算率（売レート）を用いて行う。

エ　移送費について、医師、看護師等付添人については、医学的管理が必要
であったと医師が判断する場合に限り、原則として1人までの交通費がそ
の対象となるが、移送費の支給が認められる医師、看護師等の付添人によ
る医学的管理等について、被保険者がその医学的管理等に要する費用を支
払った場合には、現に要した費用の額の範囲内で、移送費とは別に、療養
費の支給の対象となる。

オ　家族療養費は、被保険者が死亡したときは、その日から支給されない。

A（アとウ）　　　　　B（アとエ）　　　　　C（イとエ）

D（イとオ）　　　　　E（ウとオ）

〔問　8〕　次の記述のうち、誤っているものはどれか。

A　令和7年4月に療養を受けた者が、令和6年4月から令和7年3月まで
の各月のうち、既に3か月について高額療養費が支給されている場合には、
令和7年4月の療養については、多数回該当の高額療養費算定基準額が適
用される。

B　高額療養費の多数回該当に該当するか否かを判断するに当たっては、健康保険組合の被保険者から全国健康保険協会が管掌する健康保険の被保険者に変わる等、管掌する保険者が変わった場合には、支給回数は通算されない。

C　高額療養費の算定に当たっては、歯科診療及び歯科診療以外の診療を併せ行う保険医療機関は、歯科診療及び歯科診療以外の診療につきそれぞれ別個の保険医療機関とみなされる。

D　被保険者が血漿分画製剤を投与している先天性血液凝固第Ⅷ因子障害又は先天性血液凝固第Ⅸ因子障害に係る療養を受けた場合における高額療養費算定基準額は、被保険者の年齢や所得にかかわらず、1万円とされている。

E　保険者は、市町村民税非課税者等である被保険者が限度額適用・標準負担額減額認定を受けている場合を除き、被保険者の標準報酬月額に基づき、有効期限を定めて、被保険者の高額療養費算定基準額について、限度額適用認定を行わなければならない。


〔問　9〕　次の記述のうち、正しいものはどれか。

A　傷病手当金の支給を受けている被保険者が退職し、引き続き傷病手当金の継続給付を受けることができる場合において、その者が任意継続被保険者となったため標準報酬月額が改定されたときは、傷病手当金の額も改定されることとなる。

B　傷病手当金の待期期間が完成した令和5年2月1日から令和7年3月14日までの労務不能期間について、令和7年3月15日に傷病手当金の請求をした場合には、傷病手当金の支給期間である1年6月間（令和5年2月1日から令和6年7月31日まで）のうち、令和5年2月1日から同年3月14日までの期間については、請求権の消滅時効の完成により傷病手当金は支給されないため、令和5年3月15日から令和6年7月31日までの日数分について、傷病手当金が支給される。

C 傷病手当金の待期期間が完成した令和5年2月1日から同年3月31日までの労務不能期間について、令和7年3月15日に傷病手当金の請求をした場合には、令和5年2月1日から同年3月14日までの期間については、請求権の消滅時効が完成しているため傷病手当金は支給されず、令和5年3月15日（支給を始めた日）を基準として傷病手当金の支給額を算定するとともに、総支給日数を算定し、令和5年3月15日から同年3月31日までの日数分について、傷病手当金が支給される。

D 傷病手当金の支給を受けている者について、出産手当金を支給する場合においては、その期間、原則として傷病手当金は支給しないものとされており、また、出産手当金を支給すべき場合において傷病手当金が支払われたときは、その支払われた傷病手当金は、原則として出産手当金の内払とみなすこととされている。この場合、出産手当金の支給により傷病手当金が不支給となったときは、傷病手当金の支給期間は減少しないが、傷病手当金が支払われ、出産手当金の内払とみなすこととされたときは、傷病手当金の支給期間は減少することとなる。

E 出産手当金は、被保険者が出産した場合に支給されるものであるから、出産予定日前に出産手当金の請求を行った被保険者が、助産師の指示に基づき出産予定日以前の42日において休業した場合であっても、出産前の当該期間中に死亡したときは、出産手当金は支給されない。


〔問 10〕 次の記述のうち、誤っているものはどれか。

A 日雇特例被保険者の保険の保険者の事務のうち厚生労働大臣が行うものの一部は、政令で定めるところにより、市町村長（特別区の区長を含む。）が行うこととすることができる。

B 事業主は、日雇特例被保険者を使用する日ごとに、その者及び自己の負担すべきその日の標準賃金日額に係る保険料を納付する義務を負うものとされており、日雇特例被保険者が1日において2以上の事業所に使用される場合には、その者を使用するすべての事業主が保険料を納付する義務を負う。

C　事業主は、日雇特例被保険者に対して賞与を支払った場合には、その支払った日の属する月の翌月末日までに、その者及び自己の負担すべきその日の賞与額に係る保険料を納付する義務を負う。

D　日雇特例被保険者が療養の給付を受けるには、療養を受ける日の属する月の前2月間に通算して26日分以上又は当該日の属する月の前6月間に通算して78日分以上の保険料が納付されていることを要する。

E　保険料等の先取特権の順位は、国税及び地方税に次ぐものとされており、保険料等は、健康保険法に別段の規定があるものを除き、国税徴収の例により徴収するものとされている。

# 厚生年金保険法

〔問 1〕 次の記述のうち、誤っているものはどれか。

A 報酬又は賞与の全部又は一部が、通貨以外のもので支払われる場合においては、その価額は、その地方の時価によって、実施機関が定める。

B 厚生労働大臣による保険料その他厚生年金保険法の規定による徴収金の賦課若しくは徴収の処分又は督促及び滞納処分に係る社会保険審査会に対する審査請求は、原則として、当該処分があったことを知った日の翌日から起算して3月を経過したときは、することができない。

C 厚生労働大臣による被保険者の資格又は標準報酬に関する処分に対する審査請求は、原処分があった日の翌日から起算して2年を経過したときは、することができない。

D 厚生年金保険法において「報酬」とは、賃金、給料、俸給、手当、賞与その他いかなる名称であるかを問わず、労働者が、労働の対償として受ける全てのものをいうが、臨時に受けるもの及び3月を超える期間ごとに受けるものは、この限りでない。

E 第1号厚生年金被保険者に係る事業主は、被保険者に対して通貨をもって賞与を支払う場合においては、被保険者の負担すべき標準賞与額に係る保険料に相当する額を当該賞与から控除することができるが、被保険者が賞与の支払を受けた月にその資格を喪失した場合には、原則として保険料は徴収されない。

〔問　2〕　第1号厚生年金被保険者に係る費用の負担等に関する次の記述のうち、誤っているものはどれか。

A　厚生労働大臣は、納入の告知をした保険料額が当該納付義務者が納付すべき保険料額をこえていることを知ったとき、又は納付した保険料額が当該納付義務者が納付すべき保険料額をこえていることを知ったときは、そのこえている部分に関する納入の告知又は納付を、その納入の告知又は納付の日から6か月以内の期日に納付されるべき保険料について納期を繰り上げてしたものとみなす。

B　厚生労働大臣は、法人たる納付義務者が解散をした場合において、当該納付義務者が納付すべき保険料を滞納しているときは、期限を指定してこれを督促しなければならないが、この場合には、督促状により指定する期限は、督促状を発する日から起算して10日以上を経過した日とすることを要しない。

C　厚生労働大臣は、納付義務者が督促状の指定の期限までに保険料を納付しない場合においては、国税滞納処分の例によってこれを処分し、又は納付義務者の居住地又はその者の財産所在地の市町村（特別区を含むものとし、地方自治法第252条の19第1項の指定都市にあっては、区又は総合区とする。以下同じ。）に対して、その処分を請求することができるとされており、市町村は、当該処分の請求を受けたときは、市町村税の例によってこれを処分することができる。

D　厚生労働大臣は、納付義務者から、預金又は貯金の払出しとその払い出した金銭による保険料の納付をその預金口座又は貯金口座のある金融機関に委託して行うことを希望する旨の申出があった場合には、その納付が確実と認められ、かつ、その申出を承認することが保険料の徴収上有利と認められるときに限り、その申出を承認することができる。

E　国庫は、毎年度、予算の範囲内で、厚生年金保険事業の事務（基礎年金拠出金の負担に関する事務を含む。）の執行（実施機関（厚生労働大臣を除く。）によるものを除く。）に要する費用を負担する。

〔問　3〕　老齢厚生年金に関する次の記述のうち、誤っているものはどれか。

A　昭和34年5月1日に生まれた男子である老齢厚生年金の受給権者が、その権利を取得した当時、被保険者でなく、かつ、その者の第1号厚生年金被保険者としての被保険者期間が44年以上であるときは、原則として、64歳に達したときから、報酬比例部分の額及び定額部分の額を合わせた額の老齢厚生年金が支給される。

B　子を対象とする加給年金額が加算された老齢厚生年金については、原則としてその子が養子縁組によって直系血族又は直系姻族の養子となった場合には、その年金額が改定される。

C　老齢厚生年金の報酬比例部分の額については、その計算の基礎となる被保険者期間に昭和61年4月1日前の旧船員保険法の被保険者であった期間が含まれるときは、当該期間を3分の4倍して計算することとされている。

D　いわゆる中高齢者の特例に該当する者に支給される特別支給の老齢厚生年金の額のうち、報酬比例部分の額については、その者の被保険者期間の月数が240に満たないときは、これを240として計算することとされている。

E　雇用保険法の規定による基本手当との調整の規定により老齢厚生年金が支給停止された場合において、所定給付日数分の基本手当の支給を受け終わったときに、老齢厚生年金の支給が停止された月数から基本手当の支給を受けた日とみなされる日の数を30で除して得た数（1未満の端数が生じたときは、これを1に切り上げる。）を控除して得た数が1以上であるときは、当該控除して得た数に相当する月数分の支給停止が解除されるが、この「基本手当の支給を受けた日とみなされる日」には、当該基本手当に係る待期期間は含まれない。

〔問　4〕　障害厚生年金等に関する次の記述のうち、誤っているものはどれか。

A　障害等級2級の障害厚生年金の受給権者の障害の程度が軽減したため当該障害につき障害等級3級の障害厚生年金の支給を受けている者について、更に障害等級2級の障害厚生年金を支給すべき事由が生じた。この場合、前後の障害を併合した障害の程度が障害等級1級に該当するときは、その者の当該障害厚生年金の額が改定されることとなる。

B　障害等級2級の障害厚生年金の受給権者の障害の程度が軽減したため当該障害につき障害等級3級の障害厚生年金の支給を受けている者について、当該障害の程度が悪化し、66歳のときに再び障害等級2級に該当した。この場合、その者は、障害厚生年金の額の改定を請求することができる。

C　受給権を取得した当時から引き続き障害等級3級の障害厚生年金の受給権者である被保険者が、当該障害の原因となった傷病とは別の傷病により障害等級3級の障害の状態に該当し、既にあった障害と新たな障害とを併合して、66歳のときに初めて障害等級2級の障害の状態に該当した。この場合、その者は、併合した程度による障害等級2級の障害厚生年金の支給を請求することはできない。

D　障害手当金は、その障害の程度を定めるべき日において、国民年金法の遺族基礎年金の受給権者であるものについては、支給されない。

E　障害手当金を受ける権利は、その支給すべき事由が生じた日から5年を経過したときは、時効によって、消滅する。

〔問　5〕　次のアからオの記述のうち、誤っているものの組合せは、後記AからEまでのうちどれか。

ア　遺族厚生年金は、被保険者又は被保険者であった者を故意に死亡させた者には、支給されない。

イ　令和3年4月1日に被保険者の資格を喪失した者が、被保険者であった間に初診日がある傷病により令和7年3月31日に死亡した場合において、その死亡日の前日において保険料納付要件を満たしているときは、その者の所定の遺族に遺族厚生年金が支給される。

ウ　遺族厚生年金の受給権者が死亡した者の妻及び子である場合において、その妻が子と生計を同じくしていないために、遺族基礎年金が子に対して支給されるときは、妻の遺族厚生年金は支給停止され、子に対して遺族厚生年金が支給される。

エ　障害等級2級の障害厚生年金の受給権者が死亡したことにより支給される遺族厚生年金については、保険料納付要件は問われない。また、当該遺族厚生年金について、その額の計算の基礎となる被保険者期間の月数が300に満たないときは、これを300として計算することとされている。

オ　遺族厚生年金については、その受給権者が特別支給の老齢厚生年金の受給権を取得したときは、当該特別支給の老齢厚生年金の額に相当する部分の支給が停止される。

A（アとイ）　　　　B（アとウ）　　　　C（イとオ）

D（ウとエ）　　　　E（エとオ）


〔問　6〕　次の記述のうち、正しいものはどれか。

A　障害等級1級又は2級の障害厚生年金の受給権者は、加給年金額の対象者である配偶者が65歳に達したときは、10日以内に、加給年金額対象者の不該当の届書を機構に提出しなければならない。

B　障害手当金の額は、厚生年金保険法第50条第1項（障害厚生年金の額）の規定の例により計算した額の100分の200に相当する額とされているが、その額が国民年金法第33条第1項の障害基礎年金の額に4分の3を乗じて得た額（その額に50円未満の端数が生じたときは、これを切り捨て、50円以上100円未満の端数が生じたときは、これを100円に切り上げるものとする。）に2を乗じて得た額に満たないときは、当該額が障害手当金の額となる。

C　老齢厚生年金の加給年金額の対象者である配偶者の生年月日が昭和9年
4月2日以後であるときは、その生年月日に応じて、加給年金額に特別加
算が行われるが、当該特別加算の額は、昭和18年4月2日以後に生まれた
者について加算される額を上限として、生年月日が後の者ほど多くなって
いる。

D　遺族厚生年金の受給権者である妻が同一の支給事由に基づく遺族基礎年
金の支給を受けることができる場合には、所定の要件に該当しても中高齢
寡婦加算は行われず、遺族基礎年金の受給権が消滅したときであっても、
当該加算が行われることはない。

E　遺族厚生年金に加算される経過的寡婦加算の額は、妻の生年月日に応じ
て定められた数に基づき算定されるが、その額は、生年月日が後の者ほど
少なくなり、最高額は、中高齢の寡婦加算の額の4分の3に相当する額で
ある。

〔問　7〕　次の記述のうち、誤っているものはどれか。

A　高齢任意加入被保険者は、障害基礎年金、障害厚生年金その他の障害を
支給事由とする年金たる給付の受給権を取得した場合であっても、その資
格を喪失することはなく、また、年齢を理由として資格を喪失することも
ない。

B　任意単独被保険者は、事業主の意思にかかわらず、いつでも、厚生労働
大臣の認可を受けてその資格を喪失することができる。

C　強制適用事業所が、常時使用する従業員数の減少によりその要件に該当
しなくなった場合であっても、当該事業所に使用される被保険者は、その
資格を喪失しない。

D　賞与の支給日が令和 6 年12月10日である被保険者が、令和 6 年12月12日から令和 6 年12月29日まで育児休業を取得した。その翌日の令和 6 年12月30日から翌年の令和 7 年 1 月 3 日は事業場の年末年始の休業日であり、当該休業明けの令和 7 年 1 月 4 日から令和 7 年 1 月25日まで 2 回目の育児休業を取得した。この場合には、令和 6 年12月分の報酬に係る保険料及び令和 7 年 1 月分の報酬に係る保険料はともに免除されるが、令和 6 年12月分の賞与に係る保険料は免除されない。

E　保険料を徴収する権利が時効によって消滅した場合であって、当該権利が時効によって消滅する前に事業主の届出若しくは被保険者等からの被保険者資格に関する確認の請求又は厚生年金保険原簿に係る訂正の請求がなかったときであっても、当該保険料に係る被保険者であった期間に基づく保険給付が行われることがある。

〔問　8〕　離婚等をした場合における特例（以下「合意分割」という。）に関する次の記述のうち、誤っているものはどれか。

A　合意分割に係る対象期間は、離婚（婚姻の届出をしていないが事実上婚姻関係と同様の事情にあった者について、当該事情が解消した場合を除く。以下本肢において同じ。）をした場合は、婚姻が成立した日から離婚が成立した日までの期間とされているが、当該期間中に当事者以外の者が当該当事者の一方の被扶養配偶者である第 3 号被保険者であった期間と重複する期間があると認められるときは、対象期間にはその重複する期間は除かれる。

B　実施機関は、合意分割の規定により標準報酬の改定又は決定を行ったときは、その旨を当事者に通知しなければならないとされており、また、厚生年金保険原簿に離婚時みなし被保険者期間を有する者の氏名、離婚時みなし被保険者期間、離婚時みなし被保険者期間に係る標準報酬その他主務省令で定める事項を記録しなければならないとされている。

C　合意分割の規定によって標準報酬月額及び標準賞与額が改定された被保険者が、老齢厚生年金の受給権者である場合において、いわゆる在職老齢年金の仕組みによる支給停止基準額を計算するときは、改定前の標準賞与額をその計算の基礎とするものとされている。

D　離婚時みなし被保険者期間を有する者が、当該期間中に初診日がある傷病により当該初診日から起算して5年を経過する日前に死亡したときは、保険料納付要件を満たすことにより、その者の一定の遺族に対して、遺族厚生年金が支給される。

E　離婚時みなし被保険者期間を有することにより1年以上の被保険者期間を有することとなった者であっても、特別支給の老齢厚生年金は、支給されない。

〔問　9〕　次の記述のうち、正しいものはどれか。なお、以下の問において「機構」とは、「日本年金機構」のことをいうものとする。

A　事業主（船舶所有者を除く。）は、第1号厚生年金被保険者（適用事業所に使用される高齢任意加入被保険者及び第4種被保険者等を除く。）から個人番号の変更の申出を受けたときは、当該事実があった日から5日以内に、所定の事項を記載した届書を機構に提出しなければならない。

B　第1号厚生年金被保険者（船員被保険者を除く。）の資格取得の届出に係る機構に提出する届書（様式第7号の2（いわゆる統一様式）によるものに限る。）は、所轄公共職業安定所長を経由して提出することができるが、所轄労働基準監督署長を経由して提出することはできない。

C　障害厚生年金の受給権者は、障害の程度が増進したことによる障害厚生年金の額の改定を請求しようとするときは、所定の請求書に、当該請求書を提出する日前3月以内に作成された障害の現状に関する医師又は歯科医師の診断書、配偶者があるときは、その者と受給権者との身分関係を明らかにすることができる市町村長の証明書又は戸籍の抄本（当該請求書を提出する日前1月以内に作成されたものに限る。）等を添えて、機構に提出しなければならない。

56

D　遺族厚生年金を受けることができる者が2人以上あるときは、遺族厚生年金の裁定に係る請求書は、各々の受給権者に係る請求書を同時に提出しなければならない。

E　受給権者が死亡したときは、戸籍法の規定による死亡の届出義務者は、原則として、10日以内にその旨を厚生労働大臣に届け出なければならないものと規定されており、当該規定に違反して届出をしない場合には、50万円以下の罰金に処せられる。

〔問　10〕　次の記述のうち、正しいものはどれか。

A　機構は、滞納処分等を行う場合には、あらかじめ、厚生労働大臣の認可を受けるとともに、厚生労働大臣が定める滞納処分等実施規程に従い、徴収職員に行わせなければならない。

B　遺族厚生年金の受給権者である妻が死亡し、その妻に支給すべき遺族厚生年金でまだ支給しなかったものがあるときは、被保険者又は被保険者であった者の子であって、その妻の死亡によって遺族厚生年金の支給の停止が解除されたものは、未支給の遺族厚生年金の支給を請求することができる子とみなす。

C　被保険者又は被保険者であった者が、自己の故意の犯罪行為により、障害の原因となった事故を生ぜしめたときは、当該障害を支給事由とする障害厚生年金又は障害手当金は、支給しない。

D　同一人に対して国民年金法による年金たる給付の支給を停止して年金たる保険給付（厚生労働大臣が支給するものに限る。以下本設問において同じ。）を支給すべき場合において、年金たる保険給付を支給すべき事由が生じた月の翌月以後の分として同法による年金たる給付の支払が行われたときは、その支払われた同法による年金たる給付は、年金たる保険給付の内払とみなす。

E　遺族厚生年金の受給権者が同一支給事由に基づく他の遺族厚生年金（同一の実施機関が支給するものに限る。）の受給権者の死亡に伴う当該遺族厚生年金の支払金の金額の過誤払による返還金債権に係る債務の弁済をすべき者であるときは、厚生年金保険法第39条の2の規定に基づき当該過誤払による返還金債権への充当を行うことができる。

# 国民年金法

〔問　1〕　次の記述のうち、誤っているものはどれか。

A　厚生労働大臣は、毎年度、被保険者に対し、各年度の各月に係る保険料について、保険料の額、納期限その他厚生労働省令で定める事項を通知するものとされている。

B　付加保険料を納付する者となったものが、国民年金基金の加入員となったときは、その加入員となった日に、付加保険料を納付する者でなくなることの申出をしたものとみなされる。

C　学生等である被保険者が学生納付特例事務法人に学生納付特例申請の委託をしたときは、当該委託をした日に、学生納付特例申請があったものとみなされる。

D　学生納付特例の適用を受けている者が、国民年金法第88条の2の規定による産前産後期間の保険料免除の対象となる場合には、同条に定める期間については、産前産後の保険料免除制度が適用され、保険料納付済期間となる。

E　学生納付特例の適用を受けている者は、国民年金法第90条の規定による保険料の全額免除の対象とならないが、同法第90条の2の規定による保険料の4分の3免除、保険料半額免除又は保険料の4分の1免除の対象となる。

〔問　2〕　次の記述のうち、誤っているものはどれか。

A　保険料の前納の際に控除される額は、前納に係る期間の各月の保険料の合計額から、当該期間の各月の保険料の額を年4分の利率による複利現価法によって前納に係る期間の最初の月から当該各月（口座振替により納付する場合には当該各月の翌月）までのそれぞれの期間に応じて割り引いた額の合計額（10円未満の端数がある場合には、その端数金額が5円未満であるときは、これを切り捨て、その端数金額が5円以上であるときは、これを10円として計算する。）を控除した額である。

B　免除されていた令和4年度分の保険料について、令和7年4月に追納を行う場合には、令和4年4月から令和5年2月までの各月分の保険料については加算が行われ、令和5年3月分の保険料については加算は行われない。

C　老齢基礎年金の受給権者が、学生納付特例の期間について保険料の追納を行ったときは、当該追納を行った月の翌月から年金額が改定される。

D　振替加算の額は、224,700円に改定率を乗じて得た額（その額に50円未満の端数が生じたときは、これを切り捨て、50円以上100円未満の端数が生じたときは、これを100円に切り上げるものとする。）に老齢基礎年金の受給権者の生年月日に応じて政令で定める率を乗じて得た額とされている。

E　振替加算に相当する額の老齢基礎年金は、その受給権者が障害基礎年金の支給を受けることができるとき（その全額につき支給を停止されているときを除く。）は、その間、その支給が停止される。


〔問　3〕　次のアからオの記述のうち、正しいものの組合せは、後記AからEまでのうちどれか。

ア　厚生労働大臣は、国民年金原簿を備え、これに被保険者（第2号被保険者のうち第1号厚生年金被保険者又は第4号厚生年金被保険者であるものを除く。）の氏名、資格の取得及び喪失、種別の変更、保険料の納付状況、基礎年金番号その他厚生労働省令で定める事項を記録するものとされている。

60

イ　住民基本台帳法の規定による転入届、転居届又は転出届があったときは、当該届出に係る書面に同法第29条の規定による付記がされたときに限り、その届出と同一の事由に基づく国民年金法の規定による届出があったものとみなされる。

ウ　第3号被保険者の届出は、原則として、第1号厚生年金被保険者である第2号被保険者の被扶養配偶者である第3号被保険者にあっては、その配偶者である第2号被保険者を使用する事業主を経由して行うものとされており、第2号被保険者を使用する事業主は、その経由に係る事務の一部を全国健康保険協会又は当該事業主が設立する健康保険組合に委託することができる。

エ　第3号被保険者又は第3号被保険者であった者は、その者の第3号被保険者としての被保険者期間のうち、第3号被保険者に関する届出をしなかったことにより保険料納付済期間に算入されない期間について、当該届出を遅滞したことについてやむを得ない事由があると認められるときは、厚生労働大臣にその旨の届出をすることにより、原則として、その届出の日の属する月の前々月までの2年間よりも前の期間であっても、さかのぼって保険料納付済期間に算入される。

オ　老齢基礎年金の受給権者が死亡したときは、戸籍法の規定による死亡の届出義務者は、原則として、所定の事項を記載した届書を、当該事実があった日から14日以内に日本年金機構に提出することによって死亡の届出を行わなければならない。

A（アとウ）　　　B（アとエ）　　　C（イとエ）

D（イとオ）　　　E（ウとオ）

〔問　4〕　次の記述のうち、誤っているものはどれか。

A　日本国籍を有する者（国民年金法の適用を除外すべき特別の理由がある者として厚生労働省令で定める者を除く。B肢において同じ。）その他政令で定める者であって、日本国内に住所を有しない20歳以上60歳未満のものが、任意加入被保険者となる旨の申出を行おうとする場合には、必ずしも口座振替納付を希望する旨の申出又は口座振替納付によらない正当な事由がある場合として厚生労働省令で定める場合に該当する旨の申出を行う必要はない。

B　日本国籍を有する者その他政令で定める者であって、日本国内に住所を有しない20歳以上60歳未満の任意加入被保険者が保険料を前納している場合において、その者が当該前納に係る期間の途中に日本国内に住所を有することとなり、任意加入被保険者の資格を喪失する場合には、引き続き第1号被保険者となるときであっても、任意加入被保険者として前納した保険料のうち未経過期間に係るものは還付され、当該未経過期間について、改めて第1号被保険者として保険料を納付することとなる。

C　配偶者からの暴力を受けた第1号被保険者（配偶者からの暴力の防止及び被害者の保護等に関する法律に規定する配偶者からの暴力を受けた者をいい、婚姻の届出をしていないが事実上婚姻関係と同様の事情にある者を含む。）からの保険料免除の申請については、配偶者の所得は審査の対象としないものとされている。

D　第1号被保険者又は任意加入被保険者としての被保険者期間のみを有する者（厚生年金保険法に規定する離婚時みなし被保険者期間を有する者を除く。）に支給する老齢基礎年金を受ける権利の裁定の請求の受理及びその請求に係る事実についての審査に関する事務は、市町村長（特別区の区長を含む。）が行うこととされている。

E　第1号被保険者であった間に初診日がある傷病又は被保険者であった者
であって、日本国内に住所を有し、かつ、60歳以上65歳未満である者であ
った間に初診日がある傷病（当該初診日が昭和61年4月1日以後にあるも
のに限る。）による障害に係る障害基礎年金（国民年金法第31条第1項（併
給の調整）の規定によるものを除く。）を受ける権利の裁定の請求の受理
及びその請求に係る事実についての審査に関する事務は、市町村長（特別
区の区長を含む。）が行うこととされている。


〔問　5〕　次の記述のうち、正しいものはどれか。

A　65歳に達した日に老齢基礎年金の受給権を取得した者が、その請求をす
ることなく67歳に達した日に遺族基礎年金の受給権を取得し、その後68歳
に達した日に老齢基礎年金の支給繰下げの申出をしたときは、老齢基礎年
金の額は、25.2％増額される。

B　振替加算が加算されている老齢基礎年金の受給権者が離婚をし、厚生年
金保険法第78条の2の合意分割の規定により離婚時みなし被保険者期間を
有することとなり、当該期間を含めて厚生年金保険の被保険者期間の月数
が240月以上となったときは、振替加算額に相当する部分の支給が停止さ
れる。

C　国民年金の第1号被保険者であった期間及び任意加入被保険者であった
期間に係る保険料納付状況が次に掲げるとおりである者（昭和35年4月2
日生まれ）が、65歳から老齢基礎年金を受給する場合の年金額は、
780,900円×改定率×（396月＋36月×2/3＋60月×1/2）÷480月で計算した額と
なる。

〔国民年金の被保険者期間に係る保険料納付状況〕

・昭和55年4月〜昭和57年3月・・・未加入（学生）

・昭和57年4月〜平成18年3月・・・保険料納付済期間（288月）

・平成18年4月〜平成21年3月・・・保険料半額免除期間（36月）

・平成21年4月〜平成26年3月・・・保険料全額免除期間（60月）

・平成26年4月〜令和5年3月・・・保険料納付済期間（108月）

D　老齢基礎年金の受給権者は、厚生労働大臣に対し、厚生労働省令の定める事項を届け出、かつ、厚生労働省令の定める書類その他の物件を提出しなければならないが、当該受給権者が正当な理由がなくて、その届出をせず、又は書類その他の物件を提出しないときは、その一部の支給を停止することができる。

E　繰上げ支給の老齢基礎年金の支給を受ける者が、被保険者であった期間中に初診日がある傷病により障害認定日において障害等級に該当する障害の状態にあるとき（保険料納付要件を満たしているものとする。）は、障害基礎年金の支給を請求することができる。


〔問　6〕　次の記述のうち、正しいものはどれか。

A　国民年金法第30条の４の規定による障害基礎年金については、その受給権者が労働者災害補償保険法の複数事業労働者遺族年金を受けることができるときは、その支給が停止されるが、複数事業労働者遺族年金が複数事業労働者遺族年金前払一時金の支給を受けたことによりその全額につき支給停止されている場合には、当該障害基礎年金の支給は停止されない。

B　特例による任意加入被保険者が、67歳に初診日のある傷病により、障害認定日において障害等級に該当する程度の障害の状態になかったが、その後に障害等級に該当する程度の障害の状態に該当するに至ったときは、その者にいわゆる事後重症の障害基礎年金が支給される。

C　障害基礎年金の受給権者がその権利を取得した日後に３歳の子をその者の養子とし、その生計を維持している場合には、その養子を有するに至った日の属する月の翌月から、障害基礎年金の額が改定される。

D　障害基礎年金の受給権者に対して更に障害基礎年金を支給すべき事由が生じた場合には、前後の障害を併合した障害の程度が増進したときに限り、その併合した障害の程度による障害基礎年金が支給される。

E　障害基礎年金の受給権は、障害等級3級に該当する程度の障害の状態に該当しなくなった日から起算して障害等級3級に該当する程度の障害の状態に該当することなく3年を経過し、かつ、3年を経過した日において、当該受給権者が60歳以上であるときは、消滅する。

〔問　7〕　次の記述のうち、正しいものはどれか。

A　遺族基礎年金の受給権を有する子が2人以上ある場合において、その子のうち1人以上の子の所在が1年以上明らかでないときは、その子に対する遺族基礎年金は、他の子の申請によって、当該申請のあった日の属する月の翌月から、その支給が停止される。

B　かつて被保険者であったが、長期間にわたり国外に居住していたために6か月間の被保険者期間しか有しないものが、63歳のときに帰国して国内に住所を有することとなった。この者が任意加入被保険者となることなく、帰国の1年後に死亡した場合、その者の遺族に遺族基礎年金が支給されることはない。

C　被保険者が死亡した当時、障害等級に該当する程度の障害の状態にない子が遺族基礎年金の受給権者となった場合には、その子が18歳に達する日以後の最初の3月31日が終了するまでの間に障害等級に該当する程度の障害の状態になったときであっても、18歳に達した日以後の最初の3月31日が終了したときは、その受給権は消滅する。

D　夫に支給する遺族基礎年金は、その夫が同一の事由による遺族厚生年金の受給権を取得せず、子が当該遺族厚生年金の受給権者であるときは、その支給が停止される。

E　子に支給する遺族基礎年金の額は、その受給権を取得した子が2人以上あるときは、780,900円に改定率を乗じて得た額にその子のうち1人を除いた子につきそれぞれ74,900円に改定率を乗じて得た額（そのうち1人については、224,700円に改定率を乗じて得た額とする。）を加算した額を、その子の数で除して得た額とされる。

〔問　8〕　次の記述のうち、誤っているものはどれか。

A　政府は、財政の現況及び見通しを作成するに当たり、国民年金事業の財政が、財政均衡期間の終了時に給付の支給に支障が生じないようにするために必要な積立金（年金特別会計の国民年金勘定の積立金をいう。）を保有しつつ当該財政均衡期間にわたってその均衡を保つことができないと見込まれる場合には、年金たる給付の額を調整するものとされているが、付加年金については、その調整の対象とされていない。

B　老齢基礎年金の支給繰上げの請求をした場合には、付加年金についてもその支給が繰り上げられ、老齢基礎年金と同様の率で減額される。

C　死亡一時金は、死亡した者の死亡日において胎児である子がある場合であって、当該胎児であった子が生まれた日においてその子又は死亡した者の配偶者が死亡した者の死亡により遺族基礎年金を受けることができるに至ったときは、原則として支給されない。

D　死亡一時金の額の計算に当たっては、保険料全額免除期間（学生納付特例の期間及び納付猶予の期間を除く。）は、その月数の2分の1に相当する月数が算入される。

E　寡婦年金は、死亡した夫が、その死亡日の前日において死亡日の属する月の前月までの第1号被保険者としての被保険者期間に係る保険料納付済期間と保険料免除期間とを合算した期間を10年以上有していなければ、支給されないものとされており、死亡した夫が保険料半額免除期間を2年間、学生納付特例の期間を8年間有する場合（他に国民年金の被保険者期間を有しないものとする。）には、他の要件を満たす限り、その妻に寡婦年金が支給される。


〔問　9〕　次の記述のうち、正しいものはどれか。

A　給付を受ける権利は、譲り渡し、担保に供し、又は差し押えることができないものとされているが、老齢基礎年金を受ける権利を担保に供することはできる。

B　船舶が沈没した際現にその船舶に乗っていた者の生死が3箇月間分らない場合には、死亡を支給事由とする給付の支給に関する規定の適用については、その船舶が沈没した日に、その者は、死亡したものとみなす。

C　年金給付は、毎年2月、4月、6月、8月、10月及び12月の6期に、それぞれの月までの分を支払うものとされているが、前支払期月に支払うべきであった年金又は権利が消滅した場合若しくは年金の支給を停止した場合におけるその期の年金は、その支払期月でない月であっても、支払うものとされている。

D　調整期間以外の期間における新規裁定者の改定率については、毎年度、名目手取り賃金変動率を基準として改定するものとされており、名目手取り賃金変動率が物価変動率を下回る場合であっても、常に名目手取り賃金変動率を基準として改定される。

E　いわゆる「ねんきん定期便」による通知は、被保険者が35歳、45歳及び59歳に達する日の属する年度である場合には、国民年金の保険料の納付状況、国民年金基金の加入履歴等について詳細に記載されている。

〔問　10〕　次のアからオの記述のうち、誤っているものの組合せは、後記AからEまでのうちどれか。

ア　被保険者の資格に関する処分の取消しの訴えは、当該処分についての審査請求に対する社会保険審査官の決定を経た後でなければ、提起することができない。

イ　地方公務員等共済組合が行った障害基礎年金に係る障害の程度の診査に関し不服がある者は、文書又は口頭で、地方公務員共済組合審査会に対して審査請求をすることができる。

ウ　国民年金原簿の訂正の請求に関する処分に不服がある者は、厚生労働大臣に対して審査請求をすることができる。

エ　保険料その他国民年金法の規定による徴収金に関する処分に不服がある者は、社会保険審査会に対して審査請求をすることができる。

オ　被保険者の資格に関する処分が確定したときは、その処分についての不
　服を当該処分に基づく給付に関する処分の不服の理由とすることができる。

A（アとイ）　　　　B（アとウ）　　　　C（イとエ）

D（ウとオ）　　　　E（エとオ）

別冊3

【問題冊子ご利用時の注意】

「問題冊子」は、この色紙を残したまま、ていねいに抜き取り、ご利用ください。

- 抜き取り時のケガには、十分お気をつけください。
- 抜き取りの際の損傷についてのお取替えはご遠慮願います。

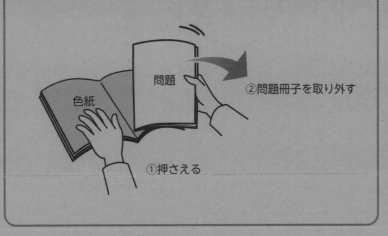

TAC出版
TAC PUBLISHING Group

2025本試験をあてる　TAC直前予想　第2回

# 選 択 式 予 想 問 題

(注　　意)

1　解答は、別紙解答用紙によること。
2　各問ごとに、正解と思うものの符号を解答用紙の所定の欄に1つ表示すること。
3　この問題の解答は、令和7年4月1日に施行されている法令等によること。
4　この問題は、問1から問8までの8問であるので、確認すること。

【注意事項】

　本予想問題における出題は、根拠となる法律、政令、省令、告示、通達に、「東日本大震災に対処するための特別の財政援助及び助成に関する法律（平成23年法律第40号）」をはじめとする東日本大震災等に関連して制定、発出された特例措置及び新型コロナウイルス感染症に関連して制定、発出された特例措置に係るものは含まれません。


【法令等略記凡例】

　問題文中においては、下表左欄の法令名等を右欄に示す略称により記載しています。

| 法令等名称 | 法令等略称 |
|---|---|
| 労働基準法 | 労基法 |
| 労働保険の保険料の徴収等に関する法律 | 徴収法 |

# 労働基準法及び労働安全衛生法

〔問 1〕 次の文中の □□□□ の部分を選択肢の中の適当な語句で埋め、完全な文章とせよ。

1 労働基準法第38条の3第1項に規定する専門業務型裁量労働制に係る対象業務とは、業務の性質上その遂行の方法を大幅に当該業務に従事する労働者の裁量にゆだねる必要があるため、 A をいう。

2 最高裁判所の判例では、実作業に従事していない仮眠時間（不活動仮眠時間）及び当該時間の賃金の支払について、次のように判示している。

　不活動仮眠時間であっても労働からの解放が保障されていない場合には労基法上の労働時間に当たるというべきである。＜中略＞

　労基法上の労働時間であるからといって、当然に労働契約所定の賃金請求権が発生するものではなく、 B によって定まるものである。もっとも、労働契約は労働者の労務提供と使用者の賃金支払に基礎を置く有償双務契約であり、労働と賃金の対価関係は労働契約の C 部分を構成しているというべきであるから、労働契約の合理的解釈としては、労基法上の労働時間に該当すれば、通常は労働契約上の賃金支払の対象となる時間としているものと解するのが相当である。したがって、時間外労働等につき所定の賃金を支払う旨の一般的規定を有する就業規則等が定められている場合に、所定労働時間には含められていないが労基法上の労働時間に当たる一定の時間について、明確な賃金支払規定がないことの一事をもって、当該労働契約において当該時間に対する賃金支払をしないものとされていると解することは相当とはいえない。

3 事業者は、化学物質又は化学物質を含有する製剤を製造し、又は取り扱う業務を行う事業場において、 D の労働者が同種のがんに罹患したことを把握したときは、当該罹患が業務に起因するかどうかについて、遅滞なく、医師の意見を聴かなければならない。

4　事業者は、上記3の医師が、上記3の罹患が業務に起因するものと疑われると判断したときは、遅滞なく、所定の事項について、　E　　に報告しなければならない。

---

選択肢

① 形式的　　　　　　　　　② 厚生労働大臣

③ 産業医その他労働者の健康管理等を行うのに必要な医学に関する知識を有する医師

④ 実質的　　　　　　　　　⑤ 所轄都道府県労働局長

⑥ 所轄労働基準監督署長

⑦ その性質上従事した時間と従事して得た成果との関連性が通常高くないと認められるものとして厚生労働省令で定める業務のうち、労働者に就かせることとする業務

⑧ 対価的

⑨ 当該業務の遂行の手段及び時間配分の決定等に関し使用者が具体的な指示をしないこととする業務

⑩ 当該業務の遂行の手段及び時間配分の決定等に関し使用者が具体的な指示をすることが困難なものとして厚生労働省令で定める業務のうち、労働者に就かせることとする業務

⑪ 当該時間に全体として労働者が労働から離れることを保障されているか否か

⑫ 当該労働契約上の役務の提供が義務付けられていると評価することができるか

⑬ 当該労働契約において仮眠時間に対していかなる賃金を支払うものと合意されているか

⑭ 本質的　　　　　　　　　⑮ 労働時間を算定し難い業務

⑯ 労働者が使用者の指揮命令下に置かれているか否か

⑰ 1年以内に2人以上　　　⑱ 1年以内に3人以上

⑲ 3年以内に3人以上　　　⑳ 3年以内に5人以上

# 労働者災害補償保険法

〔問　2〕　次の文中の　　　　　の部分を選択肢の中の最も適切な語句で埋め、完全な文章とせよ。

1　政府は、次の(1)から(3)のいずれかに該当する事故について保険給付を行ったときは、業務災害に関する保険給付にあっては労働基準法の規定による災害補償の価額の限度又は　　A　　の規定による災害補償のうち労働基準法の規定による災害補償に相当する災害補償の価額の限度で、複数業務要因災害に関する保険給付にあっては複数業務要因災害を業務災害とみなした場合に支給されるべき業務災害に関する保険給付に相当する同法の規定による災害補償の価額（当該複数業務要因災害に係る事業ごとに算定した額に限る。）の限度で、通勤災害に関する保険給付にあっては通勤災害を業務災害とみなした場合に支給されるべき業務災害に関する保険給付に相当する同法の規定による災害補償の価額の限度で、その保険給付に要した費用に相当する金額の全部又は一部を事業主から徴収することができる。

(1)　事業主が　　B　　により徴収法第4条の2第1項の規定による届出であって労災保険に係る保険関係の成立に係るものをしていない期間（政府が当該事業について徴収法第15条第3項の規定による決定をしたときは、その決定後の期間を除く。）中に生じた事故

(2)　事業主が徴収法第10条第2項第1号の一般保険料を納付しない期間（徴収法第27条第2項の督促状に指定する期限後の期間に限る。）中に生じた事故

(3)　事業主が　　C　　により生じさせた業務災害の原因である事故

2　自家用車で通勤をしている労働者が、通勤途中に赤信号で停車したところ、後続車を運転するドライバーのわき見運転による不注意でブレーキが遅れたために追突され、その衝撃によって負傷し、療養給付を受けつつ入院することとなった。

当該労働者の給付基礎日額が20,000円であり、当該労働者の年齢に係る

3

給付基礎日額の最高限度額が17,532円である場合、当該労働者に休業給付が行われることとなったときは、最初に支給すべき事由の生じた日に係る休業給付の額は、　D　となる。なお、当該労働者は、健康保険法第3条第2項に規定する日雇特例被保険者ではないものとする。

3　労働者災害補償保険法附則第64条第2項では、次のように規定している。

労働者又はその遺族が、当該労働者を使用している事業主又は使用していた事業主から損害賠償を受けることができる場合であって、保険給付を受けるべきときに、同一の事由について、損害賠償（当該保険給付によって塡補される損害を塡補する部分に限る。）を受けたときは、政府は、　E　により、その価額の限度で、保険給付をしないことができる。（以下略）

選択肢

| A | ①　国家公務員災害補償法若しくは地方公務員災害補償法 | |
|---|---|---|
| | ②　国家公務員法若しくは地方公務員法 | |
| | ③　船員法 | ④　船員保険法 |
| B | ①　偽りその他不正の手段 | ②　故意の犯罪行為又は重大な過失 |
| | ③　故意又は重大な過失 | ④　重大な過失 |
| C | ①　偽りその他不正の手段 | ②　故意の犯罪行為又は重大な過失 |
| | ③　故意又は重大な過失 | ④　重大な過失 |
| D | ①　17,532円の100分の60に相当する額 | |
| | ②　17,532円の100分の60に相当する額から200円を減じた額 | |
| | ③　20,000円の100分の60に相当する額 | |
| | ④　20,000円の100分の60に相当する額から200円を減じた額 | |
| E | ①　労働政策審議会の意見を聴いて厚生労働大臣が定める基準 | |
| | ②　労働政策審議会の意見を聴いて政令で定める基準 | |
| | ③　労働政策審議会の議を経て厚生労働大臣が定める基準 | |
| | ④　労働政策審議会の議を経て政令で定める基準 | |

# 雇用保険法

〔問　3〕　次の文中の　　　　　の部分を選択肢の中の最も適切な語句で埋め、完全な文章とせよ。

1　国庫は、　A　については、当該　A　に要する費用の　B　を負担するものとされている。ただし、暫定措置により、当分の間、当該国庫の負担額の100分の55に相当する額を負担するものとされているほか、令和6年度から令和8年度までの各年度においては、当該国庫の負担額の100分の10に相当する額を負担するものとされている。

2　雇用保険事業（　C　に係る事業を除く。）に要する費用に充てるため政府が徴収する保険料については、徴収法の定めるところによる。

3　就業促進定着手当は、基本手当日額に支給残日数に相当する日数に　D　を乗じて得た数を乗じて得た額を限度として、支給される。受給資格者は、就業促進定着手当の支給を受けようとするときは、その職業に就いた日から起算して6か月目に当たる日の翌日から起算して　E　以内に、所定の書類及び受給資格者証を添えて（当該受給資格者が受給資格通知の交付を受けた場合にあっては、所定の書類の添付に併せて個人番号カードを提示して）就業促進定着手当支給申請書を管轄公共職業安定所の長に提出しなければならない。

―― 選択肢 ――――――――――――――――――――――――――――――――
① 育児休業給付　　　　　　　　　　② 育児休業等給付

③ 育児時短就業給付　　　　　　　　④ 介護休業給付及び育児休業給付

⑤ 介護休業給付及び育児休業等給付　⑥ 介護休業給付金

⑦ 介護休業給付金及び職業訓練受講給付金

⑧ 出生後休業支援給付及び育児時短就業給付

⑨　2分の1　　　　　⑩　3分の1　　　　　⑪　8分の1

⑫　10分の1　　　　　⑬　10分の2　　　　　⑭　10分の3

⑮　10分の4　　　　　⑯　30分の1　　　　　⑰　1か月

⑱　2か月　　　　　　⑲　3か月　　　　　　⑳　4か月

# 労務管理その他の労働に関する一般常識

〔問　4〕　次の文中の　　　　　の部分を選択肢の中の最も適切な語句で埋め、完全な文章とせよ。

　　雇用の分野における男女の均等な機会及び待遇の確保等に関する法律（以下本問において「法」という。）第9条第3項では、「事業主は、その雇用する女性労働者が妊娠したこと、出産したこと、〔… 中略 …〕その他の妊娠又は出産に関する事由であって厚生労働省令で定めるものを理由として、当該女性労働者に対して解雇その他不利益な取扱いをしてはならない。」としているが、この「理由として」とは、妊娠・出産等と、解雇その他の不利益な取扱いの間に　　A　　があることをいうものとされている。これにつき妊娠・出産等の事由を　　B　　として不利益取扱いが行われた場合は、原則として妊娠・出産等を理由として不利益取扱いがなされたと解される。ただし、次の(1)又は(2)の場合については、この限りでない。

(1)　ⓐ 円滑な業務運営や人員の適正配置の確保などの　　C　　から支障があるため当該不利益取扱いを行わざるを得ない場合において、ⓑその　　C　　の　　D　　が、法第9条第3項の趣旨に実質的に反しないものと認められるほどに、当該不利益取扱いにより受ける影響の　　D　　を上回ると認められる特段の事情が存在すると認められるとき

(2)　ⓐ　　B　　とした事由又は当該取扱いにより受ける有利な影響が存在し、かつ、当該労働者が当該取扱いに同意している場合において、ⓑ当該事由及び当該取扱いにより受ける有利な影響の　　D　　が当該取扱いにより受ける不利な影響の　　D　　を上回り、当該取扱いについて事業主から労働者に対して適切に説明がなされる等、　　E　　であれば当該取扱いについて同意するような合理的な理由が客観的に存在するとき

　　なお、「　　B　　として」については、基本的に当該事由が発生している期間と時間的に近接して当該不利益取扱いが行われたか否かをもって判断される。

```
┌─ 選択肢 ─────────────────────────────────────────────┐
│                                                      │
│  ①  一般的な労働者          ②  因果関係              │
│                                                      │
│  ③  関連性                  ④  企業秩序の維持        │
│                                                      │
│  ⑤  業務上の必要性          ⑥  契機                  │
│                                                      │
│  ⑦  公平性の観点            ⑧  従属的な労働者        │
│                                                      │
│  ⑨  相関関係                ⑩  対応性                │
│                                                      │
│  ⑪  懲戒事由                ⑫  当該労働者            │
│                                                      │
│  ⑬  当該労働者以外の労働者  ⑭  内容や程度            │
│                                                      │
│  ⑮  納得性                  ⑯  範囲や効果            │
│                                                      │
│  ⑰  必要性                  ⑱  評価事由              │
│                                                      │
│  ⑲  分岐点                  ⑳  労働環境の整備        │
│                                                      │
└──────────────────────────────────────────────────────┘
```

# 社会保険に関する一般常識

〔問　5〕　次の文中の　　　　　の部分を選択肢の中の適当な語句で埋め、完全な文章とせよ。なお、本問は「令和6年版厚生労働白書（厚生労働省）」を参照している。

1　我が国は、国民皆保険制度の下で世界最高レベルの平均寿命と保健医療水準を実現してきた。一方で、今後を展望すると、いわゆる団塊の世代が　A　年までに全て75歳以上となり、また、　B　の減少が加速するなど、本格的な「少子高齢化・人口減少時代」を迎える中で、人口動態の変化や経済社会の変容を見据えつつ、全ての世代が公平に支え合い、持続可能な社会保障制度を構築することが重要である。

2　前期高齢者の医療給付費負担については、前期高齢者の偏在による負担の不均衡を是正するため、前期高齢者の加入者数に応じて、保険者間で費用負担の調整（前期財政調整）を行っている。

　　今般、　C　でも負担能力に応じた仕組みを強化する観点から、被用者保険者間では、現行の「加入者数に応じた調整」に加え、部分的（範囲は　D　）に「　E　に応じた調整」を2024年度から導入することとした。

┌─ 選択肢 ─────────────────────────────────────────┐

① 2025（令和7）　　② 2030（令和12）　　③ 2035（令和17）

④ 2040（令和22）　　⑤ 2分の1　　　　　⑥ 3分の1

⑦ 4分の1　　　　　⑧ 5分の1　　　　　⑨ 医療給付費

⑩ 合計特殊出生率　　⑪ 出生数　　　　　⑫ 生産年齢人口

⑬ 世代間のみならず世代内　　　⑭ 世代内のみならず世代間

⑮ 都道府県の特性　　⑯ 年齢構成　　　　⑰ 報酬水準

⑱ 保険者間のみならず保険者内　⑲ 保険者内のみならず保険者間

⑳ 労働力人口

└──────────────────────────────────────────────┘

# 健康保険法

〔問　6〕　次の文中の□□□□の部分を選択肢の中の最も適切な語句で埋め、完全な
文章とせよ。

　1　国庫は、全国健康保険協会が管掌する健康保険の事業の執行に要する費
　　用のうち、被保険者に係る療養の給付並びに入院時食事療養費、入院時生
　　活療養費、保険外併用療養費、療養費、訪問看護療養費、移送費、傷病手
　　当金、　A　、家族療養費、家族訪問看護療養費、家族移送費、高額療
　　養費及び高額介護合算療養費の支給に要する費用(療養の給付については、
　　一部負担金に相当する額を控除するものとする。)の額（調整対象給付費
　　見込額の　B　に相当する額を除く。)、前期高齢者納付金の納付に要す
　　る費用の額に所定の割合を乗じて得た額並びに　C　の納付に要する費
　　用の額の合算額（前期高齢者交付金がある場合には、当該合算額から当該
　　前期高齢者交付金の額を基準として政令で定める額を控除した額)に、当
　　分の間、　D　を乗じて得た額を補助する。

　2　国庫は、予算の範囲内において、健康保険事業の執行に要する費用のう
　　ち、　E　の実施に要する費用の一部を補助することができる。

選択肢

| A | ① 出産育児一時金、家族出産育児一時金 | |
|---|---|---|
| | ② 出産手当金、出産育児一時金、家族出産育児一時金 | |
| | ③ 出産手当金 | ④ 埋葬料、家族埋葬料 |
| B | ① 2分の1 | ② 3分の1 |
| | ③ 3分の2 | ④ 4分の1 |
| C | ① 介護納付金 | ② 出産育児交付金 |
| | ③ 日雇拠出金 | ④ 流行初期医療確保拠出金 |
| D | ① 1000分の130 | ② 1000分の158 |
| | ③ 1000分の164 | ④ 1000分の200 |
| E | ① 健康教育及び健康相談 | ② 特定健康診査等 |
| | ③ 福祉事業 | ④ 保健事業 |

# 厚生年金保険法

〔問　7〕　次の文中の　　　　　の部分を選択肢の中の最も適切な語句で埋め、完全な文章とせよ。

1　障害の程度が障害等級の1級に該当する者に支給する障害厚生年金の額は、厚生年金保険法第50条第1項の規定にかかわらず、同項に定める額の　A　に相当する額とする。

2　障害厚生年金の給付事由となった障害について国民年金法による障害基礎年金を受けることができない場合において、障害厚生年金の額が国民年金法第33条第1項に規定する障害基礎年金の額に　B　を乗じて得た額（その額に50円未満の端数が生じたときは、これを切り捨て、50円以上100円未満の端数が生じたときは、これを100円に切り上げるものとする。）に満たないときは、厚生年金保険法第50条第1項及び第2項の規定にかかわらず、当該額を障害厚生年金の額とする。

3　障害手当金の額は、厚生年金保険法第50条第1項の規定の例により計算した額の　C　に相当する額とする。ただし、その額が上記2に定める額に2を乗じて得た額に満たないときは、当該額とする。

4　昭和35年6月21日に生まれた男子であって特別支給の老齢厚生年金の支給を受けている者が、令和7年1月に雇用保険法による求職の申込みをし、5月1日から基本手当の支給を受け始め、1日の間断もなく9月27日までの150日につき所定給付日数150日分の基本手当の支給を受け終わった。この場合には、　D　か月分の老齢厚生年金が支給停止されることとなるが、所定給付日数の基本手当の支給を受け終わったときにおいて、　E　か月分の支給停止が解除される。

┌─ 選択肢 ─────────────────────────────────────────┐
│                                                    │
│  ①  100分の120      ②  100分の125      ③  100分の140  │
│                                                    │
│  ④  100分の150      ⑤  100分の160      ⑥  100分の175  │
│                                                    │
│  ⑦  100分の180      ⑧  100分の200      ⑨  2分の1     │
│                                                    │
│  ⑩  3分の2          ⑪  4分の3          ⑫  5分の4     │
│                                                    │
│  ⑬  1               ⑭  2               ⑮  3         │
│                                                    │
│  ⑯  4               ⑰  5               ⑱  6         │
│                                                    │
│  ⑲  7               ⑳  8                           │
│                                                    │
└────────────────────────────────────────────────────┘

# 国民年金法

〔問 8〕 次の文中の□□□の部分を選択肢の中の最も適切な語句で埋め、完全な文章とせよ。

1 死亡一時金を受けることができる遺族は、死亡した者の配偶者、子、父母、孫、　A　していたものとする。ただし、死亡した者の子がその者の死亡により遺族基礎年金の受給権を取得した場合（その者の死亡によりその者の配偶者が遺族基礎年金の受給権を取得した場合を除く。）であって、その受給権を取得した当時その子と生計を同じくするその子の父又は母があることにより当該遺族基礎年金の支給が停止されるものである場合に支給する死亡一時金を受けることができる遺族は、死亡した者の　B　していたものとする。

2 国民年金法第30条の4の規定による障害基礎年金は、受給権者の前年の所得が、その者の所得税法に規定する同一生計配偶者及び扶養親族（以下「扶養親族等」という。）の有無及び数に応じて、政令で定める額（扶養親族等がないときは、　C　）を超えるときは、その年の　D　まで、政令で定めるところにより、その　E　に相当する部分の支給を停止する。

15

選択肢

| | |
|---|---|
| A | ① 祖父母、兄弟姉妹又は三親等内の親族であって、その者の死亡の当時その者と生計を同じく<br><br>② 祖父母、兄弟姉妹又は三親等内の親族であって、その者の死亡の当時その者により生計を維持<br><br>③ 祖父母又は兄弟姉妹であって、その者の死亡の当時その者と生計を同じく<br><br>④ 祖父母又は兄弟姉妹であって、その者の死亡の当時その者により生計を維持 |
| B | ① 子であって、その者の死亡の当時当該父又は母により生計を維持<br><br>② 子の父又は母であって、その者の死亡の当時その者により生計を維持<br><br>③ 配偶者であって、その者の死亡の当時その子の生計を維持<br><br>④ 配偶者であって、その者の死亡の当時その者と生計を同じく |
| C | ① 780,900円　　　　② 889,300円<br>③ 3,704,000円　　　④ 4,721,000円 |
| D | ① 1月から12月　　　　② 4月から翌年の3月<br>③ 7月から翌年の6月　　④ 10月から翌年の9月 |
| E | ① 一部　　　　　　　② 全部又は一部<br>③ 全部又は2分の1　④ 2分の1 |

別冊 4

---

**【問題冊子ご利用時の注意】**

「問題冊子」は、この色紙を残したまま、ていねいに抜き取り、ご利用ください。

- 抜き取り時のケガには、十分お気をつけください。
- 抜き取りの際の損傷についてのお取替えはご遠慮願います。

① 押さえる　　②問題冊子を取り外す

---

**TAC出版**
TAC PUBLISHING Group

# 2025本試験をあてる　TAC直前予想　第2回

# 択 一 式 予 想 問 題

（注　　　意）

1　解答は、別紙解答用紙によること。
2　各問ごとに、正解と思うものの符号を解答用紙の所定の欄に1つ表示すること。
3　「労働者災害補償保険法」及び「雇用保険法」の問1から問7までは労働者災害補償保険法及び雇用保険法、問8から問10までは労働保険の保険料の徴収等に関する法律の問題であること。
4　計算を要する問題があるときは、この問題用紙の余白を計算用紙として差し支えないこと。
5　この問題の解答は、令和7年4月1日に施行されている法令等によること。
6　この問題用紙は、66頁あるので確認すること。

【注意事項】

　本予想問題における出題は、根拠となる法律、政令、省令、告示、通達に、「東日本大震災に対処するための特別の財政援助及び助成に関する法律（平成23年法律第40号）」をはじめとする東日本大震災等に関連して制定、発出された特例措置及び新型コロナウイルス感染症に関連して制定、発出された特例措置に係るものは含まれません。


【法令等略記凡例】

　問題文中においては、下表左欄の法令名等を右欄に示す略称により記載しています。

| 法令等名称 | 法令等略称 |
|---|---|
| 労働者派遣事業の適正な運営の確保及び派遣労働者の保護等に関する法律 | 労働者派遣法 |
| 労働保険の保険料の徴収等に関する法律 | 徴収法 |
| 育児休業、介護休業等育児又は家族介護を行う労働者の福祉に関する法律 | 育児介護休業法 |
| 労働者災害補償保険法 | 労災保険法 |
| 職業訓練の実施等による特定求職者の就職の支援に関する法律 | 就職支援法 |
| 高年齢者の雇用の安定等に関する法律 | 高年齢者雇用安定法 |

# 労働基準法及び労働安全衛生法

〔問　1〕　次の記述のうち、正しいものはどれか。

A　使用者は、労働基準法第39条第4項の規定によるいわゆる時間単位年休に係る労使協定（以下本問において「時間単位年休協定」という。）を締結し、かつ、同条第6項の規定によるいわゆる計画的付与に係る労使協定を締結している場合には、年次有給休暇の日数のうち5日を超える部分については、時間単位年休を計画的に付与することができる。

B　使用者は、労働基準法第39条第7項の規定に基づき、年次有給休暇の日数が10労働日以上である労働者に対し、その年次有給休暇の日数のうち5日については、基準日から1年以内の期間に、労働者ごとにその時季を定めることにより与えなければならないが、ここにいう「年次有給休暇の日数が10労働日以上である労働者」には、いわゆる年次有給休暇の比例付与の対象となる労働者であって、前年度繰越分の年次有給休暇と当年度付与分の年次有給休暇とを合算して初めて10労働日以上となるものも含まれる。

C　労働者が5労働日以上の年次有給休暇を取得した場合には、使用者は労働基準法第39条第7項の規定に基づく年次有給休暇を付与することを要しないが、労働者の取得した年次有給休暇が前年度からの繰越分のみである場合には、使用者は、今年度の年次有給休暇のうち5日について同項の規定に基づき年次有給休暇を付与しなければならない。

D　労働者が5労働日以上の年次有給休暇を取得した場合には、使用者は労働基準法第39条第7項の規定に基づく年次有給休暇を付与することを要しないが、労働者の取得した年次有給休暇が時間単位年休協定に基づく時間単位年休のみである場合には、使用者は、年次有給休暇のうち5日について同項の規定に基づき年次有給休暇を付与しなければならない。

E　使用者が労働基準法第39条第7項の規定に基づく年次有給休暇を付与するに当たり、当該事業場において時間単位年休協定が締結されている場合には、時間単位で同項に基づく年次有給休暇を付与することができる。

〔問　2〕　次の記述のうち、誤っているものはどれか。

A　清算期間が1か月を超えるフレックスタイム制を採用している事業場については、清算期間を1か月ごとに区分した各期間を平均して1週間当たり50時間を超えて労働させた場合は時間外労働に該当するため、36協定の締結及び届出を要するものであり、清算期間の途中であっても、当該各期間に対応した賃金支払日に割増賃金を支払わなければならない。

B　労働者が労働時間の全部又は一部について事業場外で業務に従事した場合において、労働時間を算定し難いときは、所定労働時間労働したものとみなされるが、労働時間の一部について事業場内で業務に従事した場合には、原則として、当該事業場内の労働時間については別途把握し、この別途把握した時間と所定労働時間とを加えた時間労働したものとみなされる。

C　企画業務型裁量労働制に係る労使委員会の決議事項の1つとして「当該裁量労働制の対象となる労働者を対象業務に就かせたときは、当該決議に定める時間労働したものとみなすことについての当該労働者の同意を得なければならないこと」が定められているが、当該同意は、当該労働者ごとに、かつ、決議の有効期間ごとに得られるものであることを要する。

D　所定労働時間を3時間とするS事業場の労働者が、新たに所定労働時間を4時間とするT事業場と労働契約を締結し、ある日についてS事業場で5時間労働した後に引き続きT事業場で5時間労働した場合には、その日の法定労働時間を超える2時間分の労働については、S事業場の使用者及びT事業場の使用者がそれぞれ1時間分の割増賃金を支払う必要がある。

E　所定労働時間を3時間とするS事業場の労働者が、新たに所定労働時間を4時間とするT事業場と労働契約を締結し、ある日についてT事業場で5時間労働した後に引き続きS事業場で5時間労働した場合には、その日の法定労働時間を超える2時間分の労働については、S事業場の使用者が割増賃金を支払う必要がある。

〔問 3〕 次の記述のうち、正しいものはどれか。

A 使用者は、労働基準法第39条第5項から第7項までの規定により年次有給休暇を与えたときは、時季、日数及び基準日を労働者ごとに明らかにした年次有給休暇管理簿を作成しなければならず、年次有給休暇管理簿は、労働者名簿又は賃金台帳とあわせて調製することができる。

B 派遣労働者の労働者名簿及び賃金台帳は、派遣元事業の使用者が調製するものとされているが、労働者派遣法第37条第1項に規定する派遣元管理台帳と別個に作成しなければならず、これらを合わせて1つの台帳を作成することはできない。

C 使用者は、労働者名簿、賃金台帳、年次有給休暇管理簿及び雇入れ、解雇、災害補償、賃金その他労働関係に関する重要な書類を5年間（当分の間、3年間）保存しなければならず、これに違反した場合には、30万円以下の罰金に処せられる。

D 使用者には、労働基準法第106条により、労働基準法及びこれに基づく命令の要旨、就業規則等について周知義務が課せられているが、この周知は、労働者が知ろうと思えばいつでも就業規則の存在や内容を知り得るようにしておくことをいい、周知の方法は問われない。

E 使用者は、就業規則及び寄宿舎規則については、その内容の全部を、当該事業場において使用する労働者に周知させなければならない。

〔問 4〕 次のアからオの記述のうち、正しいものの組合せは、後記AからEまでのうちどれか。

ア 労働基準法第1条第2項においては、「この法律で定める労働条件の基準は最低のものであるから、労働関係の当事者は、この基準を理由として労働条件を低下させてはならないことはもとより、その向上を図るように努めなければならない。」と規定しており、使用者が労働基準法に定める基準を決定的な理由として労働条件を低下させた場合には、当該労働条件は無効となる。

3

イ　労働基準法第3条では、均等待遇を定めているが、例えば、特定の国籍の労働者の労働条件が、他の国籍の労働者の労働条件と具体的に相違がある場合には、当該相違の事実が存することのみをもって同条違反となる。

ウ　労働基準法第5条では、「使用者は、暴行、脅迫、監禁その他精神又は身体の自由を不当に拘束する手段によって、労働者の意思に反して労働を強制してはならない。」と規定しているが、使用者が、労働の強制の目的がなく、単に「怠けたから」又は「態度が悪いから」殴ったというだけでは、同条違反とならない。

エ　労働基準法第16条（賠償予定の禁止）は、損害賠償の額をあらかじめ定めることを禁止するものであるが、例えば、就業規則に「労働者が故意又は過失により会社に損害を与えた場合には、損害賠償として○○円を上限として損害賠償を請求する。」と規定する場合のように、損害賠償の上限額を定めることは、同条違反とならない。

オ　使用者は、労働契約に附随して貯蓄の契約をさせ、又は貯蓄金を管理する契約をしようとする場合においては、当該事業場に、労働者の過半数で組織する労働組合があるときはその労働組合、労働者の過半数で組織する労働組合がないときは労働者の過半数を代表する者との書面による協定をし、これを行政官庁に届け出なければならない。

A（アとウ）　　　B（アとオ）　　　C（イとエ）
D（イとオ）　　　E（ウとエ）

〔問　5〕　次の記述のうち、正しいものはどれか。

A　労働基準法第15条第1項によって明示された労働条件が事実と相違する場合には、労働者は、即時に労働契約を解除することができるが、当該解除をしたときは、既存の労働契約の効力は遡及的に消滅し、当該労働契約が締結されなかったのと同一の法律効果が生じることとなる。

B 「就業の場所及び従事すべき業務に関する事項（就業の場所及び従事すべき業務の変更の範囲を含む。）」は、労働契約の締結に際し、使用者が労働者に対して必ず明示すべき事項（以下「絶対的明示事項」という。）とされているが、期間の定めのある労働契約（以下「有期労働契約」という。）を締結する場合において、当該有期労働契約が更新された場合にその更新後の契約期間中に命じる可能性がある就業の場所及び業務については、明示する必要はない。

C 「労働契約の期間に関する事項」は絶対的明示事項であり、期間の定めがない労働契約の場合であってもその旨を明示しなければならず、また、有期労働契約であって当該労働契約の期間の満了後に当該労働契約を更新する場合があるものの締結の場合における「有期労働契約を更新する場合の基準に関する事項」は絶対的明示事項であり、有期労働契約の更新回数に上限の定めがない場合であってもその旨を明示しなければならない。

D 労働基準法第15条第1項によって明示された労働条件が事実と相違する場合には、労働者は、即時に労働契約を解除することができるとされており、この場合、就業のために住居を変更した労働者が、契約解除の日から14日以内に帰郷する場合においては、使用者は、必要な旅費を負担しなければならないとされているが、契約解除の日から14日以内に帰郷の目的地に到着していないときは、当該旅費を負担する必要はない。

E 労働契約は、期間の定めのないものを除き、一定の事業の完了に必要な期間を定めるもののほかは、原則として3年を超える期間について締結してはならないとされており、仮に労働契約で6年の期間を定めた場合には、3年経過後はいつでも労働者側から解約することができることが明示され、6年間のうち3年を超える期間は身分保障期間であることが明らかな場合であっても、労働基準法違反となる。

〔問　6〕　次の記述のうち、誤っているものはいくつあるか。なお、本問において「代替休暇」とは、労働基準法第37条第3項に規定する休暇であって、延長して労働させた時間が1か月について60時間を超えた場合において、労使協定により、その超えた時間の割増賃金の支払に代えて与えることとする通常の労働時間の賃金が支払われる休暇（同法第39条の年次有給休暇を除く。）のことをいう。

　ア　賃金計算における過誤、違算等による過払賃金を精算ないし調整するため、後に支払わるべき賃金から控除することについて、最高裁判所の判例では、適正な賃金の額を支払うための手段たる相殺は、労働基準法24条1項但書によって除外される場合にあたらなくても、その相殺につき労働者の自由な意思に基づく同意がある場合には、同項の禁止するところではないと解するのが相当である、としている。

　イ　最高裁判所の判例では、会社がその退職金規則において、退職後一定期間内に同業他社に就職した退職社員に支給すべき退職金につき、支給額を一般の自己都合による退職の場合の半額と定めることは、その退職金が功労報償的な性格を併せ有することにかんがみれば、合理性のない措置であるとすることはできず、自己都合による退職をした社員が同業他社に制限違反の就職をしたときは、労働基準法24条1項但書によって除外される場合にあたらなくても、当該退職金規則に基づき一般の自己都合による退職金の額からその半額を控除して支給することができるものと解すべきである、としている。

　ウ　法定労働時間を延長して労働させた時間が1か月について60時間を超え、その超えた時間の労働について通常の労働時間の賃金の計算額の5割以上の率で計算した割増賃金を支払った後に、労働者から労使協定で代替休暇を与えることができる期間として定めた期間内の日について代替休暇を取得する旨の意向があった場合であっても、当該協定で「5割以上の率で計算した割増賃金の支払をした後は、当該割増賃金に係る代替休暇は取得できないものとする」旨を定め、これを与えないこととしても差し支えない。

エ　代替休暇の単位については、まとまった単位で与えられることによって
　労働者の休息の機会とする観点から、1日又は半日とされており、労使協
　定においては、その一方のみを代替休暇の単位として定めることで足りる。
オ　代替休暇を与えることができる期間として労使協定で1か月を超える期
　間が定められている場合であっても、前々月の時間外労働に対応する代替
　休暇と前月の時間外労働に対応する代替休暇とを合わせて1日又は半日の
　代替休暇として取得することはできない。

A　一つ
B　二つ
C　三つ
D　四つ
E　五つ

〔問　7〕　次の記述のうち、誤っているものはどれか。

A　使用者は、満18歳に満たない者について、その年齢を証明する戸籍証明
　書を事業場に備え付けなければならないとされており、その年齢を確認す
　る義務は使用者にあるが、使用者が年齢を確認するにあたっては一般に必
　要とされる程度の注意義務を尽くせば足り、必ずしも公文書によって確認
　する義務はない。
B　使用者は、満15歳以上で満18歳に満たない者については、満18歳に達す
　るまでの間（満15歳に達した日以後の最初の3月31日までの間を除く。以
　下Cにおいて同じ。）、1週間の労働時間が40時間を超えない範囲内におい
　て、1週間のうち1日の労働時間を4時間以内に短縮し、他の日の労働時
　間を10時間まで延長することができるが、この場合には、1日8時間を超
　える労働について割増賃金を支払う必要はない。
C　使用者は、満15歳以上で満18歳に満たない者については、満18歳に達す
　るまでの間、1週間について48時間、1日について8時間を超えない範囲
　内において、1年単位の変形労働時間制の規定の例により労働させること
　ができるが、この場合においては、労使協定の締結が必要となる。

7

D　満18歳に満たない者については、労働基準法第41条の2（高度プロフェッショナル制度）の規定は、適用されない。

E　職業能力開発促進法による都道府県知事の認定を受けて行う職業訓練を受ける訓練生について、技能を習得させるために必要がある場合においては、使用者は、満16歳以上の男性である訓練生を坑内労働に就かせることができるが、この場合には、訓練生である労働者を使用することについて、所轄労働基準監督署長の許可を受けなければならない。

〔問　8〕　次の記述のうち、誤っているものはどれか。

A　事業者は、リスクアセスメント対象物を取り扱う事業場ごとに、化学物質管理者を選任し、その者に当該事業場における所定の化学物質の管理に係る技術的事項を管理させなければならないが、当該化学物質管理者の選任は、厚生労働大臣が定める化学物質の管理に関する講習を修了した者又はこれと同等以上の能力を有すると認められる者のうちから選任することを要する。

B　事業者は、作業主任者の選任に係る作業を同一の場所で行う場合において、当該作業に係る作業主任者を2人以上選任したときは、それぞれの作業主任者の職務の分担を定めなければならない。

C　特定元方事業者は、その労働者及び関係請負人の労働者の作業が同一の場所において行われる場合において、統括安全衛生責任者を選任しなければならないときは、当該作業の開始後、遅滞なく、その旨及び統括安全衛生責任者の氏名を当該場所を管轄する労働基準監督署長に報告しなければならない。

D　産業医を選任した事業者は、①事業場における産業医の業務の具体的な内容、②産業医に対する健康相談の申出の方法、及び③産業医による労働者の心身の状態に関する情報の取扱いの方法を、常時各作業場の見やすい場所に掲示し、又は備え付けること等の方法により、労働者に周知させなければならない。

E　化学物質管理者を選任した事業者は、リスクアセスメントの結果に基づく措置として、労働者に保護具を使用させるときは、保護具着用管理責任者を選任しなければならないが、保護具着用管理責任者を選任したときは、当該保護具着用管理責任者に対し、その業務をなし得る権限を与えなければならない。

〔問　9〕　次のアからオの記述のうち、派遣先の事業者のみが労働安全衛生法上の義務を負うものとして正しいものはいくつあるか。

ア　派遣中の労働者（以下「派遣労働者」という。）の作業内容を変更したときに、労働安全衛生法第59条第2項の規定により当該派遣労働者に対してその従事する業務に関する安全又は衛生のための教育を行うこと。

イ　労働安全衛生法第66条第2項に基づく特殊健康診断を実施した派遣労働者に対し、同法第66条の6の規定により当該特殊健康診断の結果を通知すること。

ウ　派遣労働者に対して労働安全衛生法第66条の8第1項（面接指導）に基づく面接指導を実施するため、同法第66条の8の3の規定により労働時間の状況を把握すること。

エ　伝染性の疾病その他の疾病で、厚生労働省令で定めるものにかかった派遣労働者について、労働安全衛生法第68条の規定によりその就業を禁止すること。

オ　派遣労働者が労働災害その他就業中又は事業場内若しくはその附属建設物内における負傷、窒息又は急性中毒により死亡し、又は休業したときに、労働安全衛生法第100条第1項及び労働安全衛生規則第97条の規定により労働者死傷病報告を行うこと。

A　一つ

B　二つ

C　三つ

D　四つ

E　五つ

〔問 10〕 次の記述のうち、誤っているものはどれか。

A　2以上の建設業に属する事業の事業者が、一の場所において行われる当該事業の仕事を共同連帯して請け負った場合においては、そのうちの1人を代表者として定め、これを都道府県労働局長に届け出なければならないが、当該届出がないときは、都道府県労働局長が代表者を指名する。

B　厚生労働大臣は、重大な労働災害が発生した場合において、重大な労働災害の再発を防止するため必要がある場合として厚生労働省令で定める場合に該当すると認めるときは、事業者に対し、特別安全衛生改善計画を作成し、これを厚生労働大臣に提出すべきことを指示することができるが、当該指示をした場合において、専門的な助言を必要とすると認めるときは、当該事業者に対し、労働安全コンサルタント又は労働衛生コンサルタントによる安全又は衛生に係る診断を受け、かつ、特別安全衛生改善計画の作成について、これらの者の意見を聴くべきことを勧奨することができる。

C　労働者は、事業場に労働安全衛生法又はこれに基づく命令の規定に違反する事実があるときは、その事実を都道府県労働局長、労働基準監督署長又は労働基準監督官に申告して是正のため適当な措置をとるように求めることができる。

D　労働安全衛生法第15条第1項（統括安全衛生責任者の選任等）、同法第15条の2第1項（元方安全衛生管理者の選任等）及び同法第15条の3第1項（店社安全衛生管理者の選任等）の規定違反については、罰則（50万円以下の罰金）の適用があるが、同法第16条第1項（安全衛生責任者の選任等）の規定違反については、罰則の適用はない。

E　労働安全衛生法第66条の8第1項（長時間労働者に対する面接指導）の規定による面接指導の実施義務違反については、罰則の適用はないが、同法第66条の8の2第1項（新たな技術、商品又は役務の研究開発に係る業務に従事する者に対する面接指導）及び第66条の8の4第1項（高度プロフェッショナル制度により業務に従事する者に対する面接指導）の規定による面接指導の実施義務違反については、罰則（50万円以下の罰金）の適用がある。

# 労働者災害補償保険法
（労働保険の保険料の徴収等に関する法律を含む。）

〔問　1〕　　厚生労働省労働基準局長通知「血管病変等を著しく増悪させる業務による脳血管疾患及び虚血性心疾患等の認定基準について（令和3年9月14日基発0914第1号／改正：令和5年10月18日基発1018第1号）」（以下「認定基準」という。）では、「(1)発症前の長期間にわたって、著しい疲労の蓄積をもたらす特に過重な業務（以下「長期間の過重業務」という。）に就労したこと、(2)発症に近接した時期において、特に過重な業務（以下「短期間の過重業務」という。）に就労したこと、又は(3)発症直前から前日までの間において、発生状態を時間的及び場所的に明確にし得る異常な出来事に遭遇したこと」の業務による明らかな過重負荷を受けたことにより発症した脳血管疾患及び虚血性心疾患等（負傷に起因するものを除く。）は、業務に起因する疾病として取り扱うこととされている。当該認定基準に関する次の記述のうち、誤っているものはどれか。

A　発症前の長期間とは、発症前おおむね6か月間をいい、発症前おおむね6か月より前の業務については、疲労の蓄積に係る業務の過重性を評価するに当たり、付加的要因として考慮する。

B　発症に近接した時期とは、発症前おおむね1週間をいい、発症前おおむね1週間より前の業務については、原則として長期間の負荷として評価するが、発症前1か月間より短い期間のみに過重な業務が集中し、それより前の業務の過重性が低いために、長期間の過重業務とは認められないような場合には、発症前1週間を含めた当該期間に就労した業務の過重性を評価し、それが特に過重な業務と認められるときは、短期間の過重業務に就労したものと判断する。

C　「短期間の過重業務」の判断に当たり、労働時間については、発症直前から前日までの間に特に過度の長時間労働が認められる場合には、業務と発症との関係性が強いと評価できる。

D 「短期間の過重業務」の判断に当たり、労働時間以外の負荷要因のうち作業環境については、付加的に考慮する。

E 2以上の事業の業務による「長期間の過重業務」及び「短期間の過重業務」の判断に当たり、労働時間以外の負荷要因については、異なる事業における負荷を合わせて評価する。

〔問 2〕 二次健康診断等給付に関する次のアからオの記述のうち、誤っているものはいくつあるか。

ア 二次健康診断等給付は、社会復帰促進等事業として設置された病院若しくは診療所又は都道府県労働局長が療養の給付を行うものとして指定する病院若しくは診療所、薬局若しくは訪問看護事業者において行う。

イ 二次健康診断等給付の請求は、天災その他請求をしなかったことについてやむを得ない理由があるときを除き、一次健康診断の結果を知った日から2か月以内に行わなければならない。

ウ 所轄労働基準監督署長は、二次健康診断等給付の支給を決定したときは、遅滞なく、文書で、その内容を請求人等に通知しなければならない。

エ 特定保健指導とは、一次健康診断の結果に基づき、脳血管疾患及び心臓疾患の発生の予防を図るため、面接により行われる医師又は歯科医師による保健指導をいい、一次健康診断ごとに1回に限られる。

オ 特定保健指導とは、二次健康診断の結果に基づき、脳血管疾患及び心臓疾患の発生の予防を図るため、面接により行われる医師による保健指導をいい、一年度につき1回に限られる。

A 一つ

B 二つ

C 三つ

D 四つ

E 五つ

〔問　3〕　次の記述のうち、正しいものはどれか。

A　障害等級第7級の障害補償年金の支給を受けている者が、新たな業務災害により同一の部位について障害の程度を加重し、障害等級第5級に該当するに至った場合には、障害等級第5級に応ずる額の障害補償年金が支給され、従前の障害等級第7級の障害補償年金は支給されない。

B　障害等級第7級の障害補償年金の支給を受けている者の当該障害の程度が自然的経過により軽くなり、新たに障害等級第9級に該当するに至った場合には、新たな障害等級に応ずる障害補償一時金は支給されない。

C　障害等級第9級の障害補償一時金の支給を受けた者の当該障害の程度が自然的経過により重くなり、新たに障害等級第7級に該当するに至った場合には、障害等級第7級に応ずる障害補償年金の額から、障害等級第9級に応ずる障害補償一時金の額を25で除して得た額を差し引いた額の障害補償年金が支給される。

D　同一の業務災害により、障害等級第10級、障害等級第9級及び障害等級第8級の3つの身体障害を残した場合には、障害等級第7級に応ずる額の障害補償年金が支給される。

E　障害補償年金の受給権者が死亡し、障害補償年金差額一時金を支給すべき場合において、当該受給権者の死亡の当時、その者と生計を同じくしていた妹と生計を同じくしていなかった妻があるときは、妻が障害補償年金差額一時金の受給権者となる。

〔問　4〕　次の記述のうち、正しいものはどれか。

A　業務上の事由、複数事業労働者の2以上の事業の業務を要因とする事由又は通勤により負傷し、又は疾病にかかった労働者が、当該負傷又は疾病に係る療養の開始後3年を経過した日において傷病補償年金、複数事業労働者傷病年金又は傷病年金を受けている場合には、労働基準法第19条第1項の規定の適用については、当該使用者は、当該3年を経過した日において、同法第81条の規定により打切補償を支払ったものとみなされる。

B　傷病補償年金、複数事業労働者傷病年金又は傷病年金の傷病等級に係る障害の程度は、1年6か月以上の期間にわたって存する障害の状態により認定するものとされている。

C　傷病補償年金、複数事業労働者傷病年金又は傷病年金を受ける権利を有する者が介護補償給付、複数事業労働者介護給付又は介護給付を請求する場合における当該請求は、当該傷病補償年金、複数事業労働者傷病年金又は傷病年金の請求と同時に、又は請求をした後に行わなければならない。

D　介護補償給付、複数事業労働者介護給付又は介護給付は、月を単位として支給するものとされ、その月額は、常時又は随時介護を受ける場合に通常要する費用を考慮して厚生労働大臣が定める額とされている。

E　介護補償給付、複数事業労働者介護給付及び介護給付を受ける権利は、これらを行使することができる時から2年を経過したとき、傷病補償年金、複数事業労働者傷病年金及び傷病年金を受ける権利は、これらを行使することができる時から5年を経過したときは、時効によって消滅する。


〔問　5〕　次の記述のうち、誤っているものはどれか。

A　休業特別支給金の額は、原則として、1日につき算定基礎日額の100分の20に相当する額とされている。

B　休業特別支給金の支給を受けようとする者は、当該休業特別支給金の支給の申請の際に、所轄労働基準監督署長に、特別給与の総額を記載した届書を提出しなければならない。

C　障害特別支給金は、当該障害に係る傷病について既に傷病特別支給金の支給を受けているときは、当該障害の該当する障害等級に応ずる障害特別支給金の額が既に支給を受けた当該傷病特別支給金の額を超えるときに限り、支給される。

D　遺族特別支給金の支給を受ける遺族が3人である場合には、1人につき100万円がそれぞれの遺族に支給される。

E　労働者が、故意に負傷、疾病、障害若しくは死亡又はその直接の原因となった事故を生じさせたときは、政府は、特別支給金を支給しない。

〔問　6〕　次の記述のうち、正しいものはどれか。

A　船舶が沈没した際現にその船舶に乗っていた労働者の生死が3か月間わからない場合には、遺族補償給付、葬祭料、複数事業労働者遺族給付、複数事業労働者葬祭給付、遺族給付及び葬祭給付の支給に関する規定の適用については、その船舶が沈没した日に、当該労働者は、死亡したものとみなす。

B　保険給付を受ける権利を有する者が死亡した場合において、その死亡した者に支給すべき保険給付でまだその者に支給しなかったものがあるときは、その者の配偶者、子、父母、孫、祖父母、兄弟姉妹又はこれらの者以外の3親等内の親族であって、その者の死亡の当時その者と生計を同じくしていたもの（遺族補償給付については当該遺族補償給付を受けることができる他の遺族、複数事業労働者遺族給付については当該複数事業労働者遺族給付を受けることができる他の遺族、遺族給付については当該遺族給付を受けることができる他の遺族）は、自己の名で、その未支給の保険給付の支給を請求することができる。

C　国庫は、労働者災害補償保険事業に要する費用の3分の1を負担する。

D　労災保険に係る保険関係が成立し、若しくは成立していた事業の事業主又は労働保険事務組合若しくは労働保険事務組合であった団体は、労災保険に関する書類（徴収法又は同法施行規則による書類を含む。）を、その完結の日から5年間保存しなければならない。

E　保険給付に関する決定に不服のある者は、労働者災害補償保険審査官に対して審査請求をし、その決定に不服のある者は、労働保険審査会に対して再審査請求をすることができるものとされており、審査請求及び再審査請求は、時効の完成猶予及び更新に関しては、これを裁判上の請求とみなす。

〔問　7〕　　通勤災害保護制度の対象となる労災保険法第7条第2項第3号の移動（以下「住居間移動」という。）は、転任に伴い、当該転任の直前の住居と就業の場所との間を日々往復することが当該往復の距離等を考慮して困難となったため住居を移転した労働者であって、やむを得ない事情により、転任の直前の住居に居住している配偶者等と別居をすることとなったものにより行われる住居間移動とされている。次のアからオのうち、この「やむを得ない事情」に該当するものの記述として、誤っているものの組合せは、後記AからEまでのうちどれか。なお、アからウについては当該配偶者、エ及びオについては当該子と別居することとなったやむを得ない事情とする。

ア　配偶者が、要介護状態（負傷、疾病又は身体上若しくは精神上の障害により、6か月以上の期間にわたり常時又は随時介護を必要とする状態をいう。）にある労働者の子、父母、孫、祖父母若しくは兄弟姉妹又は配偶者の父母を介護すること。

イ　配偶者が、学校等に在学し、保育所若しくは幼保連携型認定こども園に通い、又は職業訓練を受けている同居の子（18歳に達する日以後の最初の3月31日までの間にある子に限る。）を養育すること。

ウ　配偶者が、引き続き就業すること。

エ　子（18歳に達する日以後の最初の3月31日までの間にある子に限る。）が要介護状態（負傷、疾病又は身体上若しくは精神上の障害により、2週間以上の期間にわたり常時介護を必要とする状態をいう。）にあり、引き続き当該転任の直前まで日常生活を営んでいた地域において介護を受けなければならないこと（労働者に配偶者がない場合に限る。）。

オ　子（18歳に達する日以後の最初の3月31日までの間にある子に限る。）が学校等に在学し、保育所若しくは幼保連携型認定こども園に通い、又は職業訓練を受けていること（労働者に配偶者がない場合に限る。）。

A（アとウ）　　　　B（アとエ）　　　　C（イとウ）
D（イとオ）　　　　E（エとオ）

〔問　8〕　保険関係に関する次の記述のうち、誤っているものはどれか。

A　雇用保険暫定任意適用事業の事業主は、その事業に使用される労働者の2分の1以上が希望する場合には、雇用保険の加入の申請をしなければならないが、これに違反して加入の申請をしないときは、6箇月以下の懲役又は30万円以下の罰金に処せられる。

B　労災保険の適用事業が労災保険暫定任意適用事業に該当するに至ったときは、その翌日に、その事業につき任意加入に関する厚生労働大臣の認可があったものとみなされる。

C　都道府県及び市町村並びにこれらに準ずるものの行う事業、港湾労働法第2条第2号の港湾運送の行為を行う事業、農林の事業及び畜産、養蚕又は水産の事業（船員が雇用される事業を除く。）、建設の事業については、当該事業を労災保険に係る保険関係及び雇用保険に係る保険関係ごとに別個の事業とみなして徴収法が適用される。

D　有期事業の一括の規定により一の事業とみなされた個々の事業については、その後、事業規模が拡大して一括に係る事業の規模の要件に該当しなくなった場合であっても、当該個々の事業につき新たな保険関係は成立しない。

E　製造業に属する事業（以下本問において「親事業」という。）の事業場構内において行われる構内下請負事業については、徴収法の適用に当たっては、親事業の事業主が当該構内下請負事業の事業主とみなされる。

〔問　9〕　次の記述のうち、誤っているものはどれか。

A　徴収法において「賃金総額」とは、事業主がその事業に使用するすべての労働者に支払う賃金の総額をいうが、賃金に算入すべき通貨以外のもので支払われる賃金の範囲は、食事、被服及び住居の利益のほか、所轄労働基準監督署長又は所轄公共職業安定所長の定めるところによるとされている。

B　第1種特別加入保険料率とは、第1種特別加入者に係る事業についての
労災保険率（その率が、メリット制により引き上げ又は引き下げられたと
きは、その引き上げ又は引き下げられた率）と同一の率から労災保険法の
適用を受けるすべての事業の過去3年間の二次健康診断等給付に要した費
用の額を考慮して厚生労働大臣の定める率を減じた率をいう。

C　第3種特別加入保険料率とは、特別加入者である海外派遣者が従事して
いる事業と同種又は類似の日本国内で行われている事業についての業務災
害、複数業務要因災害及び通勤災害に係る災害率、社会復帰促進等事業と
して行う事業の種類及び内容その他の事情を考慮して厚生労働大臣の定め
る率をいい、現在、1000分の3とされている。

D　非業務災害率とは、労災保険法の適用を受けるすべての事業の過去3年
間の複数業務要因災害に係る災害率、通勤災害に係る災害率、二次健康診
断等給付に要した費用の額及び厚生労働省令で定めるところにより算定さ
れた労災保険法第8条第3項に規定する給付基礎日額を用いて算定した保
険給付の額その他の事情を考慮して厚生労働大臣の定める率をいい、現在、
1000分の0.6とされている。

E　政府は、保険年度の中途に、一般保険料率、第1種特別加入保険料率又
は第3種特別加入保険料率の引上げを行ったときは、その額の多寡にかか
わらず労働保険料を追加徴収するものとされているが、第2種特別加入保
険料率の引上げを行ったときは、確定保険料の申告の際に労働保険料の追
加分を徴収することとされている。

〔問　10〕　労働保険料に関する次の記述のうち、正しいものはどれか。

A　所定の期限までに概算保険料申告書を提出しなかったため、所轄都道府
県労働局歳入徴収官により納付すべき概算保険料の額の通知を受けたとき
は、事業主は、その通知された額の概算保険料を、納入告知書によって納
付しなければならない。

B　事業主は、賃金総額等の見込額が増加した場合において、増加後の賃金総額等の見込額が増加前の賃金総額等の見込額の100分の200を超え、かつ、増加後の賃金総額等の見込額に基づき算定した概算保険料の額と既に納付した概算保険料の額との差額が13万円以上であるときは、その日から15日以内に、増加概算保険料を申告・納付しなければならない。

C　政府は、事業主が増加概算保険料申告書を提出しないとき、又はその申告書の記載に誤りがあると認めるときは、増加概算保険料の額を決定し、納付すべき額を事業主に通知するものとされている。

D　労働保険料その他徴収法の規定による徴収金を徴収する権利は、2年を経過したときは、時効によって消滅するが、政府が概算保険料の額を決定し、納付すべき額を事業主に通知したときは、当該通知により概算保険料を徴収する権利の時効が更新される。

E　労働保険料を徴収する権利につき時効の期間が経過した場合であっても、その納付義務者が時効の利益を放棄して労働保険料を納付する意思を有しているときは、政府は、当該労働保険料を徴収するものとされている。

# 雇用保険法
（労働保険の保険料の徴収等に関する法律を含む。）

〔問　1〕　届出等に関する次の記述のうち、正しいものはいくつあるか。

ア　適用事業に雇用される被保険者が、同一の事業主の適用事業以外の事業
　を行う事業所に転勤したためその資格を喪失したときは、雇用保険被保険
　者資格喪失届（以下本問において「資格喪失届」という。）に記載すべき
　喪失原因は、「離職以外の理由」となる。

イ　適用事業に雇用される被保険者が、被保険者として取り扱われない取締
　役になったことにより被保険者資格を喪失したときは、資格喪失届に記載
　すべき喪失原因は、「離職以外の理由」となる。

ウ　適用事業に雇用される被保険者が、1週間の所定労働時間が20時間未満
　となったためその資格を喪失したときは、資格喪失届に記載すべき喪失原
　因は、「離職」となる。

エ　事業主が所轄公共職業安定所の長に提出する資格喪失届は、年金事務所
　を経由して提出することはできるが、労働基準監督署長を経由して提出す
　ることはできない。

オ　育児休業給付金又は介護休業給付金の支給申請に係る届出（事業主を経
　由して提出する場合に限る。）は、当該事業主が特定法人の事業所の事業
　主である場合には、原則として、電子情報処理組織を使用することにより
　行うものとされている。

A　一つ
B　二つ
C　三つ
D　四つ
E　五つ

〔問　2〕　適用等に関する次の記述のうち、誤っているものはどれか。

A　雇用保険法において「事業」とは、経営上一体をなす本店、支店、工場等を総合した企業そのものを指すのではなく、個々の本店、支店、工場、鉱山、事務所のように、一つの経営組織として独立性をもった経営体をいう。

B　個人経営の農業の事業であって、1週間の所定労働時間が40時間の労働者を3名、10時間の労働者を2名雇用する事業は、適用事業となる。

C　適用事業である法人の代表者と同居している親族は、当該適用事業に雇用された場合であっても、原則として被保険者とならない。

D　適用事業の事業主に雇用されつつ自営業を営む者又は他の事業主の下で委任関係に基づきその事務を処理する者（雇用関係にない法人の役員等）については、当該適用事業の事業主の下での就業条件が被保険者となるべき要件を満たすものである場合には、被保険者となる。

E　日本人以外の事業主が日本国内において労働者を雇用して小売業を行う場合には、当該事業主の国籍のいかん及び有無を問わず、その事業は適用事業となる。

〔問　3〕　次の記述のうち、誤っているものはどれか。

A　A事業主に係る離職について特例受給資格を取得した者が、特例一時金の支給を受けることなく1か月後にB事業主に雇用された後に失業した場合（新たに受給資格、高年齢受給資格又は特例受給資格を取得した場合を除く。）には、当該特例受給資格に基づく特例一時金の支給を受けることができる場合がある。

B　特例受給資格者が、当該特例受給資格に基づく特例一時金の支給を受ける前に公共職業安定所長の指示した公共職業訓練等（その期間が政令で定める期間に達しないものを除く。）を受ける場合には、特例一時金は支給しないものとされ、その者を受給資格者とみなして、当該公共職業訓練等を受け終わる日までの間に限り、求職者給付が支給される。

C　特例一時金の算定の基礎となる賃金日額の上限額は、特例受給資格に係る離職の日において65歳以上である特定受給資格者については、基本手当の受給資格に係る離職の日において60歳以上65歳未満の受給資格者について定められた賃金日額の上限額とされる。

D　特例受給資格者には、傷病手当が支給されることはない。

E　受給資格者が個別延長給付を受ける期間については、傷病手当が支給されることはない。

〔問　4〕　求職者給付に関する次の記述のうち、誤っているものはどれか。なお、本問において「就職困難者」とは、雇用保険法第22条第2項に規定する受給資格者で厚生労働省令で定める理由により就職が困難なもののことをいう。

A　受給資格者（就職困難者を除く。）のうち、適用事業所が廃止されたものでもなく、裁判上の倒産手続がとられているのでもないが、事実上当該事業所に係る事業活動が停止し、再開される見込みがないときにおいて当該事業所を離職した者は、特定受給資格者となる。

B　受給資格者（就職困難者を除く。）のうち、離職の日の属する月の前6月のうちいずれか連続する3か月以上の期間において労働基準法第36条第3項に規定する限度時間に相当する時間数（原則として、1か月について45時間）を超えて、時間外労働及び休日労働が行われたことにより離職した者は、同条第5項による協定（特別条項付き協定）が締結されている場合であっても、特定受給資格者となる。

C　受給資格者（就職困難者を除く。）のうち、期間の定めがある労働契約が1回以上更新され、雇用された時点から継続して3年以上雇用されている者が、労働契約の更新を希望していたにもかかわらず、契約更新がなされなかったために離職した場合には、特定受給資格者となる。

D　就職困難者とは、受給資格決定時に厚生労働省令で定める理由により就職が困難な状態にあるもののほか、初回の失業の認定時までに当該状態に該当するに至ったものをいう。

E　就職困難者の範囲は、常用就職支度手当に係る「身体障害者その他の就職が困難な者」の範囲と異なる。


〔問　5〕　育児休業等給付に関する次の記述のうち、正しいものはいくつあるか。

ア　育児休業給付金は、原則として、その対象となる育児休業を開始した日前2年間に、みなし被保険者期間が通算して12か月以上あったときに支給されるものであり、当該被保険者が同一の子について2回目の育児休業を取得する場合であっても、改めてみなし被保険者期間について要件が問われることはない。

イ　夫婦ともに一般被保険者である場合において、妻が子を出産したため、その産後休業期間中に夫が出生時育児休業給付金に係る休業を14日以上取得したときは、妻が当該子について出生後休業をしないときであっても、他の要件を満たす限り、夫には出生時育児休業給付金に合わせて出生後休業支援給付金が支給される。

ウ　育児休業給付金に係る育児休業をした被保険者に対し、ある支給単位期間において、事業主から休業開始時賃金日額に支給日数を乗じて得た額の80％に相当する額以上の賃金が支払われたときは、当該支給単位期間については、育児休業給付金は支給されないが、当該支給単位期間について出生後休業支援給付金の要件を満たしている場合には、当該出生後休業支援給付金は支給される。

エ　育児休業給付金及び出生時育児休業給付金の支給に係る休業の期間は、基本手当の受給資格に係る被保険者期間の算定の対象となる被保険者であった期間から除くものとされている。

オ　育児時短就業給付金の支給を受けることができる者が、同一の就業につき高年齢雇用継続基本給付金の支給を受けることができる場合において、その者が育児時短就業給付金の支給を受けたときは、高年齢雇用継続基本給付金は支給されない。

A 一つ

B 二つ

C 三つ

D 四つ

E 五つ

〔問　6〕　教育訓練給付に関する次の記述のうち、正しいものはどれか。なお、本問において「一般被保険者等」とは、一般被保険者及び高年齢被保険者（特例高年齢被保険者を除く。）のことである。

A　教育訓練給付金に係る支給要件期間には、教育訓練給付対象者が教育訓練を開始した日前に教育訓練給付金の支給を受けたことがあるときは、当該教育訓練給付金に係る教育訓練を修了した日前の被保険者であった期間は、算入されない。

B　教育訓練給付金は、教育訓練給付対象者が、厚生労働大臣が指定する教育訓練を受け、当該教育訓練を修了した場合において、支給要件期間が3年以上であるときに支給するものとされているが、基準日前に教育訓練給付金の支給を受けたことがない者が専門実践教育訓練に係る教育訓練給付金の支給を受けるには、当分の間、支給要件期間が2年あれば足りるものとされている。

C　基準日において一般被保険者等でない者が、教育訓練給付対象者となるためには、基準日の直前の一般被保険者等でなくなった日が基準日以前1年以内にあることが必要であるが、当該基準日の直前の一般被保険者等でなくなった日から1年以内に妊娠、出産、育児等の理由により引き続き30日以上教育訓練の受講を開始することができない日がある場合には、引き続き30日以上教育訓練の受講を開始することができなくなるに至った日の翌日から1か月以内に公共職業安定所長に申し出ることにより、当該一般被保険者等でなくなった日から基準日までの教育訓練給付の対象となり得る期間が最大20年間まで延長される。

D　特定一般教育訓練を受け、修了し、当該特定一般教育訓練に係る資格の取得等をし、かつ、当該特定一般教育訓練を修了した日の翌日から起算して原則として1年以内に一般被保険者等として雇用された者については、所定の方法により算定した賃金額が特定一般教育訓練の開始前から5％以上上昇した場合に限り、特定一般教育訓練に係る教育訓練給付金の給付率が100分の50とされ、当該教育訓練給付金の上限額は、25万円となる。

E　専門実践教育訓練に係る教育訓練給付金の支給申請手続に当たっては、担当キャリアコンサルタントがキャリアコンサルティングを踏まえて記載した職務経歴等記録書が必要となるが、一般教育訓練又は特定一般教育訓練に係る教育訓練給付金の支給申請手続に当たっては、必ずしも必要とされない。

〔問　7〕　雇用保険法に関する次の記述のうち、誤っているものはどれか。

A　受給資格者が、失業の認定に係る期間中に自己の労働によって収入を得た場合において、その収入の1日分に相当する額から控除額を控除した額と基本手当の日額との合計額が賃金日額の100分の80に相当する額を超えるときは、その収入の基礎となった日数分の基本手当は支給されない。

B　管轄公共職業安定所の長は、自己の労働による収入の届出をしない受給資格者について、労働による収入があったかどうかを確認するために調査を行う必要があると認めるときは、失業の認定日において失業の認定をした日分の基本手当の支給の決定を次の基本手当を支給すべき日まで延期することができる。

C　離職した者は、従前の事業主に対して、求職者給付の支給を受けるために必要な証明書の交付を請求することができる。

D　市町村長（特別区の区長を含むものとし、地方自治法第252条の19第1項の指定都市においては、区長又は総合区長とする。）は、行政庁又は求職者給付若しくは就職促進給付の支給を受ける者に対して、当該市（特別区を含む。）町村の条例の定めるところにより、求職者給付又は就職促進給付の支給を受ける者の戸籍に関し、無料で証明を行うことができる。

E　事業主は、労働者が雇用保険法第8条の規定による被保険者となったこと又は被保険者でなくなったことの確認の請求又は同法第37条の5第1項の規定による特例高年齢被保険者となる旨の申出をしたことを理由として、労働者に対して解雇その他不利益な取扱いをしてはならない。


〔問　8〕　労働保険料に関する次の記述のうち、誤っているものはどれか。

A　労働保険事務組合に労働保険事務の処理を委託する一元適用事業の一般保険料に係る概算保険料申告書（口座振替納付を行う場合に提出するものを除く。）は、日本銀行を経由して提出することができる。

B　二元適用事業の第1種特別加入保険料に係る概算保険料申告書は、所轄労働基準監督署長を経由して提出することができる。

C　労働保険事務組合に労働保険事務の処理を委託しない一元適用事業が、口座振替納付を行う場合に提出する一般保険料に係る概算保険料申告書は、年金事務所を経由して提出することができる。

D　労働保険料その他徴収法の規定による徴収金は、一定の区分に従い、日本銀行又は都道府県労働局収入官吏若しくは労働基準監督署収入官吏に納付しなければならないが、印紙保険料に係る徴収金は、労働基準監督署収入官吏に納付することはできない。

E　事業主が、確定保険料申告書を提出する際に、既に納付した概算保険料の額のうち、確定保険料の額を超える額（以下「超過額」という。）の還付を請求したときは、官署支出官又は所轄都道府県労働局資金前渡官吏は、その超過額を還付するものとされている。


〔問　9〕　次の記述のうち、誤っているものはどれか。

A　雇用保険率は、失業等給付費等充当徴収保険率、育児休業給付費充当徴収保険率及び二事業費充当徴収保険率を合計して得た率とされている。

B　失業等給付費等充当徴収保険率とは、雇用保険率のうち雇用保険法の規定による失業等給付及び就職支援法事業に要する費用に対応する部分の率をいう。

C　育児休業給付費充当徴収保険率は、原則として1000分の5とされている
が、厚生労働大臣は、一定の場合には、労働政策審議会の意見を聴いて、
1年以内の期間を定め、育児休業給付費充当徴収保険率を1000分の4とす
ることができる。

D　二事業費充当徴収保険率は、徴収法第12条第10項又は第11項の規定によ
り変更されたときを除き、1000分の3.5（土木、建築その他工作物の建設、
改造、保存、修理、変更、破壊若しくは解体又はその準備の事業について
は、1000分の4.5）とされている。

E　厚生労働大臣は、雇用保険率を変更した場合には、印紙保険料の額（第
1級保険料日額、第2級保険料日額及び第3級保険料日額）を、徴収法第
22条第3項に定めるところにより、変更するものとされている。


〔問　10〕　追徴金及び延滞金等に関する次の記述のうち、正しいものはどれか。

A　事業主が、政府が決定した概算保険料又は確定保険料を納付しなければ
ならない場合には、政府は、原則として、その納付すべき額に100分の10
を乗じて得た額の追徴金を徴収することとされているが、追徴金を徴収し
ようとするときは、通知を発する日から起算して30日を経過した日をその
納期限と定め、事業主に通知しなければならない。

B　雇用保険印紙により印紙保険料を納付する事業主が、正当な理由がない
と認められるにもかかわらず、印紙保険料の納付を怠ったときは、原則と
して、納付すべき印紙保険料の額の100分の25に相当する額の追徴金が徴
収されるほか、当該事業主が雇用保険印紙をはらず、又は消印しなかった
ことにつき、6月以下の懲役又は30万円以下の罰金に処せられる。

C　政府は、徴収法第26条第1項の規定により労働保険料又は追徴金の納付
を督促した場合において、当該督促を受けた者が督促状の指定期限までに
労働保険料又は追徴金を納付しないときは、原則として、当該労働保険料
又は追徴金の額につき所定の割合で、延滞金を徴収するものとされている
が、納付義務者の住所又は居所がわからないため、公示送達の方法によっ
て督促したときは、延滞金を徴収しないものとされている。

D　政府は、徴収法第27条第１項の規定により計算された延滞金の額が
1,000円未満であるときは、延滞金を徴収しないものとされている。

E　政府は、労働保険料の納付を督促した場合において、納期限の翌日から
督促状の指定期限までの間に労働保険料の額の一部につき納付があったと
きは、その納付のあった労働保険料の額を控除した額につき所定の割合で、
納期限の翌日からその完納又は財産差押えの日の前日までの日数により計
算した延滞金を徴収するものとされている。

# 労務管理その他の労働及び社会保険に関する一般常識

〔問　1〕　次の記述のうち、正しいものはどれか。

A　一の工場事業場に常時使用される同種の労働者の6割の数の労働者で組織する甲労働組合と2割の数の労働者で組織する乙労働組合がそれぞれ同一の内容の労働協約を締結し、当該同種の労働者の8割の数の労働者が同一の内容の労働協約の適用を受けることとなった場合には、当該工場事業場に使用される他の同種の労働者に関しても、当該労働協約が拡張適用される。

B　一の工場事業場に常時使用される同種の労働者の4分の3以上の数の労働者が一の労働協約の適用を受けるに至り、当該工場事業場に使用される他の同種の労働者に関して当該労働協約が拡張適用された場合であっても、その後に当該一の労働協約の適用を受ける労働者が同種の労働者の4分の3未満の数となったときは、他の同種の労働者に関して当該労働協約は拡張適用されなくなる。

C　労働協約には、3年をこえる有効期間の定をすることができないとされており、有効期間の定がない労働協約は、3年の有効期間の定をした労働協約とみなされる。

D　最高裁判所の判例では、「ユニオン・ショップ協定のうち、ユニオン・ショップ協定を締結している労働組合（以下「締結組合」という。）以外の他の労働組合に加入している者について使用者の解雇義務を定める部分は、締結組合の団結権の維持強化に資するものであるから、特段の事情のない限り、これを有効と解すべきである。」としている。

E　チェック・オフ協定を労働協約の形式により締結した場合であって、かつ、賃金から控除した組合費相当分を労働組合に支払うことについて、使用者が個々の組合員から委任を受け、適法にチェック・オフを開始した後においては、個々の組合員は、使用者に対してチェック・オフの中止を申し入れることはできない。

〔問　2〕　次の記述のうち、正しいものはどれか。

A　育児介護休業法によれば、常時雇用する労働者の数が300人を超える事業主は、毎年少なくとも1回、その雇用する労働者の男女別の「育児休業等」の取得率又は男女別の「育児休業等及び育児目的休暇」の取得率のいずれかを公表しなければならない。

B　公共職業安定所は、労働争議に対する中立の立場を維持するため、同盟罷業又は作業所閉鎖の行われている事業所に、求職者を紹介してはならないが、職業紹介事業者についても同様に、当該事業所に求職者を紹介してはならないこととされている。

C　労働者派遣の役務の提供を受ける者(国及び地方公共団体の機関を除く。以下本肢において「派遣先」という。)が、許可を受けずに違法に労働者派遣事業を行う事業主から労働者派遣の役務の提供を受けた場合には、その時点において、当該派遣先は、当該労働者派遣に係る派遣労働者との間でその時点における当該派遣労働者に係る労働条件と同一の労働条件を内容とする労働契約を締結したものとみなされる。ただし、派遣先が、その行った行為が違法な行為に該当することを知らず、かつ、知らなかったことにつき過失がなかったときは、この限りでない。

D　高年齢者雇用促進法に基づく高年齢者就業確保措置の努力義務の実施に当たり、継続雇用制度に基づいて特殊関係事業主に65歳に達するまで雇用されている高年齢者については、原則として、当該特殊関係事業主が高年齢者就業確保措置を実施することとなる。

E　事業主は、賃金の決定、教育訓練の実施、福利厚生施設の利用その他の待遇について、労働者が障害者であることを理由として、障害者でない者と不当な差別的取扱いをしてはならないが、ここにいう「障害者であることを理由とする差別」は直接差別をいい、車いす、補助犬その他の支援器具等の利用、介助者の付添い等の社会的不利を補う手段の利用等を理由とする不当な不利益取扱いは除かれる。

30

〔問　3〕　次のアからオの記述のうち、正しいものの組合せは、後記AからEまでの
うちどれか。

ア　企業が大学の新規卒業者を採用するについて早期に採用試験を実施して
採用を内定する、いわゆる採用内定が、採用内定取消事由に基づく解約権
を留保した労働契約である場合において、最高裁判所の判例では、採用内
定の取消事由は、採用内定当時知ることができず、また知ることが期待で
きないような事実であって、これを理由として採用内定を取消すことが解
約権留保の趣旨、目的に照らして客観的に合理的と認められ社会通念上相
当として是認することができるものに限られる、としている。

イ　最高裁判所の判例では、使用者がその企業の従業員に対して金品の不正
隠匿の摘発・防止のために行う、いわゆる所持品検査は、それが労働基準
法所定の手続を経て作成・変更された就業規則の条項に基づいて行われ、
これについて従業員組合または当該職場従業員の過半数の同意があるとき
は、そのことの故をもって適法に行い得るものと解すべき、としている。

ウ　最高裁判所の判例では、民法715条１項は、「ある事業のために他人を使
用する者は、被用者がその事業の執行について第三者に加えた損害を賠償
する責任を負う。」としているが、これは損害を被った第三者が被用者か
ら損害賠償金を回収できないという事態に備え、使用者にも損害賠償義務
を負わせることとしたものにすぎず、被用者が第三者に賠償を支払った場
合に、使用者に対して求償を認める根拠とはならない、としている。

エ　労働者が、その業務の過重な負担によりうつ病を発し、自殺に至った場
合における損害賠償請求について、最高裁判所の判例では、労働者の性格
が同種の業務に従事する労働者の個性の多様さとして通常想定される範囲
を外れるものではないとしても、結果として、その性格及びこれに基づく
業務遂行の態様等が、うつ病り患による自殺という損害の発生及び拡大に
寄与していると認められるときは、賠償すべき額を決定するに当たり、こ
れらを心因的要因としてしんしゃくすべきである、としている。

31

オ　大学卒業者の新規採用にあたり、試用期間中に従業員が管理職要員として不適格であると認めたときは解約できる旨の特約上の解約権が留保されている場合において、最高裁判所の判例では、留保解約権に基づく解雇は、これを通常の解雇と全く同一に論ずることはできず、前者については、後者の場合よりも広い範囲における解雇の自由が認められてしかるべきものといわなければならない、としている。

A（アとウ）　　　B（アとオ）　　　C（イとウ）
D（イとエ）　　　E（エとオ）

〔問　4〕　令和5年度雇用均等基本調査（厚生労働省）に関する次の記述のうち、誤っているものはどれか。

A　企業調査によれば、課長相当職以上の管理職に占める女性の割合を産業別にみると、医療、福祉が突出して高くなっており、5割を上回っている。

B　企業調査によれば、不妊治療と仕事との両立のために利用できる制度を設けている企業割合は5割を下回っている。また、制度の内容別に内訳をみると、「短時間勤務制度」の割合が最も高くなっている。

C　企業調査によれば、カスタマーハラスメント対策の取組についてみると、「一定の取組をしている」企業割合よりも「取り組んでいない」企業割合の方が高くなっている。

D　事業所調査によれば、令和4年4月1日から令和5年3月31日までの1年間に育児休業（産後パパ育休を含む。）を終了し、復職した男性の育児休業期間についてみると、「1か月未満」の割合が5割を上回っている。

E　事業所調査によれば、育児のための所定労働時間の短縮措置等の各種制度の導入状況（複数回答）をみると、「短時間勤務制度」の割合よりも「テレワーク（在宅勤務等）」の割合の方が高くなっている。

〔問　5〕　令和5年若年者雇用実態調査（事業所調査）（厚生労働省）に関する次の記述のうち、誤っているものはどれか。

A　令和5年10月1日現在で、若年労働者（調査基準日現在で満15～34歳の労働者をいう。以下同じ。）が就業している事業所の割合は7割を上回っており、その内訳をみると、「若年正社員がいる」事業所の割合の方が「正社員以外の若年労働者がいる」事業所の割合よりも高い。

B　若年労働者の割合を産業別にみると、「宿泊業，飲食サービス業」の割合が最も高くなっている。

C　過去1年間（令和4年10月～令和5年9月をいう。以下同じ。）に正社員として採用された若年労働者がいた事業所の割合は約2割、正社員以外の労働者として採用された若年労働者がいた事業所は約3割となっている。

D　若年正社員の採用選考をした事業所のうち、採用選考にあたり重視した点（複数回答）について採用区分別にみると、「新規学卒者」、「中途採用者」とも「職業意識・勤労意欲・チャレンジ精神」の割合がそれぞれ最も高くなっており、次いで「新規学卒者」、「中途採用者」とも「コミュニケーション能力」、「マナー・社会常識」の順となっている。

E　過去1年間に若年労働者がいた事業所のうち、「自己都合により退職した若年労働者がいた」事業所は約4割となっており、自己都合により退職した若年労働者を雇用形態別（複数回答）でみると、「正社員」の若年労働者の割合の方が「正社員以外」の若年労働者の割合よりも高い。

〔問　6〕　次の記述のうち、正しいものはどれか。なお、本問における「市町村」には、特別区を含むものとする。

A　国民健康保険法によれば、市町村及び国民健康保険組合は、被保険者の出産及び死亡に関しては、条例又は規約の定めるところにより、出産育児一時金の支給又は葬祭費の支給若しくは葬祭の給付を行うことができるとされている。

B　病院等に入院等をしたことにより、病院等の所在する場所に住所を変更したと認められる国民健康保険の被保険者であって、当該病院等に入院等をした際他の市町村（当該病院等が所在する市町村以外の市町村をいう。）の区域内に住所を有していたと認められるものは、国民健康保険法の適用については、原則として、当該他の市町村の区域内に住所を有するものとみなされる。

C　高齢者の医療の確保に関する法律によれば、保険者及び後期高齢者医療広域連合は、共同して、加入者の高齢期における健康の保持及び医療費適正化のために必要な事業の推進並びに高齢者医療制度の円滑な運営及び当該運営への協力のため、都道府県ごとに、保険者協議会を組織するよう努めなければならないとされている。

D　高齢者の医療の確保に関する法律によれば、保険者（国民健康保険法の定めるところにより都道府県が当該都道府県内の市町村とともに行う国民健康保険にあっては、都道府県）は、特定健康診査等基本指針に即して、6年ごとに、6年を1期として、特定健康診査等の実施に関する計画（特定健康診査等実施計画）を定めるものとされている。

E　高齢者の医療の確保に関する法律によれば、市町村は、条例で、偽りその他不正の行為により保険料の徴収を免れた者に対し、その徴収を免れた金額に相当する金額以下の過料を科する規定を設けることができるとされている。

〔問　7〕　介護保険法に関する次の記述のうち、正しいものはどれか。なお、本問における「市町村」には特別区を含むものとし、「市町村長」には特別区の区長を含むものとする。

A　介護予防サービス計画の作成等を行う指定介護予防支援事業者の指定は、地域包括支援センターの設置者の申請により、介護予防支援事業を行う事業所ごとに、市町村長が行う。

B　介護老人保健施設の開設者は、当該介護老人保健施設を廃止し、又は休止したときは、10日以内にその旨を都道府県知事に届け出なければならない。

C　市町村の区域内に住所を有する40歳以上65歳未満の医療保険加入者は、介護保険の第1号被保険者となる。

D　介護認定審査会は、要介護認定及び要支援認定に係る審査判定業務を行うものであり、都道府県に置かれる。

E　介護保険の保険給付に関する処分（被保険者証の交付の請求に関する処分及び要介護認定又は要支援認定に関する処分を含む。）に不服がある者は、各地方厚生局（地方厚生支局を含む。）に置かれる社会保険審査官に対して審査請求をすることができる。


〔問　8〕　船員保険法に関する次の記述のうち、誤っているものはどれか。

A　後期高齢者医療の被保険者である船員保険の被保険者については、職務外の事由（通勤を除く。）に関する保険給付が行われることはない。

B　行方不明手当金を受けることができる被扶養者の範囲は、次の(1)から(3)に掲げる者であって、被保険者が行方不明となった当時主としてその収入によって生計を維持していたものであり、行方不明手当金を受けるべき者の順位は、次の(1)から(3)の順序により、(1)又は(3)に掲げる者のうちにあってはそれぞれ(1)、(3)に掲げる順序により、(2)に掲げる者のうちにあっては親等の少ない者を先にするものとされている。

(1)　被保険者の配偶者、子、父母、孫及び祖父母

(2)　被保険者の三親等内の親族であって、その被保険者と同一の世帯に属するもの

(3)　被保険者の配偶者で婚姻の届出をしていないが事実上婚姻関係と同様の事情にあるものの子及び父母であって、その被保険者と同一の世帯に属するもの

C　全国健康保険協会は、職務外の事由（通勤を除く。）による葬祭料の支給及び家族葬祭料の支給に併せて、政令で定めるところにより、保険給付としてその他の給付（付加給付）を行うことができる。

D　休業手当金に関する処分の取消しの訴えは、当該処分についての審査請求に対する社会保険審査官の決定を経た後でなければ、提起することができないが、同一の事由により支給される労災保険法の規定による休業補償給付に関する処分について同法による審査請求に対する労働保険審査官の決定があった場合には、社会保険審査官の決定を経ないで、処分の取消しの訴えを提起することができる。

E　船員保険事業に関して船舶所有者及び被保険者（その意見を代表する者を含む。）の意見を聴き、当該事業の円滑な運営を図るため、全国健康保険協会に船員保険協議会が置かれている。

〔問　9〕　確定給付企業年金法に関する次の記述のうち、誤っているものはどれか。

A　厚生年金適用事業所の事業主は、規約型企業年金を実施しようとするときは、その実施しようとする厚生年金適用事業所に使用される厚生年金保険の被保険者の過半数で組織する労働組合があるときは当該労働組合、当該労働組合がないときは厚生年金保険の被保険者の過半数を代表する者の同意を得て、規約を作成し、当該規約について厚生労働大臣の承認を受けなければならない。

B　確定給付企業年金は、老齢給付金及び脱退一時金の給付を行うほか、規約で定めるところにより、障害給付金又は遺族給付金の給付を行うことができる。

C　年金給付の支給期間及び支払期月は、政令で定める基準に従い規約で定めるところによるものとされており、終身又は10年以上にわたり、毎年1回以上定期的に支給するものでなければならない。

D　事業主は、給付に関する事業に要する費用に充てるため、規約で定める
ところにより、年1回以上、定期的に掛金を拠出しなければならないとさ
れており、加入者は、政令で定める基準に従い規約で定めるところにより、
掛金の一部を負担することができる。

E　確定給付企業年金の中途脱退者は、確定拠出年金法に規定する企業型年
金加入者又は個人型年金加入者の資格を取得したときは、当該確定給付企
業年金の事業主等に当該企業型年金の資産管理機関又は国民年金基金連合
会への脱退一時金相当額の移換を申し出ることができる。


〔問　10〕　次の記述のうち、正しいものはいくつあるか。

ア　国民健康保険法は、国民健康保険事業の健全な運営を確保し、もって社
会保障及び国民保健の向上に寄与することを目的とする。

イ　高齢者の医療の確保に関する法律は、国民の高齢期における適切な医療
の確保を図るため、医療費の適正化を推進するための計画の作成及び保険
者による健康診査等の実施に関する措置を講ずるとともに、高齢者の医療
について、国民の共同連帯の理念等に基づき、前期高齢者に係る保険者間
の費用負担の調整、後期高齢者に対する適切な医療の給付等を行うために
必要な制度を設け、もって国民保健の向上及び高齢者の福祉の増進を図る
ことを目的とする。

ウ　介護保険法は、加齢に伴って生ずる心身の変化に起因する疾病等により
要介護状態となり、入浴、排せつ、食事等の介護、機能訓練並びに看護及
び療養上の管理その他の医療を要する者等について、これらの者が尊厳を
保持し、その有する能力に応じ自立した日常生活を営むことができるよう、
必要な保健医療サービス及び福祉サービスに係る給付を行うため、国民の
共同連帯の理念に基づき介護保険制度を設け、その行う保険給付等に関し
て必要な事項を定め、もって国民の保健医療の向上及び福祉の増進を図る
ことを目的とする。

エ　児童手当法は、子ども・子育て支援法第7条第1項に規定する子ども・子育て支援の適切な実施を図るため、父母その他の保護者が子育てについての第一義的責任を有するという基本的認識の下に、児童を養育している者に児童手当を支給することにより、家庭等における生活の安定に寄与するとともに、次代の社会を担う児童の健やかな成長に資することを目的とする。

オ　確定拠出年金法は、少子高齢化の進展、高齢期の生活の多様化等の社会経済情勢の変化にかんがみ、個人又は事業主が拠出した資金を個人が自己の責任において運用の指図を行い、高齢期においてその結果に基づいた給付を受けることができるようにするため、確定拠出年金について必要な事項を定め、国民の高齢期における所得の確保に係る自主的な努力を支援し、もって公的年金の給付と相まって国民の生活の安定と福祉の向上に寄与することを目的とする。

A　一つ

B　二つ

C　三つ

D　四つ

E　五つ

# 健康保険法

〔問　1〕　健康保険の適用等に関する次の記述のうち、正しいものはどれか。

A　従業員が減少し、強制適用事業所の要件を満たさなくなった場合には、当該事業所について、法律上当然に任意適用に係る申請があったものとみなされる。

B　1週間の所定労働時間が減少したために被保険者の資格を喪失した者は、その事業所において引き続き労働者として雇用されているときは、他の要件を満たす場合であっても、任意継続被保険者となることができない。

C　任意適用事業所の事業主は、厚生労働大臣の認可を受けて、当該事業所を適用事業所でなくする場合には、当該事業所に使用される者の4分の3以上の同意を得なければならないが、ここにいう「使用される者」には、当該事業所に常時使用されている者であれば、適用除外の規定によって被保険者とならない者も含まれる。

D　3か月の予定で季節的業務に使用される者は、業務の都合により継続して4か月を超えて使用されることになった場合であっても、被保険者とならない。

E　厚生労働大臣の承認を受けて2以上の適用事業所を一の適用事業所とした場合であっても、当該2以上の事業所の所在する都道府県が異なるときは、都道府県単位保険料率については、それぞれの事業所に使用される被保険者ごとに、それぞれの事業所が所在する都道府県について定められた率が適用される。

〔問　2〕　保険者等に関する次の記述のうち、誤っているものはどれか。なお、本問以下の問において「協会」とは、全国健康保険協会のことである。

A　協会の理事長は、運営委員会の委員の総数の3分の1以上の委員が審議すべき事項を示して運営委員会の招集を請求したときは、運営委員会を招集しなければならない。

B　運営委員会は、運営委員会の委員のうち、事業主、被保険者及び協会の
　　業務の適正な運営に必要な学識経験を有する者の各3分の1以上が出席し
　　なければ、議事を開くことができない。

C　運営委員会の委員は、刑法その他の罰則の適用については、法令により
　　公務に従事する職員とみなされる。

D　厚生労働大臣は、協会の監事が政府又は地方公共団体の職員（非常勤の
　　者を除く。）となったときは、当該監事を解任しなければならない。

E　協会は、別に厚生労働大臣が定めるところにより、毎月の事業状況を翌
　　月末日までに厚生労働大臣に報告しなければならない。また、厚生労働大
　　臣は、協会の事業年度ごとの業績について、評価を行わなければならない。


〔問　3〕　次の記述のうち、正しいものはどれか。

A　保険医療機関の指定は、指定の日から起算して6年を経過したときは、
　　その効力を失うが、病院又は診療所であって厚生労働省令で定めるものに
　　ついては、その指定の効力を失う日前6月から同日前3月までの間に、別
　　段の申出がないときは、当該指定があったものとみなされる。

B　厚生労働大臣は、保険医療機関又は保険薬局の指定の申請に係る病院若
　　しくは診療所又は薬局の開設者又は管理者が、社会保険料について、当該
　　申請をした日の前日までに、社会保険各法又は地方税法の規定に基づく滞
　　納処分を受け、かつ、当該処分を受けた日から正当な理由なく3月以上の
　　期間にわたり、当該処分を受けた日以降に納期限の到来した社会保険料の
　　すべて（当該処分を受けた者が、当該処分に係る社会保険料の納付義務を
　　負うことを定める法律によって納付義務を負う社会保険料に限る。）を引
　　き続き滞納している者であるときは、その指定をしてはならない。

C　厚生労働大臣は、保険医又は保険薬剤師の登録に係る申請者が、社会保険料について、当該申請をした日の前日までに、社会保険各法又は地方税法の規定に基づく滞納処分を受け、かつ、当該処分を受けた日から正当な理由なく3月以上の期間にわたり、当該処分を受けた日以降に納期限の到来した社会保険料のすべて（当該処分を受けた者が、当該処分に係る社会保険料の納付義務を負うことを定める法律によって納付義務を負う社会保険料に限る。）を引き続き滞納している者であるときは、その登録をしないことができる。

D　厚生労働大臣は、指定訪問看護事業者の指定に係る申請者が、社会保険料について、当該申請をした日の前日までに、社会保険各法又は地方税法の規定に基づく滞納処分を受け、かつ、当該処分を受けた日から正当な理由なく3月以上の期間にわたり、当該処分を受けた日以降に納期限の到来した社会保険料のすべて（当該処分を受けた者が、当該処分に係る社会保険料の納付義務を負うことを定める法律によって納付義務を負う社会保険料に限る。）を引き続き滞納している者であるときは、その指定をしてはならない。

E　介護保険法の規定による指定居宅サービス事業者の指定があったことにより指定訪問看護事業者に係る指定があったものとみなされた訪問看護事業者は、同法の規定により指定居宅サービス事業者の指定が取り消されたときは、指定訪問看護事業者に係る指定の取消しがあったものとみなされる。

〔問　4〕　報酬等（健康保険法の規定する「報酬」及び「賞与」のことをいう。以下本問において同じ。）及び標準報酬月額の決定に関する次の記述のうち、誤っているものはどれか。

A　奨学金返還支援（代理返還）を利用して給与とは別に事業主が直接返還金を日本学生支援機構に送金する場合は、当該返還金が奨学金の返済に充てられることが明らかであり、被保険者の通常の生計に充てられるものではないことから、原則として「報酬等」に該当しない。

B　定時決定に係る報酬支払の基礎となった日数（以下本問において「支払基礎日数」という。）の計算に当たり、例えば夜勤労働者で日をまたぐ勤務を行っており、当該夜勤労働者が時給で給与の支払を受けている場合には、各月の総労働時間をその事業所における所定労働時間で除して得られた日数を支払基礎日数とすることとされている。

C　10月支払分の報酬から非固定的賃金が新設されたが、非固定的賃金が支払われる条件が達成されなかったために10月の支払額が０円となり、翌月の11月以降に実際に非固定的賃金の支払が生じたような場合には、随時改定の対象となるか否かの判断は、支給実績の生じた11月を起算月として行うこととされている。

D　産前・産後休業期間について、基本給等は休業前と同様に支給するが、通勤の実績がないことにより通勤手当を支給しないこととしている場合は、当該通勤手当の不支給は、賃金体系の変更には当たらないので、随時改定の対象とならない。

E　在宅勤務・テレワークの導入に伴い、支給されていた通勤手当が支払われなくなる、支給方法が月額から日額単位に変更される等の固定的賃金に関する変動があった場合には、随時改定の対象となる。

〔問　5〕　保険給付に関する次の記述のうち、誤っているものはどれか。

A　被保険者が、療養費の対象となる臓器移植を受けるため海外に渡航した場合であっても、その移送に要する渡航費については、移送費の対象とならない。

B　72歳の被保険者の標準報酬月額が28万円であり、療養の給付に係る一部負担金の割合が100分の30であったが、随時改定により標準報酬月額が24万円に変更となったときは、原則として、改定後の標準報酬月額が適用される月から一部負担金の割合が変更になる。

42

C　入院時食事療養費の額は、当該食事療養につき食事療養に要する平均的な費用の額を勘案して厚生労働大臣が定める基準により算定した費用の額（その額が現に当該食事療養に要した費用の額を超えるときは、当該現に食事療養に要した費用の額）から、食事療養標準負担額を控除した額とされており、厚生労働大臣は、当該基準を定めようとするときは、中央社会保険医療協議会に諮問しなければならない。

D　食事療養標準負担額は、原則として1食につき510円とされているが、市町村民税の非課税者は、1食につき240円（入院日数が90日を超える者は190円）に減額される。

E　患者申出療養の申出は、厚生労働大臣が定めるところにより、厚生労働大臣に対し、当該申出に係る療養を行う医療法第4条の2に規定する特定機能病院（保険医療機関であるものに限る。）の開設者の意見書その他必要な書類を添えて行う。

〔問　6〕　保険給付に関する次の記述のうち、正しいものはどれか。

A　訪問看護療養費に係る訪問看護事業の対象となる者は、疾病又は負傷により、居宅において継続して療養を受ける状態にある被保険者であって、主治の医師がその治療の必要の程度につき厚生労働省令で定める基準（病状が安定し、又はこれに準ずる状態にあり、かつ、居宅において看護師等（看護師、保健師、助産師、准看護師、理学療法士、作業療法士及び言語聴覚士をいう。）が行う療養上の世話及び必要な診療の補助を要すること）に適合していると認めた者に限られる。

B　既に一の指定訪問看護事業者による指定訪問看護について訪問看護療養費の支給を受けている者が、新たに他の訪問看護ステーションから訪問看護を受ける場合には、他の要件を満たす限り、他の訪問看護ステーションによる訪問看護についても訪問看護療養費の支給を受けることができる。

C　傷病手当金を受けることができる者が、報酬の全部又は一部を受けることができる期間については、その受けることができる報酬の全部又は一部の額が傷病手当金の額以上であるときは、傷病手当金は支給されない。また、この場合において、その受けることができるはずであった報酬の全部又は一部につき、その全額を受けることができなかったときであっても、傷病手当金は、支給されない。

D　傷病手当金は、被保険者が療養のため労務に服することができないときに支給されるものであり、被保険者の資格を取得する前にかかった疾病又は負傷については、傷病手当金の対象とならない。

E　出産手当金の支給期間は、出産の日（出産の日が出産の予定日後であるときは、出産の予定日）以前42日（多胎妊娠の場合においては、98日）から出産の日後56日までの間において労務に服さなかった期間であり、被保険者の資格を取得する前に出産した場合であっても、出産手当金の対象となることがある。

〔問　7〕　保険給付に関する次の記述のうち、正しいものはどれか。

A　被保険者が死亡した場合において、その者により生計を維持していた子と父母がいるときは、当該子に対して埋葬料が支給される。

B　70歳以上の外来療養に係る高額療養費算定基準額は、いわゆる一般所得者については年間上限（144,000円）が定められているが、計算期間（8月1日から翌年7月31日）の末日において一般所得者に該当する場合であっても、他の月においていわゆる現役並み所得者に該当していたことがある場合には、高額療養費算定基準額の年間上限は適用されない。

C　高額介護合算療養費は、健康保険の療養の給付等について一部負担金等を負担し、かつ、介護保険の介護サービス又は介護予防サービスに係る利用者負担をしている者に対し支給されるものであり、介護保険の介護サービス及び介護予防サービスに係る利用者負担がない者については、支給されない。

D　被保険者の被扶養者が妊娠 4 か月以上で死産児を出産した場合には、被
　　保険者に対し、家族出産育児一時金とともに、家族埋葬料が支給される。

E　被保険者であった者が被保険者の資格を喪失した日後 3 月以内に死亡し
　　たときは、埋葬料の支給対象となることがあるが、当該被保険者の資格を
　　喪失した日（任意継続被保険者の資格を喪失した者にあっては、その資格
　　を取得した日）の前日まで引き続き 1 年以上の被保険者（任意継続被保険
　　者又は共済組合の組合員である被保険者を除く。）期間を有していないと
　　きは、埋葬料の支給対象とならない。

〔問　8〕　費用の負担に関する次の記述のうち、誤っているものはどれか。なお、本
　　　　　問において、「組合」とは、健康保険組合のことであり、「連合会」とは、健
　　　　　康保険組合連合会のことである。

A　任意継続被保険者は、将来の一定期間の保険料を前納することができる
　　とされているが、前納された保険料については、前納に係る期間の各月の
　　初日が到来したときに、それぞれその月の保険料が納付されたものとみな
　　される。

B　任意継続被保険者の標準報酬月額については、「①当該任意継続被保険
　　者が被保険者の資格を喪失したときの標準報酬月額」が、「②前年（1 月
　　から 3 月までの標準報酬月額については、前々年）の 9 月30日における当
　　該任意継続被保険者の属する保険者が管掌する全被保険者の同月の標準報
　　酬月額を平均した額（健康保険組合が当該平均した額の範囲内においてそ
　　の規約で定めた額があるときは、当該規約で定めた額）を標準報酬月額の
　　基礎となる報酬月額とみなしたときの標準報酬月額」よりも少ないときは、
　　原則として、前記①の標準報酬月額をその者の標準報酬月額とすることと
　　されている。

C　特定保険料率は、各年度において保険者が納付すべき前期高齢者納付金等の額及び後期高齢者支援金等の額並びに流行初期医療確保拠出金等の額（協会が管掌する健康保険及び日雇特例被保険者の保険においては、その額から国庫補助額を控除した額）の合算額（前期高齢者交付金がある場合には、これを控除した額）を当該年度における当該保険者が管掌する被保険者の総報酬額の総額の見込額で除して得た率を基準として、保険者が定める。

D　組合に対して交付する国庫負担金は、各組合における被保険者数及び被扶養者数を基準として、厚生労働大臣が算定するものとされている。

E　組合の調整保険料率は、連合会が会員である組合に交付する交付金の交付に要する費用並びに組合の組合員である被保険者の数及び標準報酬を基礎として、政令で定めるものとされており、基本調整保険料率に修正率を乗じて得た率とされている。


〔問　9〕　次の記述のうち、正しいものはどれか。

A　給付事由が第三者の行為によって被保険者の被扶養者について生じた場合において、当該被扶養者が第三者から同一の事由について損害賠償を受けたときは、保険者は、その価額の限度において、保険給付を行う責めを免れる。

B　傷病手当金の支給を受ける権利を有するものが死亡した場合において、その死亡した者に支給すべき傷病手当金でまだその者に支給しなかったものがあるときは、その者の配偶者（婚姻の届出をしていないが事実上婚姻関係と同様の事情にあったものを含む。）、子、父母、孫、祖父母又は兄弟姉妹であって、その者の死亡の当時その者と生計を同じくしていたものは、自己の名で、その未支給の傷病手当金の支給を請求することができる。

C　保険者は、保険医療機関が偽りその他不正の行為によって療養の給付に関する費用の支払を受けたときは、当該保険医療機関に対し、その支払った額につき返還させるほか、その返還させる額に100分の10を乗じて得た額を支払わせることができる。

D　租税その他の公課は、保険給付として支給を受けた金品を標準として、課することができないが、健康保険組合の付加給付のうち、現金で支給されるものについては、課税対象となる。

E　高額介護合算療養費については、原則として、前年8月1日から7月31日までの計算期間の末日（以下「基準日」という。）に、はじめてその給付の請求ができるものであるから、その給付を受ける権利の消滅時効の起算日は、当該基準日である。

〔問　10〕　次の記述のうち、誤っているものはどれか。

A　社会保険審査官又は社会保険審査会に対する審査請求又は再審査請求は、いずれも、文書又は口頭で行うことができる。

B　社会保険審査官に対する審査請求及び社会保険審査会に対して行う再審査請求は、時効の完成猶予及び更新に関しては、裁判上の請求とみなすこととされている。

C　社会保険審査官に対して審査請求がされた場合であっても、原処分の執行は停止されないが、社会保険審査官は、原処分の執行により生ずることのある償うことの困難な損害を避けるため緊急の必要があると認めるときは、職権でその執行を停止することができる。

D　被保険者又は被保険者であった者が、自己の故意の犯罪行為により給付事由を生じさせたときは、当該給付事由に係る保険給付は、その全部又は一部を行わないことができる。

E　被保険者又は被保険者であった者が、刑事施設、労役場その他これらに準ずる施設に拘禁されたときは、疾病、負傷又は出産につき、その期間に係る保険給付（傷病手当金及び出産手当金の支給にあっては、厚生労働省令で定める場合に限る。）は行われないが、この場合であっても、被扶養者に係る保険給付は行われる。

# 厚生年金保険法

〔問　1〕　次の記述のうち、正しいものはどれか。なお、本問において「事業所」とは、「第1号厚生年金被保険者に係る事業所」をいい、「機構」とは、「日本年金機構」をいい、「70歳以上の使用される者」とは、「被保険者であった70歳以上の者であって当該適用事業所に使用され、かつ、厚生年金保険法第12条の適用除外の規定に該当しない者」をいうものとする。

A　適用事業所の事業主は、第1号厚生年金被保険者（船員たる被保険者を除く。）が70歳に達したことにより被保険者の資格を喪失し、引き続き70歳以上の使用される者に該当するに至ったときは、原則として、厚生年金保険被保険者資格喪失届・70歳以上被用者不該当届又は当該届書に記載すべき事項を記録した光ディスクとともに、厚生年金保険被保険者資格取得届・70歳以上被用者該当届又は当該届書に記載すべき事項を記録した光ディスクを機構に提出しなければならない。

B　特定適用事業所の不該当の申出は、所定の事項を記載した申出書を機構に提出することによって行うものとされているが、当該申出書には、4分の3以上同意対象者の4分の3以上で組織する労働組合があるときは、当該労働組合の同意を、当該労働組合がないときは、当該事業主の1若しくは2以上の適用事業所に使用される4分の3以上同意対象者の4分の3以上を代表する者の同意又は当該事業主の1若しくは2以上の適用事業所に使用される4分の3以上同意対象者の4分の3以上の同意を得たことを証する書類を添えなければならない。

C　第1号厚生年金被保険者は、同時に2以上の事業所に使用されるに至った場合において、当該2以上の事業所に係る機構の業務が2以上の年金事務所に分掌されているときは、所定の届書を提出することによりその者に係る機構の業務を分掌する年金事務所を選択しなければならないとされているが、当該2以上の事業所に係る機構の業務が一の年金事務所で行われるときは、特に届出をする必要はない。

D　同時に2以上の存続厚生年金基金の設立事業所に使用される第1号厚生年金被保険者は、その者の選択する一の基金以外の基金の加入員としないものとされているが、その選択をした者は、2以上の存続厚生年金基金の設立事業所に使用されるに至った日から起算して10日以内に、機構に届け出なければならない。

E　標準報酬月額に係るいわゆる育児休業等終了時改定の申出（第1号厚生年金被保険者に係るものに限る。）は、当該育児休業等を終了した被保険者を使用する適用事業所の事業主が、被保険者の氏名、生年月日及び住所、個人番号又は基礎年金番号等の所定の事項を記載した申出書を、機構に提出することによって行うものとされている。

〔問　2〕　次の記述のうち、正しいものはどれか。

A　政府等は、事故が第三者の行為によって生じた場合において、2以上の種別の被保険者であった期間を有する者に係る保険給付の受給権者が、当該第三者から同一の事由について損害賠償を受けたときは、政府等は、その価額をそれぞれの保険給付の価額に応じて按分した価額で、保険給付をしないことができる。

B　厚生労働大臣は、厚生年金保険原簿に係る訂正請求があった場合において、その訂正をする旨の決定をしようとするときは、あらかじめ、社会保障審議会に諮問しなければならないが、その訂正をしない旨の決定をしようとするときは、社会保障審議会に諮問することを要しない。

C　経過的寡婦加算が加算された遺族厚生年金の受給権者は、老齢基礎年金又は障害基礎年金を併給することができるが、老齢基礎年金又は障害基礎年金を併給する場合には、経過的寡婦加算相当額が支給停止される。

D　加給年金額に係る改定率については、65歳に達した日の属する年度の初日の属する年の3年後の年の4月1日の属する年度以後の年金たる保険給付の受給権者に加算されるものについては、毎年度、原則として、物価変動率を基準として改定される。

E 従前額改定率は、毎年度、原則として、名目手取り賃金変動率を基準として改定される。

〔問 3〕 老齢厚生年金に関する次の記述のうち、正しいものはどれか。

A 特別支給の老齢厚生年金の支給を受けていた者は、65歳以後の老齢厚生年金の支給繰下げの申出をすることができない。

B 昭和36年4月2日以後に生まれた男子が63歳のときに老齢厚生年金の支給繰上げの請求をした場合、その年金額の計算の基礎となる被保険者期間の月数が240以上であり、かつ、その請求をした当時その者によって生計を維持していた62歳の妻があるときは、当該繰上げ支給の老齢厚生年金の受給権者が65歳に達した月の翌月から、加給年金額が加算される。

C 昭和36年4月2日以後に生まれた男子であって、60歳から繰上げ支給の老齢厚生年金の支給を受けている被保険者が、64歳のときに当該被保険者の資格を喪失したときは、65歳に達した月の翌月から、当該被保険者の資格を喪失した月の前月までの被保険者期間を基礎として年金額が改定される。

D 老齢厚生年金の受給権を取得した日から起算して1年を経過した日前に当該老齢厚生年金の請求をしていなかった者であって、その1年を経過した日後に障害基礎年金の受給権者となった者が、当該障害基礎年金の受給権者となった日以後に老齢厚生年金の支給繰下げの申出をしたときは、当該障害基礎年金の受給権者となった日において、支給繰下げの申出をしたものとみなされる。

E 2以上の種別の被保険者であった期間を有する者に係る老齢厚生年金の額については、その者の2以上の被保険者の種別に係る被保険者であった期間に係る被保険者期間を合算し、一の期間に係る被保険者期間のみを有するものとみなして加給年金額の規定が適用されるが、この場合には、原則として、各号の厚生年金被保険者期間のうち最も長い一の期間に基づく老齢厚生年金について加給年金額を加算するものとされている。

〔問　4〕　次の記述のうち、誤っているものはどれか。

A　厚生労働大臣による脱退一時金に関する処分に不服がある者は、社会保険審査会に対して審査請求をすることができるものとされており、当該処分に対する処分の取消しの訴えは、当該処分についての審査請求に対する社会保険審査会の裁決を経た後でなければ、提起することができない。

B　脱退一時金の額の計算に用いる支給率は、最終月（最後に被保険者の資格を喪失した日の属する月の前月をいう。以下本肢において同じ。）の属する年の前年10月の保険料率（最終月が1月から8月までの場合にあっては、前々年10月の保険料率）に2分の1を乗じて得た率に、被保険者であった期間に応じて政令で定める数を乗じて得た率とされているが、その率に小数点以下1位未満の端数があるときは、これを四捨五入することとされている。

C　脱退一時金は、障害厚生年金又は遺族厚生年金その他政令で定める保険給付の受給権を有したことがあるときは、その支給を請求することができない。

D　被保険者期間（第1号厚生年金被保険者期間に限る。以下本肢及びE肢において同じ。）が1年以上である者について、旧陸軍共済組合令に基づく旧陸軍共済組合その他政令で定める共済組合の組合員であった期間であって政令で定める期間（以下「旧共済組合員期間」という。）のうちに昭和17年6月から昭和20年8月までの期間がある場合において、当該期間を含めて厚生年金保険の被保険者期間の月数が240以上となるときは、所定の要件を満たすことにより、その者に支給する老齢厚生年金に加給年金額が加算される。

E　老齢基礎年金の受給資格期間を満たしていない者であっても、1年以上の被保険者期間があり、かつ、当該被保険者期間と旧共済組合員期間とを合算した期間が20年以上ある者が、60歳以上であるときは、その者に特例老齢年金が支給される。

〔問　5〕　次のアからオの記述のうち、誤っているものの組合せは、後記AからEまでのうちどれか。

ア　昭和36年４月１日に生まれた男子であって、老齢基礎年金の受給資格期間を満たす者（国民年金の任意加入被保険者でないものとする。）が60歳に達した場合には、その者の被保険者期間が１年以上でなければ、老齢厚生年金の支給繰上げの請求をすることはできない。

イ　65歳で老齢厚生年金の受給権を取得した者が、78歳に達した令和７年４月15日に老齢厚生年金を請求し、かつ、老齢厚生年金の支給繰下げの申出をしない場合には、当該請求の５年前の73歳に達した日に支給繰下げの申出があったものとみなされる。なお、受給権者は老齢基礎年金の受給権を取得しているが、厚生年金保険法の他の年金たる保険給付及び国民年金法による他の年金たる給付の受給権を取得したことはないものとする。

ウ　既に退職した66歳の老齢厚生年金の受給権者が新たに就職し、被保険者の資格を取得した場合には、その資格を取得した月については、その月の初日に資格を取得したときであっても、いわゆる在職老齢年金の仕組みによる支給停止は行われない。

エ　65歳以上の被保険者である老齢厚生年金の受給権者（支給繰上げの請求及び支給繰下げの申出はしていない。）の年金額、標準報酬月額、令和６年９月までに支払われた賞与の額が次のとおりであった。なお、支給停止調整額は50万円である。

・年金額（報酬比例部分120万円）

・標準報酬月額（令和６年８月まで30万円、令和６年９月から36万円）

・支払われた賞与の額（令和５年９月に120万円、令和６年３月に180万円）

この場合、令和６年９月分の年金の支給停止月額は、42,500円となる。

オ　２以上の種別の被保険者であった期間を有する者が老齢厚生年金の支給繰下げの申出を行う場合には、一の期間に基づく老齢厚生年金についての支給繰下げの申出と他の期間に基づく老齢厚生年金についての当該申出とは、別個に行うことができる。

A （アとウ）　　　B （アとエ）　　　C （イとウ）

D （イとオ）　　　E （エとオ）

〔問　6〕　次のアからオの記述のうち、正しいものの組合せは、後記AからEまでの
うちどれか。

ア　昭和36年4月1日から昭和61年3月31日までの間に支給事由が生じた旧
厚生年金保険法の障害等級2級以上の障害年金の支給を受けている者に対
して更に障害等級2級以上の障害厚生年金を支給すべき事由が生じたとき
は、前後の障害を併合した障害の程度による障害厚生年金を支給するもの
とし、従前の障害年金の受給権は、消滅する。

イ　障害等級2級の障害厚生年金の受給権者が、新たな別の傷病により障害
等級2級の障害基礎年金の受給権を取得した場合において、障害厚生年金
の支給事由となった障害と当該障害基礎年金の支給事由となった障害とを
併合した障害の程度が障害等級1級に該当するに至ったときは、当該障害
厚生年金の額が改定される。

ウ　傷病に係る初診日において被保険者であった者が、障害認定日において
障害等級に該当する程度の障害の状態になかったが、障害認定日後65歳に
達する日までの間にその傷病により障害等級に該当する程度の障害の状態
に該当し、かつ、当該初診日の前日において保険料納付要件を満たしてい
る場合には、その者は、その期間内に障害厚生年金の支給を請求すること
ができる。

エ　被扶養配偶者みなし被保険者期間中に初診日のある傷病により障害等級
に該当する程度の障害の状態にある場合には、所定の要件を満たすことに
より、その者に障害厚生年金が支給される。

オ　いわゆる3号分割に係る特定被保険者が障害厚生年金の受給権者であ
り、当該年金額の計算の基礎となる期間に特定期間の一部が含まれている
場合には、3号分割標準報酬改定請求が行われたときであっても、障害厚
生年金の額は改定されない。

53

A （アとイ）　　　　B （アとウ）　　　　C （イとオ）

D （ウとエ）　　　　E （エとオ）

〔問　7〕　　遺族厚生年金に関する次の記述のうち、正しいものはどれか。

A　老齢厚生年金の受給権者である65歳以上の配偶者が遺族厚生年金の受給権を取得した場合における遺族厚生年金の額は、その者が同一の支給事由に基づく遺族基礎年金の支給を受けないときは、原則として、死亡した被保険者又は被保険者であった者の被保険者期間を基礎として老齢厚生年金の額の規定の例により計算した額の4分の3に相当する額又は当該額に3分の2を乗じて得た額と配偶者自身の老齢厚生年金の額に2分の1を乗じて得た額を合算した額のいずれか多い方の額とされている。

B　妻に支給する遺族厚生年金の額は、被保険者であった者の死亡の当時その妻が18歳に達する日以後の最初の3月31日までの間にある子と生計を同じくしていた場合であって、同一の支給事由につきその妻が国民年金法による遺族基礎年金の受給権を取得しないときは、遺族厚生年金の額の規定の例により計算した額に国民年金法による遺族基礎年金の額の規定の例により計算した額に4分の3を乗じて得た額及び子の加算額の規定の例により計算した額を加算した額となる。

C　被保険者又は被保険者であった者の死亡について、その夫及び子が遺族厚生年金の受給権者となった場合には、子に対する遺族厚生年金は支給停止されるものとされており、その受給権者である夫が60歳未満であるために遺族厚生年金の支給が停止されるときであっても、子に対する遺族厚生年金は支給停止される。

D　配偶者に対する遺族厚生年金は、その配偶者の所在が1年以上明らかでないときは、被保険者又は被保険者であった者の死亡の当時その者によって生計を維持していた子、父母、孫又は祖父母の申請によって、その所在が明らかでなくなった時にさかのぼって、その支給が停止される。

E 平成 7 年10月 1 日に24歳の被保険者が死亡し、当該被保険者の死亡の当時、障害等級 2 級以上に該当する障害の状態にあることにより遺族厚生年金の受給権者となった46歳の父が、その後に障害の状態に該当しなくなったときは、当該遺族厚生年金の受給権は原則として消滅するが、障害の状態に該当しなくなったときに当該父が55歳以上であったときは、その受給権は消滅しない。

〔問 8 〕 被保険者の資格に関する次の記述のうち、正しいものはどれか。

A 任意単独被保険者の資格の喪失については、厚生労働大臣による確認が行われることはない。

B 適用事業所以外の事業所に臨時に使用される70歳未満の者（船舶所有者に使用される船員を除く。）が、 2 月以内の期間を定めて使用される者であって、当該定めた期間を超えて使用されることが見込まれないものであるときは、原則として、任意単独被保険者となることはできない。

C 適用事業所に使用される高齢任意加入被保険者は、実施機関に申し出て、被保険者の資格を喪失することができるが、その資格を喪失する日は、当該申出が受理された日である。

D 適用事業所に使用される高齢任意加入被保険者（事業主が、保険料の半額を負担し、かつ、その被保険者及び自己の負担する保険料を納付する義務を負うことにつき同意をしていないものとする。）が、保険料（初めて納付すべき保険料を除く。）を滞納し、督促状の指定の期限までに、その保険料を納付しないときは、その日の翌日に、被保険者の資格を喪失する。

E 常時 5 人以上の従業員を使用する個人の社会保険労務士事務所は、適用事業所であり、その代表者である事業主たる社会保険労務士も被保険者となる。

〔問 9 〕 次の記述のうち、誤っているものはどれか。

A 船員たる被保険者の標準報酬月額の決定及び改定については、厚生年金保険法の規定にかかわらず、船員保険法の規定の例により行われる。

B　毎年7月1日現在における賃金、給料、俸給、手当又は賞与及びこれに準ずべきもので毎月支給されるもの以外のもの（以下「賞与」という。）の支給実態が、給与規定、賃金協約等の諸規定によって年間を通じ4回以上の支給につき客観的に定められているときは、当該賞与は厚生年金保険法上の報酬に該当するが、当該賞与に係る報酬の額に変動があっても、当該変動に基づく随時改定は行われない。

C　標準報酬月額等級が第32級にある者の報酬月額（報酬月額が66万5千円以上である場合に限る。）が降級（固定的賃金の減額のことをいう。）したことにより、標準報酬月額等級第31級の報酬月額となった場合には、随時改定の対象となる。

D　高齢任意加入被保険者及び任意単独被保険者に係る毎月の保険料の納期限は、翌月末日である。

E　任意単独被保険者及び第4種被保険者については、育児休業等をしている場合であっても、厚生年金保険の保険料は免除されない。


〔問　10〕　次の記述のうち、正しいものはどれか。

A　第1号厚生年金被保険者期間を10年有し、かつ、第4号厚生年金被保険者期間を15年有する者が死亡したことによりその者の遺族に遺族厚生年金が支給される場合には、それぞれの種別の厚生年金保険の被保険者期間ごとに支給するものとされており、それぞれの額は、死亡した者に係るそれぞれの種別に係る被保険者であった期間を合算し、一の期間に係る被保険者期間のみを有するものとみなして、遺族厚生年金の額の計算に関する規定により計算した額に合算遺族按分率を乗じて得た額とされているが、中高齢寡婦加算が加算される場合には、当該加算額についても合算遺族按分率を乗じて得た額をそれぞれの種別の実施機関が支給することとなる。

B　障害等級1級に該当する障害の状態にある障害厚生年金（初診日において第4号厚生年金被保険者であった者とする。）の受給権者が、その後第1号厚生年金被保険者であった期間中に死亡したことによりその者の遺族に遺族厚生年金が支給される場合には、障害厚生年金の支給事由となった障害に係る傷病の初診日における実施機関である日本私立学校振興・共済事業団が遺族厚生年金の支給に関する事務を行う。

C　障害厚生年金を受給していた者が不法行為により死亡した場合には、その相続人は、加害者に対し、障害厚生年金の受給権者が生存していれば受給することができたと認められる障害厚生年金及びこれに係る加給年金額の現在額を同人の損害として、その賠償を求めることができる、とするのが最高裁判所の判例である。

D　離婚時のいわゆる合意分割に係る対象期間標準報酬総額を計算する場合において、対象期間に係る被保険者期間については、対象期間の算定の基礎となる一の期間の初日と末日が同一の月に属するときは、その月は、対象期間に係る被保険者期間に算入しない。

E　厚生年金保険の被保険者期間を有しない者が、令和6年4月1日に被保険者の資格を取得し、同月30日にその資格を喪失するとともに国民年金の第1号被保険者となり、そのまま被保険者となることなく65歳に達したときは、老齢厚生年金が支給される。なお、保険料納付済期間及び保険料免除期間を合算した期間は10年以上であるものとする。

# 国民年金法

〔問　1〕　次のアからオの記述のうち、正しいものの組合せは、後記AからEまでのうちどれか。

ア　老齢基礎年金の受給権者の属する世帯の世帯主その他その世帯に属する者は、当該受給権者の所在が1年以上明らかでないときは、速やかに、所在不明の届出を日本年金機構に提出しなければならない。

イ　未支給の年金の支給を請求することができる者は、国民年金原簿に記録された死亡した年金給付の受給権者に係る特定国民年金原簿記録が事実でない、又は国民年金原簿に死亡した年金給付の受給権者に係る特定国民年金原簿記録が記録されていないと思料するときは、厚生労働大臣に対し、国民年金原簿の訂正の請求をすることができる。

ウ　被保険者が時効消滅不整合期間について、厚生労働大臣に届出を行ったときは、当該届出に係る時効消滅不整合期間については、国民年金法その他の政令で定める法令の規定を適用する場合においては、当該届出が行われた日以後、保険料納付済期間とみなされる。

エ　第3号被保険者は、その配偶者が第1号厚生年金被保険者の資格を喪失した後引き続き第4号厚生年金被保険者の資格を取得したときは、当該事実があった日から14日以内に、種別変更の届出を日本年金機構に提出しなければならない。

オ　第1号被保険者としての被保険者期間、第2号被保険者としての被保険者期間又は第3号被保険者としての被保険者期間を計算する場合には、被保険者の種別（第1号被保険者、第2号被保険者又は第3号被保険者のいずれであるかの区別をいう。以下同じ。）に変更があった月は、変更後の種別の被保険者であった月とみなされる。

A（アとウ）　　　B（アとオ）　　　C（イとエ）

D（イとオ）　　　E（ウとエ）

〔問　2〕　次の記述のうち、正しいものはどれか。

A　振替加算は、老齢厚生年金の加給年金額の計算の基礎となっていた配偶者が老齢基礎年金の受給権を取得したときに行われるものであり、障害厚生年金の加給年金額の計算の基礎となっていた配偶者が老齢基礎年金の受給権を取得した場合には、行われない。

B　昭和55年4月1日から第1号厚生年金被保険者として勤務し、令和7年2月5日に退職した夫（昭和35年12月5日生まれ）に生計を維持されている妻（昭和35年5月6日生まれ）は、65歳から支給される老齢基礎年金に当初から振替加算が加算される。なお、当該妻は、障害の状態になったことはなく、また、厚生年金保険の被保険者であったことはない。

C　振替加算の対象となる老齢基礎年金の受給権者が、老齢基礎年金の支給繰下げの申出をしたときは、振替加算についてもその支給が繰り下げられ、老齢基礎年金と同様の率で増額される。

D　昭和61年4月1日前の厚生年金保険の坑内員たる被保険者であった期間が国民年金の保険料納付済期間とされる場合には、その期間に3分の4を乗じて得た期間を基礎として、老齢基礎年金の額が計算される。

E　第2号被保険者としての被保険者期間のうち、20歳前の期間及び60歳以後の期間については、当分の間、障害基礎年金の要件に係る保険料納付済期間の計算の基礎とされない。

〔問　3〕　次の記述のうち、正しいものはどれか。

A　初診日（その日が昭和36年4月1日から昭和61年3月31日までの間にあるものに限る。）において、国民年金の被保険者であった者であって、当該傷病による障害について障害基礎年金等の受給権を有していたことがないものが、当該傷病により、平成6年11月9日において障害等級に該当する程度の障害の状態にあるとき、又は平成6年11月10日から65歳に達する日の前日までの間において障害等級に該当する程度の障害の状態に該当するに至ったときは、その者は、平成6年11月9日（同日において障害等級に該当する程度の障害の状態にない者にあっては、障害等級に該当する程度の障害の状態に該当するに至ったとき）から65歳に達する日の前日までの間に、国民年金法第30条第1項の一般的な障害基礎年金の支給を請求することができる。

B　初診日が令和8年4月1日前にある傷病による障害については、傷病に係る初診日の前日において、当該初診日の属する月の前々月までに被保険者期間があり、かつ、当該被保険者期間に係る保険料納付済期間と保険料免除期間とを合算した期間が当該被保険者期間の3分の2に満たないときであっても、当該初診日の前日において当該初診日の属する月の前々月までの1年間（当該初診日において被保険者でなかった者については、当該初診日の属する月の前々月以前における直近の被保険者期間に係る月までの1年間）のうちに保険料納付済期間及び保険料免除期間以外の被保険者期間がないときは、当該障害に係る者が当該初診日の前日において65歳未満であるときに限り、保険料納付要件を満たすものとされる。

C　障害等級1級の障害基礎年金の額は、780,900円に改定率を乗じて得た額（その額に50円未満の端数が生じたときは、これを切り捨て、50円以上100円未満の端数が生じたときは、これを100円に切り上げるものとする。）の100分の125に相当する額であり、受給権者によって生計を維持しているその者の配偶者又は子（18歳に達する日以後の最初の3月31日までの間にある子及び20歳未満であって障害等級に該当する障害の状態にある子に限る。）があるときは、一定の加算額を加算した額となる。

D 障害基礎年金の加算額対象者に係る生計維持の収入の要件は、厚生労働大臣の定める金額（年額850万円）以上の収入を将来にわたって有すると認められる者以外の者等とされているが、前年の収入が年額850万円以上であっても、定年退職等により収入が減少したような場合には、近い将来（おおむね5年以内）収入が年額850万円未満となると認められる場合に、その要件を満たすものとして取り扱われる。

E 障害基礎年金の受給権者は、厚生労働大臣に対し、障害の程度が増進したことによる障害基礎年金の額の改定を請求することができるものとされており、当該請求は、原則として、当該障害基礎年金の受給権を取得した日又は厚生労働大臣の診査を受けた日から起算して1年を経過した日後でなければ行うことができないものとされているが、人工呼吸器を装着したもの（1月を超えて常時装着している場合に限る。）に該当する状態に至った場合には、1年経過日前であっても、障害基礎年金の額の改定を請求することができる。


〔問 4〕 次の記述のうち、誤っているものはどれか。

A 国民年金法による脱退一時金の額は、平成28年3月から令和3年2月まで国民年金の第1号被保険者としての被保険者期間（保険料の全額を納付している。）を有し、令和3年3月から令和7年2月まで国民年金の第2号被保険者としての被保険者期間を有している者の場合、令和2年度の保険料の額である16,540円に2分の1を乗じて得た額に36を乗じて得た額である。

B 脱退一時金を受ける権利は、国税滞納処分（その例による処分を含む。）により差し押さえることができる。

C 寡婦年金は、老齢基礎年金又は障害基礎年金の支給を受けたことがある夫が死亡したときは、支給されない。

D 死亡一時金の支給を受けることができる遺族が、同一人の死亡により寡婦年金を受けることができるときは、寡婦年金が支給され、死亡一時金は支給されない。

E　死亡した被保険者について、その死亡日の前日において死亡日の属する月の前月までに第1号被保険者としての保険料の全額を納付した期間が24月、保険料の免除を受けた期間が15月（保険料4分の1免除期間が12月、産前産後の保険料免除期間が3月）ある場合には、その者の遺族に死亡一時金が支給されることがある。

〔問　5〕　次の記述のうち、正しいものはどれか。

A　平成8年2月1日に民間企業に就職して第2号被保険者となった者が、令和2年2月10日に64歳に達したことにより定年退職し、令和7年1月15日に死亡した場合において、その者に他の国民年金の保険料納付済期間、保険料免除期間及び合算対象期間がなく、任意加入被保険者でないときは、当該民間企業における就職から定年退職までの全期間について第2号被保険者であったとしても、その者の遺族に遺族基礎年金は支給されない。

B　配偶者の有する遺族基礎年金の受給権は、その額の加算対象となっている子の全てが直系血族又は直系姻族以外の者の養子となったときは消滅するが、これらの子の全てが直系血族又は直系姻族の養子となったときは消滅しない。

C　配偶者が遺族基礎年金の受給権を取得した当時胎児であった子が生まれたときは、その子は、配偶者がその権利を取得した当時死亡した被保険者又は被保険者であった者によって生計を維持し、かつ、配偶者と生計を同じくした子とみなされ、その生まれた日の属する月から、遺族基礎年金の額が改定される。

D　子に対する遺族基礎年金は、原則として、配偶者が遺族基礎年金の受給権を有するときは、その間、その支給が停止されるが、配偶者に対する遺族基礎年金が国民年金法第20条の2第1項の規定に基づき当該配偶者の申出により支給停止されているときは、子に対する遺族基礎年金は支給停止されない。

E　配偶者に対する遺族基礎年金は、受給権者である配偶者が民法第728条第2項に基づき姻族関係を終了させたときは、その受給権が消滅する。

〔問　6〕　次のアからオの記述のうち、誤っているものの組合せは、後記AからEまでのうちどれか。

ア　国民年金基金の加入員は、産前産後期間の保険料免除の規定により保険料を納付することを要しないものとされたときは、当該保険料を納付することを要しないものとされた月の初日に加入員の資格を喪失する。

イ　国民年金基金が支給する一時金は、少なくとも、当該国民年金基金の加入員又は加入員であった者が死亡した場合において、その遺族が死亡一時金を受けたときには、その遺族に支給されるものでなければならない。

ウ　支給繰下げによる老齢基礎年金の受給権者に対し国民年金基金が支給する年金の額は、200円に増額率を乗じて得た額を200円に加えた額に納付された掛金に係る当該国民年金基金の加入員期間の月数を乗じて得た額を超えるものでなければならない。

エ　国民年金基金が支給する給付を受ける権利は、その権利を有する者の請求に基いて、国民年金基金連合会が裁定する。

オ　国民年金基金は、代議員の定数の4分の3以上の多数による代議員会の議決により解散しようとするときは、厚生労働大臣の認可を受けなければならない。

A　（アとウ）　　　　B　（アとエ）　　　　C　（イとエ）
D　（イとオ）　　　　E　（ウとオ）

〔問　7〕　次の記述のうち、誤っているものはどれか。

A　令和元年度以後の年度に属する月の月分の保険料の額は、17,000円に保険料改定率を乗じて得た額（その額に10円未満の端数が生じたときは、これを10円に切り上げる。）とされており、令和7年度の保険料の額は、保険料改定率が1.030であることから、17,510円となる。

B　申請により保険料全額免除の処分を受けた被保険者から当該処分の取消しの申請があったときは、厚生労働大臣は、当該申請があった日の属する月の前月以後の各月の保険料について、当該処分を取り消すことができる。

C 基礎年金拠出金の額は、保険料・拠出金算定対象額に当該年度における被保険者の総数に対する当該年度における当該政府及び実施機関に係る被保険者の総数の比率に相当するものとして毎年度政令で定めるところにより算定した率を乗じて得た額とされているが、ここにいう被保険者の総数並びに政府及び実施機関に係る被保険者の総数には、第1号被保険者であって保険料全額免除期間のみを有する者は、その計算の基礎とされない。

D 国庫は、毎年度、当該年度における老齢基礎年金（その全額につき支給を停止されているものを除く。）の受給権者に国民年金基金又は国民年金基金連合会が支給する年金に要する費用について、原則として、200円に当該国民年金基金の加入員期間又は当該国民年金基金連合会がその支給に関する義務を負っている年金の額の計算の基礎となる国民年金基金の加入員期間の月数を乗じて得た額の4分の1に相当する額を負担する。

E 政府は、政令の定めるところにより、市町村（特別区を含む。）に対し、市町村長（特別区の区長を含む。）が国民年金法又は国民年金法に基づく政令の規定によって行う事務の処理に必要な費用を交付する。

〔問 8〕 次の記述のうち、正しいものはどれか。

A 受給権者が、正当な理由がなくて、国民年金法第107条第1項の規定による物件の提出命令に従わず、又は同項の規定による当該職員の質問に応じなかったときは、年金給付の支払を一時差し止めることができる。

B 自己の故意の犯罪行為により、死亡した者の死亡については、これを支給事由とする給付の全部又は一部を行わないことができる。

C 政府は、死亡の直接の原因となった事故が第三者の行為によって生じた場合において、受給権者が第三者から損害賠償を受けたときは、その価額の限度で、当該死亡に係る死亡一時金を支給しない。

D 失踪の宣告を受けたことにより死亡したとみなされた者に係る死亡を支給事由とする給付の支給に関する規定の適用における身分関係、年齢及び障害の状態については、失踪の宣告により死亡したものとみなされた日ではなく、行方不明になった日を死亡日として取り扱うものとされている。

E　年金給付は、その支給を停止すべき事由が生じたときは、その事由が生じた日の属する月の翌月からその事由が消滅した日の属する月までの分の支給が停止され、これらの日が同じ月に属する場合は、支給が停止される。


〔問　9〕　次の記述のうち、正しいものはどれか。

A　日本国内に居住する第3号被保険者は、ボランティア活動の目的で一時的に海外に渡航する場合にはその資格を喪失しないものとされており、この場合には、当該事実があった日から14日以内に、所定の事項を記載した届書を日本年金機構に提出しなければならない。

B　国民年金法第90条の2第1項から第3項までの規定によりその一部の額につき納付することを要しないものとされた保険料につきその残余の額が納付又は徴収された期間は、保険料納付済期間となる。

C　第3号被保険者の認定に係る主として第2号被保険者の収入により生計を維持することの認定は、健康保険法、国家公務員共済組合法、地方公務員等共済組合法及び私立学校教職員共済法における被扶養者の認定の取扱いを勘案して全国健康保険協会、健康保険組合及び実施機関たる共済組合等が行う。

D　特別支給の老齢厚生年金の支給を受けている場合には、任意加入被保険者となることはできない。

E　国民年金法において、「政府及び実施機関」とは、国民年金の実施者たる政府及び厚生年金保険の実施者たる実施機関たる共済組合等をいう。

〔問 10〕 次の記述のうち、誤っているものはどれか。

A 昭和36年 5 月 1 日以後国籍法の規定により日本の国籍を取得した者（20歳に達した日の翌日から65歳に達した日の前日までの間に日本の国籍を取得した者に限る。）その他政令で定める者の日本国内に住所を有していた期間であって、難民の地位に関する条約等への加入に伴う出入国管理令その他関係法律の整備に関する法律による改正前の国民年金法第 7 条第 1 項に該当しなかったため国民年金の被保険者とならなかった昭和36年 4 月 1日から昭和56年12月31日までの期間（20歳に達した日の属する月前の期間及び60歳に達した日の属する月以後の期間に係るものを除く。）は、老齢基礎年金の合算対象期間となる。

B 日本国内に住所を有さず、かつ、日本国籍を有していた期間（20歳に達した日の属する月前の期間及び60歳に達した日の属する月以後の期間に係るものを除く。）のうち、昭和36年 4 月 1 日から昭和61年 3 月31日までの期間は、老齢基礎年金の合算対象期間となる。

C 平成29年 8 月 1 日の改正前の国民年金法の任意脱退の規定による厚生労働大臣の承認に基づき国民年金の被保険者とされなかった期間は、老齢基礎年金の合算対象期間となる。

D 旧船員保険法による脱退手当金の支給を受けた者が、昭和61年 4 月 1 日から65歳に達する日の前日までの間に保険料納付済期間又は保険料免除期間を有するに至った場合におけるその者の当該脱退手当金の計算の基礎となった期間に係る船員保険の被保険者であった期間は、老齢基礎年金の合算対象期間となる。

E 国民年金の任意加入被保険者であった期間（保険料納付済期間及び60歳以上であった期間を除く。以下同じ。）を有する者に係る当該被保険者であった期間は、老齢基礎年金の合算対象期間となる。

別冊5

## 【問題冊子ご利用時の注意】

「問題冊子」は、この色紙を残したまま、ていねいに抜き取り、ご利用ください。

- 抜き取り時のケガには、十分お気をつけください。
- 抜き取りの際の損傷についてのお取替えはご遠慮願います。

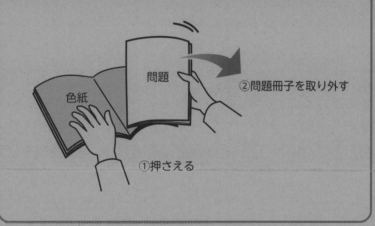

① 押さえる
② 問題冊子を取り外す

**TAC出版**
TAC PUBLISHING Group

2025本試験をあてる　TAC直前予想　プラスワン予想

# 選 択 式 予 想 問 題

(注　　意)

1　解答は、別紙解答用紙によること。
2　各問ごとに、正解と思うものの符号を解答用紙の所定の欄に1つ表示すること。
3　この問題の解答は、令和7年4月1日に施行されている法令等によること。
4　この問題は、問1から問8までの8問であるので、確認すること。

## 【注意事項】

　本予想問題における出題は、根拠となる法律、政令、省令、告示、通達に、「東日本大震災に対処するための特別の財政援助及び助成に関する法律（平成23年法律第40号）」をはじめとする東日本大震災等に関連して制定、発出された特例措置及び新型コロナウイルス感染症に関連して制定、発出された特例措置に係るものは含まれません。

## 【法令等略記凡例】

　問題文中においては、下表左欄の法令名等を右欄に示す略称により記載しています。

| 法令等名称 | 法令等略称 |
|---|---|
| 労働者派遣事業の適正な運営の確保及び派遣労働者の保護等に関する法律 | 労働者派遣法 |

# 労働基準法及び労働安全衛生法

〔問　1〕　次の文中の□□□の部分を選択肢の中の適当な語句で埋め、完全な文章とせよ。

1　最高裁判所の判例では、年次有給休暇の付与に係る要件について次のように判示している。なお、文中の「法」とは、労働基準法のことである。

「法39条1項及び2項における前年度の全労働日に係る出勤率が8割以上であることという年次有給休暇権の成立要件は、法の制定時の状況等を踏まえ、労働者の責めに帰すべき事由による欠勤率が特に高い者をその対象から除外する趣旨で定められたものと解される。このような同条1項及び2項の規定の趣旨に照らすと、前年度の総暦日の中で、就業規則や労働協約等に定められた休日以外の不就労日のうち、　A　ものは、不可抗力や使用者側に起因する経営、管理上の障害による休業日等のように当事者間の衡平等の観点から　B　は別として、上記出勤率の算定に当たっては、　C　ものと解するのが相当である。

無効な解雇の場合のように労働者が使用者から正当な理由なく就労を拒まれたために就労することができなかった日は、　A　不就労日であり、このような日は使用者の責めに帰すべき事由による不就労日であっても当事者間の衡平等の観点から　B　とはいえないから、法39条1項及び2項における出勤率の算定に当たっては、　C　ものというべきである。」

2　労働安全衛生法第57条の2第1項の通知対象物を譲渡し、又は提供する者は、　D　に関する事項について、直近の確認を行った日から起算して　E　以内ごとに1回、最新の科学的知見に基づき、変更を行う必要性の有無を確認し、変更を行う必要があると認めるときは、当該確認をした日から1年以内に、当該事項に変更を行わなければならない。

1

選択肢

| | | |
|---|---|---|
| A | ① | 使用者の責めに帰すべき事由による |
| | ② | 使用者の責めに帰すべき事由によるとはいえない |
| | ③ | 労働者の責めに帰すべき事由による |
| | ④ | 労働者の責めに帰すべき事由によるとはいえない |
| B | ① | 出勤日数に算入するのが相当であり全労働日から除かれるべきもの |
| | ② | 出勤日数に算入するのが相当であり全労働日に含まれるべきもの |
| | ③ | 出勤日数に算入するのが相当でなく全労働日から除かれるべきもの |
| | ④ | 出勤日数に算入するのが相当でなく全労働日に含まれるべきもの |
| C | ① | 出勤日数に算入すべきものといえず全労働日から除かれる |
| | ② | 出勤日数に算入すべきものといえず全労働日に含まれる |
| | ③ | 出勤日数に算入すべきものとして全労働日から除かれる |
| | ④ | 出勤日数に算入すべきものとして全労働日に含まれる |
| D | ① 人体に及ぼす作用　② 成分及びその含有量 | |
| | ③ 貯蔵又は取扱い上の注意　④ 物理的及び化学的性質 | |
| E | ① 1年　② 2年 | |
| | ③ 3年　④ 5年 | |

# 労働者災害補償保険法

〔問　2〕　次の文中の　　　　　の部分を選択肢の中の適当な語句で埋め、完全な文章
とせよ。

1　被災者が重婚的内縁関係にあった場合における遺族補償年金等の受給権
者は、本来、婚姻の成立がその届出により法律上の効力を生ずることとさ
れていることからも、原則として届出による婚姻関係にあった者とするが、
婚姻関係がその実体を失って形骸化し、かつ、その状態が固定化して近い
将来解消される見込みがなかった場合に限り、事実上の婚姻関係にあった
ものとされる。この「届出による婚姻関係がその実体を失って形骸化し、
かつ、その状態が固定化して近い将来解消される見込みがなかった場合」
とは、婚姻の届出はあるものの、当事者間に　　A　　夫婦の共同生活と認
められる事実関係を維持しようとする　　B　　がなくなっており、かつ、
当事者間に　　A　　夫婦の共同生活と認められる事実関係が存続しなくな
った場合を指すものとされている。

2　最高裁判所の判例では、「労働者災害補償保険法に基づく保険給付の原
因となった事故が第三者の行為により惹起され、第三者が右行為によって
生じた損害につき賠償責任を負う場合において、右事故により被害を受け
た労働者に過失があるため損害賠償額を定めるにつきこれを一定の割合で
斟酌すべきときは、保険給付の原因となった事由と同一の事由による損害
の賠償額を算定するには、右　　C　　によるのが相当である。」としている。

3　最高裁判所の判例では、「被害者が不法行為によって死亡した場合にお
いて、その損害賠償請求権を取得した相続人が遺族補償年金の支給を受け、
又は支給を受けることが確定したときは、制度の予定するところと異なっ
てその支給が著しく遅滞するなどの特段の事情のない限り、その塡補の対
象となる損害は　　D　　に塡補されたものと法的に評価して　　E　　な調
整をすることが公平の見地からみて相当であるというべきである。」とし
ている。

3

┌─ 選択肢 ─

① 過失割合を考慮せず、右保険給付の価額を控除する方法

② 環境　　　　　　　　③ 希望　　　　　　　　④ 経済生活上

⑤ 現実に保険給付の支払を受けた時　　　　⑥ 公正妥当

⑦ 行動　　　　　　　　⑧ 合意　　　　　　　　⑨ 財産上

⑩ 支給を受け、又は支給を受けることが確定した時

⑪ 社会通念上　　　　　⑫ 迅速かつ公正　　　　⑬ 損益相殺的

⑭ 損害の額から過失割合による減額をし、その残額から右保険給付の価額を控
　除する方法

⑮ 損害の額から右保険給付の価額を控除し、その残額から過失割合による減額
　をする方法

⑯ 不法行為の時　　　　⑰ 法律上　　　　　　　⑱ 補完的

⑲ 保険給付の価額を過失割合によって縮減し、右損害の額からその縮減した価
　額を控除する方法

⑳ 保険給付の支払期日が到来した時

# 雇用保険法

〔問　3〕　次の文中の　□□□□　の部分を選択肢の中の適当な語句で埋め、完全な文章とせよ。

1　甲事業に初めて被保険者（一般被保険者）として令和6年5月26日に雇用されたTが、同年7月25日に離職した。その後、Tは乙事業に短期雇用特例被保険者として翌年の令和7年2月12日から雇用され、同年3月10日に離職し、同年3月16日には丙事業に短期雇用特例被保険者として雇用され、同年5月31日に離職した。この場合、丙事業の離職時におけるTの被保険者期間は、　A　となる。なお、各期間の賃金支払基礎日数は次に掲げる日数であり、被保険者期間に係る賃金支払基礎日数が10日以下となる期間において、賃金の支払の基礎となった時間数が80時間以上である期間はないものとする。また、丙事業の離職日以前1年間に、疾病、負傷その他厚生労働省令で定める理由により引き続き30日以上賃金の支払を受けることができなかった期間はないものとする。

＜賃金支払基礎日数＞

・令和7年5月1日〜令和7年5月31日…賃金支払基礎日数16日

・令和7年4月1日〜令和7年4月30日…賃金支払基礎日数12日

・令和7年3月16日〜令和7年3月31日…賃金支払基礎日数6日

・令和7年2月12日〜令和7年3月10日…賃金支払基礎日数17日（このうち、3月1日〜3月10日における賃金支払基礎日数は6日）

・令和6年6月26日〜令和6年7月25日…賃金支払基礎日数22日

・令和6年5月26日〜令和6年6月25日…賃金支払基礎日数20日

2 　厚生労働大臣は、厚生労働省において作成する　B　　における労働者の平均定期給与額が、平成6年9月の平均定期給与額（日雇労働求職者給付金の日額等が変更されたときは直近の当該変更の基礎となった平均定期給与額）の　C　　を下るに至った場合において、その状態が継続すると認めるときは、その平均定期給与額の上昇し、又は低下した比率を基準として、日雇労働求職者給付金の日額等を変更しなければならない。

3 　日雇労働求職者給付金の支給を受けることができる者が公共職業安定所の紹介する業務に就くことを拒んだときは、その拒んだ日から起算して　D　　間は、日雇労働求職者給付金を支給しない。

4 　日雇労働求職者給付金の支給を受けることができる者が、偽りその他不正の行為により求職者給付又は就職促進給付の支給を受け、又は受けようとしたときは、その支給を受け、又は受けようとした月及びその月の翌月から　E　　間は、日雇労働求職者給付金を支給しない。

---

選択肢

① 　7日　　　　　　　　　② 　10日　　　　　　　　　③ 　2週

④ 　1か月　　　　　　　　⑤ 　3か月　　　　　　　　⑥ 　3と2分の1か月

⑦ 　4か月　　　　　　　　⑧ 　4と2分の1か月　　　　⑨ 　5か月

⑩ 　5と2分の1か月　　　⑪ 　6か月　　　　　　　　⑫ 　6と2分の1か月

⑬ 　100分の110を超え、又は100分の90

⑭ 　100分の120を超え、又は100分の83

⑮ 　100分の130を超え、又は100分の76

⑯ 　100分の150を超え、又は100分の50

⑰ 　就労条件総合調査　　　⑱ 　賃金構造基本統計

⑲ 　毎月勤労統計　　　　　⑳ 　労働力調査

# 労務管理その他の労働に関する一般常識

〔問　4〕　次の文中の　　　　　の部分を選択肢の中の適当な語句で埋め、完全な文章とせよ。

1　最高裁判所の判例では、「安全配慮義務は、ある法律関係に基づいて　　A　　の関係に入った当事者間において、当該法律関係の付随義務として当事者の一方又は双方が相手方に対して　　B　　上負う義務として一般的に認められるべきもの」としている。

2　争議行為として出張・外勤拒否闘争を行っていた労働組合の組合員に対して、使用者が適法な出張・外勤を命ずる業務命令を発したにもかかわらず、当該組合員がその命令に従わずに内勤業務に従事した事案において、最高裁判所の判例では、「上告人らが、本件業務命令によって指定された時間、その指定された出張・外勤業務に従事せず内勤業務に従事したことは、　　C　　に従った労務の提供をしたものとはいえず、また、被上告人は、本件業務命令を事前に発したことにより、その指定した時間については出張・外勤以外の労務の受領をあらかじめ拒絶したものと解すべきである」としている。

3　最高裁判所の判例では、「企業ないし事業場の労働者の一部によるストライキが原因で、ストライキに参加しなかった労働者が労働をすることが社会観念上不能又は無価値となり、その労働義務を履行することができなくなった場合、不参加労働者が賃金請求権を有するか否かについては、当該労働者が就労の意思を有する以上、その個別の労働契約上の　　D　　の問題として考察すべきである」としている。

4　最高裁判所の判例では、「労働者派遣法の趣旨及びその　　E　　としての性質、さらには派遣労働者を保護する必要性等にかんがみれば、仮に労働者派遣法に違反する労働者派遣が行われた場合においても、特段の事情のない限り、そのことだけによっては派遣労働者と派遣元との間の雇用契約が無効になることはないと解すべきである」としている。

7

┌─ 選択肢 ─────────────────────────────────────┐

① 企業統治　　　　　　　② 危険負担

③ 強行法規　　　　　　　④ 経験則

⑤ 刑罰法規　　　　　　　⑥ 契約

⑦ 公序良俗　　　　　　　⑧ 債務の本旨

⑨ 債務不履行　　　　　　⑩ 事実たる慣習

⑪ 実質上対等　　　　　　⑫ 社会通念

⑬ 信義則　　　　　　　　⑭ 特殊な支配

⑮ 特別な社会的接触　　　⑯ 取締法規

⑰ 不当利得　　　　　　　⑱ 不法行為

⑲ 法律上平等　　　　　　⑳ 労働者保護法規

└─────────────────────────────────────────┘

# 社会保険に関する一般常識

〔問　5〕　次の文中の　　　　　の部分を選択肢の中の適当な語句で埋め、完全な文章とせよ。

　　労働者の配偶者で扶養され社会保険料の負担がない層のうち約　　A　　が就労している。その中には、一定以上の収入（　　B　　万円または130万円）となった場合の、社会保険料負担の発生や、収入要件のある企業の配偶者手当がもらえなくなることによる手取り収入の減少を理由として、就業調整をしている者が一定程度存在する（いわゆる　　B　　万円・130万円の壁）。

　　このため、2023（令和5）年10月から、　　B　　万円の壁への対応として、　　C　　を拡充し、短時間労働者が新たに被用者保険の適用となる際に、労働者の収入を増加させる取組を行った事業主に対して、複数年（最大　　D　　）で計画的に取り組むケースを含め、一定期間助成（労働者1人当たり最大50万円）を行うこととする。

　　また、被用者保険の適用に係る労使双方の保険料負担を軽減する観点から、社会保険適用促進手当については、被用者保険適用に伴う労働者本人負担分の保険料相当額を上限として、最大　　E　　間、当該労働者の標準報酬月額・標準賞与額の算定に考慮しないこととする。なお、「社会保険適用促進手当」とは、短時間労働者への社会保険の適用を促進するため、労働者が社会保険に加入するに当たり、事業主が労働者の保険料負担を軽減するために支給するものをいう。

選択肢

| | | | | |
|---|---|---|---|---|
| A | ① 2割 | ② 4割 | ③ 6割 | ④ 8割 |
| B | ① 103 | ② 106 | ③ 108 | ④ 110 |
| C | ① キャリアアップ助成金 ③ 産業雇用安定助成金 | ② 業務改善助成金 ④ 通年雇用助成金 | | |
| D | ① 2年 | ② 3年 | ③ 4年 | ④ 5年 |
| E | ① 2年 | ② 3年 | ③ 4年 | ④ 5年 |

# 健康保険法

〔問　6〕　次の文中の［　　　］の部分を選択肢の中の適当な語句で埋め、完全な文章とせよ。

1　全国健康保険協会（以下「協会」という。）は、支部被保険者及びその被扶養者の年齢階級別の分布状況と協会が管掌する健康保険の被保険者及びその被扶養者の年齢階級別の分布状況との差異によって生ずる療養の給付等に要する費用の額の負担の不均衡並びに支部被保険者の［　A　］と協会が管掌する健康保険の被保険者の［　A　］との差異によって生ずる財政力の不均衡を是正するため、政令で定めるところにより、支部被保険者を単位とする健康保険の財政の調整を行うものとする。

2　協会は、［　B　］、［　C　］についての協会が管掌する健康保険の被保険者数及び［　D　］の見通し並びに保険給付に要する費用の額、保険料の額（各事業年度において財政の均衡を保つことができる保険料率の水準を含む。）その他の健康保険事業の収支の見通しを作成し、公表するものとする。

3　協会が都道府県単位保険料率を変更しようとするときは、あらかじめ、理事長が当該変更に係る都道府県に所在する支部の支部長の意見を聴いた上で、［　E　］の議を経なければならない。

選択肢

| | | |
|---|---|---|
| A | ① 総報酬額 | ② 総報酬額の平均額 |
| | ③ 標準報酬月額の総額 | ④ 標準報酬月額の総額の平均額 |
| B | ① 2年ごとに | ② おおむね2年ごとに |
| | ③ 毎年 | ④ 毎年度4分の1 |
| C | ① 翌年以降おおむね3年間 | ② 翌年以降おおむね5年間 |
| | ③ 翌事業年度以降の3年間 | ④ 翌事業年度以降の5年間 |
| D | ① 総報酬額 | ② 総報酬額の平均額 |
| | ③ 標準報酬月額の総額 | ④ 標準報酬月額の総額の平均額 |
| E | ① 運営委員会 | ② 社会保障審議会 |
| | ③ 地方社会保険医療審議会 | ④ 評議会 |

# 厚生年金保険法

〔問　7〕　次の文中の 　　　　 の部分を選択肢の中の適当な語句で埋め、完全な文章とせよ。

1　3歳に満たない子を養育し、又は養育していた被保険者又は被保険者であった者が、主務省令で定めるところにより実施機関に申出（被保険者にあっては、その使用される事業所の事業主を経由して行うものとする。）をしたときは、当該子を養育することとなった日(厚生労働省令で定める事実が生じた日にあっては、その日)の属する月から当該子が3歳に達したとき等に該当するに至った日の翌日の属する 　A　 までの各月のうち、その標準報酬月額が当該子を養育することとなった日の属する月の前月（当該月において被保険者でない場合にあっては、当該月前1年以内における被保険者であった月のうち直近の月。以下「基準月」という。）の標準報酬月額（当該子以外の子に係る基準月の標準報酬月額が標準報酬月額とみなされている場合にあっては、当該みなされた基準月の標準報酬月額。以下「従前標準報酬月額」という。）を下回る月（当該申出が行われた日の属する月前の月にあっては、当該申出が行われた日の属する 　B　 のうちにあるものに限る。）については、従前標準報酬月額を当該下回る月の厚生年金保険法第43条第1項に規定する平均標準報酬額の計算の基礎となる標準報酬月額とみなす。

13

2　在職老齢年金の規定の適用を受ける繰上げ支給の老齢厚生年金の受給権
者が被保険者である日が属する月において、その者が雇用保険法の規定に
よる高年齢雇用継続基本給付金の支給を受けることができる場合には、在
職老齢年金の仕組みによる年金額の調整のほか、高年齢雇用継続基本給付
金の支給による年金額の調整が行われることがある。例えば、その者の雇
用保険法の規定によるみなし賃金日額が10,000円である場合には、標準報
酬月額等級が　　C　　以下のときに、高年齢雇用継続基本給付金の支給に
よる年金額の調整率（減額率）は最大となり、その調整額は、当該
　　D　　を乗じて得た額となる。

3　特別支給の老齢厚生年金の受給権者である被保険者が、65歳に達する日
（令和7年5月5日）の属する月の前月末日に定年退職を迎え、5月1日
に資格を喪失し、被保険者となることなく6月1日を迎えている。当該者
の在職中における特別支給の老齢厚生年金の月額は10万円であったが、い
わゆる在職老齢年金の仕組みにより実際には月額7万円の支給を受けてい
た。また、仮に定年に係る令和7年4月までの被保険者期間の月数を計算
の基礎とするならば、在職老齢年金の仕組みによる支給停止がない場合、
年金の支給月額は12万円となる。この場合、この者に支給される令和7年
5月分の年金の月額は　　E　　である。

選択肢

| A | ① 月 | ② 月の前月 |
| | ③ 月の前々月 | ④ 月の翌月 |
| B | ① 月の前月までの1年間 | ② 月の前月までの2年間 |
| | ③ 月までの1年間 | ④ 月までの2年間 |
| C | ① 第12級（180,000円） | ② 第13級（190,000円） |
| | ③ 第14級（200,000円） | ④ 第15級（220,000円） |
| D | ① 標準報酬月額に100分の4 | ② 標準報酬月額に100分の6 |
| | ③ みなし賃金日額に30を乗じて得た額に100分の4 | |
| | ④ みなし賃金日額に30を乗じて得た額に100分の6 | |
| E | ① 7万円 | ② 9万円 |
| | ③ 10万円 | ④ 12万円 |

# 国民年金法

〔問 8〕 国民年金法第27条の4に関する次の文中の ___ の部分を選択肢の中の適当な語句で埋め、完全な文章とせよ。

1 調整期間における改定率の改定については、名目手取り賃金変動率に、調整率（公的年金被保険者総数の変動率に A を乗じて得た率（当該率が B ときは、1）をいう。）に当該年度の前年度の特別調整率を乗じて得た率を乗じて得た率（当該率が C ときは、1。「算出率」という。）を基準とする。

2 名目手取り賃金変動率が D 場合の調整期間における改定率の改定については、上記「設問1」にかかわらず、 E を基準とする。

選択肢

| | | | | |
|---|---|---|---|---|
| A | ① 0.997 | | ② 前年度の改定率 | |
| | ③ 物価変動率 | | ④ 保険料改定率 | |
| B | ① 1を上回る | | ② 1を下回る | |
| | ③ 物価変動率を上回る | | ④ 物価変動率を下回る | |
| C | ① 1を上回る | | ② 1を下回る | |
| | ③ 物価変動率を上回る | | ④ 物価変動率を下回る | |
| D | ① 1を上回る | | ② 1を下回る | |
| | ③ 物価変動率を上回る | | ④ 物価変動率を下回る | |
| E | ① 1 | | ② 調整率 | |
| | ③ 物価変動率 | | ④ 名目手取り賃金変動率 | |